童年观察

影响人一生行为和情感的心理学逻辑

THE ORIGINS OF YOU

How Childhood Shapes Later Life

［美］杰伊·贝尔斯基（Jay Belsky） ［美］阿夫沙洛姆·卡斯皮（Avshalom Caspi） 著　吕颜婉倩 译
［美］特莉·E. 莫菲特（Terrie E. Moffitt） ［新西兰］里奇·波尔顿（Richie Poulton）

中信出版集团｜北京

图书在版编目（CIP）数据

童年观察：影响人一生行为和情感的心理学逻辑 / （美）杰伊·贝尔斯基等著；吕颜婉倩译. -- 北京：中信出版社, 2025.1. -- ISBN 978-7-5217-7220-3

Ⅰ. B84

中国国家版本馆 CIP 数据核字第 20242B953K 号

THE ORIGINS OF YOU: How Childhood Shapes Later Life
by Jay Belsky, Avshalom Caspi, Terrie E. Moffitt, and Richie Poulton
Copyright © 2020 by Jay Belsky, Avshalom Caspi, Terrie E. Moffitt, and Richie Poulton
Published by arrangement with Harvard University Press through Bardon-Chinese Media Agency
Simplified Chinese translation copyright © 2025 by CITIC Press Corporation
ALL RIGHTS RESERVED
本书仅限中国大陆地区发行销售

童年观察——影响人一生行为和情感的心理学逻辑
著者： ［美］杰伊·贝尔斯基 ［美］阿夫沙洛姆·卡斯皮
　　　　［美］特莉·E. 莫菲特 ［新西兰］里奇·波尔顿
译者： 吕颜婉倩
出版发行：中信出版集团股份有限公司
　　　　（北京市朝阳区东三环北路 27 号嘉铭中心　邮编　100020）
承印者：　北京通州皇家印刷厂

开本：787mm×1092mm 1/16　　印张：23.25　　字数：324 千字
版次：2025 年 1 月第 1 版　　　　印次：2025 年 1 月第 1 次印刷
京权图字：01-2020-4965　　　　　书号：ISBN 978-7-5217-7220-3
定价：68.00 元

版权所有·侵权必究
如有印刷、装订问题，本公司负责调换。
服务热线：400-600-8099
投稿邮箱：author@citicpub.com

目 录

序 言 …III

第一部分　人的发展探索之旅
　　第一章　跨越时间维度的生命 …003

第二部分　儿童是成人的父亲
　　第二章　顶撞世界，远离世界 …027
　　第三章　自我控制力 …047
　　第四章　儿童 ADHD 和成人 ADHD …065

第三部分　家庭因素
　　第五章　父母养育方式大揭秘 …083
　　第六章　问题家庭与问题男孩 …101
　　第七章　问题家庭、早熟女孩与复原力 …119

第四部分　外部因素

第八章　日托到底是好是坏 …139

第九章　居住环境的影响 …162

第十章　关于霸凌 …181

第十一章　早期和长期摄入大麻的影响 …199

第五部分　遗传基因

第十二章　吸烟会遗传吗 …213

第十三章　成功人生可以遗传吗 …231

第十四章　虐待儿童、基因变体与反社会行为 …247

第十五章　生活压力、抑郁症和相关基因 …262

第十六章　表观遗传学：将基因视为因变量 …274

第六部分　走向中年

第十七章　童年逆境与中年身体健康 …295

第十八章　童年逆境的生物学嵌入机制 …308

第十九章　快速衰老，还是慢慢变老 …325

第七部分　我们如何成为自己

第二十章　还要赶多少路才安眠 …341

参考文献 …353

序　言

20 世纪 80 年代末，我与特莉·莫菲特在芬兰北部的一座小城初次相遇，正好我们都去出席一个以人的发展为主题的国际会议。喜欢被唤作特米的她，当时正在跟我们共同的朋友阿夫沙洛姆·卡斯皮坐在旅馆酒吧里聊天。与其说是朋友，阿夫沙洛姆其实更多时候是我的同事，年纪比我小一些。后来，他和特米还发展成了男女朋友。我朝他俩走去，无意间听到他们正在就青春期生理发育的话题进行深入讨论。纽约人做派的我便忍不住插嘴道："嗨，阿夫沙洛姆，我这儿有一个关于青春期的假设。"

那段时间，我迷上了进化生物学，它认为生命的意义在于将基因传给孙辈、曾孙辈，一代接一代地传递下去。几乎所有研究非人类生命的生物学家都掌握了这一核心要义，但对于大多数研究人的发展的学者来说，这是一个比较陌生的概念，尤其是当后者的研究主要围绕家庭经历对儿童成长的影响展开时。传统的研究框架往往更强调健康、快乐和福祉等因素，这导致大多数学者要么从健康与否的角度来看待生命，要么探讨人的发展路径是"最优的"还是"受损的"，而非从繁殖成功的角度来研究人的发展。

尽管我对以进化论的思维思考问题很感兴趣，但要提出一个能够被证实的假设，并通过这个假设说服自己乃至他人，"进化论观点对研究人的发展的学者大有裨益",还是颇有难度的。于是,我将自己的想法——一个无法用关于人的发展的传统理论验证的假设分享给特米和阿夫沙洛姆:因为人在逆境中成长会提高死亡或在繁殖前发育受损的风险,所以不良童年经历会加速青春期生理发育,促进性成熟和生育力。换言之,家庭的经济和社会条件可以调控青春期生理发育的节奏,而非像传统发展理论所论证的那样,仅仅会调节心理发展和行为发展。

"家庭养育会对青春期生理发育产生影响。"在我将这一假设告诉他们的那一刻,我就知道自己会跟他俩成为好朋友,尤其是特米。这个日后将成为阿夫沙洛姆未婚妻的人,对我看似离经叛道的观点是有回应的。首先,她并没有流露一丝不耐烦,我之前就因为刚刚那套纽约人的做派而遭人白眼:"这个打断我们谈话的无礼之徒是谁?"其次,尽管我的假设对谁是健康的、何为最优发展、人的发展的根本性质这类问题神圣而不可侵犯的理论根基提出了挑战,但她并没有像其他大多数人那样对我置之不理(遗憾的是,学术界远没有外界想象的那么开明),而是马上做出积极和包容的回应:"我们可以检验这个假设!"于是就有了本书第七章所述的内容,我们运用达尼丁多学科健康与发展研究(以下简称"达尼丁研究")项目的数据对上述假设进行了检验,这也是本书大部分内容的重点所在。

虽然特米和阿夫沙洛姆并没有接受我的进化论观点,也不认可从中产生的青春期假设,但他们展现了科学的思维方式,一致认为"这是一个有趣且铁定会引发争议的想法,有必要对其进行实证评估",这着实令我感动不已。我个人无疑十分渴望自己提出的这个假设得到检验,却又担心它可能被证伪。但我和这些新结交的朋友一样,生活在一个科学世界里,在这里,对假设的检验有可能产生任何一种实证结果,而且不以人的主观意志为转移。所以事情最不济会发展到什么地步?大不了我错了呗!

在这样的背景下,一段长久且美好的友谊从此拉开序幕。当我开始关注朋友和同事的研究工作时,我发现无论他们的研究在最负盛名的学术期刊上获得了多少(理应获得的)关注,也无论有多少记者在报纸、杂志和社交媒体上撰写相关文章，能够理解并欣赏其贡献之人依然寥寥无几。事实上，在加深大众对人如何成长和发展的理解上，他们可谓功不可没。我一直盼望着，有一位获普利策奖的科学作家出现，撰写一本有关我朋友和同事的研究成果的通俗读物，那肯定会成为一本畅销书。可随着时间的流逝，始终没有这样的专业作家将阿夫沙洛姆和特米（及其合作者）的劳动成果具象化，于是我决定，我亲自动手试试。我知道自己不是完成这件事的最佳人选，于是我向朋友们提议，我要写一本引人入胜的书，为了让普通读者读起来更加津津有味，书中会囊括他们的大部分研究成果，但不会是全部。我想把从研究人的发展过程中获得的深刻见解乃至兴奋之情分享给读者，告诉大家这些工作是怎样被完成的。这就是为何最开始我打算用"人的发展探索之旅——我们如何成为自己"来作为本书的书名。写一本读者无须按照章节顺序阅读的书，或许是达到上述目标的最佳途径。这不仅对作者而言具有可行性，更重要的是，它能够提高对当下读者的吸引力。毕竟，现代人的注意力持续时间很短，兴趣点也不尽相同。

起初，我的写作主要是为莫菲特和卡斯皮，以及他们的朋友兼合作者、后来也成为我朋友的里奇·波尔顿"代言"。但随着写作提议的升级，对原计划做出一些调整似乎也不为过。其一，除了分享我在新西兰达尼丁研究中有限参与的工作（见第五章和第七章），还增加了莫菲特和卡斯皮在英国开展的环境风险研究中的一些开创性研究成果（见第九章、第十章和第十七章）。其二，本书第七章关注家庭对女性青春期生理发育的影响，其中包含来自第三个研究项目的证据；第八章探讨日托对儿童和青少年发展的影响，这是本书作者当中只有我参与研究的主题。之所以这样编排，是因为我突然意识到，虽然本书另外几位作者并没有参与第三个项目的研究，但它作为我还有其他众多学者倾注了近20载心血的项目，里面的内容或许也值得一写。

尽管我笔下的研究内容几乎都是由其他人完成的，但鉴于我是本书的主要作者，我们一致认为使用第一人称复数撰写最为合理。书中诞生的研究思想源自无数个深夜的头脑风暴，以及四位作者的集体智慧。在达尼丁研究和环境风险研究产生的数百份关于人的发展的研究报告中，我是负责"拍板"究竟要在哪个主题上着墨的人。

  有一天，妻子问我：虽说其他几位作者都是我的好朋友，但为什么我要花时间撰写一本有关别人的研究的书呢？以下便是我认为最好的回答：无论是过去还是现在，这个举动都是一种"爱的劳作"。当你读完本书后，你必定能感受到我对同僚的情谊和对他们献身科学的精神的钦佩，看到他们在人的发展这一研究议题上的深刻见解。我由衷地希望，他们出色的研究成果能够被大众认识和重视。

杰伊·贝尔斯基

第一部分

人的发展探索之旅

第一章

跨越时间维度的生命

"三岁看大，七岁看老"这个说法靠谱吗？人生早期的自我控制力对日后的成功有多重要？只有儿童才会得ADHD（注意缺陷多动障碍）吗？随着年龄的增长，不良青少年的反社会行为可以被纠正吗？父母为什么要用这样或那样的方式养育子女？家庭冲突会加速性成熟从而促进女性的性行为吗？经常摄入大麻会对几十年后的身心健康产生影响吗？烟瘾或者人生中的成功都是由基因决定的吗？基因构成能否决定谁面对压力更有复原力，谁又会深陷童年逆境而一蹶不振？为什么有些人步入中年后容貌举止颇显老态，有些人却显得年轻且充满活力？儿童期（童年）和青春期的压力是怎样进行生物学嵌入，从而让中年期的身体健康亮起红灯的呢？

上面是本书提出并回答的一些问题。我们撰写本书的初衷就在于带领读者回溯我们过去几十年的研究历程。长期以来，我们渴望了解有关人的发展的核心议题，它引导着我们对这一领域的知识展开探索："我为何是我，我为何异于他人？"带着这个疑问，我们持续多年跟踪超过4 000人的一生，观察始于他们的婴儿期或者童年早期，贯穿其青春期，在某些情况下甚至延续至成年期。在实操中，为了提出并回答上一段提到的问题，我们必须在研究对象的儿童期、青春期和成年期的许多节点上收集信息。如此一来，挑战更进一步：我们不仅得付出巨大的代价、大量时间和精力来核实所收集的信息，还要敢于质疑自己历尽千辛万苦才得来的这些答案。这么做能让我们更加坚信，我们切中了探索"我为何是我"这一问题的要害，结论也更经得起考验。希望我们的研究发现对于验证关于人的发展的本质和人生历程如何造就一个人的普遍观念大有裨益。

许多有关心理、行为和健康的非虚构类书，往往专注于霸凌、性行为或者婚姻关系等某个单一主题，对其进行深入探讨。本书走的完全不是这条路线。基于对个体案例多年的跟踪调研，我们关注各种各样感兴趣的主题，而不仅仅是其中的一两个。在成长发展某个阶段的某一时刻发挥核心作用的东西与下一阶段的重要因素往往截然不同，想想童年早期与童年中期或青春期之间的差异。这正是我们围绕童年早期的性格气质与日托、童年中期的霸凌与ADHD、青春期的吸大麻与吸烟、中年期的健康等主题展开讨论的原因。将此书当作儒勒·凡尔纳的经典小说《地心历险记》，而非欧内斯特·海明威的《老人与海》来读，或许会让你更容易理解。《地心历险记》讲述的是探险者在进入火山后沿着熔岩管到达地心的各种经历和遭遇的一系列挑战，《老人与海》则描述了一个可怜渔夫的故事，有一天他试图把自己钓到的大鱼带回家，却失败了。

需要说明的是，由于本书关注的主题庞杂，你在阅读时无须严格遵守书中内容的编排顺序。你可以把它想象成自助餐，想吃什么就吃什么，而不是像在传统餐厅吃晚餐那样按部就班地从开胃菜吃到甜品。本书前半部分涉及的主题不仅仅关于儿童期，后半部分讲述的也不只关乎成年期。本书也没有按照时间顺序来展示过去几十年所做的相关研究。因此，有些章节讨论的是很久以前的研究，而另一些章节则是关于近期研究的。考虑到不同读者感兴趣的主题不同，我们有意识地对本书进行谋篇布局。由于本书重点关注人的发展的个体差异——人与人为何不同，是什么造成了个体差异——本书的阅读方式是灵活的，读者可以在不同章节之间跳读，根据某个章节中的线索在前文或后文中觅得相关内容。

除了分享我们对人的发展的研究动因及研究过程，本书的第二个目标是对该议题的普遍看法提出疑问。关于人从出生到成年的发展过程的故事，在新闻媒体和社交网络上随处可见，对于人如何发展的理解往往都是些老生常谈，这些观点之所以经久不衰，往往是因为它们证实了人们愿意相信的东西，比如说"基因决定论""童年的家庭经历塑造了如今的我们""日托对孩子有害（或者有利）""青春期叛逆只不过是一个过渡阶段"。为纠正读者的这些思维定式，我们围绕如下基本主题，就通过长期研究得出的见解展开详细论述。相关论述见本书第二至第六部分的内容：

- 孩子在人生前 5 年、前 10 年和前 15 年的思维、感受和行为方式能否预测其日后的人生？作用机制又是怎样的？
- 成长过程中的家庭经历能否塑造孩子日后的人生？作用机制又是怎样的？
- 成长过程中家庭以外的经历能否塑造孩子日后的人生？作用机制又是怎样的？
- 基因能否影响人的发展？作用机制又是怎样的？
- 成年期的身心健康是否根植于儿童期？作用机制又是怎样的？

尽管本书呈现的研究工作内容并不直接涉及干预或临床服务、社区服务的提供，但几乎所有章节都明确指出，在解决上述问题时获得的见解可为该类议题提供启发。本书自始至终试图阐明，与人的发展相关的基础科学所产生的知识的确有助于促进身心健康、防止问题扩大，以及处理既有问题。人的发展这门科学的基础与其他许多科学学科的逻辑是一致的：当你通晓某个事物的运作原理时，你就更有可能维持其良好运作，也能未雨绸缪地消除隐患。

何为人的发展？

到底什么是人的发展？它是一个设法解决本章首段提出的各种问题的研究领域，这使其成为一门跨学科的科学。由于人的发展关注情感、认知和行为，所以它隶属心理学。鉴于人的发展关注思维和大脑，所以它又算神经科学。因为关注家庭、社区、就业和犯罪，所以它也是社会科学。最后，考虑到人的发展关注遗传学、生理学、健康，甚至进化在人的成长和变化中扮演的角色，它也属于生物学和公共健康科学。

与人的发展最相似的学科也许是气象学，这是一门研究天气和气候的学科，它囊括了许多在时间和空间上以复杂方式互相影响的因素。人生中既有风雨如晦，也有阳光灿烂，这些都是人的发展科学想要阐明的内容，尤其是它们的成因和影响。这就是我们在兼顾先天和后天影响的前提下，关注从出生到中年期的认知、社交、情感、行为、生物学、身体的发展或发育（包括健康）的原因。尽管我们预测孩子几十年后的长相和行为的能力，还无法与气象学家预测天气的能力相提并论，但正如我们希望展示的那样，研究人的发展的科学家和学者在不断取得进展，这一点是不容置疑的。

气象学是个很好的比较对象，因为它和人的发展一样，是一门概率性科学，而非确定性科学。除研究亚原子层面现象的量子力学外，物理学是典型的确定性科学。它用缜密的定律（包括精确的公式）来解释温度如何影响水的状态（固态、液态或气态），容器大小如何影响气压（玻意耳定律），或者重力如何影响下落物体的加速度（这得感谢牛顿）。对人的发展的研究却极少能产生与现实世界有关的确定性结果。这也是为什么我们从不怀疑工程师设计出的桥梁可以通行、建造的高层建筑可以居住，但在人的发展层面，我们却无法确定同样的育儿方式、教育指导或者临床治疗在不同的孩子身上会产生同样的效果。

因此，尽管遭受严厉体罚可能且通常会助长孩子的攻击性，但对不同的孩子而言，此举是否一定会产生这类影响，则有可能取决于其他因素。这些因素包括孩子是否拥有非常敏感的神经系统，或者父母中一方能否给予疼爱和关怀以弥补孩子遭受另一方严厉对待的创伤。天气也以同样的概率性方式运转。一场风暴是否会变成飓风也许不仅取决于其特性，还取决于另一地区的气压是否会延长飓风在海上停留的时间，使其在登陆前吸收足够的水汽。温度与水的状态、容器体积与气压之间存在一一对应的关系，然而针对人的发展这门概率性科学，我们不必期待潜在原因（如不利于孩子成长的育儿方式）及可能后果（如儿童的攻击性）之间存在这样一种明确关系。

生命科学领域存在太多变数——我们将人的发展视为一门生命科学，而不仅仅是一门社会科学——因为大多数影响源产生的效果取决于其他因素，无论它们是否得到承认或者被测量。尽管这可能会让寻求确定性的人感到非常沮丧，但正如我们努力在本书中阐明的那样，这个事实其实是充满希望的。它对复原力至关重要，而复原力是本书的主题之一，我们在本书中会多次论及。尽管霸凌会导致肥胖（第十章）、在儿童期遭受虐待会导致男性暴力（第十四章），多种生活应激源会使人抑郁（第十五章），但这并不意味着此类影响是不可避免的。上述条件会增加不良后果出现的可能性，但我们通常可以发现一些减少甚至完全消除不良后果可能性的对抗性力量。它们将会开辟新的天地，让人们可以通过干预来减少风险成为现实的可能性。本书所分享的研究恰如其分地揭示了这些对抗性力量。这些洞见将使我们明白，人的发展既是基础科学，也是应用科学。它被归为前者，是因为这门科学满足了我们对我们为何是现在这模样的好奇心；它被归为后者，则是因为它催生出的深刻见解可被应用于防止问题产生、解决已经产生的问题，并创造更大的福祉。

三个跟踪儿童、青少年及成人生命周期的研究项目

本书所分享的内容主要来自我们从在三个大洲分别开展的三个研究项目中收集的一系列概率性见解，在这些项目中，我们对4 000多个

个体开展了长达几十年的跟踪研究。

达尼丁研究跟踪调研了 20 世纪 70 年代初的 12 个月里出生在达尼丁的约 1 000 名新西兰人，评估他们自出生起的成长经历，涵盖儿童、青少年以及成年后的阶段，研究关注的年龄节点分别为 3 岁、5 岁、7 岁、9 岁、11 岁、13 岁、15 岁、18 岁、21 岁、26 岁、32 岁和 38 岁。38 岁的那一轮评估中有 95% 仍然健在的研究对象参与了调查。撰写本书时，项目的最近一个阶段刚刚结束，我们再次对达尼丁研究的参与者做了评估，这时他们已是 45 岁。由于工作刚刚收尾，我们还无法在本书中分享这部分的研究成果。

多年来，达尼丁研究以各种各样的方式收集数据。除了第五章中因部分研究对象本身处在育儿阶段，需要研究人员对其进行家访，其他篇章的数据收集方式主要是让研究对象到访位于达尼丁的奥塔哥大学研究项目办公室。数据来自研究人员在研究对象儿童期对其家长的采访，以及在研究对象长大后对他们本人的采访。研究人员观察儿童的行为，并对他们的能力做出包括体检和生物测量在内的规范评估。在研究对象的青春期晚期及成年期，他们身边的熟人也提供了一些相关信息。警方分享的犯罪行为记录，以及新西兰政府提供的电子病历和社会福利记录等行政数据，都发挥了作用。作者莫菲特、波尔顿和卡斯皮指导了这项研究，贝尔斯基稍有参与（第五章和第七章）。达尼丁研究是本书除第八章、第九章、第十章和第十七章外所有章节最主要甚至是唯一的关注点。鉴于达尼丁研究的时间跨度足够大，它能帮助回答本书的三个核心问题：儿童的机能与日后发展之间的联系，儿童期和青春期的经历对未来发展的影响，以及儿童期对中年期健康的影响。

或许读者会对达尼丁研究背后的故事，以及我们参与该研究的缘由感兴趣。这项研究始于 20 世纪 70 年代，是针对某家医院一年内出生的所有婴儿的调查，其目的是统计有多少母亲在分娩时遭遇难产。研究人员在孩子 3 岁时进行随访，以检查母亲遭遇难产的婴儿是否发育达标。这项研究由菲尔·席尔瓦牵头，如今他是公认的富有远见的纵向研究创始人。从一开始，席尔瓦就为研究招兵买马，以扩大数据的收集范围，围绕受教育程度、受伤经历、牙齿健康、呼吸系统健康、性健康、心理健康等科学议题，对儿童展开跟踪研究。对儿童的测试只能安排在当地的教堂大厅里进行，收集数据的过程紧巴巴的，用澳新地区的俚语来描述当时的状况，那就是"抹布再油也要物尽其用"。一到周日，研究小组便不得不给主日学校腾地儿。

20世纪80年代，席尔瓦走遍世界各地，为这项研究寻找新的人才，希望能在研究对象步入青春期后，将收集数据的范围扩展到犯罪、吸毒等新议题上。这时，他遇到了莫菲特，于是说服她加盟。1985年，莫菲特搬到达尼丁，全身心地投入这项科学事业。最终，她获得了美国国立卫生研究院（NIH）的资助，为项目的后续开展提供了资金保障。莫菲特需要助手帮助采访1000名青少年，于是招募了正在达尼丁奥塔哥大学就读的年轻学生里奇·波尔顿。阿夫沙洛姆·卡斯皮加入团队的方式截然不同。他在一次学术会议上旁听，看莫菲特展示达尼丁研究的数据，然后用一生中最糟的方式跟她搭话："你的数据集做得可太漂亮了！"20世纪90年代，莫菲特携卡斯皮造访达尼丁，席尔瓦意识到这是为研究数据库增加人格和社交关系方面的专业知识的一个良机。此后不久，身为达尼丁研究合作者的莫菲特和卡斯皮喜结良缘，并且把席尔瓦介绍给了杰伊·贝尔斯基。1993年，贝尔斯基到访达尼丁（随他一同前来的10岁的儿子丹尼尔，日后在30多岁时以年轻科学家的身份加入了研究——见第十二章、第十三章和第十九章）。他们研究的对象也到了生儿育女的年纪。贝尔斯基带领团队启动了关于达尼丁研究对象如何养育其3岁子女的研究项目（见第五章）。大约在同一时间，里奇·波尔顿在澳大利亚取得了博士学位，莫菲特把他吸收进达尼丁研究项目团队。席尔瓦热情地欢迎这位新晋博士，细心栽培他，希望他在自己退休后挑起研究项目主任的大梁。说起来，我们这四位同僚兼好友，加起来已经在这项研究上花费了近百人年（person-years）的光阴。

环境风险研究目前已经跟踪调查了1000多对英国双胞胎人生前

20年的历程，并在他们5岁、7岁、10岁、12岁和18岁时评估了他们的成长经历。在18岁这轮评估中，有93%仍然健在的研究对象参与。除了关注双胞胎，环境风险研究与达尼丁研究在诸多方面可以形成对比。达尼丁研究的参与者几乎都是在同一时期（12个月）内出生于达尼丁的孩子，具有人口代表性，而环境风险研究招募的生活在英格兰和威尔士各地的贫困家庭比例偏高。另外，环境风险研究的大多数数据是由研究人员在访问这些家庭的过程中收集的，他们（单独）采访母亲和双胞胎中的每一人，发放调查问卷，详细观察，并进行标准化测试。双胞胎家庭居住地的邻居也是调研的一部分。由莫菲特和卡斯皮于20世纪90年代创立的环境风险研究，是本书第九章、第十章和第十七章的重点内容。它使我们能够深入了解童年的机能及经历如何（在一定程度上）影响日后发展，这也是本书的主要目标所在。

在设计环境风险研究框架时，莫菲特和卡斯皮本质上是想重复达尼丁研究，只不过这次的研究对象是双胞胎。他们创造性地构建了两个人为指标，旨在让环境因素有机会与遗传因素在人的发展成因的"大乐透"中一决高下。首先，莫菲特和卡斯皮坚持在访问双胞胎家庭时收集环境风险数据、观察视频以及受访人对家庭和当地环境的评价。大多数大型的双胞胎研究都通过邮件、电话或互联网收集数据，导致重要环境测量信息缺失。其次，莫菲特和卡斯皮确保环境风险研究中，研究对象家庭的社会经济地位能够做到从家境优渥到家境贫寒全覆盖。为此，他们减少招募高龄母亲所生的双胞胎，因为这些孩子的母亲往往是受过良好教育、使用辅助生殖技术的女性；更多地招募未成年母亲所生的自然受孕双胞胎，因为这个群体往往并不富裕。此前，大部分双胞胎样本都来自中产家庭，因为他们更有可能自愿地、长期地参与研究。莫菲特和卡斯皮的招募策略所产生的研究样本，如今几乎完美地代表了复合剥夺指数所体现的英国家庭人口分布。

由美国国家儿童健康与发展研究所（NICHD）主导开展的幼儿保育与青少年发展研究，跟踪调查了美国10个地区的约1 300名儿童从出生至15岁的人生历程。儿童及其家庭，以及儿童在托儿所和学校的经历，分别会在他们1个月、6个月、15个月、24个月、36个月和54个月大的时候，以及整个小学阶段受到评估。他们最后一次接受评估的年龄是15岁。在某些方面，该项目整合了达尼丁研究和环境风险研究中概述的两种调查方法，其中的科学实验包括定期将儿童带入大学实验室（类似于达尼丁研究的方法）和家访（类似于环境风险研究的方法），同时辅以对儿童的日托环境乃至小学教育环境的评估。幼儿保育与青少年发展研究并不代表除在参与研究的家庭所在地医院里出生的人外的其他任何群体。这项研究的内容是第七章和第八章的重点；贝尔斯基自该项目草创起就参与其中。它与环境风险研究一样，回应了本书的前两个目标，但没有回应第三个（儿童期对中年期健康的影响）。

NICHD的研究背景与达尼丁研究、环境风险研究都截然不同，最初的设想就是专门为了解决"日托对儿童发展的影响"这一问题。但随着数据收集体量的不断增大，正如我们将在第七章看到的那样，这些数据发挥的作用已远远超出原先的首要目标。第八章讲述了这一通过协作才达成的事业背后的故事，以及它所揭示的日托带来的影响，此处不再赘述。

需要注意的是，本书涉及的研究内容覆盖新西兰、英国、美国，并不一定能用来解释世界其他地区与人的发展相关的问题。人的发展科学几乎仅关注在"西方、受过教育、工业化、富裕、民主"（对应的英文单词首字母合为WEIRD，原意为"怪异的"）的国家中长大的儿童，因此受到了无可非议的批评。我们显然也是"帮凶"之一。这里有两层含义。其一，我们的研究主要在科学研究资助充足的地区展开，这点不足为奇。其二，如果在WEIRD地区所做的研究能推动世界上更多地方开展相关工作，那它便不是一种罪过，正如目前进行的那样，它不仅让我们认识了新事物，还让我们知道有多少从研究WEIRD世界中艰难获得的知识可以被推广到不同的地方。我们在新西兰、英国和美国研究人的发展从而了解到的很多东西，在大部分WEIRD地区具有普适性。这一发现不应被忽视，即便它不能也不应该被轻易地推广至非WEIRD社会。只有未来的研究才能确定本书发现和分享的内容是否准确地描绘了肯尼亚、新几内亚岛等地的人的发展情况。也许它们在某些情况下是准确的，在其他情况下则不然。鉴于本书将揭示环境条件在个体成长过程中所起的决定性作用，即对日后他们将成为何种人的重要影响，我们相信，读者即使现在无法理解，日后也会逐渐明白的。

纵向研究的力量

有人可能会问，我们为什么要把时间都用于研究人的发展，年复一年地持续跟踪4 000多人，同时还需要掌握包括心理学、神经科学、社会学、生物学和统计学在内的多门学科的知识。从某些方面来说，这个问题不难回答：我们四位作者一致认为，人的发展是个令人着迷的现象。我们为何是如今的模样？我们何以成为今天的自己？先天与后天分别在这一过程中扮演着怎样的角色？从另一个角度说，这个问题的答案也很复杂。下面，我们将解释是什么让本书的研究重点如此令人着迷。

观察性研究 vs 实验性研究

我们为何要跟踪研究跨越时间维度的生命？这一问题的答案，除了与本书作者是书中讨论的三项研究事业的参与者有关，还与它们所共有的两大重要科学特征密不可分。首先，从性质上说，这三项研究均为非实验性的观察性项目。我们并未做出任何促进或改变儿童、青少年或者成人发展的努力。我们的研究也不涉及企图改变人的发展的本质及过程的干预措施。我们是观察者，而非干预者；我们是历史学家，而非政策制定者。因此，三个研究项目的核心是监测和记录——也就是观察——研究对象在生活中经历了什么，以及随着时间的流逝，他们如何发展和变化。正如达尼丁研究中的一名研究对象在谈及长期参与这一项目的感受时所言："作为达尼丁研究的一分子，就像置身于狮子跟踪瞪羚的自然纪录片；科学家从不试图拯救瞪羚或者阻止狮子，他们只观察。"不管我们有多欣赏这个比喻，它依然不是百分之百准确的。当研究对象明显对自己或他人构成迫在眉睫的威胁时，我们还是会履行法律和道德责任，确保有关人员或家庭能够获得援助。在其他情况下，我们只会当旁观者。

无论如何，我们采用的基本上是观察法，因为这三个项目所涉及的，以及本书所有章节呈现的大部分问题，都不可以通过实验性的介入来得到研究结果。没有谁会为了方便我们开展研究而同意虐待自己的孩子，或者不顾质量是高是低，将孩子随便送去一个托儿所，以便我们评估日托对孩子的影响，更没有谁会为了让我们研究性早熟和性晚熟的影响，而允许自己的女儿服用药物以减缓或加快身体发育。再举最后一个例子：谁会愿意让自己的孩子无端遭受霸凌，只是为了方便我们评估这种暴行所造成的影响？

有一部分科学家、学者、普通群众和政策制定者不太看得上观察性研究，原因是他们将通常采取随机临床试验形式的实验性研究视为科学探究的金科玉律。正如这一术语所体现的那样，此类研究项目的参与者会被随机分配至甲组或乙组治疗条件下，或被分配至不会接受治疗的对照组，以便展开比较。随机分配的目的是确保接受不同治疗的两组人从一开始就不存在差异，或至少增加这样的概率。因此，我们可以得出一个强有力的推论，即任何组间治疗后的差异，其实都是正在研究的治疗方法所造成的结果。所谓治疗，可以是（为了降低食欲）服用药物或安慰剂，（为了让自己在管教孩子时态度放温和些）参加这样或那样的训练，或者获得一段特定的经历（比如到公园里认识大自然）。这种研究安排往往比观察性研究更能证明因果效应的存在，但正如前文所述，并不是所有研究人的发展的学者感兴趣的事物都能被实验操纵。这也是为什么气象学、地质学和天文学本质上属于观察性科学——人类无法通过改变天气、地球或其他行星来观察这样做会产生什么后果。换言之，观察性科学是一门科学，其科学性不亚于那些严重依赖或完全依赖实验的科学。

随机临床试验这一"金科玉律"与观察性探究方式常呈现分庭抗

礼之势。在我们提出上述相关主张时，最后有必要强调的一点是，尽管随机将个体分配到一个假定有益的治疗组或对照组是随机临床试验产生效用的核心所在，但一个鲜有人提及的事实是，并非每个人都愿意把自己置于可能会被随机分配到一个对照组的位置上——尤其是当实验性治疗的内容是有好处的，且在绝大多数情况下都有好处的时候。也许有人会说："当然好啊。我很乐意参加，只要我能被分配到治疗组而不是对照组。"然而，只要个体提出这样的主张，他／她便会被排除在随机临床试验名单之外，因为无论是实验组还是对照组，受试对象都必须愿意接受分配给他们的任何情境。

这就意味着，随机临床试验的结果并不像人们通常所认为的那样具有普遍性——因为鲜有不愿冒被随机纳入对照组风险的人同意参加这类试验。随机临床试验受试对象临阵退出的比例也很高。换言之，就算某种治疗方法能产生某种效果，也并不表示将其应用到大众身上就一定会奏效。毕竟，人群中还是会有相当一部分人不愿意充当该治疗方法的"小白鼠"。因此，即便某个方法对于能接受在实验中被随机分配的人有效，也不能保证其同样适用于那些完全不接受被随机分配的人，或者抱有一丝侥幸心理，但其实内心无法接受被随机分配到对照组的人。"一刀切"的概括方式有时没什么问题，有时却会出问题。从这个角度看，用"金科"来描述实验性研究似乎有误，"银科"的说法可能更加准确。话虽如此，我们并不是要全盘否定随机临床试验，认为实验性研究一无是处，只是想告诉那些对观察性科学嗤之以鼻的人，不妨抱着思辨的态度重新审视这个问题。

当然，基于实证结果推导结论时，开展观察性研究的科学家必须敏锐地意识到自身研究策略存在的局限性。对于像我们这样研究人的发展的学者而言，在统计发展经历与环境因素之间的关联性，以及人生早期机能与日后发展之间的联系时，需谨慎推断因果关系。众所周知，相关性，即统计上的关联，并不一定能证明某事和另一事之间存在因果关系，比如青春期摄入大麻与成年期的认知机能之间并不存在确定的因果关系。我们明白，以本书重点阐述的观察性研究为基础，几乎不可能得出确凿的因果推论，但我们仍坚信自己可以尽可能地减少人的发展的因果效应相关推论受到误导的可能性。读者会发现，在本书中，我们通过反复思考和实证评估其他可能的结果，一而再、再而三地质疑自己最初的研究发现及其推导结论。只有当我们做到这一点，且发现替代性结论不尽如人意时，我们才能接受最后所呈现的论据。我们撰写本书的一个动因就是要把这一点讲清楚，记录观察性科学之于理解人的发展的效用，同时展示如何利用通过这种方式获得的知识来指导干预措施并促进服务的发展，以预防或解决人的发展问题，并创造福祉。

前瞻性研究 vs 回顾性研究

除观察性研究这一属性外，构成本书根基的三个研究项目的第二个共同特点是，它们都颇具前瞻性地跨越时间维度，跟踪个体生命。如何理解这句话呢？这里面的关键词是"前瞻性"，与之相反的是"回顾性"。在人的发展的回顾性研究中，人们研究个体在某个时间节点——儿童期、青春期或者成年期的机能，然后努力将观察到的现象与个体回想起的之前的经历、之前的环境因素或者之前的机能作用方式联系起来。最近有不少关于不良童年经历的研究，比如遭受虐待或者父亲/母亲是瘾君子。大多数由医生牵头的研究，试图从询问成人10年前、20年前或30年前的儿童期经历中，找到成年期健康或疾病的起源。在这种回顾性研究中，儿童期之后的社交、情感和认知机能，甚至身体健康等潜在因素，在出现变化时并没有被记录，它们只能建立在（按理来说）发生于人生早期之事的"回顾性"报告的基础上。相比之下，本书呈现的所有前瞻性研究，都会在个人经历、环境因素和人生早期的机能实际出现（或接近出现）之时做记录，然后跟踪个体的成长和发展。这使得研究人员可以将这种前因、潜在的因果因素和过程与未来的结果联系起来。正是对研究对象的长期跟踪，赋予本书项目纵向研究的特征。

人们可能有理由怀疑，在研究人的发展时，像我们这样采用前瞻性方法，或者像其他人那样选择回顾性方法，其实没那么重要。举两个例子来说明这两种方法的功能性差异，这也是前瞻性研究者做研究的主要出发点。第一个例子关于儿童期问题行为的早期起源，这种问题行为经常会导致孩子学业无成，也难以跟同龄人相处。回顾性研究一般会提出这样的假设：在小学时期表现出攻击性及不合作态度的孩子，他们的行为方式只是其早期生活方式的持续反映。换言之，如果某个孩子在人生早期便表现出难以相处的气质（主要表现为在婴儿期常哭闹、入睡难、进食难、难以适应新环境），那么他/她在小学时期也会表现出我们所描述的问题行为。在此顺道一提，人生早期的机能与日后的机能之间的关系是本书第二部分讨论的重点，该部分阐述了本书的第一个核心主题和目标：确定孩子在人生前5年、前10年、前15年的思维、感受和行为方式能否预测其日后的人生，如果能，其作用机制又是怎样的。

如果采用回顾性的方法来评估上述假设，我们也许会与诊所的医护人员合作，他们为具有攻击性、不合作态度以及反社会人格的儿童提供治疗。鉴于对孩子早期气质的假设，我们会问前来就诊的孩子的父母一个基本问题："你的孩子是什么时候开始产生这种问题行为的？"有证据显示，多数父母回答："哦，他一直都是这样的，从出生起就折腾个不停，哭闹、不好带，有时让人束手无策。"如果有足够多的父母回忆起孩子的问题行为在人生早期发作时的情况，我们也许就能得出可证实上述假设的结论，即儿童期问题源于婴儿期的困难型气质。

在我们满怀信心地接受这一基于回顾性信息所得出的结论之前，不妨花时间思考：在刚刚描述的这类调查中，谁还没有被研究过？是未曾接受治疗的儿童。他们在婴儿期或许与最终到心理诊所接受治疗的人一样难对付，但因为没有发展出需要接受治疗的问题，所以研究人员无法收集他们的信息。如果将这部分儿童包括在内，那么婴儿期的困难型气质行为与儿童期问题之间的关联强度，就会比回顾性研究法所凸显的小得多。只有通过开展前瞻性研究来记录人生早期的性格气质，顺着时间推移的方向对儿童进行前瞻性跟踪，我们才有信心认为自己没有忽视那些在婴儿期拥有困难型气质，在日后却能很好地适应学校环境的孩子。我们通过前瞻性研究识别出的婴儿期困难型气质与其日后行为问题之间的关联更准确，也更有意义，因为它们不是通过"马后炮式"回顾得出的假象。

这不只是一个纯理论、纯学术的"象牙塔"问题。如前文所述，在过去几年里，关于不良童年经历的研究与发现层出不穷。这是我们探索回顾性研究的潜在局限性和前瞻性研究的科学优势的第二个例子。医生们报告了许多激动人心的研究成果，他们发现，根据患有某些特定疾病、患有其他各种疾病或处于亚健康状态的患者的回忆和描述，其在成长过程中遭受虐待或接触包括家庭暴力在内的危险环境因素的经历比其他人更多。这项研究结果被如此广泛地接受，以至于如今许多医生往往会要求成年患者在分享其病史的同时，还填写一份简短的问卷，来列举可能接触过的逆境，进而分享其成长经历。此举能帮助医生更好地了解患者，甚至有助于解读患者不良健康状况的人生早期影响因素。

几十年来，心理学家一直想知道（并担忧）成人回忆童年的准确性（因为有太多人认为自己回忆得非常准确），于是就此展开研究。有趣的是，研究表明，人们成长过程中的记忆，尤其是父母如何对待自己，可能会因回忆童年时的情绪和心理健康状况而失之偏颇。因此，抑郁之人所描述的童年经历往往比不抑郁之人的更加糟糕。但这难道就不可能是因为抑郁症患者的童年实际上更糟糕吗？这当然是有可能的，但由于存在情绪性偏见的风险，回顾性调查难以阐明这一问题。

因此，在达尼丁研究中，我们会评估两个内容：第一，研究对象的童年经历记录与其几十年后所描述的内容之间的相似度；第二，每一幅童年经历的写照与研究对象健康状况的客观测量结果（如血压）和主观评价（例如："你会怎样评价当下的健康状况——极好、不错、一般、不好还是糟糕？"）之间的关联机制。两项评估的结果所显示的一致性高吗？研究对象后来的描述与之前的对得上吗？从通过儿童期经历预测成年期健康状况的角度而言，回顾性报告是否与前瞻性测量结果一样准确？欲寻找上述问题的答案，请阅读第十六章！卖完关子，我们不妨先了解一下本书的大致内容。

全书导读

本书由五个主要部分（第二至第六部分）组成，它们紧接着相当于引言的第一部分展开叙述，最后以结语性质的第七部分收尾，第七部分收录了我们从这五个实质性部分涉及的工作中所得出的一些结论。在概述相关主题之前，必须明确一点：本书描述和讨论的都是由作者及其同事们合作完成的研究工作内容，它并不是对人的发展领域知识现状的回顾、调查或总结。相信我们已在关于这一点的开场白中说清楚了，这是一次研究人的发展的科学探索。话虽如此，读者们应该意识到，我们的研究与其他所有学者的工作一样，均建立在前人取得的见解与认知之上。每一章所基于的具体研究均可在书末的参考文献中找到完整的学术引用。

在构思阶段，我们很早就对一个问题做出关键决定：我们是需要回顾并参考其他许多研究人员的工作，还是只专注于自己的工作？毕竟，许多和我们在同一领域辛勤耕耘的同事甚至朋友的努力都对我们的思考和调研方法产生了影响。这一问题的科学表述是："在展示自己的研究前，我们需要对多少现有学术文献进行综述？"与科学领域和生活中的许多事情一样，开明的思想家和作家在这一问题上可能会产生开诚布公的意见分歧。我们一开始就决定，不把时间和篇幅花费在对书中众多主题的学术性"文献综述"上，而侧重于阐明哪些概念性问题和科学疑问指导了我们（及其他人）的研究，并且仅呈现我们自己的研究细节。

这并不意味着前人的研究不重要。除了在极少数情况下（比如爱因斯坦的相对论），几乎所有科学家都"站在巨人的肩膀上"，"欲穷千里目"。我们同样如此（毕竟，我们不是爱因斯坦）。我们分享的全部工作都建立在他人研究的基础上，而且我们希望能够对其进行拓展，同时为未来的调研提供类似的素材。任何查阅本书参考文献中列出的学术出版物的人都会清楚这一点，因为每一条都为我们独一无二的研究奠定了坚实的学术基础。英国诗人约翰·多恩有句名言："没有人是与世隔绝的孤岛，每个人都是大陆的一部分。"（出自《丧钟为谁而鸣——生死边缘的沉思录》，1624年出版。）这当然也适用于现代科学，我们很荣幸能成为这个整体的一部分。

正如我们希望展示的那样，进行纵向观察性研究的人有时就像苦心经营果园的果树栽培学家；有时像准备大餐的厨师；有时像试图解开谜团的侦探；当然，有时像去人迹罕至之地寻宝的探险家，心存期待却无法确定将会发生什么。和果树栽培学家一样，我们这些从人生早期开始研究人的发展的人有时不得不等待数年，静待"树木"成长，才能将"果实"收入囊中。在提出（更别说回答）许多关于人的发展方面的问题（比如：从儿童期到青春期或成年期，人们是会改变还是会保持不变？人生早期所处的顺境或逆境是否会影响我们成为什么样的人？）之前，我们需要等待幼童成长为青少年和成人。纵向研究者和厨师一样，收集了很多信息，将其保存在数据档案库中（把它想象成食品储藏室吧），当我们想要调查一个有关人的发展的问题时，我们就去储藏室里选择必要的"配料"（读取测量的变量），这样就能"备餐"，即进行必要的数据分析，以实证范式阐明正在研究的问题。

制订研究计划时，我们经常得扮演侦探或者寻宝者，有时甚至是探险家的角色。通常情况下，我们会利用之前的工作成果，它可以告诉我们关于研究方向和可能出现的研究结果的线索。在科学领域，这被称为研究的"前设"。当然，如此直接、能令人笃定地认为自己会找到正在寻找之物的线索，少之又少。在这种情况下，我们就会戴上侦探或寻宝者的帽子，根据他人提供的"蛛丝马迹"和所受的学术训练做出推测，那便是我们对期望寻找之物的预测。但有时线索如此令人困惑，即使得到，我们也无法提出一个假设，最终只是提出问题，希望能够得到答案。从这个意义上说，我们就像探索未知的探险家。

今天，人们对科学产生诸多怀疑，其中一些当然有一定道理，比如研究发现是否具有可复制性，这的确是一个重要的问题。可悲的是，许多人认为科学家找到的都只是他们想要的东西，意识形态及宣传玷污了科学探究。虽然从某种程度上说这也没错，但如果将其应用于更广泛的科学世界，则代表了一个严重错误的认知。正如我们在本书中反复强调的那样，好的科学包括对客观知识的冷静追求。尽管没有科学家能百分之百地肯定无意识的偏见不会破坏客观性，特别是在本书所涉及主题的情况下，但严谨的科学家之所以勤勉工作，就是为了避免此类情况发生。

本书第二部分阐述了我们在某种程度上已经触及的观点——"儿童是成人的父亲"。这句古老的谚语（出自浪漫主义诗人威廉·华兹华斯在 1802 年写的诗歌《我心雀跃》）指的是：孩子的心理和行为倾向可以让人了解他们长大后，包括成年后会变成什么样的人。它简明扼要地提出了一个长期存在的假设，即儿童的思维、感受和行为方式预示了他们日后的人生。因此，在第二部分的第一章，即全书的第二章中，我们重点关注了人在 3 岁时的气质，并将其作为成年早期发展的预测因素，结果发现，似乎有些儿童在人生早期及日后都选择了"顶撞世界"，另一些儿童会选择"远离世界"，还有一些则以自信、友好和开放的方式与世界打交道。第三章进一步研究了人至中年，探寻在人生前 10 年里表现出的自我控制力是否会产生长期影响。我们将这一章取名为"自我控制力"。第四章，即第二部分的最后一章，论述了儿童期被诊断出患有 ADHD 与中年期同样的失调问题之间的联系。这一章所关注的人的发展问题在于，成年期的 ADHD 是否代表人生早期 ADHD 的延续。

第二部分论证了"儿童是成人的父亲"这句谚语，为接下来的四个部分奠定了基础，它们均围绕为什么儿童和青少年会以他们各自的方式发展而展开。第三部分处理本书的第二个核心主题和目标：确定家庭经历是否以及如何塑造儿童和青少年的未来发展。鉴于人们普遍认为父母的育儿方式对儿童和青少年的发展有相当大的影响，我们开启关注家庭影响的第三部分，在第五章发问，父母为何以这样或那样的方式养育孩子。大量研究表明，虐待性和忽视性的育儿方式的代际传递即便不是一定发生的，也是经常发生的。在达尼丁研究中，我们评估了友好、善于激励、给予支持的育儿方式是否也存在同样的情况。大量研究表明，从广义上讲，后一种育儿方式对儿童和青少年的幸福感具有提升作用。第六章调研了促使在达尼丁生活成长的男孩犯罪的家庭条件，将从儿童期起就经常违规的男孩和进入青春期才违规的男孩区分开来——因为尽管这两个群体在青少年时期的行为十分相似，他们在成长过程中的家庭经历却截然不同，从而影响了未来的发展。与家庭影响有关的第三章，即全书第七章，将注意力转向女孩，审视了青春期生理发育提前的原因和结果，对达尼丁研究和NICHD幼儿保育与青少年发展研究的结果都有论及。研究结果令人惊讶：有问题的家庭关系似乎加速了女性青春期生理发育，从而促进了青少年性行为。第七章与随后的几章一样，阐明了促进复原力的因素。复原力是一种遭遇逆境而不屈服于负面影响的能力。通过研究复原力，我们找出了当孩子在逆境中成长时能够阻止问题进一步发展的条件。这是本书的另一个主题和目标：阐明怎样才能不让研究发现的逆境效应（例如早年的生活逆境导致性早熟）发生，以及这对于干预和提供服务有何影响。

本书第四部分带领读者走出家庭，进一步探讨第三个核心主题和目标：确定家庭之外的发展经历和环境因素是否以及如何塑造人的未来机能。我们讨论了日托（第八章）和居住环境（第九章）对儿童及青少年发展的影响，以及两个与同龄人影响有关的主题：儿童期的霸凌（第十章）和青春期开始的吸大麻行为（第十一章）。第十章在NICHD的研究的基础上，提供了关于日托对儿童和青少年发展的影响的好消息及坏消息。有关霸凌的一章基于我们对英国儿童青少年时期的研究，它是环境风险研究的一部分，强调了霸凌对身心健康的短期和长期影响。第十一章同样基于这项英国研究，关注在经济贫困社区成长对儿童发展的影响。有意思的是，我们发现与富裕家庭之间的近距离这一点很重要。近距离接触富裕家庭真的像许多政策制定者和社会活动家所推测的那样，更有利于英国贫困家庭中孩子的成长吗，或者说近距离接触贫困家庭会损害幸福吗？本部分的最后一章，即第十一章表明，吸大麻通常是因为青春期受到了同龄人的影响，此举会损害认知机能和心理健康，而且如果坚持这一恶习至 30 岁以后，认知机能和心理健康将大大恶化。值得注意的是，所有章节都强调了人的发展的概率性（本书的另一个主题），因为不是所有孩子都会屈服于有风险的环境的负面影响。对促进复原力的因素的观察再次为一个问题提供了有益见解：面对诱发问题的发展经历和环境因素，哪些行为有助于防止人的机能出现问题？

如今，人们普遍认为，如果希望了解个体的发展方式为何如此不同，就必须借助遗传学。毕竟，没有先天就没有后天（反之亦然）。所以，第五部分的前两章，即第十二章和第十三章，阐述了本书的第四个核心主题和目标：确定个体的基因构成是否以及如何影响发展。在这两章里，我们评估了某些特定的基因能否解释谁在开始吸烟后会对尼古丁上瘾，谁不会上瘾，以及一组不同的基因能否被用于预测成功人生（体现在高地位的职业、向上社会流动和财富积累等方面）。研究结果将引发遗传决定论者的担忧，但正如我们将要阐明的那样，考虑到人的发展的概率性，基因影响并非不可避免。这并不是说它们不重要。持相反论点的人显得既过时又愚蠢。在同样涉及遗传学的第十四章和第十五章中，我们越过所谓基因型与表型的直接关联，研究了基因与环境的相互作用。这一关注点涉及探讨先天和后天因素是如何通过促进男性暴力（第十四章）和抑郁症（第十五章）来交互式地共同破坏人的发展的。我们延伸了对压力之下的复原力的兴趣，依据基因构成来辨别哪些人面对逆境不堪一击，哪些人越挫越勇。上述所有与基因相关的研究工作都是基于达尼丁研究展开的。

之后，我们在第五部分讨论遗传学的最后一章转向环境风险研究，这一章关注的是可能会被称为"新遗传学"的表观遗传学。第十六章评估了是否如现在的理论和一些证据所表明的那样，青春期的受害经历实际上通过表观遗传甲基化的过程"关闭"了一些基因的影响（基因表达）。若是如此，这将表明不仅基因是最终影响人类机能特定方面的首要原因，发展经历和环境因素实际上也会对人的发展起作用。此外，我们还可以把基因视为受其他因素影响而变动的因变量。

鉴于之前章节的重点是塑造人的发展的多种影响源，以及"儿童是成人的父亲"这个说法是否成立，我们在最后一个主要部分即第六部分将焦点转到衰老的过程上，从而确定中年期健康是否以及如何根植于儿童期。第十七章提供了来自达尼丁研究的证据，表明中年期健康确实根植于儿童期，并探讨了通过前瞻性和回顾性方法测量的不良童年经历的问题。第十八章借助了环境风险研究，通过考量免疫系统、逆境生理反应和遗传学，观察逆境是如何"渗入皮肤"并进行"生物学嵌入"的。最后，第十九章关注中年衰老，研究了生物性衰老的差异，并报告了达尼丁研究中年龄相同的个体如何以及为何在生物性衰老速度上存在差异。

结论章即构成第七部分的第二十章回顾了全书的所有内容，并强调了开展三项前瞻性纵向研究的过程中浮现的主题，它们构成了本书的根基。这些主题包括：童年机能往往是人的未来发展的绝佳预测因素；没有一个单一影响源能起典型的决定性作用，因为人的发展是由多种相互作用的因素决定的，包括家庭内外的经历，以及基因；有证据表明，某些孩子比其他孩子更能适应逆境，原因多种多样（例如支持型育儿方式、居住环境的集体效能和个体的基因构成）；这些结论让我们有充足的理由相信，问题是可以被预防甚至被补救的，从更广义的层面来讲，人类可以提升自己的幸福感。然而，我们明确地知道，人的发展是一门仍处于婴儿期，或者至少处于童年早期的学科，"人生彼岸，前路漫漫"。毕竟，需要学习的东西还有很多，因此不妨将本书分享的内容当作一份研究进度报告来阅读。我相信，通过本书以及其他类似的大体量、高信息量、前瞻性地跟踪研究生命"从摇篮到坟墓"的著作，读者会明白人的发展相关研究正在取得进步。

第二部分

儿童是成人的父亲

第二章

顶撞世界，远离世界

> 彩练当空，
> 我心雀跃；
> 幼时如此，
> 成年不改，
> 垂暮亦然，
> 否则毋宁死！
> 儿童是成人的父亲；
> 唯愿悠悠岁月，
> 始终跃动着对自然的虔诚。
>
> ——威廉·华兹华斯《我心雀跃》

诗人所言"儿童是成人的父亲"暗示个体成年后的样子或多或少地反映了自己幼时的模样。从这个角度来看，儿童的行为和机能可以预示并预测成人的行为和机能。从某种意义上说，这是以不发展的眼光看待人的发展：这种观点认为，随着时间的推移，人在成长中几乎不会发生太大变化，相较于年轻时，我们只不过年岁渐长，成为更复杂的自己。美国第45任总统唐纳德·特朗普就持这种观点。2016年参加总统竞选时，他声称自己即使年至古稀也仍与学龄前时期无异。尽管当时他几乎是世界上最有权力的人,然而在竞选期间,他的行为相当情绪化、冲动,所以看起来还真是那么回事。但普通人呢?成人的行为和机能会在多大程度上反映其幼时的模样?反之,幼时的你我能否预测你我成年后会变成怎样的自己?

在人的发展领域,延续性与间断性(不变与变)是一个古老的问题,只不过还有其他类似表述。50多年前,为了回答这一问题,纽约的两名儿童精神病学家斯特拉·切斯和亚历山大·托马斯启动了对早期气质的研究。他们支持延续性的观点,持同样观点的还有哈佛大学的发展心理学家杰罗姆·卡根。多年来,卡根进一步发展了这一观点,直到退休。如今已80多岁高龄的他,仍然笔耕不辍,包括撰写以人的气质为主题的学术论文。一方面,包括卡根在内的发展学者强调,人的发展过程展现了惊人的延续性,直到青春期乃至成年期,人都依然保留着儿时的气质;另一方面,一部分学者则聚焦于人的发展历程中的非凡变化——在人生画卷徐徐展开的前几十年里,令人意想不到的飞跃、曲折和起伏时有发生。

有一点基本是公认的:自小时候起,每个人的气质就已经有了显著的个体差异,表现在儿童的心理和行为倾向上。有些婴儿面对逆境时泰然自若,似乎对令同龄人痛苦之物无动于衷;另一些婴儿很脆弱,容易心烦意乱。有些蹒跚学步的孩子好奇心重,乐于大胆地接近新奇和不熟悉的人、地、物;另一些孩子畏畏缩缩,倾向于在行动之前观望等待。有些人时刻笑意盈盈,有些人却羞于表达,不愿公开流露积极情绪。在个体还很小的时候,包括出生后第一年,诸如此类的性情差异就能被观察到。托马斯和切斯把童年早期的气质划分为3种类型:容易型、困难型和迟缓型。随着本章的深入,拥有不同气质的孩子的行为差异将越来越明显。

对于今天许多研究儿童发展的学者来说,先天或早期气质特征,是观察人在日后可能的发展表现(如攻击性、焦虑等)的第一条线索。可不少父母往往在生二孩时才相信气质理论,尤其是当第一个孩子是"容易型"而非"困难型"宝宝时。这是因为,"容易型"一孩的父母往往把孩子好相处的性格归因于自身的育儿技巧。当目睹其他新手父母疲于应付入睡难、适应不了新环境的宝宝时,这些父母往往会认为别人的育儿方式有问题。他们经常想:"如果那个孩子在我们家,就不会这么难带了;问题肯定出在育儿方式上,与孩子无关。"可当二孩出生后,父母才发现这个孩子与易于管理的第一个孩子在气质上截然不同,突然就会认同"天生的气质差异"理念。在这种情况下,父母通常会转变理论,从强调育儿方式影响的后天转向关注天生气质的先天。一种更加微妙的观点出现了:"重要的不是(或者至少不完全是)如何照料孩子,而是孩子自身带来了什么。"

本书的一位作者在养育两个儿子时,对这一观察结果深有体会,只不过顺序得颠倒一下:一孩难照顾,二孩好相处。他的第一个孩子是个高需求的宝宝,很难安抚,也不容易哄入睡,以至于父母不禁崩溃地发问:"这世界上不应该有更多的虐童事件发生吗?"照顾孩子就是这么折磨人。与此同时,他们意识到,由自己来抚养这个"磨人的"孩子或许是件好事,换作其他一些心理承受能力差、经济状况不佳、教育资源更加匮乏的父母,很容易会被激怒,变得行为粗鲁、麻木不仁,甚至可能会虐待孩子。这种情况肯定不在少数。

当事实证明这位作者的二孩比一孩好带得多时,他想知道:如果一对夫妇的一孩非常好带,以至于他们自我感觉良好,认为育儿对他们来说不在话下,结果二孩却是个极富挑战、任性妄为的孩子,他们内心得多崩溃?如果可以选择,你愿意先易后难,还是先苦后甜呢?显然,这个问题没有标准答案。

对于研究儿童发展的学生来说,儿童是不是成人的父亲,以及人生早期的气质是否预示着日后的发展机能,这是实证问题,而非哲学问题。人在幼年时表现出的气质,比如行为特征,是否会预示(具有统计意义的预测)他们在日后的人生中将有何种表现?或者换个角度说,人生早期的气质是否蕴藏着成年人格的发展根源?达尼丁研究完全有能力回答这个问题,因为它既有时间长度,也有研究深度。本章首先探讨3岁时记录的气质是否以及如何与15年后,即18岁时评估的人格产生关联，进而研究早期气质能否预测研究对象满 21 岁后在现实生活中与朋友、家人、伴侣之间的人际关系，且这种预测是如何实现的。最后，我们甚至会考虑个体 3 岁时的气质是否会影响他在大约 30 年后，即 32 岁时的赌博恶习。

早期气质与青少年人格

关于对早期气质的探究，发展学者至少有两种研究方法可以选择，两者的区别可以通过对比两类不同的观察结果来理解和区分："有些人比其他人更活跃"以及"有人好动，有人好静"。此处要留意的是，第一类观察将活跃程度作为一个从高到低的维度来测量，第二类观察将人划分为不同类型，比如切斯和托马斯把孩子分为容易型、困难型和迟缓型。从本质上讲，这两种思考人与人之间差异的方式并没有好坏之分，每一种都有用。举个例子，如果我要洗澡，我就会以维度来判断水温，问自己："水够热吗？要不要再热些？"但如果我想煮意大利面，那么问题就并非水太热还是太冷，而是水是否烧开了。维度测量和类别划分这两种方法，都很适用于儿童气质的研究。

在打算进一步研究与日后机能相关的早期气质所产生的影响时，我们采用的是类型划分法，遵循切斯和托马斯的范例，将 3 岁儿童分为不同的气质类型，后文对此会有详述。之所以决定采用这种方法，是因为我们想同时探讨研究气质的多个方面，而不是一次只关注一个方面。我们会问这样的问题："一个孩子害羞、多动且在痛苦的时候不易安抚，另一个孩子活跃、善于交际且易于安抚，两人的发展差异会很大吗？"我们并没有分别研究害羞程度、活跃程度或安抚难易级别所产生的影响，而是马赛克式地综合多项特征来完整描述个体，不局限于他的某一面或者某项特征。

需要明确的是，我们并不认为自己采用的"以人为中心"的方法比所谓的"以变量为中心"的方法更好，后者每次只关注一个维度，如害羞程度或者活跃程度。一种方法也许比另一种更合适，这取决于研究者所预测的发展结果。如果有人想预测运动能力，那么不妨从个体活跃程度的维度出发来检验以下观点：人生早期比其他孩子更活跃的孩子，长大后比他人更可能成为运动员。这或许很有道理。但如果某人想要预测个体的恋爱对象或者伴侣的特质，那么同时关注外表、智力和亲密度可能更加奏效。研究人的气质就像物理学家研究光的本质一样：有时候得把光视为光波，有时候将它视为粒子（光子）才更说得通。

多层面的、以人为中心的气质研究方法提出了一个有意思的问题，即多重独有的特征是如何结合在一起的。想象有三种不同的气质特征，分别称为A、B、C，每个孩子在每一种特征上的得分要么高，要么低。这意味着，至少在理论上，可能会产生8种不同类型的孩子，因为当2种可能的A特征（高分者和低分者）与2种可能的B特征杂交时，会产生4种可能的性状，它们再与2种可能的C特征杂交，就得到了8种可能的特征组合，从而形成了8种不同的个体类型。如果我们把孩子的每种特征分为高、中、低三个等级，那么理论上可能出现27种不同的气质类型（$3\times3\times3=27$）。如果气质有5个方面，按高或低来测量，就可能有32种不同的气质类型（$2\times2\times2\times2\times2=32$）！

但是真的会出现这么多不同的类型吗？尽管理论上可能存在8种、27种或32种潜在的气质类型，但这并不意味着它们都会在达尼丁研究或者其他各种科学研究中出现。气质的理论上的设想空间未必会被填满，即不一定每一种潜在类型的孩子都会被代表。换言之，达尼丁研究不一定能映射到多种个体特征的实际排列组合上。这就像动物及其特性的进化一样。只不过在多种多样的动物中，某些特征组合通常同时存在，例如，体形大且具有攻击性，或者体形小且速度快（以躲避体形更大、更有攻击性的捕食者），但有些特征组合（含两种特征及以上）在自然界中根本找不到。例如，世上并不存在壮如大象的攻击性鸟类（原因显而易见）。因此，我们面临的第一个与早期气质所产生的发展影响有关的挑战，是如何利用3岁时收集的与气质相关的信息，来识别出不同类型的儿童。

第二章　顶撞世界，远离世界

气质类型

我们在开始探索之旅前需要做好准备。在启动任务的第一阶段——在孩子 3 岁时确定其类型之前,需采取几个初步步骤,以便在第二阶段确定 15 年后他们的性格是否不同,以及有何不同。首先,我们采用了出自奥塔哥大学实验室测试员之手的 22 项不同的儿童行为评级指标,他对每个 3 岁的受试对象都做了大约 90 分钟的评估。基于孩子在多种情况下的表现,这些评估旨在检测他们的认知、语言和运动能力。孩子们需按要求做出特定动作,比如单腿站立,或者解决特定的问题,比如把一个物体放在形状配对板的正确位置上(例如,正方形物体穿过正方形的孔,三角形物体穿过三角形的孔)。测试员的评级涵盖儿童心理和行为机能的多个方面,包括孩子表达不同情绪,以及表现得不安、冲动和任性的程度。同时,测试员评估了孩子在测试过程中是积极参与还是选择退出任务,注意力持续时间的长短,以及孩子消极、自责、谨慎、友好、自信、自立、害羞、口头顺畅交流和恐惧的程度。

测试员陪着孩子完成测试和观察的所有阶段,直到 90 分钟后才打分。每个特征都按维度评分,每个孩子的每项特征都会得到一个分数。例如,第一个非常冲动但不太胆小的孩子会在冲动上得到高分,但在恐惧方面得分较低;第二个孩子可能在这两项特征上得分都很高;第三个孩子可能两项得分都很低;第四个孩子与第一个孩子恰恰相反,冲动程度低、恐惧程度高。要知道这些评级指标制定于 1975 年,鉴于达尼丁研究的纵向性,直到 15 年后我们才会用它们来预测成人的机能。这种跟踪个体发展的前瞻性工作无疑需要时间。不妨回想第一章使用的比喻:研究人的发展就像种果树,在收获之前,果树栽培学家只能等待。

1975 年之后许久,当我们决定研究儿童早期气质所产生的发展影响时,我们从数据档案中调取了对每个孩子做的 22 项评级的结果,以确定是否可以依靠一种复杂的多变量统计手段,来识别不同类型的孩子。此处的多变量指的是对每个孩子做的 22 项单独评级的结果,即多元变量，或者说不同的测量值。这种统计方法基本上可以将在多项特征上得分相近而与他人不同的孩子分成一组，于是我们通过"以人为中心"的方式，识别出 5 种类型的儿童。

在达尼丁样本中，不受控制型儿童占 10%，他们易怒、易分心，并且似乎不喜欢自己 3 岁时在大学实验室里的经历。他们很难集中注意力完成任务，连坐着不动都很难。他们的行为很冲动，不愿花时间思考被要求完成的任务。这些孩子与切斯和托马斯认为的"困难型"儿童非常相似。

抑制型儿童占样本的 8%，他们害羞、恐惧，几乎不与人交流，至少不怎么爱说话，在与不熟悉的测试员打交道时显得心烦意乱。和不受控制型儿童一样，他们很容易分神，难以集中注意力，但他们并不冲动。这些孩子非常接近切斯和托马斯认为的"迟缓型"儿童。

自信型儿童占样本的 27%，他们特别愿意也十分渴望探索测试员要求其参与的活动。他们很少或完全没有表现出与父母分离的担忧，与父母分离是测试的某些部分所要求的。就人际关系而言，他们对测试员的反应很积极。换言之，他们似乎很快就适应了实验室的环境和对他们的要求。这些孩子类似于切斯和托马斯定义的"容易型"儿童。

占样本 15% 的内向型儿童对测试环境感到不适，他们害羞、恐惧并且容易自责。然而，与抑制型儿童不同的是，他们在与测试员打交道时会适度回应，不适感并不妨碍他们完成任务。所以，尽管有些胆怯，他们还是能够专注地做事。

最后，占样本 40% 的适应良好型儿童，在有需要时能够"克己复礼"。他们相当自信，并试图挑战困难的任务，当一项任务（比如拼拼图）的难度超出想象时，他们也不会过度沮丧。测试伊始，他们确实表现出一丝犹豫，然而，他们很快就变得活跃、友好。

也许有人会问，如果在新西兰达尼丁以外的地方开展类似研究，是否也能像我们一样识别出这 5 种类型的儿童。在我们的工作中，类似的疑问实际上经常出现，十分普遍，因为在许多人眼中，达尼丁是个十分遥远的地方，与别的地方很不一样。事实上，新西兰与其他现代工业化西方国家非常相像，当然其中也包括美国等英语国家。因此，当看到本章和全书汇报的发现与研究儿童、青少年和成人发展的学者在 WEIRD 世界里其他许多地方的发现非常相似时，我们并不会感到惊讶。值得一提的是，在另外的研究项目中，我们从美国东北部一座大城市成长的贫困非裔美国儿童的样本中得到了与达尼丁研究一致的气质群体。别的地区也有研究人员报告过类似的结果。

成年早期的人格

孩子们初进实验室时只有 3 岁，15 年后，我们用一份标准化问卷来测量他们大多数人的人格，研究对象通过完成问卷来描述自己。在我们的探索之旅的第二阶段，我们在变量层面得出了 10 个人格维度，并以此为基础比较了 5 组孩子。在这 10 种特质中，只有一部分能够将现已 18 岁的其中一组孩子与另外 4 组人区分开来。而这部分特征正是我们在阐述儿童是不是成人的父亲这一问题，或者说早期气质能否预测日后人格这一问题时的唯一考量对象。

总的来说，5 组孩子 18 岁时，单独测量的人格维度有一半是不同的。证据显示，在学步期被归类为不受控制型或者抑制型的孩子，在快要高中毕业时与 15 年前的自己最相似。在讨论早期抑制型气质的发展影响之前，让我们先探讨一下在不受控制型儿童身上观察到的人的发展的延续性。

不受控制型儿童的延续性

不受控制型学步儿童在成年后表现出有限的行为约束或者控制力。18 岁时，他们对自己的评价是追求危险、冲动，且在所有年轻成人中，他们最不可能避免有害、令人兴奋和危险的情境，也最不可能表现得善于思考、谨慎、仔细或有计划性——所谓的三思而后行。因为倾向于对许多日常事件做出消极而强烈的反应，他们还表现出诸多负面情绪。如果输掉一场比赛，或者在向朋友寻求帮助时没有得到回应，这些年轻人很可能会心烦意乱，甚至大发脾气。此外，他们将自己描述为受害者，容易遭到背叛，也容易成为流言蜚语的攻击目标。

这种偏执人格是否足以解释，为何这些在学步期被归类为不受控制型的儿童，长大后会成为最具攻击性的年轻人？因为这些现已18岁的年轻人坦承自己会为了自身利益去伤害他人，这的确会令人感到恐惧和不适。或者是否可能恰恰相反，他们的攻击倾向刺激了他人施虐？十有八九是因为人际关系大门的双向性，曾经的不受控制型儿童的攻击性，增加了他们在成年早期和更早的人生中与他人之间的矛盾，也是对这些矛盾的一种回应。鉴于以上观察结果和表现，无论研究对象是学步儿童还是年轻成人，我们一律用"顶撞世界"来形容他们。

抑制型儿童的延续性

抑制型儿童的发展情况看起来明显不同，即便延续性也是他们在学步期和18岁时的机能之间关系的特征。被归类为抑制型儿童的研究对象在3岁来到大学实验室时，表现出害羞和恐惧，难以集中精力完成任务。成年后，他们过度控制自己，行为克制，并表现出谦逊温和的人际关系倾向。进入成年早期，与其他18岁同龄人相比，他们更喜欢安全系数高的活动。他们也是最小心谨慎、最仔细认真、最不冲动的人。如果有朋友怂恿他们去做出一些可怕的行为，比如从巨石上跳进湖里，即便不做可能会被同伴看不起，也不足以激励他们做出这样的行为。从更积极的角度来看，在所有年轻人当中，曾经的抑制型儿童最有可能克制自己不占他人便宜，也最不可能具有攻击性。值得注意的是，抑制型儿童长大后缺乏社交影响力，因为他们是所有18岁青年中最不强势和最不果断的人；无论在课堂上、在团队里还是在与朋友外出时，他们都对影响他人或承担领导角色不感兴趣。和3岁时被归类为不受控制型的年轻成人一样，曾被归类为抑制型儿童的研究对象属于"七岁看老"的最佳佐证。他们在童年早期和成年早期都被视为"远离世界"之人。

其他类型儿童的延续性

3岁时属于其他3个不那么极端的气质群体的年轻人,并不像顶撞世界或者远离世界的人那样,表现出与早期自我惊人一致的成人人格。尽管如此,我们通过他们童年早期的机能来观察其18岁的行为,得到了他们早期气质与日后人格存在延续性的证据。在大学实验室里,自信型儿童在接触新奇测试时表现得很热情。结果证明,除了那些在童年早期不受控制,并在日后生活中被形容为"顶撞世界"的人,自信型儿童在成年后比其他所有气质群体都更加冲动。3岁时在同样新奇的测试环境中感到不安的内向型儿童在成年后明显不如其他孩子强势、果断,这点仅次于在童年早期自我抑制,并在日后被形容为"远离世界"的人。最后,情绪和行为在3岁时与自身年龄和情况相符,因而被归类为适应良好型的人,在18岁时成长为正常的、健康的年轻人。事实证明,他们既不过于有计划性,也不害羞、好斗或者冲动。

童年气质和成年后人格的关系

鉴于我们发现3岁的气质与18岁的人格之间存在延续性,人们不禁想知道,究竟是什么原因导致了这一现象。人生早期的自我抑制或不受控制怎样预测并影响15年后的人格?一种可能性是,气质和人格都是基因遗传的,影响早期气质的基因也会影响日后人格。这可以解释为什么儿童气质与成人人格相关。当然,其他研究也提供了与这种说法一致的证据。第十二章和第十三章讨论了基因构成对青春期和成年期机能的影响,旨在表明先天而非仅仅后天对我们成为什么样的人具有重要影响。

即使承认基因发挥了相当大的作用,也无法回答以下问题:我们在早期气质中观察到的差异是如何被保存下来,并且15年后体现在测量出的性格特征上的呢?我们在此要讨论的,是对延续性大有影响的人的发展过程问题。为了阐明它,有必要思考"在环境中发展"的问题,即孩子在成长过程中与环境,尤其是与周围人的互动。身为发展学者，我们自然而然将"在环境中发展"作为研究工作的中心组织原则。本书的两位作者——贝尔斯基和卡斯皮，早在康奈尔大学读研究生时便开始研究人的发展，尽管两人前后几乎相隔10年，但他们都受到了尤里·布朗芬布伦纳的思想及著作的影响。作为康奈尔大学的发展学者，布朗芬布伦纳以"人的发展生态系统理论"情境模型闻名。他与前人观点一致，认为如果想了解儿童发展或成人发展，就不能脱离具体情境。好比说，如果想了解一条鱼，就不能把它从水里拿出来。布朗芬布伦纳对人与环境的交互作用之于发展过程的重要性的补充，便是他对人类所处多重生态层的阐述。这些生态层多种多样，从孩子直接接触的周边环境（例如家庭、日托所、学校）到更广泛的社会和历史背景（例如民主、极权或者奴隶制历史），前者被后者包围，就像俄罗斯套娃一样。

人与环境关系的三种发展过程

达尼丁研究可以区分出三种不同的人的发展过程，三者都能促进人格的延续性。我们猜想，三种发展过程对不受控制型儿童和抑制型儿童都有重要作用，也正是他们的人格发展呈现惊人延续性的原因所在。

第一种发展过程涉及唤起他人反应的气质，他人的反应有助于保持甚至放大儿童的早期气质。试想一下，一个挑战父母、老师和同龄人的不受控制型儿童，必将引发对方的强烈反抗，从而使他/她自己日后变得更具攻击性。这是表明不但儿童是"自身发展的缔造者"，他人对其发展过程也有影响的第一种机制。

第二种发展过程得从被动的人与环境关系的角度来看。这一视角引起了人们对可能性（概率）的关注，有着不同心理和行为倾向的个体对同一情境的体验、理解和反应都不同，就像达尼丁研究对象3岁时在大学里接受测试的情况那样。不妨想象，老师在课堂上提问，自信型儿童会举手，内向型儿童尽管也知道答案，却畏畏缩缩。这种现象在不同环境中、不同人身上反复出现，自信型儿童和内向型儿童成年后看起来依旧天差地别，而且就像多年前的他们自己，这还有什么可惊讶的吗？我们又一次看到，孩子们设计出了自己的人生发展路径，即使这样做完全出于无意。

从气质到人格的第三种过程，是主动的人与环境关系，它是指个人选择或创造自身经历，从而保持甚至放大自己的早期气质。在这种"利基选择"中，适应良好型儿童可能会对升入中学充满期待。他/她知道自己将结交新朋友（事实也的确如此），并且越发觉得自己可以控制世界。相反，抑制型儿童会因同样的转变而感到焦虑。他/她拒绝接触新人、结交新朋友，最终缺乏影响他人或者承担领导角色的能力。利基选择由此成为早期气质发展为成人人格的第三种过程，可以说，儿童是成人的父亲。

上述分析说明至关重要，因为它对"儿童是一团湿黏土，完全由他人创造的经历塑造"这一观念提出了挑战。无论是在唤起式、被动式还是主动式的发展过程中，孩子都不再被视为任由他人塑造需求和理想的被动主体。让我们将隐喻从湿黏土拓展到黑板——孩子不仅仅是一块任由他人涂鸦的洁净黑板。相反，至少在某种程度上，孩子扮演着被书写的黑板、写字的粉笔和拿粉笔的人这三种角色。

值得注意的是，儿童在塑造自己的世界时所扮演的角色将影响其成长和发展这个观点，并非只有关注环境影响的发展研究者才会强调。尽管本书直到第十二至十六章才讨论遗传学，但如果不在人的发展研究中强调什么是基因-环境相关性，那未免太失职了。包括我们自己的部分研究也存在这个问题，毕竟不是每项研究都能考虑到个体间的遗传差异（有时是因为开展研究的时候还无法测量基因）。基因-环境相关性是指个体间的遗传差异会导致不同的人成长时经历的环境千差万别。有活跃倾向基因的孩子会比其他人更喜欢体育课，也更愿意参加体育活动，然而，由于遗传因素，有相反倾向基因的孩子不大参与体育活动，他们或许更喜欢玩电脑游戏。这就意味着，特定环境和人的发展方式之间具有统计学意义的关联，这种关联与儿童的基因所带来的差异同等重要，即后天与先天的影响同等重要。

早期气质与人际关系

我们进一步思考这三种对人的发展延续性有影响的人与环境关系，以及儿童作为自身发展的活跃缔造者的认知，这促使我们在与21岁的研究对象重逢时，开始重新审视早期气质所产生的影响。在探究早期气质对发展产生的影响的第二阶段，我们重点关注个体与他人的关系，而非其人格特征。之所以关注这一点，是因为我们能否以及如何与他人融洽相处，对于我们发现自我的环境至关重要：有些环境是我们参与创造的，另一些则继续塑造我们是谁并将成为什么样的人。如果人生早期的气质与日后的人际关系发展有关，那么它也可能是其他重要生命力量的源泉。打个比方，早期气质就像一台机器，它设计出另一台机器，后者会继续影响人的发展。

为了调查早期气质对人的发展的影响是否会延伸至成年早期与他人关系的质量，我们回归达尼丁"数据储藏室"（档案库）来收集和分析有关人际关系的信息。是时候烘焙另一块蛋糕（换个思维角度）了，这样我们才能跳出通过问卷和面对面访谈所获取的研究对象的自我报告。我们从研究对象的朋友、亲戚和伴侣那里获得了能够弥补这些测量方法短板的报告，而这些信息提供者对研究对象十分了解。为比喻中的蛋糕获取此类"食材"是一个非常昂贵且耗时的过程，其他长期研究几乎不会这么做。与研究对象生活中的重要人物取得联系后，我们邮寄问卷以询问他们与研究对象的关系和对研究对象典型行为的印象。这种双管齐下的方法囊括了来自研究对象本身和熟悉研究对象之人的报告，提供了关于研究对象人际关系的"内部"和"外部"观点。

当我们调查研究对象的早期气质与20岁出头时的人际关系诸多方面的联系时，独特的机能运作模式出现了。人生早期和后期之间的这种联系在顶撞世界、远离世界的个体身上表现得最引人注目。事实上，在学步期被归类为适应良好型、内向型和自信型的人，他们的人际关系中几乎不存在差异。三者的相似之处大于不同之处，正如他们小时候那样。

如果有人认为，3岁时属于不受控制型儿童或者抑制型儿童的人在21岁时的人际关系的呈现方式也完全相同，那就大错特错了。之所以这么说，是因为事实证明，这两组儿童彼此之间的差异尤胜于其中任意一组与其他三个气质群体之间的差异。一般来说，抑制型儿童在成年后得到的社会支持比其他人少，可能是因为社交圈更小——能与他们共度时光、相互陪伴的朋友和熟人更少。其熟人透露，这类研究对象似乎普遍比他人更厌恶交际，他们的社交能力或促成事情的本领有限，对自身圈层的兴趣和参与度低。他们似乎再次"远离世界"了。值得注意的是，这些人建立了相当好的恋爱关系，报告的反社会行为最少，在工作中也获得了相当好的社交体验。显然，童年早期表现得自我抑制似乎并没有破坏所有的关系及恋爱经历。

18年前被归类为不受控制型、如今21岁的研究对象的情况则截然不同。他们表现出更多"顶撞世界"的证据。其中最值得注意的或许是，他们在朋友和熟人圈、家庭、恋爱关系及职场这四种不同的社会情境中常常陷入冲突。举个例子，他们比其他研究对象更容易被单位解雇，甚至在21岁时就可能被炒鱿鱼！毫无疑问，这与他们会做出极端反社会行为有关。他们也最容易遭受他人的伤害，并被熟人视为极不可靠之人。

总之，基于前文所述的涉及唤起效应、被动效应和利基选择效应的人的发展过程，我们发现早期气质不仅与18岁时测量的人格有关，而且与21岁时的人际关系有关。这在曾经被归类为不受控制型或者抑制型的研究对象身上尤其明显。这令我们对一个特定的问题机能的早期气质起源产生了研究兴趣。

早期气质与赌博

我们发现，至少有一部分成人18岁和21岁时的行为方式与3岁时非常一致，于是我们决定重新调查再长大10岁左右的研究对象的发展延续性问题。这是探索早期气质对发展的影响的第四阶段，也是最后阶段。我们将研究标的设定为赌博，因为它不仅困扰研究对象，更令其家人非常头疼。在达尼丁研究对象群体年满 32 岁、即将步入中年时，我们对其赌博行为进行了测量。

历史学家观察到，赌博几乎遍布世界各地，并且贯穿整个人类历史。尽管这是一种长期存在的普遍行为，但只有一小部分赌博者最终会失控，从而发展出赌博障碍。赌博的形式多种多样，包括每周扑克游戏、体育博彩，以及去拉斯维加斯玩几把，鉴于只有极少数人赌博成瘾，我们有理由怀疑，过度赌博之人与其他人存在显著差异。因为有人把赌博问题与我们在研究对象 18 岁时研究的人格特征关联起来，通过 3 岁时的气质评估来预测 32 岁时的赌博问题似乎有其合理之处。我们推测，3 岁时具有不受控制型气质、倾向于顶撞世界的人在 30 年后出现赌博问题的风险最高。

如第一章所述，达尼丁研究采用的不是回顾性研究方法，于是我们探究的是赌博障碍的决定因素。所以，此般设计并非要追溯赌博成瘾者的生活和发展史，而是要及时跟踪儿童，看谁最终发展出赌博障碍。纵向研究允许我们在任何赌博问题出现之前调查潜在的决定因素。与第一章中强调的回顾性方法的固有问题相比，纵向研究的优势显而易见：前者不适用于研究早期生活及行为方式与问题赌徒相似，但最终未成为问题赌徒的成人。回顾性方法的结果是，它或许表明问题赌徒曾是辍学者的可能性很大，但从前瞻性视角来看，辍学并不能预测谁将出现赌博问题，因为大多数辍学者都不会发展至嗜赌成性。

在我们第一场探索之旅的最后阶段，除了使用已经提及的气质测量结果，我们还利用了从对研究对象的采访中了解的他们 32 岁时赌博行为的相关信息。我们根据他们是否符合几项赌博行为的测量标准来确定他们是否有赌博障碍。测量标准包括：控制力受损或者无力停止赌博；遭受严重损害，比如因赌博而债台高筑；承认需要接受治疗。32 岁研究对象中近 80% 的人表示自己过去一年曾参与赌博，但只有略多于 4% 的人符合严重赌博问题的诊断标准。

充分考虑研究对象幼时的智商与成长过程中的家庭社会阶层后，

我们谨慎且保守地解释了 3 岁时的气质与 32 岁时的赌博行为之间的联系。这意味着，在研究早期气质和 32 岁时赌博的具有统计意义的关联之前，我们忽略了其他潜在影响源所造成的影响。从统计学上看，这涉及调整所有个体在赌博项目上的分数，以反映如果所有人都拥有相同的智商和成长环境，他们将变成什么样。所谓"相同"，至少是从社会经济地位角度来衡量的。这使我们确信，任何被检测到的儿童和成人机能之间的关系，都不是由潜在混杂因素引起的。作为科学术语，混杂因素是正在调查的结果（这里指的就是赌博障碍）的优质替代性解释。包括我们在内的进行观察性研究的科学家，在得出调查中的主要因素实际上会影响讨论中的结果这个结论之前，有义务评估替代性解释，从而排除或者至少削弱它们对结论的影响。

我们在研究赌博的情境中，需考虑出身贫困或不太聪明的孩子沉迷赌博，以及这样的孩子往往具有不受控制型气质的可能性。如果是这种情况，而我们在将早期气质与日后赌博联系起来之前，没有试图排除或考虑这些对赌博行为的替代性影响，那我们就可能会错把赌博问题归因于早期气质。在本书中，我们将以不同的方式在全部研究工作中实施这一策略。事实上，我们主要采取两种形式。我们在很多章节中使用了其中一种方法：首先，评估我们关注的主要关联，比如早期气质和赌博之间的联系；然后，确定该关联在我们考虑（也就是在统计学层面忽略、排除）替代性解释因素时是否仍然强大。我们在赌博研究和第三章关于自我控制力的内容中采用了另一种方法：将上述两步并为一步，在评估我们关注的主要关联（早期气质能否预测赌博）时，忽略替代性解释因素。

正如预测的那样，3 岁时被认为具有不受控制型气质的研究对象，在 32 岁时最有可能发展出赌博障碍（见图 2.1）。事实上，这些人符合障碍标准的可能性是其他研究对象的 3 倍。但当我们更仔细地审视数据时，我们发现这种影响主要出现在男孩身上。童年早期不受控制型女孩成为问题赌徒的可能性只有同类男孩的 1/3。从某些方面来看，这不足为奇，因为在我们及其他学者的研究中，男性都比女性更容易出现赌博问题。

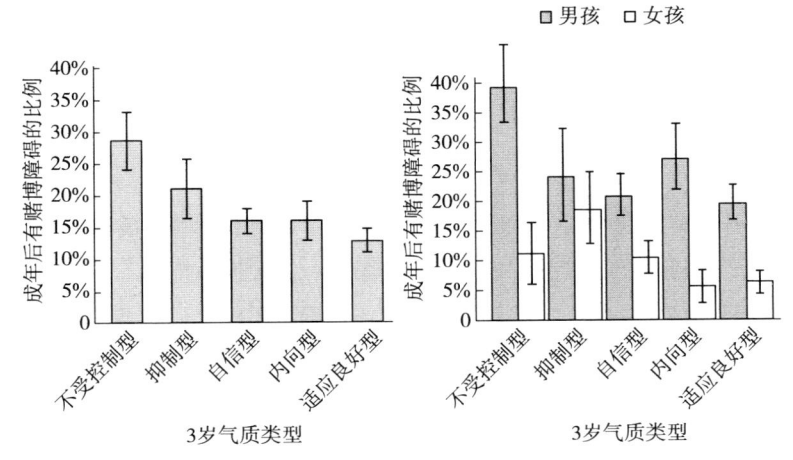

图 2.1 在全样本（左）和将男孩、女孩单列出来的样本（右）中，32 岁符合赌博障碍标准的成人的比例是 3 岁气质类型的因变量。根据 Slutske, W.S., Moffitt, T.E., Poulton, R., & Caspi, A. (2012). Undercontrolled temperament at age 3 predicts disordered gambling at age 32. *Psychological Science 23*, 510–516, figure 1 重新编制。© 2012 The Authors. 转载已获世哲出版公司许可

小结

在调查早期气质对人的发展的影响，并处理本书第一个主题和目标——确定儿童特征是否以及如何预测日后人生的过程中，我们发现了人的发展存在延续性的证据。至少，它在某种程度上证实了"儿童是成人的父亲"这一说法。与该观点一致的是，研究发现将早期气质与 18 岁时测量的人格特征、21 岁时评估的生活多个领域的人际关系，以及 32 岁时的赌博障碍联系起来。在 3 岁时被归类为不受控制型气质和抑制型气质的两组孩子身上，延续性的证据显得尤为突出。

这些结果表明，检测到的人格的延续性很可能是由孩子在自身发展中主动促成的。一方面，不受控制型儿童的反社会行为可能会引发他人的负面反应，从而进一步削弱前者在高度社会化的世界中与人相

处的能力。另一方面，抑制型儿童有限的社交网络可能源于他们脱离社交世界和自我孤立的倾向。在前一个例子中，延续性是由个体对他人所做出的行为驱动的；在后一个例子中，延续性则是由个体对自己所做出的行为驱动的。正因为这些体现唤起效应、利基选择的发展过程，我们大致可以断言，不受控制型儿童一生都在"顶撞世界"，抑制型儿童一生都在"远离世界"。

作为研究跨越时间维度的生命的发展学者，我们总对没能测量到的东西感到惋惜，希望它们能够被测量到。但我们也许并不孤单。设想一下，如果达尔文了解基因，他可能会推测出什么；如果伽利略拥有更强大的望远镜，他将发现什么。完成本章总结的工作后，我们还剩两个谜团，谜团一源于无法测量的东西，因为研究对象直到3岁才首次接受气质评估；谜团二则是我们已有的发现及其对尚未被发现之事产生的影响。

毋庸置疑，3岁的孩童还很稚嫩，但从出生到4岁，甚至包括出生之前，人的发展过程确实发生了很多变化。现在，我们知道在人生最初的几个月和几年里，气质能被可靠地测量出来，然而在1972年，这一点不为人知，研究对象刚刚出生，达尼丁研究也才启动。在达尼丁研究中，我们无法绕开却又无法回答的问题是：3岁时被归类为适应良好型、内向型、不受控制型、抑制型和自信型的孩子，他们人生的前两年是什么样子的？他们有怎样的行为方式？他们有怎样的经历？是哪些因素造就了我们在大学实验室里测量的研究对象3岁时的行为方式呢？我们在这个年龄识别出的气质是否早在几年前就已经显而易见，从而彰显了基因影响的重要性？或者说，某些非常早期的经历，包括胎儿发育时期的经历，是否影响了我们测量的3岁气质，进而意味着这是后天而非先天的作用？当然，人们必须认识到，这些看似不同的可能性实际上并不相互排斥，我们将在第十四章和第十五章讨论基因与环境的相互作用时详述这一问题。

过去40年间，最引人注目的证据可能来自我们的朋友兼同事、伦敦国王学院的行为遗传学家罗伯特·普洛明。他指出，儿童的基因构成在塑造人的气质方面发挥着重要作用，即便是婴儿期的气质。但我们也知道，基因并不能解释我们在婴幼儿身上观察到的所有差异，我们能做的就是思考先天、后天及两者之间的相互作用在多大程度上造就了实验室里3岁儿童的模样。由此，不难明白学者们为何对我们未能在达尼丁研究中获得关于婴儿气质的有效信息而感到沮丧。

第二个谜团与未被测量的东西无关，而与我们没有发现的东西有关。尽管我们检测到表明儿童是成人的父亲的确凿证据，但如果你认为18岁的人格、21岁的人际关系与人生早期气质之间的联系同等适用于所有儿童，这将是一个关于人的发展的误解。同样的道理也适用于3岁时的不受控制型气质与32岁时的赌博问题之间的联系。这是因为我们没有发现两者存在延续性的近乎完美的证据。虽然我们检测到早期气质和日后发展之间的显著联系，但这种联系都是概率性的（见第一章）。简而言之，绝不能说，每个不受控制型或者抑制型的学步儿童在日后生活中都与早年的自己看起来很相似。也幸亏如此！不过，这并不意味着我们的研究发现不值得注意，仅仅说明研究对象的发展既有变化性，又有延续性。

完美或任何近乎完美的预测的缺失，都带来了希望和令人乐观的理由。不是所有3岁时"顶撞世界"或者"远离世界"的孩子在几十年后都有类似表现，这不挺好吗？不过令人遗憾的是，我们仍然不知道，为什么久而久之，一些不受控制型或者抑制型儿童变好了，甚至也不知道为什么一些内向型、自信型或者适应良好型儿童，在接受早期气质评估18年后反而沦为庸常之辈。

当然，可以推测出是什么导致了这些随时间的流逝而发生的变化，因为早期气质并非未来人格、人际关系或赌博问题的完美预测因素。更重要的是，我们可以根据后人所做工作进行反向推断。例如，有一些迹象表明，伴侣或配偶之间互相扶持的亲密关系可作为"矫正性情绪体验"，降低人生早期有问题的机能模式带来的影响。与亲密朋友或有影响力的导师的交往也可能会产生类似的效果。同样真实的是，创伤、失去、失望和其他形式的逆境可以改变一个原本顺风顺水之人的发展轨迹，他们未来遇到的问题比原本预期的更多。因此，研究早期气质产生的影响不应该只聚焦于人生前 20 年发展的延续性。虽然值得注意的是，有些个体的行为和机能的延续性或者一致性的证据可以跨越几十年，特别是在孩子人生早期具有不受控制型或者抑制型气质的情况下，但我们的研究还表明，随着时间的推移，这种一致性并不适用于每个人。

第三章

自我控制力

我们不妨从显而易见之处说起。正如人有高矮胖瘦，孩子之间也像成人那样在自我控制力方面存在很大差异。鉴于此，我们在开展达尼丁研究的过程中目睹了一些变化。当我们询问一个孩子是否曾受到其他孩子的侮辱，因此与人斗殴并试图伤害他人时，他回答："只有天主教徒，这算吗？"当我们询问另一个13岁男孩是否被警察找过麻烦时，他回答："还没有，太太，不过别担心，这是迟早的事。"还有个大胆的女孩把从测试员那里偷来的游戏机塞在毛衣底下，偷偷溜出我们的研究办公室。与此同时，另一个重度残疾的女孩全心投入，努力完成一项简单的绘画任务，这项任务是对其发展的评估的一部分；还有那个纯粹为了好玩而背诵乘法口诀表的文静男孩，显然他可是费了很长时间才记住那些数字的。如上所述，和成人一样，儿童的自我控制力差异很大。

正如我们在研究中所做的那样，解释清楚自我控制力的差异是一回事，但出于测量和研究目的来定义它和使它被用于操作又是另一回事。曾经有一位著名的美国最高法院法官处理一桩棘手的言论自由案，在认定案子是否涉黄时，他表示："我得看过才能判断。"我们需要做的比他说的更多。在我们分享关于儿童期自我控制力对未来的影响的研究结果时，不妨看看我们能否做得更好。

几乎所有的社会科学和行为科学都对自我控制力的研究感兴趣，尽管不同学科的概念和测量方法不尽相同。有些学科把它概念化为冲动性，其他学科则把它概念化为责任感、自我调节、延迟满足、注意力不集中、执行机能和意志力。神经科学家将自我控制力作为大脑额叶皮质促进的"执行机能"来研究，发现当研究参与者进行自我控制时，大脑的部分结构和系统参与其中。行为遗传学家认为，自我控制力受到遗传和环境的双重影响，他们一直在寻找与自我控制力的差异相关的特定基因。心理学家描述了幼童自我控制力的发展，并研究了贯穿人生历程的自我控制力的稳定与变化模式，正如我们在本书中所做的那样。健康研究人员将注意力集中在（缺乏）自我控制力对死亡率、精神疾病和不健康行为的影响上，不健康行为包括暴饮暴食、吸烟、危险性行为、醉驾和不遵医嘱。社会学家将低水平的自我控制力视为失业和犯罪的一个决定因素。

尽管自我控制力是一个涵盖了不同科学学科的概念和测量方法的框架，但将它定义为以符合社交惯例的方式管理或调节冲动和欲望，而不被它们牵着鼻子走的一种能力，其实比较可行。缺乏自我控制力有许多方面的表现，包括情绪高度不稳定、动不动就发火、对挫折容忍度低、缺乏毅力、注意力持续时间短、容易分心、频繁地切换不同的活动、坐立不安、过度活跃、鲁莽行事、耐不住性子静待好事发生，以及不适应轮流参与活动。不过，自我控制力不足显然有各种各样的表现形式，这些例子显然无法穷尽。

近年来，由于多种原因，人们开始关注自我控制力的发展及其对日后人生成就的影响。自我控制思想和行为的能力是人类最基本的能力之一，但人类最失败的地方可能在于无法利用这种能力，尤其是在如今这个快节奏，快餐式，社交媒体泛滥，充满无尽的可能性、干扰和诱惑的世界里。

意识到人类寿命比以往任何时候都更长也很重要。为了避免残疾、"啃老"、依赖国家福利和贫穷，人们必须持续关注自己的长期健康和财富。管理退休储蓄需要惊人的远见，与此同时，广告的轰炸也是令人难以抗拒的挑战。美味、高热量的食物随处可见，但如今人们只需动动手指和大脑就能完成工作，几乎没机会锻炼身体。那么，西方人肥胖症比例攀升，至少部分是因为许多人自我控制力有限，也就不足为奇了吧？

再者，随着人们的受教育水平越来越高，单凭智力成就已无法拿到"好饭碗"。雇主们有时通过监控毕业生的脸书页面即可评估出他们是否尽职尽责、坚韧不拔。你是否在社交媒体上吹嘘，或至少与朋友分享过自己酗酒、拖延信用卡还款、上班迟到或者晚交学校论文？我们经历的重大历史转变正在提高个人自我控制力的价值，这不仅是为了幸福，也是为了生存。

家庭生活并没有什么太大的不同。父母双职工或单亲外出工作的情况十分普遍，这需要大家在不断变化的角色、责任和优先事项之间达到微妙的平衡。当家庭生活变得艰难时，离婚成为现成的、社会可接受的选择，就和各种致瘾物或处方之类的东西一样。维持家庭的健康和完整需要巨大的意志力。经验丰富的父母会在教孩子基础知识的同时教他们控制自己，管理情绪和冲动。

除了强调自我控制力的好处，以及缺乏这种重要技能所需付出代价的现代社会现实，在了解50多年前启动的著名"开端计划"的影响后，我们不禁想要研究自我控制力对人的发展的影响。开端计划致力于促进在经济贫困环境下成长的幼童的发展。虽然长期以来人们认识到，开端计划并未如预期般成功——至少在长期提高可测量智力方面如此，但对于开端计划"失败了"的观点，也有不认同的声音。这是因为，在这个国家级的项目中，除了研究智力的工作，其他一些有关人的发展结果的研究工作有着重要、长期、积极的影响。与童年早期没有参加开端计划的孩子相比，参加的孩子更不可能在未成年时便成为父母、辍学、做出不良行为，甚至在成年后旷工的可能性也更小。显然，任何认为开端计划未能持久提高智力，因而"失败了"的结论都不正确，因为这种结论过于狭隘，仅仅关注这段童年早期经历能否带来某一个方面的潜在好处。

研究人员从对开端计划给人的发展带来的影响开展的近期评估和长期评估中获得的发现，促使芝加哥大学教授、诺贝尔经济学奖得主詹姆斯·赫克曼在著名期刊《科学》发表的一篇重要文章中提出一个问题：这些发现是否源于开端计划对自我控制力的影响？赫克曼推测，比起提高智力来帮助孩子生活得更好，提升调节冲动和制订规划的能力才是开端计划长期带来的好处。因此，当赫克曼发现我们在达尼丁研究"数据储藏室"中保存了许多人生早期自我控制力的潜在测量指标时，他想知道它们可否被用于预测达尼丁研究对象成年后的结果，就像类似指标被发现与开端计划的参与者后来的发展结果有关联一样。站在赫克曼的角度，这不失为进一步评估其假设的一种方式。他认为，开端计划并没有在参与者的儿童期测量他们的自我控制力，但正是该计划对自我控制力发展的影响让参与者在几十年后受益。

说实话，我们对此持怀疑态度。我们认为，对孩子日后的诸多机能产生更显著的长期影响的，是孩子的家庭社会经济状况及智力，而非自我控制力。我们的研究发现自我控制力并不是赫克曼所猜想的灵丹妙药，但出于对挑战学术权威可能会让其难堪的担忧，我们试图礼貌地绕开这个话题。不过赫克曼却非常坚持，所以我们决定让实证的结果来说明一切，通过开展研究来确定达尼丁研究中儿童期表现出的自我控制力，能否像赫克曼假设的那样，有效预测未来发展。鉴于此，我们致力于确定，与儿童期表现出较弱自我控制力的人相比，那些在3~11岁时在各项评估中表现出较强自我控制力的研究对象，在成年期32岁时的表现是否有所不同。由于对现实世界中的成人机能感兴趣，我们的实证探索聚焦于确定儿童期自我控制力能否预测健康、财富和犯罪行为。这样一来，我们的工作就显然超出了对儿童3岁气质的预测能力的关注，扩大了可能与儿童期机能相关的成人发展结果的范围。

在开展这项工作的过程中，我们意识到，有必要考虑我们可能得出的任何发现的替代性解释，正如我们在从纵向研究中提取非实验性数据时所意识到的那样。这意味着，在检验赫克曼的假设时，需注意一些"第三变量"——替代性解释因素。对于我们在研究中可能发现的人生前 10 年所表现出的自我控制力与 30 多岁时的机能之间的任何关联,这些"第三变量"也可能提供解释。替代性解释因素被称为"第三变量",是因为预测因素(在我们的研究中即儿童期的自我控制力)被视作"第一变量",结果(如犯罪行为)被视作"第二变量"。任何能够解释第一变量(预测因素)和第二变量(结果)之间关联的因素都可能是第三变量。例如,人们去游泳(预测因素),预示着他们会吃冰激凌(结果),所以第三变量可能是高温,因为它既能解释预测因素,也能解释结果,从而可以说明两者之间存在的任何关系。

不难理解,如果我们发现,如赫克曼预测的那样,儿童期的自我控制力水平越高,在成年期就越健康、越富有,那么这种关联很有可能站不住脚。它实际上可能是其他一些因素造成的,尤其是如前文所述,在社会经济条件优越的家庭中长大,或者仅仅是更聪明而非更愚笨。在前一种情况下,我们可能会发现早期自我控制力与成年后更健康、更富有相关,仅仅是因为家庭社会经济资源对预测因素(早期自我控制力)和与自我控制力相关的结果都有促进作用。如果情况如此,那就可能意味着,在自我控制力预测因素和结果之间检测到的任何关联,都只是家庭社会经济优势对预测因素和结果所施加影响的假象。同样的解释也适用于智力。毕竟,有些孩子可能比其他人更有自我控制力,只是因为更聪明,出于同样的原因,他们成年后可能更健康、更富有。

要认识到这些可能性,就必须在评估儿童期自我控制力对成年期发展的影响之前,考虑家庭社会经济地位和儿童智力等可能具有迷惑性的因素。在获得我们所分享的研究发现的过程中,我们采用的正是第二章列出的"两步走"过程。第一步,排除替代性解释因素的影响;第二步,评估儿童期自我控制力和成年期发展之间的预测性关联。因此,自我控制力探究的核心实证问题就变成了究竟是赫克曼(他赞成自我控制力的影响),还是我们研究组(我们怀疑,一旦把家庭社会阶层和儿童智力考虑在内,儿童期自我控制力即使具有预测能力,也作用甚微）更具洞察力。本章的发展探索之旅不仅是一次科学探险，也是一场思想竞赛。

准备启程

开始探索自我控制力所产生的发展影响之前，有必要储备一些"口粮"。在剔除家庭社会经济地位和儿童智力的影响后，继续评估儿童期自我控制力对成年期健康、财富和犯罪行为的预测能力之前，我们必须为这些构念创建测量标准，以便其适用于统计分析。达尼丁研究的一个伟大之处在于，数据储藏室里的"食材"非常丰富，需要时，就能从储藏室中选择与重要构念强相关的测量标准。事实上，长期研究的一个有趣之处在于，可以用测量结果来提出、回答发展问题（继续发展探索），这些问题我们甚至在"采购"完被做成"佳肴"的"食材"时都未曾考虑。这么说可能令人费解，换个说法就是，当完成某些儿童行为评估时，谁也没想到，评估结果会被用来预测几十年后的犯罪行为。（前瞻性数据的另一个优势是可以让研究人员保持诚实：我们不可能为了支持一个直到几十年后才被提出的受欢迎的假说而收集测量数据。）同理，当获得成人的健康和财富的测量结果时，我们当中没人认为，我们将开展研究来确定它们最终是否与儿童期自我控制力有关。只是因为储备充足的数据储藏室里有必要的"口粮"，我们才能够开启对自我控制力的探索，检验赫克曼的观点。

为了开发儿童期自我控制力的一种维度测量方法，用于预测成年期机能，我们利用了在不同年龄阶段通过一系列方法所获得的评估结果，把它们结合在一起，创建了一个自我控制力综合指数，有些儿童这一指数上得分较高，另一些儿童则得分较低。我们的自我控制力指数是由儿童在人生前 10 年中的各种测量数据组成的。这些数据包括研究对象在 3 岁和 5 岁到奥塔哥大学的研究办公室接受测试时，研究人员对他们行为的评分；孩子 5 岁、7 岁、9 岁和 11 岁时，父母对他们行为的评分；四位老师在孩子同样年龄时对他们所做的类似的行为评估。我们的自我控制力综合得分实际上体现的是自我控制力不足，反映了孩子在3岁和5岁接受观察时所表现的低挫折容忍度、言行草率、不安、冲动、注意力有限，以及在达成目标的过程中缺乏毅力的程度。根据在孩子年龄较大时从父母和老师处获得的信息，综合指数还记录了冲动攻击性，表现为发脾气和与他人打架；过度活跃，表现为频繁跑跳，无法遵循一套指令，注意力持续时间短，就像"被马达驱动"一样"忙个不停"，难以安静地坐着；缺乏毅力，表现为无法完成任务，容易分心，难以坚持一项活动；冲动，表现为鲁莽行事，不愿在轮流活动中等待，过度切换不同活动。值得注意的是，我们在创建（缺乏）自我控制力的测量标准时并没有完全依赖他人的报告。我们还囊括了孩子11岁时的自我评价——烦躁不安、注意力不集中（例如难以坚持完成一项任务）、行为冲动（例如不愿在轮流活动中等待、在他人说话时插嘴）。

最终，我们认为，结合从观察者、父母、老师甚至孩子本人处获得的信息，可以确保建立一个强大的测量标准，体现各种环境下——包括研究办公室、家庭和学校里——的自我控制力。数十年前，发展学者可能会倾向于单独考虑由我们合成的各项自我控制力测量标准或指标的预测能力。有些学者仍在这么做。但大量研究工作表明，由于单项测量标准在某种程度上通常是有局限性的，将概念上相关的许多测量标准组合在一起往往效果更佳。

同样的"统合"而非"拆分"策略显示了我们是如何处理利用儿童期自我控制力来预测的发展结果的多项指标的，所以当涉及身体健康问题时，我们结合了研究对象32岁时来到研究办公室所贡献的一系列生物标志物。这些指标反映了心血管、呼吸系统、牙齿和性方面的健康状况，以及炎症状况。测量结果基于体检和实验室检查，以评估包括体重超标、气流受限、牙周病、性传播感染和C反应蛋白水平（一个炎症指标）在内的代谢异常。将这些临床指标汇总，形成一种测量不良身体健康状况的方法后，43%的32岁研究对象没有任何上述生物标志物，37%的人有一种，20%的人有两种或两种以上。

出于对心理和行为健康的兴趣，通过利用在研究对象32岁时对其进行的标准化精神病学访谈，我们得以研究儿童期自我控制力对抑郁症和物质依赖的影响，物质依赖包括对烟草、酒精、大麻以及其他街头毒品和处方药的依赖。重要的是，我们还从熟悉研究对象的人那里获得了他们对研究对象幸福感的评估。正如我们在第二章说的那样，我们由此可从"内部"和"外部"角度来看待我们已经研究几十年的32岁研究对象。

测量32岁研究对象的财富时，可以根据他们的受教育水平、职业地位或声望（比如，医生高于教师、秘书高于清洁工）、收入来测量他们成年后的社会阶层或社会经济地位。根据研究对象是储蓄者或挥霍者，以及他们是否为未来打好了财务基础，包括拥有住房、参与退休计划和进行其他投资，我们还评估了他们的财务计划。另外，我们询问了研究对象是否在管理金钱方面有困难，或在信用和债务方面存在问题。我们再次将多项指标结合在一起，给出一个能够反映财富状况的单项分数。

在此分享一个我们对研究对象的信用评级产生兴趣的有趣故事，信用评级是测量信用和债务的基础。某天，特莉·莫菲特搭乘飞机，她坐在一位保险公司高管身旁。此人正在高谈阔论公司该如何决定是否向某人出售人寿险和健康险，断言："不爱理财的人也不爱惜自己的健康。"这似乎是一个我们可以检验的假设。在这次空中偶遇之后，我们决定获取研究对象的信用评级，并在得到对方允许后，将其添加到数据储藏室里。这使我们在评估儿童期自我控制力所带来影响的探索之旅中，能够将研究对象32岁时的信用信息纳入财富综合测量标准。

最后，当涉及犯罪行为时，如果研究对象有前科，我们将获得每个人在新西兰和澳大利亚的法院判决。这是通过在新西兰警方的中央计算机系统中搜索完成的。将近1/4的研究对象在32岁之前被判有罪。这一比例虽然看起来很高，但实际上与其他发达国家的情况一致。

儿童期自我控制力的长远影响

现在一切已准备就绪，对人的发展的探索之旅即将开启。这就好比把一个人拥有的全部食材——儿童期自我控制力、健康、财富、犯罪经历做成不同的菜，然后摆上饭桌，终极目标是看看这桌菜多么有营养或者多么好吃。事实证明，我们做的菜很好吃，至少对那些儿童期自我控制力得分很高的人来说如此。正如我们即将展示的那样，赫克曼最终享用了一顿五星级大餐，我们则不得不认输！这是因为，我们的研究充分揭示了儿童期拥有（或缺乏）自我控制力的影响，可以预测研究对象几十年后在现实世界中的机能表现。谈到健康，我们发现，儿童期自我控制力较弱预示着未来有更多健康问题，即使忽略第三变量——儿童期社会经济地位和智力的影响，生物标志物综合指数上也有所体现。因此，儿童期自我控制力有限的人，长大后会在心血管、呼吸系统、牙齿、性方面有更多健康问题，也会有更多炎症。这绝不仅仅是他们幼时拥有的社会和经济资源或者智力水平所导致的。

当涉及儿童期心理健康的差异时，自我控制力就无法预测抑郁症了，但即使忽略第三变量的影响，幼时自我控制力较弱的研究对象也更有可能对物质产生依赖。当研究对象推荐的知情人被问及研究对象的物质依赖情况时，来自朋友、伴侣和亲属的报告显示，儿童期自我控制力得分较低的人在32岁时酒精和毒品问题更多。

截至人生第四个10年积累的社会和经济财富，也被证明与儿童期自我控制力有关。实际上，即使考虑到儿童期的社会阶层，儿童期自我控制力较弱的研究对象成年后的社会地位也比儿童期自我控制力较强的同龄人低。鉴于这一观察结果，这些儿童期自我控制力有限的人在32岁时储蓄更少、财务基础（如自住房和投资）更薄弱也就不足为奇了。他们在财务上比其他人有更大困难，并且存在更多的资金管理和信用问题。知情人提供的关于研究对象的经济状况和行为的报告所显示的情况大致相同。顺便插一句，之前提到的保险公司高管当然知道自己在说什么。我们未来的研究工作不仅揭示了32岁时的不良信用评级与 32 岁时的不良心脏健康状况有关，还表明童年早期自我控制力有限可以解释这种关联。

我们在研究犯罪时也发现了儿童期自我控制力给人的发展带来的影响。自我控制力有限的孩子长大成人后，在人生第四个 10 年的犯罪记录更多。事实上，在 5% 坐过牢的研究对象中，超过 80% 的人的儿童期自我控制力得分很低，属于达尼丁样本中排名垫底的 40%。

尤为重要的是，我们的发现揭示了从高到低的自我控制力梯度，为剂量–反应关系提供了证据（见图 3.1）。换言之，这不仅仅是说存在人生发展轨迹不同的两组个体，一组自我控制力弱，成年期的合格机能水平低；一组自我控制力强，成年期的合格机能水平高。更确切地说，自我控制力稍强会导致结果稍好，自我控制力相对强预示结果相对好，自我控制力极强则会预测出极好的结果。

尽管观察结果具有一致性，但质疑研究结果的理由仍然存在。首先，它们可能主要是由少数被诊断患有 ADHD（第四章将详细讨论它）的儿童"驱动"的。ADHD 是一种冲动控制存在障碍的精神疾病。为了解决这个问题，我们从样本中删除了 61 名患有该病的研究对象，重新评估了儿童期自我控制力对健康、财富和犯罪的影响。研究结果没有变化。显然，并不是只有当孩子罹患涉及自我控制力不足的精神疾病时，自我控制力不足才会预示成年期的问题。

但是否主要或者仅仅当儿童期自我控制力极度不足时，它才会破坏成年期的发展呢？为了回答这个十分合理的问题，我们再次分析数据，并从样本中排除了在儿童期综合测量中自我控制力得分最低的 20% 的研究对象。这样做对研究结果也没有影响。即便我们进一步排除儿童期自我控制力得分最高的 20% 的研究对象，只留下 60% 自我控制得分中等的研究对象，结果仍然相同。显然，将儿童期自我控制力与成年期机能联系起来的证据，并非简单地反映了自我控制力极弱的不良后果或自我控制力极强的显著好处。即便是自我控制力中等也会对人的发展产生影响。

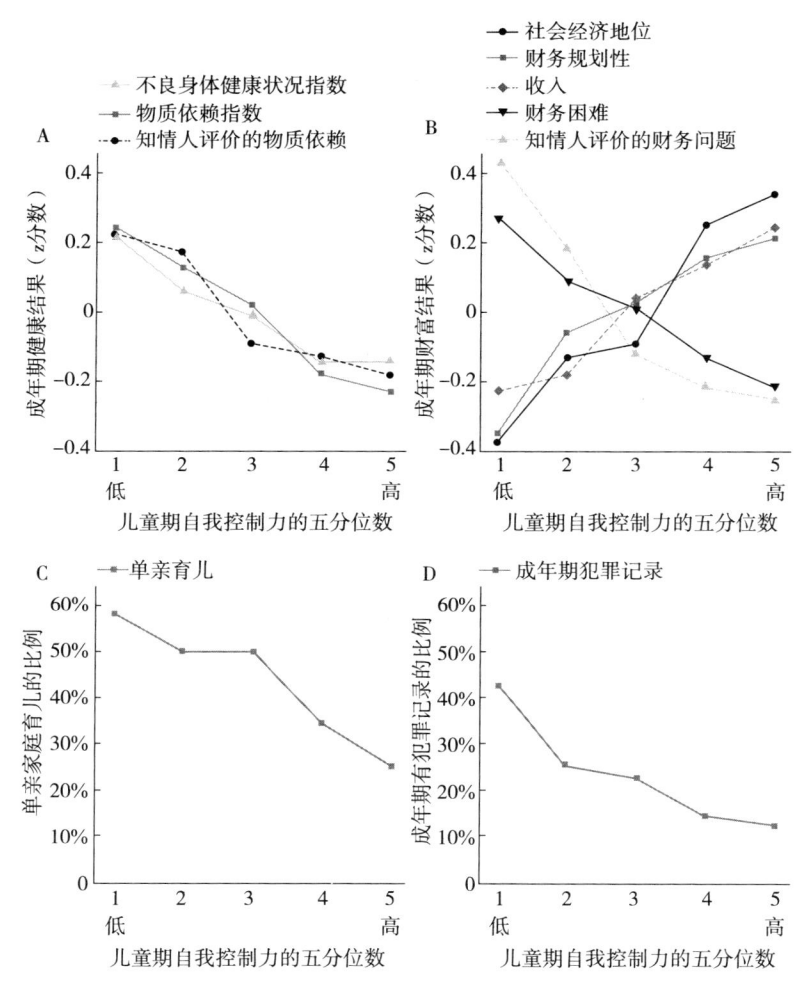

图3.1 成年期健康平均水平（A）、成年期财富平均水平（B）、单亲家庭育儿的研究对象所占比例（C）和成年期有犯罪记录的研究对象所占比例（D）是儿童期自我控制力的因变量。根据 Moffitt, T.E., Arseneault, L., Belsky, D., Dickson, N., Hancox, R.J., Harrington, H., Houts, R., Poulton, R., Roberts, B.W., Ross, S., Sears, M.R., Thomson, W.M., & Caspi, A. (2011). A gradient of childhood self-control predicts healthy, wealth and public safety. *PNAS, 108*, 2693–2698, figure 2 重新编制

鉴于数据储藏室里还有一个 26 岁时的自我控制力指数，我们有望解决有趣的发展间断性问题，或者说随着时间的推移，机能变化所产

生的影响。回想一下，我们在第二章末尾简要探讨过这个话题：有些 3 岁时具有抑制型气质的儿童，并没有遵循这种行为方式所预测的发展轨迹。现在我们想知道，如果研究对象的自我控制力从儿童期到成年早期有所增强，会发生什么。此人成年后的表现会比儿童期自我控制力得分很低，且在 25 岁左右没有积极发展的人更好吗？为了回答这个问题，我们对测量标准进行了补充，该套测量标准结合了我们在研究对象 26 岁时测量的两项自我控制力指标。一项是关于自我控制力的指数，它是研究对象完成的更广泛人格量表的一部分，另一项是由研究对象的朋友、伴侣或亲属完成的相关指数。我们再一次参考了"内部"和"外部"的双重视角。

考虑到儿童期自我控制力后，我们发现，从儿童期到成年早期自我控制力有所增强的研究对象在 32 岁时的表现，比 32 岁时自我控制力水平仍然低下之人更好。这是一个非常重要的结果，因为它证明儿童不一定总是"成人的父亲"，同时强调了人的发展的概率性本质。后者在一个事实中得到了反映：糟糕的儿童期自我控制力并不完全决定日后的机能。这是因为，它对发展的影响取决于未来的进一步发展，在这里，未来的进一步发展指的是自我控制力随着时间的推移而增强。虽然我们发现有明确的证据表明，儿童期自我控制力水平能预测几十年后机能的不同方面，但这并不意味着儿童期自我控制能力弱将不可避免地导致 32 岁时发展受损。尽管从概率性的角度来看，这通常是正确的，但儿童期的机能并不一定会奠定日后发展的基调。就算你已经步入人生的第三个 10 年，发展也仍然是一个持续的过程。

儿童期自我控制力如何影响成年期机能？

发现人生前 10 年与自我控制力相关的机能如詹姆斯·赫克曼假设的那样，可以预测未来几十年的机能是一回事，解释为何如此又是另一回事。接下来，我们探讨了这一问题，扩展了关于儿童期机能能否预测成年期机能的研究计划。我们"调高了显微镜的放大倍数"，以便深入研究儿童期机能影响成年期机能的发展过程、路径或者机制。我们在此提出的观点与之前提出的那个有关：发展是一个动态的、持续的过程，儿童成长过程中其自身或所处环境内部发生的事情是儿童期机能预测成年期机能的路径。发展学者通常将这种介于中间的现象概念化为联系前因与后果的"中介"。

当谈及可能解释儿童期自我控制力如何影响成年期发展的中介、路径或发展过程时，我们对特莉·莫菲特提出的一个假设很感兴趣，就此提出问题：在人生第二个10年的青春期犯的错误，会不会在人生第一个10年薄弱的自我控制力与第四个10年的问题机能之间发挥特别重要的作用呢？因为我们收集了研究对象13岁、15岁、18岁和21岁的相关信息，我们发现儿童期自我控制力弱的研究对象，更容易在青春期犯错，经历莫菲特所说的"坑"，形成有害的生活方式。鉴于此，自我控制力弱的孩子比其他人更有可能从15岁开始吸烟、早早辍学、在青春期意外成为父母。一个人在儿童期的自我控制力越弱，他在青春期遇到的"坑"就越多。

但这并不是简单地说，人生早期缺乏自我控制力就预示着会掉进青春期的"坑"。更值得注意的是，这些"坑"有助于解释为什么儿童期自我控制力弱最有可能预示成年期发展欠佳。当我们在统计层面考虑（或者在一般意义上忽略）青春期"踩坑"的次数时，之前发现的儿童期自我控制力与成年期许多发展结果之间的关联强度就大大降低了。用儿童期自我控制力预测健康和社会阶层时，预测能力下降了约1/3；预测物质依赖和财务规划性时，下降幅度约为前者的两倍，在2/3左右徘徊；预测犯罪时，降幅超过40%。

谈及儿童期自我控制力影响日后到32岁时的发展的过程，为了帮助大家理解我们对此的分析和解释，不妨想象三块按顺序排列、中间仅隔着有限空间的多米诺骨牌。1号多米诺骨牌代表儿童期自我控制力弱，2号多米诺骨牌代表青春期"踩坑"的次数，3号多米诺骨牌代表成年期机能欠佳。击倒1号多米诺骨牌后，2号被击倒，然后3号又倒下。但是如果你从序列中把2号多米诺骨牌拿掉，正如我们在统计再分析中所做的那样，1号击倒3号的威力就会降低，尽管它仍然可以通过其他过程，比如晃动桌子来产生影响。问题的关键是，青春期的"坑"似乎是儿童期有限的自我控制力和成年期发展欠佳之间的重要环节。试想，如果有一种方法可以减少儿童期自我控制力不足的青少年在青春期"踩坑"的可能性，那将对其成年期发展产生什么影响？

小结

我们发现，即使考虑到儿童期的智商和家庭社会阶层，更好的健康状况、更多的财富和更少的犯罪行为也与更强的儿童期自我控制力有关，这意味着高水平自我控制力的好处和低水平自我控制力的代价不能被归因于其他看似混杂的因素。事实上，在我们的研究中，自我控制力对健康、财富和犯罪活动的预测程度与儿童期的智商和社会阶层对这些方面的预测程度相同。重申一下，詹姆斯·赫克曼是对的，我们错了。输给诺贝尔奖得主不仅不令人尴尬，反而让人想起了我们杰出、资深的同行迈克尔·拉特的箴言："数据符合预期，则无聊透顶；数据证明你错了，你才能真正学到一些东西。"我们怀疑迈克尔爵士前半部分的说法可能有点儿夸张，因为詹姆斯·赫克曼并不觉得我们的发现无聊透顶！

鉴于培养自我控制力比培养影响儿童发展的另外两种"强大力量"——家庭社会阶层和儿童智商更容易（我们最初认为这两种力量可以解释自我控制力的任何影响），我们记录的自我控制力的显著影响理应受到特别重视。回想智商的例子，这正是开端计划的长期评估所揭示的内容。尽管这个童年早期项目的参与者没有在可测量的智力水平上取得持久的进步，但该项目确实影响了依赖于自我控制力的成年期发展的某些方面，事实上，这正是我们在达尼丁研究中发现的与儿童期自我控制力有关的方面：未成年怀孕、辍学和不良行为。

因为开端计划是一个针对幼童的项目——尽管不针对婴儿和学步儿童，不难想象，它已经影响了童年早期而不是之后小学阶段的自我控制力。这一推论的基础源自我们尚未分享的发现：当仅针对在研究对象3岁和5岁时获得的自我控制力测量结果，并仅仅基于在达尼丁研究单元评估期间对孩子90分钟的观察（见第二章）重新进行预测分析时，这些人生早期的测量结果竟完全独立地预测了近30年后的成年机能。然而，这些发现并不意味着只有在童年早期甚至婴幼儿期进行干预，才能成功地增强自我控制力。即便事实证明，年轻时的努力比年长时的付出成本更低、更易实施、更有效，而且这是一个证据问题，而非理论或者信仰问题，其他研究结果仍表明，青春期也可能是一个比较适合干预的时期。

如前文所述，在人生前10年自我控制力不足的研究对象，在第二个10年的青春期"踩坑"的次数更多。与自我控制力更强的同龄人相比，他们更有可能从15岁开始吸烟、在高中毕业前辍学、成为未成年父母。这些事件在很大程度上（虽然并不能完全）解释了水平较低的社会控制将导致研究对象在32岁时健康状况更差、财富更少，并且与警察发生更多纠纷。这有力地表明，防止青少年在这些方面"踩坑"，可在很大程度上降低儿童期自我控制力不足对成年期发展的不良影响。还记得我们的发现吗？自我控制力较弱的孩子若在25岁左右增强了自我控制力，到32岁时就会比没有任何增强的孩子发展得更好。

从广义上讲，父母、老师、政策制定者甚至发展学者在考虑促进福祉的干预措施时常犯的一个错误是，他们认为存在一种"良方"并试图去找到它，这样就能使所有孩子成长为健康、富有和明智的人，或者至少发挥出他们的潜力。这一观点里存在几个需要被纠正的问题。第一个问题是，这个关于人如何发展的观点显得过于宿命论。第二个问题是，发展是持续一生的，不会在3岁、7岁甚至17岁时就结束，当然，这并不是说在年龄较大时进行有效干预和在年幼时进行有效干预一样容易。但是，即使事实证明在人生早期（比如在开端计划参与者的年龄，甚至更早）进行干预比以后（比如在青春期）更有效，也并不意味着早干预就足以产生持续一生的有益效果。这还是因为人的发展的概率性本质。这也不等于说仅在年龄较大时才干预就是在浪费时间、金钱和精力。人的发展的核心要义是，人生早期的影响和大多数成长经历不是以决定性的方式，而可能是以概率性的方式发挥效果的，部分原因是各种中介在保持或偏离既定发展轨迹方面所起的作用，所以当涉及促进未来福祉时，我们不应该期望在任何时候仅凭单一的干预努力就完成整项发展工作。换言之，当涉及影响人的发展的许多方面时，一次性接种疫苗即可在全生命周期内为预防特定疾病提供保护，并不是一个合理的模型或者比喻。

问题的关键在于，即使一个孩子在 5 岁前的某个时候，通过干预发展出比不干预的情况下更强的自我控制力，也不能保证他在日后就能免受逆境带来的负面影响，包括青春期的各种"坑"。虽然这类个体可能比没有同等有益早期干预经历的同龄人更不容易屈服于未来的逆境，例如迫于同龄人的压力而吸烟、吸毒和逃学，但这并不意味着日后逆境不能或不会破坏具有早期干预经历的儿童的发展。复原力不是要么全有，要么全无的。打个比方，因训练有素而保持相当良好的身体状况或许可以让一位跑者完成 5 英里①的跑步比赛，而另一位缺乏训练的跑者无法完赛，但这并不是说第一位跑者就可以完成 26 英里的马拉松。跑马拉松所需接受的训练肯定比 5 英里赛跑所需的训练更多且更加不同。

换句话说，如果想为良好的健康、数目可观的财富和较少的犯罪行为等未来的成功做准备，就需要在儿童期、青春期甚至成年期努力培养自我控制力。这样做无疑比仅针对一个发展阶段和使用一种特定的干预策略更有成效。我们的研究中出现了至少能够支持上述观点中第一部分的证据，尽管它尚未被分享：即便仅在童年早期测量的自我控制力确实能够预测成年期发展，其预测效果也比不上在人生前 10 年测量的自我控制力。也就是说，童年早期的自我控制力很重要，但它并非故事的全部。请再回想一下，在人生的第一个 10 年至第三个 10 年增强自我控制力也会改善健康、增加个人财富和增强公共安全，最

---

① 1 英里约为 1.61 千米。——编者注

后一点可以通过减少犯罪行为来实现。

在我们的研究发现和关于人的发展的观点中，人的发展的当务之急是努力在早期频繁、持续地增强自我控制力。不太可能存在这么做的"关键时期"，这意味着其他时候的尝试未必会失败，也不一定只有一种策略才有效。增强 3 岁儿童自我控制力的策略不太可能对 7 岁或者 13 岁的儿童奏效，这点也不难理解。干预措施必须符合儿童的年龄和他们面临的发展问题。

我们的研究发现中另一个值得注意的问题是干预的对象。一种观点是，应该让最缺乏自我控制力的人增强自我控制力。另一种观点是应该努力增强所有儿童的自我控制力。这种对比凸显了干预和提供服务的核心问题：为每个人服务还是仅针对最有需要之人？"为每个人服务"的观点基于公平的概念。对所有人一视同仁是唯一公平的运作方式。相比之下，"目标"观点强调功效而非公平：为最有可能受益的人服务，从而最大限度地提高防患未然或者亡羊补牢的资源利用率。假如我们之前能意识到，我们的研究发现是由患有 ADHD 的儿童或自我控制力得分特别低的儿童"驱动"或催生的，那么这些证据本来可以为目标方法提供支持，但这正是我们没有发现的东西。即便我们从样本中剔除了这两个子群体以及在儿童期表现出最强自我控制力的人，儿童期自我控制力与成年期发展之间的联系在很大程度上仍保持不变。因此，我们的研究发现意味着，即使是儿童期自我控制力略高于平均水平的人群，也有改善成年期发展的空间。旨在增强自我控制力的普遍干预措施可以使每个人受益，同时避免污名化某些自我控制力弱的儿童。这也是可能获得民众广泛支持的方法之一。

当谈及如何增强自我控制力（即使已经成年）时，我们想再次强调：无须只考虑开端计划这种长期、复杂且昂贵的干预措施。所谓的"轻推"行为也可能有用。这是些几乎毫不费力的微小干预举措。想想那些要求员工加入而非退出的退休金账户，它们让员工把一部分工作收入留到退休以后再使用。鉴于一个自我控制力较弱的人可能拒绝加入，因为他希望今天而不是明天就能拥有更多钱，他也可能会不假思

第三章 自我控制力

索地如"退出"选项所要求的那样说:"我今天就想拿到钱,所以不想推迟收款,让它在退休账户里增值。"

让我们来讨论一下可能在儿童期起作用的一种"轻推"。快餐总是特别吸引自我控制力不足的人,所以如果想让孩子们饮食更健康,就把健康食品放在商店里人们最容易够到的货架上。还有其他许多类似的微小干预措施被提出,无论对父母还是对政策制定者来说,它们都值得考虑。你只需在谷歌里搜索"轻推",看看会出现什么。

第四章

儿童 ADHD 和成人 ADHD

ADHD 是一种精神障碍，其特征是注意力不集中、过度活跃或者难以控制与年龄不符的行为。男孩比女孩更容易被诊断患有 ADHD。这可能是因为女孩表现出的症状与男孩不同，或是因为两性的行为文化信仰有差异。几乎所有专家都认为 ADHD 在女孩中很少见。人们很难区分 ADHD 与其他疾病，心理健康专家有时也难以确定高度活跃或者有限的注意力持续时间是否在正常范围内。尽管如此，世界范围内儿童 ADHD 患病总人数占人口的 5% 左右，这取决于正式诊断疾病时的标准。根据 2013 年世界卫生组织的估算，这意味着 ADHD 影响了全球近 4 000 万人！

杰伊·贝尔斯基回忆，在推进一项家庭生活与儿童早期发展的研究时，他家访过一名 15 个月大、名叫肖恩的男孩，这是贝尔斯基初次遇到的一个早发型显著病例。研究方案要求贝尔斯基观察孩子的行为 10 秒，记录情况，以便在接下来的 5 秒内进行分析。在一连串的 10 分钟时间段内重复该过程，每个时间段之间有 5 分钟的纯观察时间，不记录任何行为。虽然这需要耗费观察者大量的注意力，但对于训练有素的研究人员来说，观察和记录不具有挑战性——肖恩的案例除外。几十年后，贝尔斯基回想起肖恩一刻不停地活动的生动画面——他跳上摇摆木马，摇晃得又快又猛，木马看上去不可避免地要向后翻倒，之后他四处乱跑，爬上沙发，翻过去，又爬上咖啡桌，然后跑回摇摆木马，进行另一轮"致命骑行"。90分钟的家访和观察结束后，贝尔斯基精疲力竭。他能想象这个孩子的父母都经历过什么，显然肖恩也无需太多睡眠。

有人可能会认为，在开展这项博士论文研究之后的许多年里，人们已经认识到ADHD的病因，不仅了解了它在生命周期中的发展过程，也在其治疗上达成了明确共识。然而，事实远非如此。利他林原本是一种公认可以增强刺激、提高活力的兴奋剂，但因为对患有ADHD的儿童和青少年有明显的反直觉效果——抑制活跃程度，同时提高注意力，所以长期以来被用于治疗ADHD。许多从未被诊断患有ADHD的高中生和大学生如今也服用这种"处方专用"药，因为它能提高注意力，有助于学习和考试。

但是，就算医生经常给患有ADHD的人开利他林，这种常用处方药的疗效也并非没有争议。许多人对给儿童服用强效精神药物来治疗假定的行为问题这一普遍做法持批评态度，他们认为，问题不在于儿童，而在于现代社会使儿童置身的环境，以及对儿童不恰当的期望。许多对ADHD的诊断和利他林的使用持批判态度的人表示，要求年纪很小的孩子长时间安静地坐着是一种被误导的做法。

ADHD的治疗方法，无论是药理的，比如服用利他林，还是行为的，比如使用奖励来训练孩子保持专注、减少活动，它们之所以存在争议，也许是因为ADHD的成因仍是一个争议很大的话题。如前文所述，一些人认为，这是一种困扰现代世界的社会建构障碍，因为人们对当今孩子的要求不切实际。但对双胞胎的研究证据表明，ADHD具有遗传成分。相关发现显示，如果双胞胎中有一人患有ADHD，那么同卵双胞胎中另一人患ADHD的概率比异卵双胞胎大得多，因为前者的基因100%相同，而后者的基因只有50%相同。但除了对双胞胎进行比较，还有一些证据表明ADHD与某些特定基因有关。许多环境因素都能构成ADHD的病因，其中包括母亲怀孕期间承受巨大压力，在家中接触有毒物质（如杀虫剂和人工合成食用色素），以及有问题的育儿方式（如虐待和忽视儿童）。

本章的发展探索之旅的重点不是 ADHD 的成因或者治疗方法，而是像第二章和第三章那样，关注其给人的发展带来的影响。我们再次探讨了童年机能是否以及如何预测日后的机能。现有研究表明，ADHD 不仅是一种儿童疾病，如今许多成人也被诊断出患有这种精神疾病。因此，一个关键的发展问题是，成人 ADHD 究竟代表着童年出现的问题行为的延续，还是在成年后患上的。的确，成人被诊断患有 ADHD 的合理性在很大程度上基于这一假设：成人 ADHD 与儿童 ADHD 是同一种疾病，两者具有相同的神经发育病因，该病因可在儿童期和成年期对同一个体产生影响。神经发育中的"神经"指的是 ADHD 的主要指标，即在学习、记忆力和注意力等认知机能的测试中得分较低；"发育"指的是一种普遍观念，即 ADHD 症状必须最初出现在儿童期。

可我们越是关注患有 ADHD 的成人在儿童期就有认知缺陷和症状的证据，就越担心支持这一论点的知识图谱现状。这是因为，记录儿童 ADHD 和成人 ADHD 之间关联的证据非常有限，它们仅依赖于两种研究策略，每种都有严重的缺陷。第一种方法是跟踪在儿童期被诊断患有 ADHD 的成年个体，以确定他们是否仍然有 ADHD 的迹象。这种研究儿童 ADHD（或者任何儿童疾病）的后续影响的方法存在两大问题。第一个问题是，并不是所有符合 ADHD 标准的儿童都得到了诊断，此种策略完全依赖于确诊儿童，因"转诊偏倚"而处于劣势。因此，患有 ADHD 的成人如果在儿童期也患有此病，可当时没被诊断出来，就会在成年期被误诊为初患 ADHD。这将导致如下结论：儿童 ADHD 与成人 ADHD 的关联比实际情况小。第二个问题是，你无法研究那些在儿童期没患 ADHD，却在成年期发病的人。因此，该问题就与之前强调的结论相反——儿童 ADHD 与成人 ADHD 的关联比实际情况大。

研究 ADHD 从儿童期到成年期的延续性的第二种方法在我们看来非常有局限性：采访在成年期被诊断患有 ADHD 的人，让他们回忆童年行为，看自己是否在人生早期也患有 ADHD。这就是所谓的回顾性研究，我们在第一章介绍前瞻性纵向研究（测量儿童期的个体，然后随着他们年龄的增长继续研究他们）的逻辑和好处时讨论过这种研究。与已经提到的"转诊偏倚"研究相比，ADHD 回顾性研究的优势在于，它们通常以一组未被诊断患有 ADHD 的成人为对照，以观察两组人报告的童年经历是否不同，其主要弱点在于依赖回忆。正如第一章所阐明的，令人悲哀的是，记忆明显不可靠，回忆童年便成问题。如果你对此表示怀疑，不妨想想，你和朋友、兄弟姐妹或伴侣（可能有很多次）对发生在你们身上或者大家有目共睹的事情有着截然不同的记忆。

设想这样一种情况：两个人尽管实际上没有接受正式精神病学诊断，却在儿童期具有足以被确诊为 ADHD 的症状，成年后他们都被诊断患有 ADHD。一人能准确回忆起自己幼时的行为方式，而另一人却记不清了。所以，尽管他们都经历了 ADHD 症状的延续，收集的数据却只能显示其中一人的情况。如果该问题发生的频率足够高，研究人员就可以得出结论：被诊断患有 ADHD 的人从儿童期至成年期的延续性很弱，但实际上还有很多可觉察之事未被发掘。一个与此不无关系的问题是，成年后未患 ADHD 的人可能会错误地回忆起自己小时候过度活跃、难以集中注意力，然而事实并非如此，或者至少没到获得正式精神病学诊断的程度。值得注意的是，刚才提出的问题不仅仅是假设，达尼丁研究在 20 世纪 90 年代给出的证据表明，拥有关于 ADHD 的错误记忆这种情况可能且确实会发生。

考虑到研究 ADHD 从儿童期到成年期是否稳定的发展意义和临床意义，以及试图评估儿童 ADHD 和成人 ADHD 之间关联的现有研究的固有局限性，达尼丁研究促进新认知的优越性在此显现。这种以人群为基础的密集研究，跨越儿童期、青春期和成年期进行大量测量，可以突破困扰之前许多研究的限制。我们不仅能够区分符合与不符合正式精神障碍标准的成人，还能回到"数据储藏室"去查看他们儿时的表现。我们甚至可以将这些证据与成人的童年回忆进行比较，以确定它们是否准确，尽管我们怀疑那些记忆都不太准。由于达尼丁样本取自一个完整的出生队列，所以不存在"转诊偏倚"或者只研究选定个体的问题。研究对象完全具有母群代表性。他们自出生就被登记了，这发生在被诊断患有 ADHD 之前。我们不仅可以研究儿童 ADHD 和成人 ADHD 之间的关系，而且可以利用"数据储藏室"里的大量信息来确定被诊断患有 ADHD 之人在成年期表现如何。

无论对儿童 ADHD 和青少年 ADHD 的联系进行前瞻性研究的科学效用如何，它都与个人经历有关（却与 ADHD 本身无关），个人经历激发了本章重点关注的发展探索。许多读者都知道，《精神障碍诊断与统计手册》（*DSM*）经过了多次修订。最新的是第五版——*DSM-5*。它和之前的版本一样，规定了许多精神障碍的定义界限，成为保险公司确定是否承担精神健康服务费用的依据，至少在美国是这样的。和早期版本一样，*DSM-5* 的制作耗费数年，该版本一经发布就引发了巨大争议。作为众多负责审查和修订诊断标准的小组委员会成员之一，特莉·莫菲特为这项工作付出了三年心血。听完自封为权威专家的人没完没了地讨论 ADHD 的成年期表现是什么或者不是什么，她的耳朵都起茧子了。莫菲特认为，这不应该是理论、意识形态或主观问题，而是实证问题。这促使我们开启了一段将与大家分享的科学之旅，并在第二章和第三章之后第三次努力专注于 3 岁气质和儿童期自我控制力，以解决以下问题：许多人相信的，以及现有证据清楚表明的"儿童是成人的父亲"这个说法，是否为真？

收集必要"食材"

为了确定儿童 ADHD 的正式精神病学诊断是否与成年期确诊 ADHD 相关，我们在研究对象 11 岁、13 岁、15 岁和 38 岁时开展了标准的精神病学采访。训练有素的采访人员在进行采访时，对研究对象的其他信息并不知情。标准的精神病学采访包括一系列标准问题（例如"你是否曾经感觉……？"），接着是针对特定回答的标准探究（例如"它持续了多长时间？是否影响你的家庭生活或工作？"），然后用标准方式对所有回答进行集体研判，以得出正式精神病学诊断。供我们的 ADHD 研究工作使用的这些"食材"的可用性确保了微妙或者不太微妙的偏倚在任何时候都不会损害精神病学评估。不难想象，如果精神病学评估者知道研究对象的其他事情，比如父母离婚或者孩子被迫留级，那就可能会破坏精神病学评估的客观性。如果采访人员知道孩子患有 ADHD，那就肯定会增加这种风险，这正是我们对研究对象 38 岁时的采访人员屏蔽研究对象童年信息的原因。

我们还获得了父母和老师提供的儿童行为的信息，作为对从采访中了解到的信息的补充，这使得描述儿童 5 岁、7 岁、11 岁、13 岁和 15 岁行为特征的行为清单更加完整。尽管父母以前的报告可能影响并误导后来的报告，但老师的评分却不会出现这样的情况，因为孩子在不同年龄通常会由不同老师评估。因此，虽然父母在孩子 11 岁时的评价可能会受到两年前的经历和报告的影响，但这种局限性通常不会给老师的报告带来困扰。这是我们关注儿童过度活跃和注意力不集中的多种信息源的一大原因。

儿童 ADHD 的症状包括"非常焦躁不安、经常跑来跑去或跳上跳下、几乎无法静下来""好动、心烦气躁""注意力不集中或者注意力持续时间短"之类的行为特征。这些可能的症状也许能用来描述许多儿童。要想得到正式的 ADHD 诊断，许多症状都必须具有个体特征。打个比方，春天打一两次喷嚏不足以说明你对花粉过敏，但频繁打喷嚏，尤其是当发痒或流泪等其他症状也很明显的时候，就得另当别论了。

当在成年期 38 岁被诊断患有 ADHD 时，相关症状包括：容易感到厌烦；无法集中精神；马虎、没有条理；容易分心；感觉烦躁、不安或者好动；话太多；不愿等待；行动时不考虑后果。但是，在成年期被诊断患有该种疾病，必须有证据表明，问题行为干扰了个人生活，导致家庭、工作问题，以及与朋友或他人发生矛盾。

我们还获得了研究对象 38 岁时的这些信息：他们对生活的满意度；他们是否在生活中遭遇过特定问题，比如学业或工作表现不佳；

与他们相处是否令人精疲力竭（或者如作者的一位朋友所描述的那样，是件"苦差事"）；是否曾经出事故并受伤，或者曾经危险驾驶。详细的采访，以及收集到的研究对象的病史信息，使我们能进一步确定他们是否寻求或接受过心理健康问题的治疗，或者是否为特定的心理问题（如焦虑或抑郁）服用过任何药物。我们为 ADHD 延续性"大餐"准备的数据"食材"还包括研究对象的教育成就、收入、存钱而非花钱的倾向、债务和现金流方面的任何问题、信用评分，以及他们是否在成年期领取过福利津贴、提交过与伤害相关的保险索赔或者有（基于新西兰警方中央计算机系统的）犯罪记录。为了检验成人 ADHD 也是一种神经发育障碍这一主张中的"神经"部分，我们开展了一系列广泛的神经认知机能测试，其中包括对记忆和注意力的测试。为了获得可能与儿童 ADHD 或成人 ADHD 相关的儿童期神经认知机能方面的信息，我们利用了在儿童 7 岁、9 岁和 11 岁时收集的智力与阅读成绩测试的数据。

儿童 ADHD 带来的影响

我们在 ADHD 探索之旅中了解的第一件事是，对儿童和成人的诊断评估显示，6% 的（15 岁以下）儿童和 3% 的 38 岁成人符合 ADHD 的精神病学诊断标准。重要的是，这些患病率数据与新西兰以外地区的其他研究结果一致。这再次表明，尽管研究是在远离大多数读者居住地的英语国家进行的，但这并不意味着它的结果不适用于其他许多地方。儿童 ADHD 病例以男性为主，男孩占据了 80% 左右的 ADHD 病例。这一观察结果也与我们之前在其他地方开展的研究工作一致。到了成年期，情况有所改变，仅有 60% 的 ADHD 患者为男性。因此，成年期被诊断患有 ADHD 的女性（占达尼丁研究 ADHD 病例的 40%）是儿童期被诊断患有 ADHD 的女性（20%）的两倍。这是第一个表明儿童 ADHD 和成人 ADHD 可能不像许多精神病学家、心理学家和临床研究人员所猜想的那么密切相关的证据。当用更正式、更直接的方式来处理这个问题时，我们采用了如下三种方法。

儿童ADHD和成人ADHD的正式诊断

第一种正式且直接的延续性检验方法，试图将儿童ADHD和成人ADHD的正式精神病学诊断联系起来，却没有发现任何延续性的证据。从统计上看，知道某人在儿童期被正式诊断患有ADHD被证明与几十年后确诊ADHD无关。61名在儿童期确诊的研究对象中，只有3人（约5%）在38岁时仍然符合诊断标准！而且在两大发展阶段都被诊断患有ADHD的这3人只占31个38岁成人ADHD病例的10%。根据多年前对其父母和老师的多次采访，10个患ADHD的成人中有9个在儿童期没有患过这种病。很明显，就正式诊断标准而言，儿童ADHD与成人ADHD之间几乎没有延续性。这一证据表明，成人ADHD不是发展性的，因为确诊的个体在儿童期没有表现出足够获得正式诊断的症状。

除了这一发现，关于儿童ADHD对发展的后续影响或缺乏这种后续影响的研究探索还催生了更多洞见。首先，成人ADHD似乎没有"神经"基础。尽管患有ADHD的达尼丁儿童在测试中有问题的、必要的记忆力和注意力缺陷得分与理论预测的一致，但患有ADHD的达尼丁成人在38岁接受测试时并没有表现出这种缺陷。尤其是在许多科学家和民众理所当然地关注科学领域"（不可）复制危机"（当其他研究人员解决相同的科学问题时，实证发现是不同的）的今天，在英国开展的环境风险研究中，我们在调查同样的问题时也出现了以上总结的结果（环境风险研究是第九章、第十章、第十六章和第十八章的重点），这似乎值得注意。在英国的案例中，我们检查了在5~12岁的任何时间被诊断患有ADHD与在成年早期18岁确诊ADHD的联系（见图4.1）。尽管在新西兰和英国都能发现晚发型ADHD病例，但事实证明它与儿童期更早的ADHD确诊无关。同样重要的是，这两项研究都没有证据表明在年龄较大时被诊断为ADHD患者的人存在明显的认知缺陷。这些重复的发现提出了一个问题，即ADHD这一术语是否同时适用于儿童障碍和成人障碍。基于该点的研究结果表明，答案似乎是否定的。达尼丁研究结果显示，儿童期和成年期之间的正式诊断几乎没有延续性，儿童和成人在 ADHD 的性别差异和神经心理学相关性方面的结果也不尽相同。

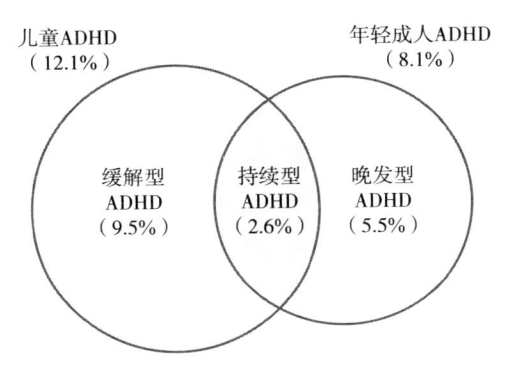

图 4.1　仅符合儿童 ADHD 诊断标准、成人 ADHD 诊断标准，以及同时符合儿童 ADHD 和成人 ADHD 诊断标准（阴影部分）的研究参与者比例。根据 Agnew-Blais, J.C., Polanczyk, G.V., Danese, A., Wertz, J., Moffitt, T.E., & Arseneault, L. (2016). Evaluation of the persistence, remission, and emergence of attention-deficit/hyperactivity disorder in young adulthood. *JAMA Psychiatry, 73*, 713–720, figure 1 重新编制。转载已获美国医学会许可

儿童 ADHD 的维度评估与成人 ADHD 的正式诊断

尽管达尼丁研究获得了上述发现，但我们认识到，在得出关于儿童期和成年期的这种障碍是否应该被统称为 ADHD 的任何结论之前，需要在 ADHD 探索之路上走得更远。实际上，尽管在新西兰和英国的研究发现具有共性，但我们意识到从儿童期到成年期记录的行为之所以缺乏延续性，可能是因为我们将 ADHD 与非 ADHD 的正式类别性诊断联系在了一起。如果不采用这种类型学的方法，而采用一种维度方法呢？在第二章讨论看待气质的方式时，我们区分了这类概念化一种发展现象的替代性方法，明确指出每种方法都是有用的。因此，问题就变成了："如果只考虑父母和老师在孩子 5 岁、7 岁、9 岁和 11 岁时（主要在孩子 11 岁、13 岁和 15 岁被正式诊断患有 ADHD 之前）对

孩子的行为评分，会怎样？"与类别性分类相对的维度测量结果，是否与成人 ADHD 的正式（和类型学）诊断有关？我们未能检测到发展的延续性，或许是因为在两次测量时都依赖正式的类别性精神病学诊断（也就是你要么有病，要么没病）。

当使用儿童 ADHD 症状的维度测量标准来研究 ADHD 的延续性问题时，我们发现，成年期被诊断患有 ADHD 的研究对象在由父母和老师评分的儿童期注意力不集中且过度活跃方面并不比未确诊的成人得分高。换言之，据研究对象儿童期的熟人所知，成年期确诊 ADHD 的患者在儿童期看起来并不过度活跃、心不在焉或者冲动。没有强有力的证据能够证明"儿童是成人的父亲"这种发展延续性。这与如何研究儿童 ADHD 和成人 ADHD 之间的关系无关。在是否将成人 ADHD 的正式诊断与儿童 ADHD 的正式类别性诊断（要么有病，要么没病）联系起来，或是否采用维度方法看待儿童 ADHD 症状的问题上，我们得到了相同的答案。

首先要考虑的是，这些结果似乎暗示儿童 ADHD 和成人 ADHD 是不相关的、各自独立的机能表现方式，不应该给两者贴上相同的标签，因为这可能意味着从儿童期到日后人生的延续。当涉及 ADHD 对人的发展的影响时，儿童似乎不是"成人的父亲"。从某种意义上说，鉴于本书目前就"发展具有概率性而非确定性"观点所述的所有内容，出现这种结果也就不足为奇了（在这里指的是成人 ADHD 并非源自儿童 ADHD 的后续影响）。但在坚定地接受这个结论之前，至少还需考虑一种可能性。

儿童期和成年期的正式诊断与成人的行为症状

到目前为止，就分享的所有发现而言，我们都关注了 ADHD 的正式精神病学诊断，无论是在最初的分析中同时关注儿童 ADHD 和成人 ADHD，还是在后续的分析中仅关注成人 ADHD。在后一种情况中，我们将成人 ADHD 的诊断与仅在儿童期进行维度测量的行为症状联系了起来。如果反过来，把儿童 ADHD 或成人 ADHD 的诊断与在成年期进行维度测量的行为症状联系起来，会怎样？当我们考虑按维度（从低到高）测量的ADHD患者成年期的行为或症状时，被正式诊断患有ADHD的儿童或成人的机能是否与未确诊的儿童或成人不同？事实证明，确有不同，这导致发展延续性的情况与目前初步结论所反映的截然不同。

就此而言，首先要考虑研究对象的亲朋好友提供的报告，因为他们对成年期的研究对象十分了解。这些报告表明，在儿童期被诊断患有ADHD的研究对象成年后比在儿童期没被诊断患有ADHD的研究对象更加注意力不集中、过度活跃或冲动。此外，与儿童期未确诊的同龄人相比，儿童期确诊的研究对象对成年生活的满意度更低，也许是因为他们取得大学学位的可能性更小，收入明显更低，负债更多，领取社会福利津贴的时间更长，提出更多与伤害相关的保险索赔，犯罪频率也更高。这当然意味着，尽管得到ADHD正式精神病学诊断的儿童在成年期不太可能再次被正式诊断患有同样的疾病，但与儿童期未确诊的成年同龄人相比，他们依然表现异常，而且问题更多。显然，儿童ADHD对人的发展的影响看起来很令人烦恼，尽管在儿童期获得的正式诊断并不能预测几十年后同样的正式诊断。

但如果是一个成人在38岁时被诊断患有ADHD的情况呢？这与成年期在现实生活中的表现（正如维度测量的那样）有什么关系？这种情况比儿童期被诊断患有ADHD的人看起来更糟糕：在成年期被诊断患有ADHD的研究对象比其他成年研究对象更有可能长期依赖酒精、大麻或其他药物，以及烟草。除了这种明显的"自我药物治疗"倾向，这些患有ADHD的成人也很有可能（约70%）在21~38岁因心理健康问题向专业人士求助。近一半的人因抑郁、焦虑、心理创伤、物质滥用和进食障碍等ADHD以外的问题而服用过药物。这似乎再次表明，当涉及成人机能表现时，儿童ADHD和成人ADHD都与生活中许多领域（即使不是全部）的问题和损伤有关。

小结

关于儿童 ADHD 对人的发展的后续影响，我们分享的对比发现可能会令人感到困惑。一方面，儿童 ADHD 正式诊断并不能预测成人 ADHD 正式诊断；另一方面，儿童 ADHD 正式诊断确实能预测较高的过度活跃、注意力不集中和冲动水平，和亲朋好友对成年研究对象的评价相同。被诊断患有儿童 ADHD 的研究对象的知情人一致赞同："和这个人待在一起简直让人精疲力竭。"研究对象自己也报告了生活中的一些问题。对于这些看似矛盾的发现，有两种思考方式。

首先，不妨使用以下类比思考。假设我们测量了儿童期的肥胖情况，以确定肥胖儿童长大后是否会变成肥胖成人，以及是否比儿童期不肥胖的成人有更差的机能表现。就算我们发现儿童期肥胖并不能预测成年期肥胖，曾经肥胖的儿童成年后的平均体重也仍可能大于其他儿童成年后的体重，即使他们不符合成人肥胖的正式标准。他们在一生中取得的成就也比儿时不肥胖的人少。

用类别性术语来评估一种现象（是否确诊为 ADHD、是否肥胖）有时可能是一种有效的方法，但在其他时候则不然，因为它既能揭示个体差异，也能掩盖个体差异。这就是为什么尽管我们没有发现儿童 ADHD 诊断能预测成人 ADHD 正式诊断，但它确实预示着中年期更加过度活跃和注意力不集中，这两种情况都是维度测量结果，而非类别性测量结果。如果我们没有研究由成年研究对象的熟人提供的关于注意力和过度活跃的报告，只是依赖正式精神病学评估，我们就会得到一个截然不同且具有误导性的结论。我们并未得出儿童 ADHD 与成人 ADHD 无关的结论，而是发现儿童 ADHD 与几十年后的注意力不集中、过度活跃，以及生活中更糟糕的表现有关，这对于在成年期被诊断患有 ADHD 的人来说尤为如此。这个观察结果凸显了我们的测量和评估方法的价值：它超越了正式的精神评估，囊括了由研究对象的亲朋好友、其他熟人和自己提供的行为与心理维度评估。它还提供了证据来证明最初有争议的发现具有科学效用甚至必要性，以确保这些发现反映了实际情况。

这个故事还有一个更广泛的科学寓意。在精神病学和行为科学的世界里，越来越多的人认识到，令人感兴趣的现象很少是真正绝对的（它要么有，要么没有），因为我们感兴趣的大多数事物，无论是ADHD之类的障碍，还是情商之类的能力，都具有特征上的延续性。因此，不能简单地说，有些人过度活跃，其他人不然，或者有些人肥胖，其他人不然。确切地说，有些人非常活跃或体重超标，其他人中等，还有些人完全不活跃或者瘦得不行。无论被诊断患有ADHD还是肥胖症，我们常常意识不到类别性评估总基于一些公认的常规分界点。不过，它们在本质上仍是武断的，并不能反映某种自然的类别界限。要达到肥胖标准，一个人的BMI（体重指数）必须大于30，但任何有头脑的人都不会认为BMI为29的人一定比BMI为31的人更健康，即使前者理论上并非肥胖，而后者是。

归根结底，行为和心理机能不像物理。在物理学中，随着连续测量的变化，存在真正性质上的"状态变化"。众所周知，当水从33华氏度（约0.56摄氏度）冷却到31华氏度（约零下0.56摄氏度），越过32华氏度（0摄氏度）的冰点时，它就会发生质的变化——从液态水变成冰。但是，这种质变状态并不发生在行为或心理现象中。完全依赖类别性名称能阐明多少事实，也就会掩盖多少事实，但并不是说要把分类的精华和糟粕一起丢掉。我们只想指出，在探究有关人的发展的实证问题时，采用多元方法有何益处。尽管儿童ADHD诊断不能预测成人ADHD诊断，但它确实能预测成年期某些类似ADHD的行为的延续性评分。仅依靠最初的类别性方法得出的"儿童ADHD与日后机能表现无关"这一结论并不准确。

对人的发展的探索一再告诉我们，发展是概率性的，而非确定性的。在我们的许多研究中，因为一个特定的风险因素（例如不受控制型气质）或条件（例如未成年妈妈）不能很好地预测数年后的预期结果，我们得出了结论：发展是概率性的。例如，儿童ADHD并不能预测一个人在几十年后的成年期仍然患有ADHD，但是我们发现了一个令人惊讶的概率性情况：对我们的纵向研究的许多参与者来说，确诊 ADHD 似乎是成年很久之后突然在生活中发生的事情。这些人相信自己安全度过了童年岁月，没有 ADHD 问题，认知测试也没有检测到神经发育异常的风险信号。然而，他们后来变得过度活跃、冲动和注意力不集中，以致妨碍了工作和家庭生活。一些研究对象合乎情理地发问："ADHD 不是儿童的'专利'吗？"

其他研究人员也惊讶不已。一些精神病学专家推测，成人 ADHD 症状只是成瘾的副作用，但是大多数患有成人 ADHD 的研究对象并不是物质滥用者。另一些专家认为，成人 ADHD 症状可能是未来阿尔茨海默病最早可检测到的迹象！但对大多数患有成人 ADHD 的研究对象而言，罹患痴呆为时尚早。2015 年，我们发布的一份关于不存在任何儿童神经发育综合征的晚发型 ADHD 的报告，开拓了一个全新的研究领域。研究人员正在检验许多假说，以揭示晚发型 ADHD 的病因和最佳治疗方法。

尽管如同我们发现的那样，儿童 ADHD 和成人机能表现之间存在某种联系，但与儿童 ADHD 相比，成人 ADHD 与成人机能表现的联系更加密切。成人 ADHD 可能不是神经发育性的，但它显然是一种需要被治疗的严重疾病。我们分享的最后一组发现清楚地表明了这一点。回想一下，成人 ADHD 常与酒精、毒品和烟草依赖，需要心理健康服务，以及服药治疗其他心理和行为问题有关。鉴于这些发现，假如有得选，那么大多数人可能会选择在儿童期而非中年期被诊断患有 ADHD。

这些观察结果迫使人们发问：是什么促进了 ADHD 在成年期的发展？它显然与儿童期的表现（过度活跃和注意力不集中）不同，否则就会在儿时获得正式诊断。此外，成人 ADHD 患者在儿童期和成年期都没有表现出学习、记忆、精神集中或者注意力方面的问题。这似乎是另一个不给儿童障碍和成人障碍贴上相同诊断标签的证据。幸运的是，考虑到我们在研究对象的儿童期做的许多测量，我们有能力解决成人 ADHD 的发展起源问题。虽然被诊断患有 ADHD 的成人在儿童期认知机能评估方面与未被诊断患有 ADHD 的成人没有区别，但前者在人生早期确实表现出一些与心理健康相关的问题。成年期被诊断患有 ADHD 的研究对象在儿童期比成年期未被诊断患有 ADHD 的人有更多行为困难，包括比其他孩子更有攻击性和更不听话。值得注意的是，我们还有望探索基因在成人 ADHD 的起源中发挥作用的可能性。这是因为我们测量了一些特定的"候选"基因，其他研究已将它们与 ADHD 联系起来。但是，在达尼丁研究中，这些测量结果未能将成年期是否被正式诊断患有 ADHD 的人区分开来。显然，要想完全确定成人 ADHD 的发展起源，还需完成更多工作。

最后一点基于我们对儿童 ADHD 和成人 ADHD 之间关系的检测工作，与从没能很好地解决这一问题的研究中得出强有力结论的风险有关。与之前基于对儿童 ADHD 的回忆的研究工作相反，达尼丁研究的结果清楚地表明，成年期被诊断患有 ADHD，并不仅仅是儿童期或青春期确诊此病的延伸，因此不应该被贴上与儿童 ADHD 相同的标签。说明目前研究方法（在个体逐渐衰老的过程中前瞻性地跟踪研究他们，而不是以其成年后的回忆为基础展开研究）的重要性的最佳证据，或许可在我们尚未分享的证据中找到：当看待自己在几十年前儿童期的行为时，许多被诊断患有 ADHD 的成人依赖父母提供的信息，而非自身记忆，可父母本人也不能避免记忆偏差。实际上，我们发现，约 3/4 在儿童期被诊断患有 ADHD 的研究对象的父母，在孩子 38 岁时记不起孩子在儿童期被诊断患有 ADHD 或者有过 ADHD 症状！尽管他们在 30 年前接受研究采访时普遍抱怨自家孩子的 ADHD 行为，但后来他们记不起来也是千真万确的。因此，大多数记录在案的儿童 ADHD 病例在几十年后被父母遗忘了。这说明了任何 40 岁以上的人都心知肚明的一点：记忆是非常不可靠的。

第三部分
家庭因素

第五章

父母养育方式大揭秘

长期以来，先天和后天在人的发展中所起的作用，一直吸引着人们关注育儿方式及其对儿童发展的影响。打屁股会让孩子变得更具攻击性吗？向孩子解释他为什么被惩罚，能使他内化父母的价值观，从而避免未来的不当行为吗？定期给孩子读书，有助于培养孩子的读写能力吗？尽管许多人认为育儿至关重要，但也不乏反面观点。不少畅销书就持育儿并不那么重要的观点，其中包括已故的戴维·罗1993年出版的《家庭影响的局限》，著名畅销书作家、哈佛大学心理学家史蒂芬·平克的著作《白板》，以及已故普利策奖得主朱迪斯·哈里斯的获奖作品《教养的迷思》。

最能证明父母的育儿方式确实会影响儿童发展的证据，或许来自实验性干预研究。研究的内容往往是将父母分配到实验组或对照组，实验组的父母会得到提升育儿能力的指导，对照组的父母则不获得此类指导。指导形式多种多样，有的可能仅仅是向父母提供材料，指导父母怎样念给孩子听才能产生最好的效果，然后评估孩子的读写能力，从而判断这类干预能否有效促进儿童发展；有的可能是鼓励父母在管教孩子时始终如一，既不要随意、懒散，也别过于严厉，父母可以按下暂停键，告诉孩子为什么他的行为是不对的，或者对好的表现给予奖励。有些研究人员甚至录下父母与孩子互动的视频，然后与孩子的父母一起观看，并告诉实验组的父母，如何更敏锐地发现和回应孩子的需求。这些研究往往能改善育儿方式，进而提高儿童的机能，为育儿的因果影响关系提供了有说服力的证据。

　　上述研究及人的发展相关理论的证据，引出了本章的重点：父母为何会采取这样或那样的育儿方式？毕竟，有些父母善解人意、积极回应、温暖、容忍度高，有些则不然，比如充满敌意、习惯拒绝，或者疏忽大意、漠不关心。父母对待孩子还有其他不同的表现形式，但每个人的育儿方式都不一样，这才是问题的关键。

　　研究对象档案中记录的一则逸事，生动地体现了这个观点。那是在达尼丁研究的早期阶段，孩子们才 5 岁，有一天，两位母亲带着她们的儿子在达尼丁研究项目的接待区等待谈话。那里有玩具，也有杂志。起初，男孩威廉和哈珀（本书提及的所有研究对象均使用化名）分别跟自己的妈妈待在一起，不过很快，他们就开始跟对方玩耍起来。两人盯上了同一辆玩具卡车，没过多久，哈珀便将它从威廉手中抢了过来，立马引发了一场拉锯战。最终，哈珀把威廉推倒在地板上，并宣称这个宝贝玩具归自己所有。哈珀的妈妈正在翻阅杂志，她抬头厉声喝道："还回去！"可她的注意力马上又回到杂志上，儿子也根本不理会她，仍然霸占着卡车。

　　相比之下，威廉的妈妈介入了他们的争夺，想找办法解决冲突。她问儿子："威廉，他这样对你，你怎么想？"威廉回答："我要那辆卡车，是我先拿到的。"她继续说道："你就这样告诉他，用你刚才的话直说。不过，你也可以提议大家轮流玩，你玩一会儿，他再玩。"于是威廉按照妈妈说的做了。令人惊讶的是，哈珀把卡车还给了威廉，而哈珀的妈妈完全没注意到这一合作之举。几分钟后，威廉的妈妈说："现在是不是该轮到那个小朋友玩了？"听到这句话，威廉就把玩具给了哈珀，对方回以一个大大的笑容。这样的情景令人不禁想问，为什么两位母亲在目睹儿子与他人发生冲突时的反应如此不同。在下一场关于人的发展的探索中，我们将探讨父母的育儿方式为什么会是这样或那样的。同时我们将开始讨论本书的第二个主题和目标，阐明孩子在家庭中的经历（这里指他们经历的育儿方式）是否以及如何塑造其未来发展。

父母的育儿方式是否来源于自身的童年经历

参考父母自身在童年所经历的育儿方式，也许是探讨哪些因素对育儿方式有决定性影响最常用的方法。一个人在童年是怎样被父母养育的，长大为人父母后又如何养育自己的孩子，前者对后者的潜在影响被称为"育儿方式的代际传递"。哈珀的妈妈对儿子不当行为的漠视，以及没有将让儿子"把玩具还回去"的指示贯彻到底，是否反映了她本人是怎样被养育长大的？在哈珀的妈妈还是个孩子时，她的父母在育儿过程中是否也曾对她冷漠、疏忽或持双重标准，未能将对她的指示贯彻到底？威廉的妈妈教育孩子讲究技巧，在一定程度上源于她小时候得到了善解人意、积极回应和支持式的照顾吗？

关于人的发展的各种理论使我们有理由相信，父母会以自身在成长过程中所经历的育儿方式来养育下一代。有一些理论，比如英国精神病学家约翰·鲍比、美国发展心理学家玛丽·爱因斯沃斯和L.艾伦·斯鲁夫提出的依恋理论，强调了情感发展、父母育儿对情感发展的影响，以及情感发展如何影响下一代的育儿观。另一些理论，比如指导俄勒冈社会学习中心的杰瑞·帕特森的育儿研究和干预工作的社会学习理论，则强调行为发展，即孩子会重复做曾让他们得到奖励的行为，避免做曾让他们受到惩罚的行为。当然，这些观点并不是互相排斥的。

看似与育儿方式的代际传递观点吻合的证据，有一部分来自关于虐待和忽视儿童的原因的研究，这一视角最早出现在虐待儿童的病因学研究中。临床医生和学者一再观察到，虐待孩子的父母自身在成长过程中更有可能被虐待，被虐待会影响其情感发展（如缺乏同理心）和行为发展（如有攻击性）。

但貌似能支持这种代际传递观点的研究，往往在许多方面存在局限性，对于其中一些方面，我们已在（第二章）3 岁气质对人的发展的影响和（第四章）儿童 ADHD 部分讨论过。关键是，这类研究大部分被设计成回顾性研究，因此建立在那些会虐待孩子的父母对自己儿时如何被对待的回忆基础之上。所以，这类研究发现施虐父母对待孩子的方式与他们自述的在儿时被对待的方式相似，也就很正常了。施虐父母还经常会为自己的育儿方式辩护，坚称："我小时候又不是没经历过，现在不也过得挺好！"

但是，让虐待自己孩子的成人回忆他们小时候得到的照顾，往往存在我们之前强调的本质缺陷：它将小时候也遭受过虐待，但长大后没有虐待孩子的父母，即能够"打破虐待和忽视儿童的（代际）循环"的人排除在外。如果把这些人也囊括在内，得出的证据也许能充分揭示，虐待儿童并不像许多人假设的那样，一定会从一代传递到下一代。这并不是说，在正常条件下，普通的育儿方式不存在代际传递。

即使没有虐待孩子的父母被纳入回顾性研究，并被要求述说自己的童年经历，也会出现其他问题。因为记忆是不可靠的，尤其是那些涉及情感创伤经历的记忆。尽管对有些人来说可能难以想象，但总有可能——事实上是很有可能，那些在童年被父母严重虐待的成人，至少有一部分无法回忆起这段成长经历，从而无法准确述说自己是如何被养育的。事实上，一些在童年受过虐待的成人甚至会把父母"理想化"，可悲而错误地声称，他们得到了充满爱意的照顾。然而，当我们要求这部分研究对象提供细节来自证说法时，他们往往连一个真实例子都想不出来，哪怕是"说一个当你需要帮助，母亲就在身边提供支持的时刻"。

在评估成长过程中父母的育儿方式时，对童年经历的回顾性陈述存在的另一个问题是，一些回忆自己曾被父母虐待的成人其实并没有被虐待过。在一项（从前瞻性角度）询问成人童年经历的研究中，我们将他们的回顾性陈述与实际的童年记录进行比对，发现了上述问题。这项研究也是我们所开展的达尼丁研究的组成部分。正如研究发现的那样，从前瞻性角度搜集孩子所受养育方式的数据，并在他们成年后询问其被养育的经历，两者往往会呈现惊人的脱节。第十六章将更详细地探讨这一问题。就目前而言，人们需要认识到的是，依靠记忆捕捉成人在童年经历的育儿方式细节来研究"育儿方式的代际传递"的做法，存在严重问题。

跳出"回顾性陈述"框架

针对前述关于虐待和忽视儿童的原因的研究提出的担忧，大多数发展学者更相信前瞻性证据，倾向于把对研究对象童年所受养育方式的真实评估，与其长大成人后养育自己后代的方式联系起来。针对在原生家庭中受到或未受到虐待的孩子，其育儿方式到底与他们自己经历的育儿方式相似还是不同，前瞻性研究方法能给研究者更足的底气。当然，这种研究耗时颇久，因为必须等待孩子长大成人、成为父母，而这些什么时候才会发生，是研究人员无法控制的。在第一章，我们将像自己这样的纵向研究人员类比为果树栽培学家，因为后者也必须经年累月才能从自己种的树上收获果实。

有一种方法可以缩短研究育儿方式代际传递之前的等待时间，那就是首先研究青少年而不是幼童所接受的养育方式，然后看它是怎样映射到这些青少年成年后对年幼子女的养育方式上的。在某些情况下，这两个时间节点相隔不太长，比如一个 15 岁接受调研的青少年，可能在 18 岁或 20 岁时便已为人父母。

即使是从青春期开始的前瞻性研究，在揭示育儿方式的代际传递方面也往往存在局限性。这是因为，许多自青春期开始、试图阐明育儿方式的代际传递的研究，并不是类似达尼丁研究这样的队列研究——后者从一个社区里的所有孩子刚出生时就开始跟踪他们。相反，它们通常从那些在危险或贫困的环境（例如父母的虐待或暴力的街区）中长大的"高风险"青少年，或者已经表现出攻击性、犯罪或物质滥用等发展问题的青少年入手。这意味着，这群特定的青少年有了孩子后的育儿方式的发展起源，并不一定能概括并解释其他大多数人的育儿方式。前者生孩子的时间往往比其他同龄人早许多。我们无法假设，从青春期在风险环境中成长的父母身上获得的育儿方式代际传递研究结论，同样适用于更多青春期未在逆境中成长，或者没有严重心理问题或行为问题的父母。

跳出"问题式育儿"框架

理解这一点，我们就会意识到，达尼丁研究成功地将大家带向了另一场探索——童年的家庭经历能否以及如何预测成年机能（此处指育儿）。首先，我们不必从青少年着手，因为我们从研究对象的童年早期就开始关注他们及其家庭经历。数据储藏室里有育儿方式、亲子关系、家庭情绪氛围的测量数据，以及在研究对象3岁、5岁、7岁、9岁、11岁、13岁和15岁时前瞻性地收集的相关评估。我们得以做一些其他研究从未做过的事情：根据三个不同的发展时期——学龄前（3岁和5岁）、童年中期（7岁、9岁和11岁）和青春期（13岁和15岁），制定被养育经历的测量标准。于是，我们具备的条件特别适合判断某些发展时期的家庭养育经历是否比其他发展时期的更能精准地预测日后的育儿方式。人们普遍认为，是童年早期而不是童年晚期发生的事情塑造了后天的自己，包括让我们成为什么样的父母。

我们认为，跳出虐待儿童的代际传递这一框架来研究同样重要。达尼丁研究并未聚焦于不正常或有问题的育儿方式，而是为我们提供了研究称职父母的发展起源的条件。为此，我们关注了身为3岁儿童父母的研究对象在多大程度上提供了善解人意、积极回应、给予支持和懂得激发孩子认知能力的育儿方式，而非忽视、冷漠或干扰甚至过度控制的育儿方式。这样，我们所开展的父母育儿方式研究，才能适用于更多的家庭，而不仅仅是有虐待和忽视儿童的风险的家庭。当杰伊·贝尔斯基带着他的育儿专业知识参与达尼丁研究时，我们意识到时间的紧迫性，因为一些青少年研究对象已经生儿育女了。

如何研究育儿方式

对于如何研究和测量人们的育儿方式,可用的方法不在少数,其中包括与家长交谈从而了解他们的育儿方式,请他们完成有关育儿实践的调查问卷,观察他们与孩子互动的情况。在研究对象成长的过程中,达尼丁研究采用了上述方法,它们各有优劣。针对已为人父母的研究对象,我们使用了其中几个方法,尤其喜欢使用直接观察父母的方法。因为与他们提供的陈述相比,我们更加相信自己观察到的育儿行为。

即使观察结果不受评分者偏见的影响(比如父母为了让自己的陈述符合他们以为的研究人员的预期,于是不准确地陈述育儿方式),用这种方式得到的结果也并非万无一失。当我们对学生及其他人讲起我们会到家里观察家长的育儿行为,或把家长请到大学实验室里进行观察时,不少人表示难以相信,他们不认为这些场景可以准确地反映孩子日复一日的真实生活,而孩子的真实生活无疑是我们最想记录的。这种担心固然有其合理性,但事实上,如果有技巧地收集内容丰富的行为数据,仍然会有所收获。最忌讳的是这样表达:"嘿,我们想知道你是什么样的父亲/母亲,所以要观察你和孩子的互动。"把重点放在孩子身上反而行之有效,比如说:"我们对你孩子的行为方式和经历很感兴趣,所以想观察他/她跟你在一块儿时的表现。我们观察的时候,你们能像平常那样活动吗?"这种"非结构性"的方式,特别适用于观察父母和孩子在自己家里的互动。另一种在家里和大学实验室里都可以实施的策略是,为父母和孩子提供一套标准材料,就像家访研究对象那样,要求父母花时间用这些材料与孩子进行互动。

在上述情况下,父母可能会推断,研究人员是在观察他们的育儿过程——因为我们当然不会说我们没这么做。于是他们会做戏,努力扮演"好"家长。但上演这样一出"好"戏很难,大多数家长都演不好,这就容易将问题暴露出来。举个例子,有一位家长忙着炫耀她的认知能力激发水平,在我们的注视下把箱子里的玩具全翻出来,挨个儿给孩子展示，显然，她根本没有关注孩子本身，只是通过某种方式急切地展示自我。

许多甚至大多数父母只是按照他们的日常行为方式行事。还记得有一次，一位父亲跑进屋里，瞥了一眼正在观察的我们，然后对妻子说："我有件事要告诉你，但你必须发誓永远不告诉其他任何人！"那一刻，观察员杰伊·贝尔斯基不禁感觉自己就像一个守在皇帝嫔妃身边的宦官。还有些情况下，父母会不假思索地对孩子讲刻薄的话、表现得不耐烦，或者干脆忽视他们。换言之，虽然观察父母育儿并非万无一失，但这的确是个了解孩子世界的好方法。

因此，在观察研究对象为人父母的行为时，我们决定这样做。首先，我们决定等研究对象的第一个孩子满 3 岁时才开始对其进行研究。3 岁被认为是孩子小时候最有可能展现自我的一个阶段，因为快速发展的语言技能和社交能力，无论是单独一项拎出来看还是多项综合发挥作用，都能使孩子越来越自如地表达意愿，这对父母而言是真正的挑战。同样重要的一点是，回到 20 世纪 70 年代，研究对象自己也是以 3 岁孩子的身份初次被人观察的。他们在成长过程中经历的育儿方式，在 20 世纪七八十年代被反复评估；几十年后，他们也有了自己的孩子。

我们意识到，父母在不同状况和情境下可能会表现不同，无论是在晚餐时间、在超市，还是在游乐场，所以我们设计了 3 个半结构化的情境，录制父母和孩子在每个情境下的互动情况。在第一个情境下，他们有 5 分钟"自由玩耍"的时间。我们给父母和孩子提供了一些有吸引力的玩具，他们只需坐在地板上玩玩具即可。在第二个 5 分钟里，我们试图创造一个更具挑战性的情境，以反映父母忙于一项与孩子无关的活动，却需要监督孩子的情况。我们拿走了之前玩耍期间所有好玩的玩具，把它们装进一个透明袋子里，放在父母旁边。我们要求父母坐在椅子上填写一份没有实际用途的调查问卷，目的是让他们忙碌起来。同时，我们只给孩子一个无聊的玩具——一只没有活动部件的蓝色小象，指示父母在完成问卷调查前不允许孩子触碰更有吸引力的玩具袋子。这么做不太厚道，是吧？

挑战了两种不同的亲子互动之后，我们开始第三个 5 分钟的"教学任务"。我们给父母一堆彩色积木，它们以复杂的排列方式被粘在一起，还有一堆一模一样但没被粘起来的积木。我们要求父母让孩子使用零散积木搭建一个与黏合模型完全相同的"建筑"，完成一组模型后，接着粘下一组。黏合模型的搭建由易到难。第一组模型是一个简单的倒置 T 形，它由两个方块组成，红色方块平放在地板上，蓝色方块垂直置于红色方块中间。第二组模型包括三个方块，第三组有四个方块，以此类推。不用说，随着方块数量的增加，搭建复制模型的难度越来越大。基于之前 5 分钟的体验，我们推测父母和孩子将承受越来越大的压力。

录像机记录了 15 分钟的全过程，便于我们研究父母和孩子，以及之后使用维度量表给他们的行为打分。我们综合考量了父母的口头表达和非口头表达，分别对其消极情绪和积极情绪进行评分。我们还评估了他们的行为对孩子认知能力的激发水平。在激发水平方面得分高的父母会用容易理解的方式向孩子解释事情，或者提出启发性问题，帮助孩子思考怎样才能以有益的方式行事。（比如说："蓝色方块去哪儿了？看看这个建筑。"）除情绪和对孩子认知能力的激发水平外，我们还评估了父母的育儿风格，由此得出他们的参与属于善解人意型、干涉型还是冷漠型。善解人意型父母可能会帮忙稳住积木，方便孩子正确放置下一块积木而不把建筑碰倒，或者在孩子不确定下一步该怎么做时帮助其厘清方向，比如问孩子："最上面的方块是什么颜色的？""你看到另一个同色方块了吗？"在玩具无聊的情境下，善解人意型父母可能会提议和孩子玩个游戏，假装喂大象吃一些虚构出来的食物，或简短地安慰孩子，并承认只有一个玩具可玩、父母忙于文字任务的情况对孩子来说很难应对。相反，干涉型父母可能会在孩子自由玩耍时从他手中夺过玩具，亲身示范怎样把茶从玩具茶壶倒进一个小杯子里，而不是让孩子随心所欲地摆弄茶壶。另一种干涉的情况是抓着孩子的胳膊摆布，这种方式剥夺了孩子自己成功尝试的机会。冷漠型育儿的情况可能会是在被孩子需要时不施以援手，比如，孩子向父母寻求帮助却得不到回应，孩子不知所措或者犯了错却得不到任何指导或反馈。回想一下本章开头描述的哈珀妈妈吧。

　　出于两方面的考虑，我们对这 3 个精心设计的亲子互动环节中的儿童行为进行了评估。其一是认识到，即使育儿方式是由父母在自身成长过程中所受养育的经历塑造的，它也会受到孩子行为的影响。这一观点是迈克尔·刘易斯的 1974 年校订版《婴儿对其照顾者的影响》，以及理查德·Q. 贝尔和劳伦斯·V. 哈珀于 1977 年出版的《儿童对成人的影响》的核心。它与第二章讨论的孩子对周围人的唤起效应有关，该效应会导致父母、老师或同龄人以特定的方式回应孩子的行为。这一观点构成了我们主张的基础，我们认为，儿童可以成为自身发展的缔造者。因此，若想评估成长过程中的家庭经历对研究对象作为父母的行为产生了怎样的影响，那么最好在评估研究对象自己被养育的经历对其被观察到的育儿行为产生影响之前，通过即时观察情境，调整或排除儿童行为对父母行为的潜在影响。我们不希望出现这样的结果，即有的父母仅仅因为他们的孩子十分配合而显得更善解人意，而有的父母则因为孩子非常活跃且心不在焉而表现得咄咄逼人。通过观察记录儿童行为，并使用统计数据来解释其中的差异，我们寻求一种"更纯粹"的育儿方式测量方法，一种在人为创造的情境下不受孩子行为影响的方法。于是我们观察记录了孩子的积极情绪和消极情绪，还有他们的活跃程度和注意力。不用说也知道，他们在这些方面差异巨大。

　　再来谈谈我们评估育儿方式的方法。读者很可能会说："等等，你怎么能从三段 5 分钟的视频中抓住育儿重点呢？"为了说服大家这种方法虽并非尽善尽美，但确有其优点，特别是考虑到我们无法在父母不知情的情况下在他们家里安装摄像头捕捉育儿过程，来看看下面这个类比：当心脏病专家想要深入了解患者的心脏状况时，心血管压力测试是一种行之有效的方法，包括让嘴里插管的患者在跑步机上行走，要求患者不断加速，直到喘不过气来，一步都走不动。显然，这一人为过程与人们日复一日的经历完全不同，但这种"生态零效度"其实无关紧要，重要的是从这个不同寻常的过程中所获得的关于心血管系统的见解，能否反映患者心脏的状况。如果答案是肯定的，那么研究过程与现实生活完全不搭界也没关系。

我们对父母育儿方式的测量方法亦是如此。不必纠结于我们所用的方法是否反映了日常的生活，而是要看它能否被用于洞悉日常的育儿方式。大量研究证据表明，我们的方法是可行的。例如，它可以通过育儿行为分辨出父母是否患有抑郁症，哪些父母更幸福或者更容易闹矛盾，哪些父母的孩子在学校表现得好／不好，或者与同龄人的关系融洽／不融洽。因此，即便该方法看似虚假、不够完美，也不意味着它对研究目标无效。我们的目标是确定研究对象的父母将他们养育成人的那段经历，能否预测多年后研究对象如何养育自己3岁的孩子。

预测育儿方式

为了评估育儿方式是否具有代际传递性，即我们能否使用从研究对象成长的过程中获得的数据来预测我们拍摄记录的育儿行为，首先要做的是确定能否合并统计育儿方式的不同评级数据，以建立一个更加可靠的综合测量标准。请注意，这个策略与我们在第四章将类ADHD行为的多项指标合并的讨论其实是一致的。回想一下，我们曾指出，比起像"拆分者"那样单独处理每个测量信息，组合不同测量信息（做"统合"工作）可建立更稳定、更可靠且更有效的测量标准。需要明确的是，就育儿质量而言，这种综合多种指标的策略往往关乎调研人员的兴趣和偏好。

事实证明，合并多项评级的方案既有效又合理。这是因为，在育儿过程中，更能激发孩子认知能力的家长（无论是父亲还是母亲），往往更善解人意、更积极，在与孩子互动时干涉较少、不冷漠、不消极。由此，我们可以创造一套可靠的育儿方式测量标准，其中温暖、善解人意、会激发孩子认知能力的程度由极低至极高排列。指标得分低的父母往往在育儿时干涉较多、冷漠、消极，得分高的父母则往往是善解人意、积极且懂得激发孩子认知能力的。这一初始步骤表明，即使知道自己被录了像，也不是所有父母都会或者都能为了给他人留下好印象而演好这场戏的。

对于支持型（而非虐待型）育儿方式的代际传递这个核心问题，研究结果与我们预期的一样，答案很清晰，的确存在代际传递，但却只在一定程度上如此。简而言之，在我们的研究中，3岁孩子的母亲如何对待自己的孩子，与她们在自身成长过程中的家庭经历存在系统性联系。然而，令人惊讶的是，当研究对象是父亲时，代际传递的证据竟然不存在。出现这种情况的确切原因尚不清楚，但正如后文所示，我们做了一系列工作来尝试理解这一出人意料的发现。

在进一步讨论这些发现之前，必须承认本章的重点工作并不是"受到遗传学启发"的。我们没有测量基因，也无法比较同卵双胞胎和异卵双胞胎、亲生父母和养父母在育儿方面的异同，因此无法确定一个人在原生家庭中被如何养育与此人如何育儿之间是否存在因果关联。还有一种可能：这种联系是由研究对象本人及其父母所共享的基因（一种"第三变量"）导致的，这些基因塑造了每一代人的育儿方式。尽管这绝对是我们工作的一个局限性，我们却不认为它是个致命缺陷。我们所做的工作为研究温暖、善解人意、懂得激发孩子认知能力的育儿方式的代际传递奠定了基础，也为日后借助遗传学的研究工作铺平了道路。

在本书付梓前，我们有机会使用DNA（脱氧核糖核酸）测量数据，就像书中专门研究遗传学的第五部分（第十二至十五章）所讨论的那样。这些数据是在我们完成本章所介绍的工作很久之后收集的，用于研究育儿方式的遗传性及育儿方式的影响。我们发现，即使忽略特定的一组研究对象的基因如何影响他们的父母对待他们的方式（也就是孩子对父母的影响），育儿方式也仍然会对孩子的发展产生影响。这意味着，被检测到的育儿方式对儿童发展的影响不仅仅是父母和孩子所共享基因的产物。因此，我们有充分的理由相信，本章有关育儿方式代际传递的研究发现，很有可能反映了童年经历对成年机能的真实影响。

还有一点值得说明。尽管有可能是被误导了，但我们似乎没有理由假定，如果共享基因推动了我们的研究发现，那么它们只会在女性而非男性研究对象身上起作用。虽然确有证据表明，育儿行为在某种程度上是可遗传的，但没有研究表明它仅能用来解释女性的育儿方式，而非男性的育儿方式。于是我们也意识到，虽然我们倾向于认为个体成长经历会影响其日后的育儿方式，但缺乏实打实的证据。在此，我们必须提醒读者，要注意书中给出的解释可能存在偏颇之处，我们不能断言我们已通过非遗传学手段得到了育儿方式代际传递的确凿证据。在阐明以上观点后，我们将分享在调研育儿方式代际传递的过程中发现的细节。

某些发展阶段的育儿经历是否比其他阶段的更具预测性？

为了回答父母为何这样或那样育儿的问题，我们不妨回想一下我们在三个不同发展时期评估的成长经历的影响。它们分别是：童年早期，以研究对象 3 岁和 5 岁的测量结果为基础；童年中期，以研究对象 7 岁和 9 岁的测量结果为基础；青春期，以研究对象 13 岁和 15 岁的测量结果为基础。当女性研究对象的母亲在孩子的童年早期不过分强调服从，不把严守纪律看得太重，也不认同向幼童发号施令的做法时，女性研究对象自身在养育孩子时也会更善解人意、给予更多支持、更积极，不那么消极、喜欢干涉或态度冷漠。换言之，那些善解人意、给予支持和懂得激发孩子认知能力的 3 岁孩子的母亲，她们的父母对孩子的需求和愿望也持开放态度，在与孩子相处时表现出灵活性和理解，或多或少地拒绝接受时下的主流观点，即发展中的儿童只不过是一个需要被照看而无须被倾听的人，服从就是孩子的职责。

当我们从研究对象童年中期和青春期的原生家庭经历出发，思考作为父母的他们为何用那样的方式育儿时，更多关于育儿方式代际传递的证据就显现了。小学时期，若家庭情绪氛围充满凝聚力，家庭成员情感表达正面，人际冲突少，女孩长大后就会成为温暖、善解人意、懂得激发孩子认知能力的家长，而不是表现出干涉、消极和过度控制的行为模式。当女孩在青春期与父母建立信任、开诚布公地沟通以及不疏离的亲子关系，即对父母有正向的依恋时，也会出现上述结果。

事实上，母亲对自己在学龄前阶段、小学时期和青春期的成长经历描述得越多，在与自己的孩子进行互动时便越可能是善解人意、积极回应以及懂得激发孩子认知能力的。换言之，了解孩子们童年早期、童年中期和青春期在原生家庭中的发展经历，比了解任何单一发展阶段的成长经历更有助于掌握他们以后怎样养育自己的孩子。还有一点很关键，那就是并不存在所谓的"敏感期"，也就是说，似乎没有哪个阶段的成长经历对一个人日后为人父母具有特殊的重要意义，人生前15年的经历都同等重要。

读者会想起，我们在第四章研究儿童自我控制力及其对人的发展的影响时，或多或少得出了相仿的结论。尽管学龄前阶段的自我控制力也能预测成年后的发展，但如果将学龄前阶段和童年中期的自我控制力共同纳入考虑范围，自我控制力的预测能力就会大大增强。这一观察结果再次凸显了之前强调的主题，即发展是一个动态的、持续的过程。它不会在人生的第一年、第五年或第十年的末尾结束。即使人生早期发生的事情在塑造人的发展方面起重要作用，也并不意味着之后发生的事情不会对后续发展产生影响。

理解为父之道

尽管关于父亲的发现（或者说毫无发现）令人惊讶，仍然有两个想法促使我们进一步检查已经收集的数据。这么做的其中一个原因是"缺乏证据不等于没有证据"这条精辟的科学准则。换言之，尽管我们没有发现男性育儿方式代际传递的证据，但这并不意味着，男孩在长大后育儿时不会受到自己所经历的养育方式的影响。这只能说明我们还没有找到这方面的证据。

所以，在进一步研究男性作为父亲的行为模式的起因时，我们做的第一件事就是看感情关系（研究对象的婚姻或伴侣关系）的质量是否在育儿方式的代际传递中发挥作用。我们之所以提出这个问题，是因为一些针对严厉的育儿方式甚至虐待儿童现象的起源的研究工作表明，运转良好、相互支持的亲密关系是一种"矫正性情感体验"，有助于打破儿童期受虐待导致成年期虐待孩子的循环。还有一些研究表明，拥有良好的亲密关系可以防止受虐待的孩子日后虐待自己的子女。

因此，我们在达尼丁研究中试图评估研究对象的感情关系质量能否解释育儿方式的代际传递，特别是对男性而言。尽管我们最初想要检验这种可能性是因为无法预测男性的为父之道，但对母亲而言，考虑这一问题同样有意义，所以我们就这么做了。从根本上说，我们想知道从虐待儿童研究中得出的见解能否用于解释支持型育儿方式。答案是否定的，至少在达尼丁研究中，我们没有发现任何证据表明感情关系的质量能在育儿方式的代际传递过程中发挥作用。我们原先假设，当研究对象的成长经历出现问题时，良好的伴侣关系会阻止父母的育儿方式传递给自己，但事实并非如此，这一点很重要，且不受性别差异的影响。

尽管研究结果不如预期，但那也不过意味着，我们还没有发现自己一直在寻找的东西。无效的结果不能与"试图证实的现象无效"画等号，只能说尚未找到符合这一思路的证据。同时，我们根本不打算花时间解释并淡化这些无效发现。作为发展学者，我们坚信事实胜于雄辩。不能因为对已经得到的答案不感兴趣，就说没有得到任何答案。

不过，这也并没有阻止我们把目光投向其他能够阐明"为父之道"的领域。我们想知道的是，我们的研究发现（或者说零发现）是否受到一个事实的影响：最初，我们只能观察那些刚成年不久就成为父母的研究对象的育儿方式。之所以这么说，是因为我们无法控制研究对象何时升格为父母，只能等到他们生儿育女后，再登门拜访。当然，有些人会早于其他人成为父母。对有些人来说，生育是件自然而然的事；对另一些年龄稍长时才成为父母的人而言，生育则是件需要做计划的事。对第二类准父母而言，不仅要等他们找到合适的伴侣，还可能要等他们完成学业并在职场上站稳脚跟，他们才会生儿育女。在达尼丁研究中，为了找到育儿方式的代际传递这个问题的答案，我们研究的第一批父母是那些在较年轻时就成为父母的人。

那么，是否存在一种情况：当大龄男性成为父亲时，他们小时候经历的养育方式的影响才显现，在最初的研究工作中之所以未能发现代际传递的证据，是因为我们研究的是在较年轻时而非较年长时初为人父的人？根据我们已有的发现，还存在一种可能性，而且它可能更适用于母亲而不是父亲。具体而言就是，如果研究对象在较年长时才初次成为父母——他们的童年经历与成为父母的间隔更长，那么成长方式对他们如何育儿的影响就更小。为了探究这两种可能性，我们继续收集在较年长时初次成为父母的研究对象的数据，以便进行第二项研究，来确定家长成为父母的年龄是否在育儿方式的代际传递中发挥一定作用。我们观察了他们与3岁孩子在家里进行互动的情况，事实再次证明，情况并非如此。在预测如何养育3岁孩子这个问题上，不论是在20多岁还是30多岁成为父母的研究对象，母亲的成长经历带来的影响相同，父亲的成长经历不产生任何影响。

小结

在关于父母为何这样或那样育儿的研究中，可以明确的是，人们并非总能找到自己期望找到之物。当个体生活在一个实证主义的世界里，相信数据而不是自己的直觉、信仰和理论时，这样的事情就会发生。话虽如此，我们却不能忽视"拥抱无效结果"的问题，科学家说的这句话的意思是，要为无发现注入意义。这是因为，总有各种各样的原因导致人们发现不了自己一直在寻找的东西。我们可以将自己想象成在寻找有价值的隐蔽物品时误入歧途的探险家，从以下几种可能情况中觅得我们在父亲身上毫无发现的解释。

或许我们没能在成为父亲的研究对象身上发现育儿方式代际传递

方面的证据，是因为研究对象成长过程中的家庭经历相关信息，大部分是由他们的母亲而非父亲提供的。如果当时我们选择收集的是研究对象的父亲对育儿方式的陈述并以其为基础，研究结果是否会如我们所愿？另一种可能性是，我们用于研究育儿方式的程序更适合揭示母亲而非父亲的行为差异。如果让家长和孩子们玩的是竞技性游戏，而不是之前那种富有挑战性的任务，我们是否可以更进一步了解男性的育儿方式，并洞察其育儿方式代际传递的证据？当然有可能。这正是"缺乏证据不等于没有证据"的原因。

或许我们之所以没能找到证明感情关系起作用的证据，是因为我们更关注正向养育、支持式育儿，而不是严厉甚至虐待性的育儿方式。同理，父母的育龄可能并不重要，因为当时还没办法研究那些直至不惑之年甚至之后才成为父母的研究对象。当然，还有一种可能性是，我们没有发现关于父亲育儿方式的代际传递、感情关系的作用或父母育龄的证据，是因为我们集中研究的是父母如何养育3岁的孩子。我们这些探险家可能只是在错误的时间出现在错误的地方（或者可能是在错误的时间出现在正确的地方）。如果把重点放在养育8岁孩子或青少年上，结果是否会不同？时至今日，仍有许多父亲把年幼的孩子交给妻子照顾，但随着子女长大，他们会越来越多地参与孩子的生活。

这些观察结果表明，我们对善解人意的、给予支持的、懂得激发孩子认知能力的育儿方式的代际传递的研究，曾经和现在都不是关于这个议题的最终结论。科学知识随着时间的推移和证据的累积而逐渐增长。我们在许多方面对这一基础科学过程做出了贡献：采用前瞻性而非回顾性的方法来研究育儿方式的代际传递；从幼年开始关注整个社区内的孩子，而不仅仅是处境堪忧的孩子或已经进入青春期的孩子；调查家庭经历在三个不同发展时期产生的影响；聚焦于促进而非破坏健康发展的育儿方式。

通过这些做法，我们的长期研究，或者应该说是寻找育儿方式决定因素的探索之旅，表明女孩在童年早期、童年中期和青春期的成长经历似乎影响了她们日后如何养育自己3岁的孩子。研究还表明，在三个发展阶段，女孩自身接触的养育环境越有利于其发展，她们日后就越有可能以善解人意、懂得激发孩子的认知能力、积极回应的方式与孩子进行互动。其他证据也表明，这些方式能促进后代的健康发展。

然而，就育儿方式的代际传递而言，无论我们或者他人的研究结果如何，我们都需要认识到，育儿方式是由多重因素决定的。除了父母本人的被养育经历，他们的健康和幸福、职业经历、亲密关系质量，以及从亲朋好友、邻居、同事处获得的社会支持，都有可能影响他们的育儿方式。还记得吗？我们在解释父母为何这样或那样育儿时说过，孩子自身的行为也很重要。我们即便已经全力以赴对育儿方式的代际传递问题抽丝剥茧，也仍需认识到，就塑造儿童所经历的育儿方式的动态过程而言，我们研究的内容只不过是其中的一个方面。

第六章

问题家庭与问题男孩

本书的许多读者，尤其是男性读者，会回忆起自己在青春期做过，但未必会推荐别人做，当然也肯定不希望自己孩子效仿的事情。这些事特指入店行窃、烂醉如泥地坐上同样醉醺醺的朋友驾驶的车，或者和新近认识之人发生无保护措施的性行为。

这些青春期问题行为的有趣之处在于，它在男性中尤其普遍。我们有位朋友，一门心思想要进入美国西点军校就读，以至整个青春期都在学业和运动方面力争上游，还当上了学生会干部，力求满足获得国会代表推荐的所有要求，希望能被这所精英学府录取。尽管上进心如此强，这位"优等生"还是忍不住干些偷鸡摸狗的事，还会跟不及他这般有抱负的朋友们喝得酩酊大醉。

青少年不良行为是本章讨论的人的发展现象，它的第二个有趣特征是，对一些人来说，青春期似乎是一个短暂打破规则的阶段，其中掺杂着"越界"去做一些成人可以做但小孩子不被允许做之事的蠢蠢欲动，但对另一些人来说，情况完全不是这样的。我们另一位朋友的哥哥在高中时与不良少年厮混，吸烟、逃课、与隔壁社区的孩子打群架都是家常便饭。某天，有人看到这个时年15岁的男生开着父母的车在城里晃荡。还有一次，他喝得烂醉如泥，开走了家里的小船，最后撞上了码头。哪怕是这样也并没有让他浪子回头。后来，他进了一所名不见经传的大学，在此就读期间，为了维护自己的"声誉"，他开枪射向一栋宿舍楼，结果被开除。直到多年后，他才亲口承认这件事。

有趣的是，曾与这位朋友的哥哥一起做那些年少轻狂之事的朋友，有些自高中毕业后，就再也没有惹过麻烦。其中一位后来居然还当上了高中校长，当然，他那时候的职责就变成维护自己年少时一心想要打破的规则了。所以，对于发展学者而言，这个问题就变成：为什么一些年少时犯事儿的青少年会"长大"，而另一些不会？当特莉·莫菲特开始思考这个问题时，她发现自己形成了一套将不良青少年分为两种不同类型的理论。本章将探讨莫菲特关于青少年违反规则的不同发展轨迹理论及其相关证据。我们还将结合本书的第一个主题，即童年机能如何预测日后的发展（第一至三章），以及第二个主题，即家庭内外的经历如何影响发展（第五章）来做进一步的阐述。

青少年不良行为的两种类型

在描述两种不同类型的具有严重不良行为之人的特征时，莫菲特将他们标签化，以此来吸引大家关注他们的问题行为从何时开始、将在何时结束。一种类型是"儿童期发作或终生持续型"（LCP），另一种是"青春期发作或仅限于青春期型"（AL）。莫菲特做出理论推定：LCP青少年在童年早期开始的反社会生涯是由不易被察觉的神经心理问题造成的，它们扰乱了语言、记忆力和自我控制力（详见第三章）的正常发展，进而导致学步儿童认知发展迟缓，形成困难型、不受控制型气质（详见第二章）。她进一步推定，当孩子在经济贫困或不健全的家庭中成长时，最容易出现这种障碍。经济贫困或不健全的家庭都进一步促进了反社会行为在人生早期的发展。之后，反社会行为或多或少会维持下去。我们可以回顾第五章对不合格育儿方式的讨论，以及关注个体如何"缔造自身发展"的第二章对发展过程的讨论。随着孩子不断令自己陷入麻烦境地，比如抢走同龄人的东西，或采取反社会手段应对一些模棱两可的情况，比如暴力对待一个午餐排队时不小心撞到自己的孩子，这种早期问题行为会持续增加，发展成孩子的自发行为。

青春期的各种"坑"与LCP反社会行为的发展轨迹同样重要，我们在第三章也讨论过前者。莫菲特怀疑，在高风险家庭中成长，同时经历认知困难和行为困难，会导致儿童日后更容易陷入青春期的各种"坑"；一旦陷入，他们以良好状态进入成年早期的可能性便会降低。所谓"坑"，是指喝酒、开车、非法使用药物等，还包括与家人疏远并断绝联系、辍学或者成为未成年父母。因此，当LCP儿童与所处的社会环境互动时，其反社会风格会逐渐积累复杂的特征，如与臭味相投的男孩混在一起、被其他许多孩子排挤、学业失败，最终形成持续的、在各种场合都会表现出来的反社会人格。根据莫菲特的预测，这种发展轨迹或路径只出现在小部分人身上，而当我们在达尼丁研究中对莫菲特所提出理论的核心思想进行论证时，我们发现了一个或许并不算出人意料的结果：男孩遵循LCP路径发展的可能性是女孩的10倍。这就是本章几乎只关注男孩的原因所在。

根据莫菲特的理论，就反社会行为主要局限在青少年时期的绝大多数失足青少年而言，其特征是AL不良行为，而不是LCP行为。AL不良行为始于青春期前后，终于成年早期，从此不再有反社会行为。AL青少年的不良行为并非源于童年早期心理缺陷和问题家庭生活的共同作用，而是源于同龄人的青春期世界。莫菲特表示，正常发展的儿童在进入青春期后产生做出不良行为的动机，是因为他们或多或少无所事事，被困在儿童期与成年期之间的发展无人区。这使他们对法律、家庭或社会习俗普遍禁止其享有成人特权感到不满，比如吸烟、饮酒、开车和做爱。但观察到LCP反社会同龄人无视对避免接触这些成熟"禁果"的要求后，AL青少年通过模仿LCP同龄人的不良行为来维护自主权。随着他们越来越成熟，到达可享有成人特权的年龄时，AL青少年能轻而易举地终结不良行为，取而代之的是他们进入青春期前掌握的正向技能，如自我控制力和毅力。AL青少年在儿童期的健康人格和认知发展，使他们比LCP同龄人更有能力"迷途知返"。这也是AL

青少年与家庭和朋友的联结更强所带来的结果。

莫菲特关于青少年不良行为的分类最重要的地方在于，它不仅强调了儿童期心理机能、行为机能，以及家庭内外经历的重要性，而且在最初形成之时，它仅仅停留在理论上。莫菲特将来自不同研究的不同发现拼凑在一起，试图"从实证的混乱中梳理出秩序"，就像侦探在面对繁杂的犯罪线索时，想知道该如何将它们组合在一起。换言之，在开始使用达尼丁研究数据之前，关于上述两种青少年规则破坏者的许多东西其实尚未正式形成概念，也未经实证评估。

莫菲特的想法反映了一个未经检验的理论，由此促使我们开始两项不同的研究，作为我们调查失足青少年不同发展轨迹的实证探索的一部分。第一项研究主要关注两类青少年青春期前及期间的发展起源和行为特征；第二项研究紧接着第一项展开，考察这些青少年离开学校后的心理机能和行为机能。当研究对象年满 18 岁时，我们就可以开展第一项研究，但第二项研究要等到数年后才能进行，这是因为后者关注的是两组青少年在成年期的表现，人的发展需要时间，作为研究者的我们必须有耐心。

在开始讲述我们在青少年不良行为的领域展开了哪些探索，以及发现了哪些问题之前，应清楚地认识到，我们对检验莫菲特提出的理论所付出的努力，不仅仅是为了进一步理解人的发展而进行的基本科学操作。从应用科学的角度来看，如果莫菲特的假设能够得到实证支持，我们的发现将会对预防和应对反社会行为产生影响。这对于启动识别和治疗在青春期前就走上 LCP 道路的高风险儿童非常重要，因为他们人生早期在心理和行为上就存在缺陷。同样重要的是，不应将所有青少年的反社会行为一视同仁。根据莫菲特的理论，大多数青少年的反社会行为或多或少应被视为合乎规范的、可预期的，而不是某些持久性发展障碍的表现。不过，在其他情况下，鉴于特定的童年经历，我们需要从不同的角度看待这个问题。

识别青少年不良行为的两种类型及其发展起源

在第一项检验莫菲特观点的研究中,我们把注意力集中在三个基本问题上,第一个问题与两组青少年规则破坏者的行为和态度有关,第二个问题关注可能破坏他们的长期健康发展的"坑",第三个问题关注这两组不同的青春期男孩的儿童期。对于第一个问题,我们预计两组青少年在反社会行为的大多数方面没有差异,但 LCP 男孩会比 AL 男孩更暴力,犯下更严重的罪行。我们进一步推测,LCP 男孩的人格具有心理变态的特征:与朋友或家人建立持久关系的能力有限,对他人充满敌意和不信任,想方设法咄咄逼人地支配他人。关于第二个问题,由于 AL 男孩不太可能被与这类经历有关的发展风险"坑",我们预测,AL 男孩的发展潜力比 LCP 男孩的更大。

最后一组推测与 LCP 男孩和 AL 男孩的儿童期有关。考虑到莫菲特对人生早期神经心理缺陷的重视(儿童是成人的父亲),我们假设 LCP 男孩比 AL 男孩更有可能在儿童期认知受限,并且 LCP 男孩在 3 岁第一次接受评估时就会表现出困难型气质(如第二章所述)。莫菲特认为,在问题家庭中成长会使这类儿童期障碍演变成更严重的青春期障碍(儿童期经历的发展影响),所以我们进一步推测出 LCP 男孩的儿童期特征:与 AL 男孩的父母相比,LCP 男孩的父母提供的支持式育儿更少,LCP 男孩自己在成为父母后更容易有心理健康问题,他们的儿子成长于单亲家庭的可能性更大。

在检验上述假设之前,我们必须为研究青少年不良行为做准备。第一步是从数据储藏室中调取不同的信息(我们在研究对象 3~15 岁每两年收集一次,然后在其 18 岁时收集一次所获得的信息),这样就能描述 12 年间其反社会行为的轨迹。在接下来的内容中,我们会大致描述从数据储藏室中获得的测量结果,将更多的细节留到与上述假设相关的研究发现部分再做分享。

基本研究程序依据不同年龄有所调整,但总体而言,我们会在每个研究对象过完生日的 60 天内将其请到研究所,围绕多个主题展开长达 6 个小时的数据收集。重要的是，每个研究模块，包括心理健康采访、犯罪采访、性行为评估、人格评估、标准化智力测试和其他认知评估（比如记忆力），都由训练有素的不同测试员负责，以确保对发展的某个方面的认知不会污染或误导另一个方面的信息收集。这种研究方式保证了我们对儿童机能评估的客观性。

如前几章所述，在孩子 5~18 岁的多个评估阶段里，父母和老师在每个阶段都会收到并填写我们寄出的一组问卷，作为对从研究对象处直接收集的数据的补充。这些由"外部人士"提供的评估，让我们额外获得了关于研究对象个性、态度和行为的见解，因为这些人对研究对象非常了解。值得注意的是，我们也获得了测试员在研究对象 3 岁和 5 岁时对其行为的评级信息，这些数据被用于生成困难型气质的测量标准（见第二章）。为了收集研究对象的犯罪记录，我们还联系了警察局和法院。

除了收集研究对象在儿童期和青春期的认知、社交和行为发展信息，我们还收集了有关家庭环境的数据。具体而言，就是请父母提供自身的社会经济状况、心理健康状态、育儿态度、价值观和行为等信息（其中一些在第五章讨论过）。

有了测量结果作为"食材"，我们开始"烹饪"三种不同的"菜肴"，分别针对之前提出的关于两组不良青少年的本性和发展的三个共性问题。第一项任务是根据研究对象 3~18 岁的问题行为，将研究对象分成 LCP 和 AL 两组。第二项任务试图阐明男孩们进入青春期之后的行为。最后，我们思考两组研究对象在儿童期是否存在差异，差异具体是什么，从而确定导致他们不同发展轨迹的前置因素。

识别 LCP 男孩和 AL 男孩

为了区分符合 LCP 组或 AL 组标准的研究对象，我们使用了在研究对象 5~18 岁时所收集的数据。第一步，我们根据父母和老师的陈述，将儿童期存在和不存在反社会行为史的男孩区分开来，识别在不同年龄（5 岁、7 岁、9 岁和 11 岁）和不同情境（家里和学校里）有反社会特质的儿童。反社会的男孩在儿童期经常打架、霸凌其他孩子、撒谎、忤逆大人、偷窃、破坏财产或易怒。第二步，我们根据青少年在 15 岁和 18 岁接受的保密采访中所陈述的反社会行为，将他们当中有过和没有很多反社会行为的人区分开来。青少年如果在 15 岁时有至少 9 种明显的反社会行为，或者在 18 岁时有至少 12 种反社会行为，就会被归为"反社会"之流。反社会行为包括故意破坏公物、入店行窃、买卖赃物、吸大麻或出售大麻、酒后驾驶，以及殴打家庭成员或其他人。因为我们深入了解了研究对象，所以我们可以确保他们对我们提出的关于不良行为的问题的回答是真实的。他们那时已经是青少年，完全明白我们是不会将他们说过的内容透露给父母、校方或其他官方机构的。

通过汇总儿童期和青春期的反社会行为的信息，我们发现研究对象中 7% 的男孩符合 LCP 标准，23.6% 的男孩符合 AL 标准。本章几乎只关注这两组男孩。尽管如此，我们仍要指出，只有不到 6% 的研究对象有资格被称为"复原者"，他们在儿童期反社会，在青春期却没有这类行为。另有 5.5% 的人属于"戒断者"，他们的母亲和老师表示，他们在 5 岁、7 岁、9 岁和 11 岁时有不超过一种反社会行为；根据"戒断者"的自我陈述，他们在 15 岁和 18 岁时的反社会行为也并未超过一种。其余大约 58% 的研究对象，有过接近平均或标准水平的反社会行为，因此不符合这四组中任何一组的标准。图 6.1 显示了每组年龄在 5~18 岁的男性研究对象（包括一组未分类的男孩）的反社会行为得分，并以一定年龄为标准。

青春期的 LCP 组和 AL 组

鉴于对这两组研究对象的界定依据，LCP 组的男孩从 3 岁到 18 岁持续做出极端的反社会行为也就不足为奇了。他们持续一生的反社会行为，在父母、老师以及他们自己的陈述中都可见一斑。图 6.2 表明，虽然 LCP 男孩和 AL 男孩在 15 岁时陈述的不良行为数量基本相同，并且比其他组男孩的不良行为多得多，但 AL 男孩用了更长时间才在数

反社会行为的父母评分

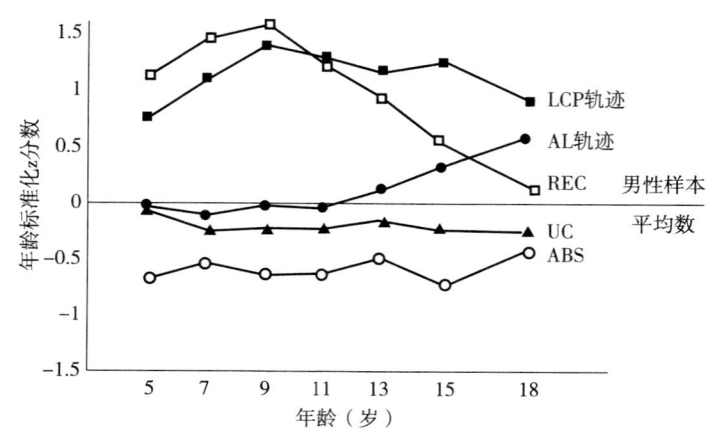

[图：横轴为年龄（岁），从5到18；纵轴为年龄标准化z分数，从-1.5到1.5。图中显示五条轨迹：LCP轨迹、AL轨迹、REC、UC、ABS。男性样本平均数为0。]

图6.1 在连续7个年龄节点记录的母亲的陈述所反映的男性反社会行为平均数是诊断组成员的因变量。LCP轨迹：持续整个人生历程的反社会轨迹。AL轨迹：仅限于青春期的反社会轨迹。REC：儿童期反社会行为的复原者。ABS：反社会行为的戒断者。UC：不属于其他任何亚组的未分类男孩。根据 Moffitt, T.E., Caspi, A., Dickson, N., Silva, P., & Stanton, W. (1996). Childhood-onset versus adolescent-onset antisocial conduct problems in males: Natural history from ages 3–18. *Development and Psychopathology, 8*, 399–424, figure 1 重新编制。转载已获许可

量上"赶超"LCP男孩。这并非这两组问题男孩的唯一区别。虽然这两组人在反社会行为的许多方面没有什么不同，比如故意破坏公物、入店行窃和吸毒，但正如莫菲特推断的那样，LCP男孩更加暴力。最有说服力的证据是，LCP男孩在18岁之前比其他男孩更常因暴力犯罪而被判刑。事实上，他们中有将近25%的人曾因暴力犯罪而被判刑。

事实证明，此类行为与LCP男孩对自己的性格描述一致。根据LCP男孩对一系列问题的回答，他们比其他男孩更喜欢冲动、浮躁的生活，而非深思熟虑、有计划的生活，他们对别人有攻击、敌对、疏远、怀疑和嘲讽的倾向，而且对人冷漠。毫无疑问，这种世界观和心理立场导致他们掉进了青春期的一个特殊的"坑"——与家人接触有限，因而情感联系薄弱。

不良行为的自我陈述

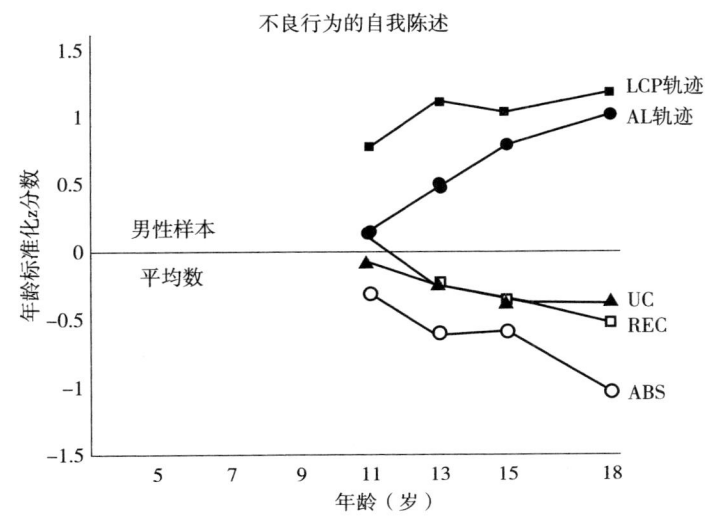

图 6.2 在连续 7 个年龄节点记录的研究对象的陈述所反映的男性不良行为平均数是诊断组成员的因变量。LCP 轨迹：持续整个人生历程的反社会轨迹。AL 轨迹：仅限于青春期的反社会轨迹。REC：儿童期反社会行为的复原者。ABS：反社会行为的戒断者。UC：不属于其他任何亚组的未分类男孩。根据 Moffitt, T.E., Caspi, A., Dickson, N., Silva, P., & Stanton, W. (1996). Childhood-onset versus adolescent-onset antisocial conduct problems in males: Natural history from ages 3–18. *Development and Psychopathology, 8*, 399–424, figure 3 重新编制。转载已获许可

AL 男孩的反社会行为出现得相对迟一些。尽管有的 AL 男孩在儿童期表现出某些暂时的或情境性的问题，但没有一个 AL 男孩表现出长期或普遍存在的儿童期行为问题模式。他们的自我陈述、父母的陈述，甚至连官方记录都证实，这一群体在青春期中期达到了反社会行为的总体水平，这使得他们与 LCP 同龄人无异——除了 LCP 男孩更加暴力。不过，有 8% 的 AL 男孩在 18 岁时因暴力犯罪而被判刑（LCP 男孩的这一比例为 25%）。

人格特征和身陷困境的程度也将 AL 男孩与 LCP 男孩区分开来。AL 男孩尽管支持攻击性态度，但并不像同龄的 LCP 男孩那样极端，相反，他们对自己的描述是：为了占上风，他们会选择支配、恐吓他人。与这种倾向一致的是，他们表现出一些领导力品质，还有着

较高的学历，这使得 AL 男孩对未来的就业前景持乐观态度。不过，AL 男孩与 LCP 男孩在另一个重要方面即社交方式上有所不同。也许是因为在 18 岁时与家庭联系更密切——由此至少避开了一个重要的"坑"——AL 男孩比 LCP 男孩更渴望与密友建立亲密关系。尽管如此，他们表现出叛逆的迹象。首先，AL 男孩拥有非传统价值观——支持纵容式育儿，完全不考虑传统身份等级，严格的宗教规则对他们几乎不起作用。其次，他们大量吸毒、吸烟和饮酒，进行不安全的性行为和危险驾驶。尽管他们比 LCP 男孩避开了更多"坑"，但"常在河边走，哪有不湿鞋"。

儿童期起源

描述了两组反社会青少年男孩的异同之后，在研究问题男孩的第三阶段，我们检验了莫菲特关于"两组男孩的发展和机能为何不同"的想法。莫菲特的理论除了提出儿童期的 LCP 男孩比 AL 男孩更反社会（这一预测已经得到了证实），还认为 LCP 男孩的家庭环境更有问题，他们在年幼时会表现出心理机能和行为机能上的缺陷。研究结果普遍证实了这些预测。首先来看看家庭条件。

与 AL 男孩的母亲相比，LCP 男孩的母亲在生育头胎时更年轻，在孩子 11 岁之前独自抚养孩子的时间更长，从她们较低的社会阶层可以看出，她们的经济和社会条件更加不利。当研究对象在 7 岁、9 岁和 11 岁接受评估时，LCP 男孩的母亲的心理健康问题也更多。也许是母亲自身条件和家庭条件的缘故，LCP 男孩的母亲在育儿质量方面比不上 AL 男孩的母亲。等到孩子满 3 岁时，我们通过观察母子互动发现，LCP 男孩的母亲比 AL 男孩的母亲在养育孩子时提供的支持和关心更少；她们还说，自己管教儿子更加严厉，然而她们在孩子 7 岁和 9 岁时的管教似乎缺乏延续性。最后，从家庭层面看，LCP 男孩在这些年龄节点比 AL 男孩经历的家庭冲突更多。

虽然社会环境和经济状况可能是导致 LCP 男孩与 AL 男孩发展差异的原因之一，但如前文所述，莫菲特的理论也表明 LCP 男孩在年幼时就开始出现发展缺陷。根据这一假设,我们观察到两组男孩早在 2 岁时就存在气质、认知和行为上的差异。在他们 2 岁时,LCP 男孩的母亲说自己的孩子更难带;等到他们 3 岁时,我们观察到其行为更加不受控制(见第二章);从 5 岁到 11 岁,父母和老师对孩子行为的陈述均显示,LCP 男孩比 AL 男孩更加过度活跃(见第四章)。

LCP 男孩幼时的认知缺陷也很明显。5 岁时,他们的标准化适龄智力测试得分低于 AL 男孩,在 7 岁、9 岁和 11 岁重新测试时,差异就更大了。鉴于这些发现,从 7 岁到 11 岁,LCP 男孩的阅读能力比 AL 男孩更有限,而到 13 岁时,LCP 男孩在记忆力测试中的得分更低,也就不足为奇了。

心理缺陷,以及有问题的家庭条件,导致了这两组男孩在 5~11 岁的行为差异。从父母和老师的陈述中可以发现,在青春期之前的童年中期,LCP 男孩比 AL 男孩更爱打架,可能因此更容易受到同龄人的排挤。

初步结论

总的来说,莫菲特关于青少年反社会行为不同发展路径的理论得到了大量实证支持。首先,这两组儿童显然可以被区分开来——一组儿童的问题行为在儿童期首次出现并持续至青春期,另一组儿童的严重问题行为则在青春期第一次出现。尽管这些反社会行为的发展轨迹截然不同,但事实证明,两组男孩在青春期的相似性大于差异性。他们都曾掉进吸毒和故意破坏公物这类"坑",并且两者的大部分反社会行为都相似。但也要知道,在儿童期就有反社会行为的男孩在成为青少年时,不仅比在青春期才有反社会行为的男孩更加暴力,而且 LCP 男孩对他人有敌对、疏远、怀疑和嘲讽的倾向,AL 男孩则没有。所以,两组问题男孩尽管在许多方面有相似之处,但也在一些值得关注的方面有所不同。回想一下,在研究问题男孩的第二部分,我们试图确定这些相似之处或不同之处是否以及如何在成年期显现。

关于反社会行为的独特发展轨迹的起源,莫菲特的理论认为,会有证据表明 LCP 男孩的家庭及早期发展存在更大问题。这正是我们的研究发现。LCP男孩在背景风险因素方面状况不佳，包括较低的社会阶层、较多的家庭冲突、糟糕的育儿方式、认知局限、困难型气质和过度活跃，它们从童年早期持续到童年中期。随着两组男孩从3岁长到11岁，他们的机能差异越来越大。尽管LCP男孩和AL男孩在2岁时的管教难度差异不大，但他们在3岁时不受控制程度的差异较大，在5~11岁时过度活跃程度的差异更大。这种发展模式与莫菲特的理论"LCP男孩的反社会人格会随着时间的推移而持续发展"契合。从孩子自身行为的角度，以及从他们对别人"缔造他们自身的发展"的反应的角度来看，这点值得深思。

在将注意力转向LCP男性和AL男性的未来发展之前，还应做最后一次观察，它涉及之前没有被关注的女孩。本章之所以只关注男孩，基本上是因为他们更有可能沿着LCP轨迹发展——概率是女孩的10倍。但是，尽管在成为LCP儿童的绝对风险或比率上存在巨大差异，我们发现，几乎所有能在男孩身上观察到的LCP-AL差异也在AL女孩和LCP女孩身上存在。因此，莫菲特的LCP和AL不良行为理论似乎并不仅仅适用于某一性别。无论是男孩还是女孩，当他们在遗传上或后天发展上的弱点（包括认知局限和困难型气质）早早出现在儿童期时，LCP反社会行为就会出现，并因在高风险环境中成长而加剧；高风险环境的特征是父母养育不当、家庭关系破裂和贫困。这最终会导致孩子与家庭以外的其他人，尤其是与同龄人和老师关系不和。LCP女性相对少见可能是因为她们比男性更不可能在童年早期有认知缺陷、不受控制型气质和过度活跃特质。我们在两性身上看到了儿童的心理特征和行为特征，以及他们成长的家庭环境对日后发展的重要性。

成年期的LCP男性和AL男性

正如本书明确指出的那样，也许达尼丁研究提供的最宝贵的机会是，它能够解释生命是如何随着时间的推移而发展的，从而阐明人的发展过程中何时会出现延续性和间断性的特征。因此，基于我们在 18 岁及之前时期的 LCP 男孩和 AL 男孩身上的研究发现，我们不禁想知道，他们在离开学校、过渡至成年期后将会如何发展。"儿童是成人的父亲"能够得到验证吗？带着这个疑问，我们将关注问题男孩的探索推向下一个阶段，重新研究 LCP 男孩和 AL 男孩在 26 岁和 32 岁时的发展，通过对照一系列发展属性来观察他们的表现。莫菲特最初理论的核心预设之一是，AL 男孩会停止始于青春期的反社会行为，而 LCP 男孩将沿着从童年早期开始的"惹是生非"轨迹前进。事实是，后一种预想得到了证实，前一种预想并不完全正确。尽管 LCP 男孩成年后表现得最糟糕，但是 AL 男孩的青春期行为所产生的后续影响，也揭露了发展延续性的一些证据。不妨先看看我们在他们 26 岁时发现了什么，再关注在他们 32 岁时的研究结果。

26 岁的 LCP 男性和 AL 男性

根据 LCP 男性的自我陈述，高中毕业后 8 年左右，LCP 男性比 AL 男性犯的严重罪行更多。LCP 男性被判成人犯罪的概率是 AL 男性的两到三倍。AL 男性"小偷小摸"更在行，比如涉案金额 5 美元以下的偷窃、在公共场合醉酒和制造盗版电脑软件；LCP 男性倾向于从事严重犯罪活动，包括偷偷携带武器、人身攻击、抢劫和违抗法院命令。这与亲朋好友对 LCP 男性的描述以及正式精神病学评估结果一致。熟悉 LCP 男性的人表示，该群体的反社会人格障碍症状明显多于 AL 男性；正式精神病学评估显示，他们具有心理变态的人格特征（这在 18 岁时也很明显）。尤其值得注意的是 LCP 男性持续的暴力倾向，他们自己承认这一点，熟人的陈述以及警察局和法院的记录也证实了这一点。尤其令人不安的是，他们施暴的对象是孩子和伴侣。不过，LCP 男性不太可能留在伴侣身边帮助抚养他们生育的众多孩子。这也许并不是什么坏事。

LCP 男性的失败不仅仅体现在家庭和法律方面。26 岁时，他们在地位低下、毫无技术含量的工作中表现得不尽如人意，缺乏获得好工作所需的最低学历，在我们设计的采访情境中给人留下糟糕的印象。此外，正如我们已经看到的，他们的犯罪记录足以让雇主打消雇用他们的念头。LCP男性的物质依赖问题之高发和在工作中陷入冲突的倾向，无疑也削弱了他们在低技能工作中本可获得的晋升机会。

尽管AL男性的机能表现比LCP男性的更好，但有明显证据表明，他们并没有像莫菲特的理论假设的那样，通过利用在儿童期掌握的能力来完全摒弃反社会的行为方式。先来看个好消息：AL男性比LCP男性拥有更好的工作经历和技术含量更高的工作，其中80%的人顺利从高中毕业。在采访情境中，AL男性给人留下了算不上很出色但总体还不错的印象，他们当中有犯罪前科的人也比LCP男性少。毫无疑问，他们能取得更大的成功源于这一事实：他们性格随和、相对外向，不像LCP男性那样冷酷无情，与父母保持密切联系，青春期没有受到同龄人的排挤。

除却这些优势，AL男性比达尼丁研究中未被归类为AL或LCP的研究对象表现得更糟。在18~26岁因财产和毒品而犯罪的AL男性占AL男性总人数比例是AL男性占总样本人数比例的两倍。他们在26岁接受采访时报告的过去一年关于财产和毒品的犯罪次数令人震惊。这些犯罪行为很可能源自AL男性的冲动。也许他们需要更多时间才能成熟到足以摆脱坏习惯。而这种可能性，是我们在6年后重新审视反社会青少年发展，并将其作为我们关于青少年不良行为的性质、起源和后果的研究的一部分的一个重要原因。

32岁的LCP男性和AL男性

当LCP男性进入人生的第四个10年时，他们并没有停止犯罪的迹象。这些人当中有将近1/3的人在26~32岁因暴力犯罪而被判刑。事实上，他们当中几乎1/5的人在26~32岁都蹲过监狱，而AL男性的这一比例仅为1/20。家庭暴力也是LCP男性行为模式的一部分，但值得注意的是，AL男性和LCP男性打孩子或操控性虐待伴侣的可能性一样大。

心理健康评估进一步揭示了 LCP 男性的严重问题。他们承受的焦虑问题更多，重性抑郁症的患病率更高，并且比 AL 男性更依赖大麻和其他非法药物。LCP 男性也更容易有自杀意图。然而，这两组曾经的不良青少年在 32 岁时产生酒精依赖的可能性一样大。

但 LCP 男性不只在行为和心理健康方面表现欠佳。他们的身体健康状况也不好。他们罹患心血管疾病的风险最高，患炎症的表现也最多。他们最有可能感染可通过性传播的 2 型单纯疱疹病毒和产生尼古丁依赖。后者很可能是重度慢性支气管炎症状、牙周病和未经治疗的龋齿的致病因素。

从经济上看，他们依然穷得叮当响。在所有研究对象中，LCP 男性的职业处于最低的社会阶层；在所有男性研究对象中，LCP 男性在 26~32 岁失业的时间最长。亲朋好友等知情人认为他们的经济问题最多，比如债台高筑、无力支付账单。也许正因如此，他们最有可能没钱购买食物或生活必需品，甚至无家可归。

再看看 AL 男性，他们经历的问题仍在继续，这又一次与莫菲特最初的理论背道而驰。即使到了 32 岁，AL 男性也存在反社会行为，但如预期的那样，他们比 LCP 男性更加顺利地过渡到成年期。尽管如此，许多人仍在滥用非法物质、面临经济问题，以及身体健康状况欠佳。

在总结关于青春期反社会行为对成年期产生的影响的研究结果之前，我们应再次对 LCP 女性和 AL 女性做一些简短的评论，尽管她们并非本章的重点。从儿童期开始出现问题的 LCP 女性，到 32 岁时在多个方面仍然发展欠佳。她们持续存在反社会行为和严重的心理问题，健康状况欠佳，经济状况堪忧。不用说，这一总结与我们在 LCP 男性身上的发现相似，它再次表明莫菲特的理论也适用于女性，即使她们不太可能意识到自己处于 LCP 轨迹之上。

幸运的是，AL 女性的情况看上去比 AL 男性的好。AL 女性研究对象似乎比 AL 男性研究对象更符合莫菲特的理论，因为 AL 女性的反社会行为几乎没有延续到成年期。尽管有一小部分 AL 女性因使用药物（大麻除外）而陷入困境，但与其他研究对象相比，AL 女性整体上并没有更符合其他精神疾病的诊断标准。经济地位是 AL 女性在 30 岁出头时唯一显著的不足，这与 LCP 女性没有区别。总之，32 岁时，LCP 女性的总体"预后"情况较差，AL 女性由于经济条件的限制，"预后"情况也较差，但相对于 LCP 女性来说，程度轻得多。

我们的探索仍在继续。达尼丁研究对象的警方记录检索结果显示，LCP 组成员仍在犯罪。30 多岁时，他们平均被判刑 5 次，其中 2 次是因为暴力犯罪。AL 组成员在 30 多岁时平均只被判刑一次，而且不是因为暴力犯罪。

意义

本书两位作者曾就读的研究生院有一位名叫尤里·布朗芬布伦纳的教授（第五章曾提及），他喜欢引用已故著名社会科学家库尔特·勒温的话："好的理论最具实践价值。"勒温何出此言？如我们希望阐明的那样，莫菲特的理论为人的发展探索提供了一幅路线图。首先，它引导我们去寻找反社会行为的独特发展轨迹，特别是莫菲特假设存在的两条特定轨迹——LCP 和 AL。其次，它提醒我们，儿童期的认知和气质脆弱性、家庭贫困和其他经济问题以及青春期的"坑"对发展有破坏作用，并且将 LCP 青少年和 AL 青少年区分开来。最后，它引导我们审视指导我们研究工作的发展轨迹对成人的影响。由此，我们的实证检验基本支持了莫菲特的理论。正如我们已经指出的那样，LCP 男孩和 LCP 女孩的情况尤其符合该理论，在某些情况下 AL 男性亦然，也许 AL 女性的例子更甚。

许多人发现，承认自己的想法没能切中要害其实是很难的。没有谁会喜欢犯错误或者被误导。众所周知，人人都会有社会心理学家所说的"证真偏差"——一种以证实我们已经认为或相信之事的方式过滤信息的倾向。人们经常会注意并更容易记住符合自己预期的观察结果和证据，而不是与之相反的内容。

在我们看来,科学家和空想家的区别在于,前者会尽心尽力去识别和克服人类的认知缺陷,具有科学献身精神。所以说,数据说明一切,就这么简单。思想开放的研究人员必须"实事求是",他们固然希望实证结果能与自身想法一致,但即使结果有时不符合预期,他们也能理解。在科学的世界里,从某种程度来说,甚至完全可以说,被误导不是过错。唯一的罪过是不顾相反证据固执己见,尤其是当这些证据来自精心设计的研究时。每个人都应该记住,即使是爱因斯坦也不可能做对每一件事!因此,莫菲特的理论在 AL 男性的成年期发展方面受到了一些冲击,这绝不是什么让人羞愧或尴尬的事情。毕竟,爱因斯坦也会试错呀!

既然我们已经强调了我们的研究发现对科学的意义,不妨再谈谈它们对服务和治疗的意义。这些发现相对简单易懂,也证明了一个好理论的实际效用。在处理始于儿童期和始于青春期的不良行为时,可能需要采取不同策略,对"防患未然"和"兵来将挡,水来土掩"而言皆是如此。应该清楚的是,必须从人生早期就开始努力预防 LCP 轨迹。毕竟,LCP 男孩早在 2 岁时就与 AL 男孩及其他男孩都不同。也许,差异甚至可能在更早的时候就存在了,只不过我们无法检测出是什么时候。当出现慢性反社会行为的早期证据时,"男孩子就这样嘛""等他长大后就会变好的"之类的假设显然大错特错。

预防应该是多方面的,不仅要针对儿童发展的不同方面(如认知和气质),还应针对不同的环境,包括家庭、日托所和学校。事实上,至少一部分在儿童期不良行为频发的孩子,在青春期就停止了这些行为。他们属于"复原者"。这清楚地表明,开始沿着 LCP 轨迹前进并不意味着会一条邪路走到底。我们再一次看到,人生早期机能对青少年不良行为的影响是概率性的,而非确定性的。这说明,人生依然充满希望。

话虽如此,我们也要明白,纠正童年早期开始的反社会行为,操作起来并不容易,尤其是随着时间的推移,儿童将不断发展。实践者必须做好与强大的对手展开一场激烈持久战的准备,对手是导致反社会人格结构的多年问题发展。已有大量证据表明，让问题青少年持续接受治疗相当困难。

AL 男孩无疑是更有潜力的干预对象。他们不像 LCP 男孩，在生活中长期积累的问题发展限制了后者自身的变化。AL 男孩的人格特征包括适应属性，如强烈的自主权意识或强大的社交能力，以及对亲密的人际关系的偏好。这就是为什么对父母、医生、学校、警察局和法院来说，密切关注不良青少年的发展史以及他们不良行为的内容至关重要。从人的发展角度来看，对问题行为始于青春期的人与行为问题可追溯至童年早期的人"一视同仁"——即使他们犯了相同的罪行——既不明智，也不公平。这就是像达尼丁研究这样针对人的发展的长期性研究如此重要的原因。我们猜想，给 AL 犯罪者判刑和监禁他们的后果，可能不会让事情好转，反而会让事情变得更糟。而如果纠正这些青少年的行为的尝试如我们进一步推测的那样奏效，那么刚才所说的"让事情变得更糟"本身也成了罪过。对于 AL 轨迹上的人，我们尤需做出努力的方向应该是：防止饮酒变成酗酒；防止性尝试沦为意外怀孕；防止驾车玩乐变成致残伤害；防止逃学堕落为辍学和失业。

第七章

问题家庭、早熟女孩与复原力

档案记录显示，当研究人员再次观察 11 岁的斯蒂芬妮时，她已不再是两年前参加达尼丁研究时那个开朗友好、满脸雀斑、顶着一头红色鬈发的女孩了。现在的她似乎有种早熟的世故。当研究人员在采访中问及斯蒂芬妮与同龄人的关系时，她不再谈论自己曾经喜欢的棋盘游戏，而是谈论与以前朋友的冲突：她抱怨这些人不再有兴趣和她一起玩了。同时，她对这些玩伴"小女孩子气"和"忙着做作业"感到不满。记录还显示，斯蒂芬妮和男孩们待在一起的时间很长，其中很多人比她年长。斯蒂芬妮表示自己喝醉过几次，甚至吸过大麻。工作人员怀疑她即将初尝禁果或者已经有过性体验了。她不仅在身体上比其他所有接受达尼丁研究采访的 11 岁孩子都要成熟，还向一位采访者咨询了避孕的问题。工作人员不能询问她的性行为，因为新西兰法律不允许。

记录进一步显示，斯蒂芬妮的父亲在女儿很小的时候就等同于抛家弃子，母亲从那时起开始与各种男人纠缠不清。母亲对她管教严厉，但态度前后不一致，斯蒂芬妮不守规矩时，母亲有时会惩罚她，有时却仿佛视而不见。将这些发展的点以因果关系的方式连起来，可以得出结论——斯蒂芬妮的家庭经历影响了她与同龄人的关系，但我们团队中的其他人在查看记录时，对这种解释提出了疑问。他们怀疑斯蒂芬妮的母亲严厉、矛盾和疏忽的育儿方式，一是源自她家的基因，二是由于斯蒂芬妮本人行为不检点。遗憾的是，那时候的达尼丁研究没有对基因进行任何形式的测量，因此我们无法在介绍本章研究时评估这些关于到底是先天因素还是后天因素起作用的替代性解释。

尽管存在这样的限制，我们还是能够继续另一场关于人的发展的探索，再次研究一个在前言中提及的、引起杰伊·贝尔斯基兴趣的全新理论观点。令我们尤为感兴趣的是，针对儿童期逆境如何影响人的发展的问题，这个新想法能够给出主流的社会科学和心理健康观点以外的另类解释。这种相对激进的解释以进化生物学的核心前提为基础；进化生物学认为，生命的目的是将基因一代接一代传下去，而进化生物学又是所有生命科学的核心研究领域。这种生命观直接关系到儿童期经历对日后发展的影响。进化生物学将"繁殖成功"或"繁殖健康"置于生命的其他所有目标之上，比如健康、财富和幸福，"意义"就更不用说了。这催生了贝尔斯基提出的新理论命题，即本章的重点：在父亲缺席的家庭中成长，或者在冲突频繁或管教严厉的家庭中成长，将加速女孩性成熟，导致她们的身体比正常情况下成熟得更早，从而影响青春期的冒险行为。

快速繁殖策略和缓慢繁殖策略的发展

尽管繁殖成功的概念是所有研究非人类生命的生物科学家思考的核心问题，但对大多数研究人的发展的学者而言，它或多或少有些陌生。对那些致力于研究家庭经历对儿童发展的影响的人而言，这种陌生感也许更强。在大多数心理学家、社会学家、经济学家、教育者、政策制定者和父母的眼中，人生的目标就是健康、财富和幸福。这导致许多人用"健康发展"与"不健康发展"，或者"最优发展"与"受损发展"来对发展下定义。因此，对于一个得到细心养育的孩子，人们的期望是他会有安全感、有好奇心、为人友善、会为目标全力以赴，并终将成为一个有用的成人，用弗洛伊德的话来说，就是懂得"去爱，去工作"。这是健康发展的过程和产物。相比之下，由于父母在养育时不给予支持而缺乏安全感和好奇心、难以管理情绪和行为的孩子，代表的则是一种受损发展。他们不仅无法在学业和职业上获得成功，也很难建立和维持亲密关系。这种标准的社会科学人生观，其核心假设是：第一种发展方式是"自然的"，即它应该呈现的样子；第二种发展方式代表着发展失调，是机能障碍甚至紊乱的证据，不是它本该呈现的样子。

这种关于后天如何塑造人的发展的传统观点，与进化生物学的观点形成鲜明对比：后者认为，不存在"最优"或最佳发展；能够成功将基因传给下一代的发展便是最佳发展，但这在很大程度上取决于生物体所处的背景或环境，包括其成长/发展的环境。例如，当某个特定种类的蜗牛在幼虫阶段就生活在有捕食者的水体中时，它会比在没有天敌的状态下长出更厚、更坚固的外壳。这十分符合生物学逻辑，在没有明显需要的情况下，蜗牛当然无须投入资源去建造更坚固的外壳。这两个"策略"皆为最优，都能使生物体适应预期的环境，促进未来的繁殖成功，将基因传给下一代。

因此，从进化论的角度来看，对于儿童、青少年甚至成人而言，最好的发展方式未必是心理健康专家、教师甚至政策制定者看重的方式。这是因为，证明某因素能使人在特定条件下（如在运转良好、和谐的家庭中）成长时最顺利地将基因传给后代，不代表它在不同条件下（如在家庭冲突频繁、父母对孩子关注不足的情况下）也能奏效。进化生物学的生命观暗示，达尔文学说的自然选择的力量已使物种适应了自己的成长经历，从而增加了发展中的后代生存、成熟和繁殖的机会——就像上面提到的蜗牛一样。

从这个角度来看，长期以来人们所认为的"受损"发展的证据，实际上可能根本就不是"受损"发展的证据。在逆境中成长的许多影响也可能符合生物学逻辑：它们说明，祖先将基因传给下一代的成功率其实提高了。因此，今天被许多人视为受损的、有问题的、不良的发展，很可能是由应对逆境的策略演变而来的。例如，不难想象，在一个缺乏安全感的环境中，进攻性强、占别人便宜的人更有繁殖优势，他们做事也许会先斩后奏。

此处被提出的论点是，在人类祖先的历史进程中，和其他许多物种一样，我们这个物种进化出了根据生命早期的经历和所接触的环境来改变发展轨迹的能力。至关重要的是，这种在生命早期对不同环境条件的独特发展反应，成为人类心理生物学的组成部分，因为它们促进了繁殖成功，而繁殖成功是所有生物的终极目标。这意味着，人类仍然保持着由来已久的发展可塑性，或者说发展反应能力。但这种分析并不一定意味着，我们应对不同发展条件的进化方式仍能像过去那样产生繁殖回报。因为现代世界与远古时期的世界截然不同（例如，我们现在能够避孕、堕胎、享受社会福利），又因为进化通常需要很长时间，所以人类数万年来固有的反应能力得到了保留，尽管它不再像以前那样利于繁殖。

进化生物学家提到，为适应成熟后的居住环境，个体进化出了独特的"繁殖策略"，或者说从出生到成年的发展方式。尤其是，他们区分了"快速"和"缓慢"两种策略。当生活顺风顺水时，发展中的孩子会体验到安全感，所以无须快速发展。生物学对此的策略反应是缓慢成长，吸收包括营养资源、心理资源和经济资源在内的所有可用资源。这样做能使个体变得更健壮，有能力应对挑战，吸引优秀伴侣，花心思和精力养育健康的孩子，孩子也会有良好的生活前景，证明繁殖成功，将自己、父母和祖先的基因传下去。

相反，当童年经历使个体认为他人不可信、世界充满威胁、健康长寿的机会不多时，繁殖策略就会是迅速成熟——在致命或者严重损害生命的威胁出现之前完成传宗接代。当代中产阶级社会可能不接受这种策略，因为他们不认为这是一种进化发展策略，而只将其视作一种反常的机能失调，但这并不意味着，它不曾在数万年间带来繁殖红利，所以不能算是更好的发展方式。从理论上讲，这种看似"有问题"的发展方式甚至不必为了进化成一种应对逆境的策略而在传递基因方面表现得多么成功，它只需要证明，在进化成应对逆境的策略这一目标上，它比其他问题较少的发展方式更加成功。想象一下，有问题的发展方式的基因传递成功率只有30%，但其他发展方式的基因传递成功率只有22%，相比之下，前者已经赢了。

不难想象，快速的发展策略会产生一些代价，比如成长受限、健康可能受损，以及吸引优质伴侣的能力减弱。但是，根据进化理论，通过在不良健康状况或者死亡阻碍繁殖成功之前增加成熟和繁殖的机会，可以补偿上述代价。发展速度快的个体被认为不太有能力或不怎么倾向于照顾好孩子、维持亲密关系，所以他们应该生育更多孩子，即使在后代身上投入的精力、时间和经济资源会更少。与更有能力照顾和保护后代的慢速发展者不同，快速发展者需要生育更多子女，才能与慢速发展者在孙辈数量上持平。假如快速发展者由于经济、身体或社会原因没能很好地保障和维护后代的安全，这个假设或许再正确不过了。但我们还是得明白，多生孩子却不好好照顾他们，可能不再会像过去那样产生繁殖"回报"。毕竟，进化生物学的发展速度可能赶不上文化的变化速度。

还有一点很重要：我们不应该认为大自然刻意让每个人去弄懂这一切，并且有意识地追求这样或那样的发展方式。想想看，当我们从黑暗的房间走到正午明亮的光线下时，眼睛清楚地知道自己应该做什么——缩小瞳孔，而不依赖我们有意识地给予它们指示。那么，大自然为什么要让发展中的孩子弄清楚，哪条发展"轨迹"才是他们应该遵循的呢？

这是一个进化故事吗？

无论关于发展的繁殖策略观点听起来多么有意思甚至有说服力，传统的社会科学家和研究人的发展的科学家都有充分理由对此提出疑问。毕竟长期以来，广泛的社会学、心理学甚至经济学研究都表明，儿童期逆境（贫穷、在单亲家庭中长大、受到严厉对待甚至虐待）往往会导致发展问题，包括攻击行为、不良健康状况、不乐观的婚恋前景、有风险的性行为、不稳定的男女关系，以及生下许多从小就得不到悉心照顾的孩子。那么，为什么要用关于我们以狩猎、采集为生的祖先的进化这个看似风马牛不相及的故事，来解释在逆境中成长为何会导致特定的人生结果呢？

科学哲学中的最经济法则（也称为奥卡姆剃刀准则）规定：当一种现象同时存在简单和复杂的解释时，应该优先考虑简单的解释。这里的现象，涉及人生早期的生活逆境对人的发展的影响。那么，用简单的知识就解释得通时，为什么还要联系到人类的进化史呢？以父亲缺席为例。在这类家庭中长大的女孩比其他女孩更容易有性行为，甚至滥交行为，这与人类以狩猎、采集为生的祖先没有任何关系。这种行为方式只反映了她们在与母亲一起生活时学到的东西：男人来来去去，不值得信任，但如果性交唾手可得，男人就倾向于留在女人身边。

无论最经济法则的论点多么有说服力，如果满足科学哲学的条件，人们就应该能接受一个更复杂的解释，而不是一个不那么复杂的解释。在这里，更复杂的解释与进化和繁殖策略有关。要想让一个新的理论或解释击败一个更加成熟的理论或解释，新的观点就需要满足3个条件。首先，它必须能够解释我们已经知道的东西，在这里指的是儿童期逆境导致"受损"发展。繁殖策略观点可以做到这一点。其次，新的理论框架必须产生一个原始假设，即一个预测，它可以被检验，但从未被拥抱传统观点的人提出或评估过。最后，对新假设的实证评估必须得出传统观点无法解释也永远预料不到的发现。只有当这3个条件都满足时，看起来不那么简单的新观点才会胜过更简单的观点。

不可思议的预测

杰伊·贝尔斯基意识到，根据进化和繁殖策略的生命观，至少有一种发展"结果"可能与儿童期逆境有关，那就是青春期发动时相，但社会科学和心理健康观点从未考虑过这一发展"结果"。他推断，因为逆境而（出于繁殖目的）急于成熟的女孩，比在更宜人或更宽容的条件下长大的女孩更容易性早熟。这是因为，青春期生理发育早的女孩会比其他女孩更早具有生育力。这一论点所隐含的观点是，逆境诱导的青春期生理发育提前会促进以繁殖为目的的性行为。尽管我们不确定人生早期的逆境对青春期生理发育提前和性成熟加速的影响是如何在生理上体现的，但我们知道，如果能找到支持这个"青春期假说"的证据，那它将是目前的标准社会科学和人的发展理论都无法解释的一个结果。这就是贝尔斯基认为这是一个"不可思议的"预测的原因，它成了另一场发展探索（本章主题）的焦点。本章通过思考家庭生活和父母育儿的质量如何影响青春期发展，阐述儿童期的家庭经历对个体日后发展的影响。它也通过思考早发育和晚发育的女孩在初次性体验和性行为上是否存在时间差异，来讨论人的早期发展对日后发展的影响。

　　达尼丁研究有很好的条件来评估是否正如贝尔斯基的理论所阐述的那样，儿童期逆境预示着青春期生理发育加速。我们满怀兴奋地开始了这场探索，因为当贝尔斯基提出预测、我们的研究刚起步时，有关这一主题的证据尚不存在。我们之前一直在例行收集关于家庭成员构成的信息，因此可以从数据储藏室中获取这些信息，来确定父亲在孩子的人生前 7 年里是否在家庭中缺席、缺席频率，以及父亲缺席能否预测青春期生理发育时间。根据母亲的陈述，我们得知家里是否经常发生冲突，这些信息可被用于同样的目的。最后，鉴于我们收集了女孩第一次月经来潮（初潮）的数据，因此有望检验一个假设，即父亲缺席和更多的家庭冲突会加速女性青春期生理发育，就像初潮年龄提前所表明的那样。这种情况再次揭示了像本书所描述的这样跟踪生命历程的研究项目的一大优势：它是一份持续输出的大礼。换言之，它们提供了检验新想法的机会，比如青春期假说，在最初收集数据并将其用于评估原先的想法时，青春期假说还未被提出。这就好比食品储藏室里囊括了新食谱所需的全部食材，尽管你从未对照着新食谱在杂货店买过任何东西。

　　结果证明，我们通过将 7 岁时的家庭经历与初潮时间联系起来以评估青春期假说的研究工作，与基于繁殖策略观点的预测在两个方面是一致的。首先，在父亲缺席的单亲家庭中成长的女孩比在完整的双亲家庭中成长的女孩性早熟。其次，在高冲突家庭中长大的女孩比在和谐家庭中长大的女孩性早熟。这些都是以前从未被记录的实证发现，无疑是因为传统观点从未提出过人生早期逆境可能会加速性成熟。同样重要的是，从科学哲学的角度来说，站在家庭对人的发展的影响的传统理论立场上，我们得到的结果也是无法解释的。

正如我们所看到的，即使研究发现与预期一致，也需要考虑其他替代性解释。在女性青春期生理发育的例子中，一种替代性解释强调了身体脂肪的重要性。女孩在性成熟之前必须拥有一定量的身体脂肪。事实上，"临界脂肪"假说解释了为什么芭蕾舞女演员和女子体操运动员的性成熟通常会推迟：艰苦的训练方案几乎消除了她们体内所有的脂肪。这些观察结果提出了一种可能性，即影响初潮年龄的不是我们关注的特殊形式的逆境——父亲缺席和家庭冲突，而是身体脂肪。凑巧的是，达尼丁研究也包含了身体发育的测量数据，我们可以从数据储藏室中调取它们来检验这一替代性解释。这使我们发现，即便将女孩的体重考虑在内，父亲缺席和更多的家庭冲突仍预示着初潮年龄的提前。但这并不意味着身体脂肪无关紧要，它仅仅意味着，除女孩的体重差异外，被纳入考量的家庭因素也能预测初潮年龄。有一点几乎在任何时候都很重要，即认识到人的各个方面的发展受众多因素而不仅仅是一种因素的影响。因此，一个强调人生早期逆境的假说，实际上不应该被解读为"暗示其他因素不存在"。

身体脂肪并非我们不得不考虑的唯一替代性解释。另一个在之前的章节中已经提到的解释是基因遗传。因为研究已证实月经初潮的年龄是可遗传的，早熟的母亲很可能会有早熟的女儿，所以人生早期逆境和青春期生理发育提前的联系可能被归因于父母和孩子的共享基因。想一想，那些早熟的研究对象的母亲可能在很年轻时便被迫谈婚论嫁和生育孩子，这反过来导致了关系的冲突和破裂，从而使女儿的父亲在家庭中缺席，于是，女儿的早熟可能是由遗传原因造成的。可以想象，影响父母行为、导致父亲缺席或家庭冲突的基因可能会传给女儿，促使其性早熟。幸运的是，我们能够在接下来的研究工作中在一定程度上解决这个问题，以评估和扩展不可思议的青春期预测。

超越青春期生理发育

心理、行为乃至生理发展进化到对被养育经历有所反应，其目的只是将基因传给下一代，这个想法正是关于人的发展的繁殖策略观点的核心。杰伊·贝尔斯基的进化论思想指导了我们的工作，他认为早熟是通向早期性行为甚至滥交行为的发展道路上的一步。还记得吗？我们讲过，从生物学角度分析，青春期生理发育加速，是为了增加在受到损害甚至死亡之前进行有性繁殖的机会。为进一步拓展对在问题家庭中成长的女孩的繁殖策略的研究，我们试图确定不良的被养育经历是否不仅加速了青春期生理发育，也影响了性行为。

考虑到这些目标，我们将注意力转向第一章强调、第八章详细讨论的幼儿保育与青少年发展研究——主要有两个原因。首先，它使我们有机会再次记录人生早期逆境对女孩青春期生理发育的显著加速作用。其次，它使我们有机会确定青春期生理发育提前本身是否与青春期的性冒险行为有关，这一点同样重要。值得注意的是，当这个涉及10个研究团队的合作项目启动时，尚无评估青春期生理发育或评估进化思想的计划。但鉴于繁殖策略观点的动人前景，我们决定收集有关青春期生理发育的必要信息，以便研究。

除了关注性行为，我们还以一种与基因遗传问题相关的重要方式推进研究。由于担心共享基因的影响可能伪装成达尼丁研究中不良家庭经历的影响，我们也在幼儿保育与青少年发展研究中获得了关于母亲初潮年龄的信息。我们通过在评估家庭经历和女孩青春期生理发育的联系之前考虑母亲的初潮年龄，至少可以排除一些潜在的基因影响。遗憾的是，对父亲来说，这是不可能的。尽管过去了40年，女性仍然能够以惊人的准确性回忆起初潮年龄，但大多数男性根本记不清自己青春期生理发育的时间。有多少男性读者还记得，自己是何时长出阴毛、何时变声，或者何时初次遗精的？

最终，我们推断，至少考虑一些潜在的基因影响——比如以母亲的初潮年龄为指标——总比完全不考虑基因影响好。令我们惊讶的是，至少有一个对我们的研究持批评态度的人认为，我们把母亲和女儿初潮年龄的相似性作为基因影响的证据，这一做法可能过度谨慎。毕竟，一位母亲比其他女性早熟的原因也许和她的女儿一样：母亲的成长环境可能也不太好，这加速了她的青春期生理发育。这就将大家带回第五章讨论的育儿方式的代际传递这一主题。虽然我们对批评者提出的担忧表示理解，但我们仍认为持较为保守的态度更好，并假设母亲和女儿初潮年龄的所有关系都反映了共享基因而非相似的被养育经历的影响。因此，我们在统计层面忽略了这一影响。

当我们在幼儿保育与青少年发展研究中评估家庭对女孩青春期生理发育的影响时，我们发现严厉的育儿方式对孩子的青春期生理发育时间很重要。被归到严厉一类的父母会在孩子做错事时打他们屁股，希望孩子无条件服从并在有成人的场合保持安静和恭敬。严厉的父母认为孩子最需要学习尊重权威。他们还认为表扬会宠坏孩子，所以很少拥抱、亲吻孩子。于是我们发现，父母越严厉地对待自己4岁半的女儿，女儿的初潮年龄就越小。这与母亲第一次来月经的年龄无关。所以，我们扩展先前的繁殖策略研究的第一种方法是，在评估严厉的育儿方式对女儿青春期生理发育的影响之前，忽略母亲初潮年龄的影响，同时仍记录家庭环境的影响。

回想一下，我们推进先前工作的第二种方法，是确定青春期生理发育加速本身能否预测性行为。它的确可以：15岁时，早熟的女孩比其他女孩做出的性冒险行为更多。经历过严厉管教的早熟女孩不仅比其他女孩初潮的时间更早，而且在15岁时更加性活跃，口交和性交行为更多。然而，她们参与喝酒、吸毒之类的其他冒险行为的可能性并不比其他女孩的大。图7.1展示了这些发现。

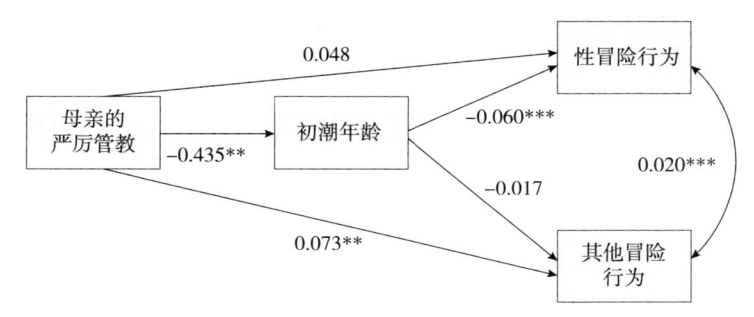

图 7.1　统计路径模型显示，孩子 4 岁半时，母亲管教的严厉程度越高预示着初潮年龄越小（根据母亲回忆的初潮年龄进行调整后），后者本身预示着更多的性冒险行为，但不涉及其他类型的冒险行为。母亲更严厉的管教可直接预测其他类型的冒险行为，尽管它不能直接预测性冒险行为。星号表示关联的统计学意义（**p，>01，***p，>001）。根据 Belsky, J., Steinberg, L., Houts, R.M., Halpern-Felsher, B.L. & The NICHD Early Child Care Research Network (2010). The Development of Reproductive Strategy in Females: Early Maternal Harshness→Earlier Menarche→Increased Sexual Risk Taking. *Developmental Psychology, 46*, 120–128, figure 1 重新编制。转载已获美国心理学会许可

早熟女孩与异性的亲密关系

这些发现提出了一个新问题，它与启发这项研究的进化论观点有关。早熟对女孩性行为的影响是否会超越青春期中期？根据前文，繁殖策略观点认为它应该如此。具体来说，该观点预测，由于家庭生活问题较多而早熟的女孩，其"伴侣关系"即与异性的亲密关系较不稳定。

我们再次借助达尼丁研究来观察早熟女孩更长期的性行为和关系行为。在研究对象 21 岁、26 岁和 32 岁时，我们分别询问了与她们在 21 岁之前的 3 年、26 岁之前的 5 年和 32 岁之前的 6 年里发生过性关系的异性伴侣的数量。我们参考其他研究的做法，让研究对象在电脑前而不是通过面谈回答问题，从而提高了陈述的真实性和隐私性。尽管有些人可能怀疑男性会夸大自身的性吸引力和性能力，但不太有理由相信女性也会这么做。

在探索人类繁殖策略的发展的下一个阶段，随着我们将注意力转

向我们已经获得的关于成年期性行为的个人隐私信息，我们发现，早熟女孩在 30 多岁时比其他女孩拥有更多性伴侣。证据进一步表明，这与物质滥用有关。后一个观察结果似乎很合理，因为她们往往在喝醉的情况下才和他人发生性关系。尽管繁殖策略观点没有预料到物质滥用这一点，但它的确预判了性早熟和更多数量的性伴侣之间存在联系。回想之前的观察，快速繁殖策略与不稳定的两性关系有关。基于我们做的所有研究，目前已有证据表明：儿童期逆境（以父亲缺席、家庭冲突和严厉管教为指标）预示着青春期生理发育加速；即便考虑到母亲的初潮年龄，以及遗传由此对女孩自身生理发育的潜在影响，性早熟本身也预示着青春期会有更多的性冒险行为；早熟女孩在 20 多岁、30 多岁和 40 多岁时都比其他女孩有更多性伴侣。

面对风险的复原力

虽然我们的研究取得了一定成果，但如果以每个经历逆境或早熟的女孩都会按照上述方式发展作为结论，那就是一个极其严重的错误。我们在这里将回到第一章讨论的概率性发展与确定性发展的主题。我们介绍了发展的总体趋势，但那并不意味着对每个个体都适用，哪怕是每一个经历儿童期逆境的早熟女孩。打个比方，尽管纽约 7 月的平均温度确实比 4 月高，但这并不意味着 7 月的每一天都比 4 月的每一天热。

在本书中，我们努力阐明人的发展是一个复杂的过程。如前文所述，很少有单一的影响源能够完全解释为什么有些人以一种方式发展，而另一些人以另一种方式发展。对复杂性的这种理解不禁让我们心生好奇，哪些条件可以阻止不良养育条件和早熟对女性的发展施加显著影响。这促使我们调查一系列因素，它们可能削弱甚至消除已经被记录下来的将儿童期逆境与女孩性早熟、初潮年龄与随后的性行为连接起来的发展联系。我们通过回到 NICHD 幼儿保育与青少年发展研究来解决第一个问题，通过回到达尼丁研究来解决第二个问题。在两种情况下，我们都试图研究有关复原力的问题：什么能使因有问题的家庭背景而面临初潮提前风险的女孩避免初潮提前，以及与之相关的——什么能使因早熟而面临过早性行为和滥交行为风险的女孩避免"踩坑"。

避免早熟

尽管我们还不知道，是什么生理机制将儿童期逆境与女孩性成熟时间联系起来，但在探索什么因素可以限制家庭逆境提前初潮年龄时，我们并非完全一无所知。一些发展学者认为，严厉育儿方式的意义和影响取决于它发生的关系情境。以幼儿保育与青少年发展研究中的两位家长为例。玛丽莲对女儿非常严厉，她在向我们解释原因时说："不打不成器。"当很难管教女儿凯茜时，愤怒偶尔会冲昏玛丽莲的头脑。这导致玛丽莲说出一些轻蔑的评判性言论，比如"你就和你爸一个样""你永远也成不了什么气候""如果有人想娶你，我会惊讶得下巴都掉下来"。另一位经济状况较好的家长莎伦也认为孩子不打不成器，但她表现得更有一致性，在体罚女儿卡罗琳时也更有分寸，几乎从不沦为愤怒的奴隶。鉴于这些不同的经历，两个女孩对体罚会有不同的看法吗？情况似乎正是如此。凯茜认为母亲刻薄、不喜欢自己，而卡罗琳则认为母亲体贴、周到。

这一观察结果让我们好奇，如果女孩在婴儿期与母亲建立了一种有安全感的依恋关系，那么在学龄前阶段受到严厉惩罚会对她们产生什么影响。有安全感的儿童对自己被人疼爱充满信心，这种感觉给他们的一个看法奠定了基础：世界即使不仁慈也美好宜人，你可以信任他人的友好、善良和关爱。理论和证据表明，这种安全感是儿童在人生最初几年体验到的细心养育的一个表现形式。当父母善解人意且积极回应，承认并接纳婴儿的感受，同时对婴儿经常体验的恐惧和痛苦快速给予安慰时，婴儿就会形成对父母的有安全感的依恋。然而，当父母的育儿方式不那么善解人意、积极回应、充满关爱时，婴儿就更有可能产生不安全感，随之而来的是对生活更加不乐观且更加不信任。

鉴于此，我们推断，如果女孩曾在婴儿期建立了有安全感的依恋关系，那么即使她们在学龄前阶段经历严厉管教，也不太可能加速她们的青春期生理发育。换言之，产生信任感和安全感的关系史应该能保护女孩免于早熟。我们推测，与婴儿期的依恋关系中出现过不安全感的人相比，这将使她们以更积极的态度应对严厉育儿方式带来的挑战，而这正是我们的发现。4岁半时经历严厉管教对青春期生理发育业已确立的加速影响，并不适用于15个月时与母亲建立了有安全感的依恋关系的女孩；只有当女孩在婴儿期与母亲建立存在不安全感的依恋关系时，这种加速影响才有效。这些结果如图7.2所示。有安全感的依恋关系作为一种复原力因素，阻止了青春期生理发育本在预期之中的加速。这一与复原力有关的结果清楚地表明，严厉的育儿方式对青春

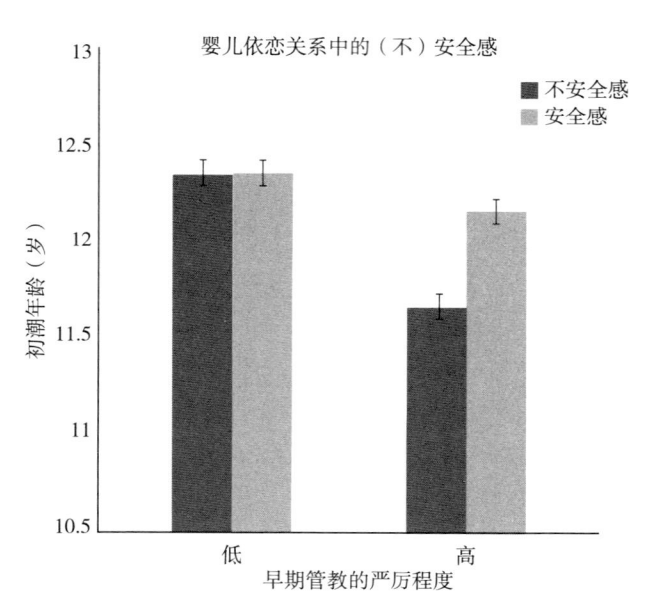

图7.2 经历低严厉程度和高严厉程度早期管教的女性的平均初潮年龄是15个月大时依恋关系中的安全感或不安全感的因变量。根据 Sung, S., Simpson, J.A., Griskevicius, V., Kuo, S.I., Schlomer, G.L. & Belsky, J. (2016). Secure infant-mother attachment buffers the effect of early-life stress on age of menarche. *Psychological Science, 27*, 667–674, figure 1 重新编制。转载已获世哲出版公司许可

期生理发育的加速影响并非不可避免——它是概率性的，而非确定性的。安全感可以作为复原力因素发挥作用。谢天谢地，人的发展如此错综复杂！

避免青少年问题行为

我们已确定，至少存在一种发展条件，它可以保护4岁半时受到严厉管教的女孩不过早成熟，接下来我们想知道，是否也有一些条件可以阻止早熟女孩的不良行为。还记得吗？在达尼丁研究中，我们不能明确关注性行为，因为新西兰法律禁止研究人员向十几岁的研究对象提这个问题。然而，对我们来说，这不是一个严重的限制，因为理查德和雪莉·杰瑟在出版于1977年的《问题行为和心理发展》一书中已经很好地证实了这一点——有酗酒、吸毒、挑战权威等违反规则倾向的少女，可能正是那些早早就有性行为的。

在思考哪些条件有可能阻止早熟女孩做出不良行为时，我们自然而然地怀疑男孩——尤其是较年长的"坏"男孩——在引导早熟女孩陷入诱惑方面发挥了重要作用。想想那些会被早熟女孩吸引的男孩，早熟女孩拥有性感的身材，但在认知和情感上还是个孩子。但我们该如何检验这个想法呢？在达尼丁研究中，我们从未通过进入女孩们就读的学校或在她们住的社区观察她们来确定她们究竟和谁待在一起。我们也不可能在实验中设计一个环节，把女孩介绍给较年长的男孩，看看她们是否比成熟较慢的同龄人更加吸引人，尽管我们自身成长和养育孩子的经历告诉我们，事实就是如此。

但后来我们意识到，其实无须做任何事情，只消利用"自然实验"就好，它指的是日常生活中的一项非人为设计的实验：在达尼丁研究中，一些女孩上的是女子学校，而另一些就读于男女同校的中学。在新西兰，选择进入学生为单一性别的学校，并不是因为家庭希望孩子们去宗教机构或军事机构就读，而主要取决于学生步行至哪所学校最方便。如果我们关于坏男孩在鼓励女孩做出不良行为中起作用的推理是合理的，那么早熟和问题行为之间的联系应该会在男女同校的学校中被证明有效，在学生为单一性别的学校中则不然。而这正是我们的研究发现。

图7.3清楚地表明，13岁时，男女同校学校中的早熟女孩比单一性别学校的早熟女孩更有可能违反规则，做出偷钱、看限制级电影和醉酒等违反规范的行为，而在正常成熟或者晚熟的女孩身上并没有出现学校类型的差异。值得注意的是，在研究对象15岁时记录的自我陈述犯罪行为（如入店行窃、吸大麻或吸食/注射烈性毒品）中，出现了类似结果。换言之，当早熟女孩——那些之前我们发现更有可能做出性冒险行为的女孩——处于一个没有男孩的校园环境时，她们是不会受到诱惑的。只有当周围有男孩时，这种情况才会发生，因为较年长的问题男孩会以完全不同的眼光来看待身体发育成熟的少女和依旧是"娃娃身材"的同龄人。

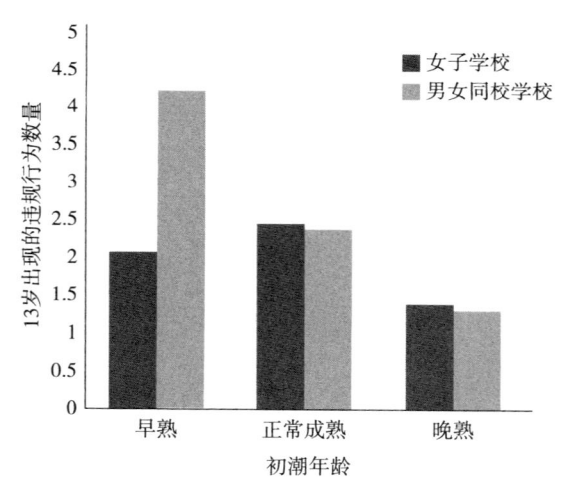

图7.3 青春期早期违规行为数量是初潮年龄和学校类型的因变量。根据Caspi, A., Lynam, D., Moffitt, T.E., & Silva, P. (1993). Unraveling girls' delinquency: Biological dispositional, and contextual contributions to adolescent misbehavior. *Developmental Psychology, 29*, 19–30, figure 1 重新编制。转载已获美国心理学会许可

以上结果的一个特殊重要之处在于，它们揭示了置某些女孩于不良行为（毫无疑问包括性行为）风险中的不只是比其他女孩更早熟，即不仅仅是某种内在的生物过程（比如激素激增）导致女孩的早熟与

问题行为有关。发展的背景非常关键。把在男女同校学校的同一组早熟女孩放进女校，貌似就不会出现与早熟有关的风险。也就是说，至少在学校里，当女孩不和男孩进行日常交往时，初潮提前不会成为一个特别棘手的问题。总之，我们的发现表明，青春期生理发育和男孩是引发并维持女孩不良行为的两个必要因素！

小结：问题男孩是怎么回事？

当发现女儿跟一个很可能一事无成的男孩在一起时，许多父母都会感到无助。桑德拉就是这样一位母亲，我们在达尼丁研究中跟踪了她的女儿苏菲。苏菲在成长过程中得到过还算不错的支持式养育（尽管因父母离婚而支离破碎），后来却选择和比自己大 4 岁的男孩奥利弗交往。奥利弗最臭名昭著的地方在于：他在喝了 4 品脱①健力士黑啤酒之后仍能相当稳当地开车，至少他本人是这么说的。无论桑德拉如何努力（她尝试了很多方法），她都无法破坏苏菲对奥利弗执迷不悟的爱恋，就连把女儿禁足都无济于事。苏菲曾经偷偷溜出家门，还有几次，趁着桑德拉在上班，奥利弗偷偷溜进她家。在这种情况下，唯一能让桑德拉感到宽慰的是，她想起姐姐年少时的行为和如今的苏菲差不多，但姐姐最终还是嫁了个好男人。

我们认为，青春期生理发育的开始是对社交环境中其他人的一种"释放"或者刺激，它在青春期女孩当中创造了一种新的、如成人般行事的"压力"。这一过程在某种程度上源于青少年在社会中不确定的地位，年龄是我们所处的社会划分人群的依据。我们在第六章研究仅限于青少年的问题行为时讨论过这一点。与现在的人相比，过去的人在达到同等生理成熟程度时年龄更大。在过去 200 年里，工业化的现代西方世界发生的巨大变化之一就是，人的青春期比以前提前了许多年。不少人认为，这是因为营养和卫生条件的改善使得人们的健康状况也

---

① 英制 1 品脱约为 0.57 升。——编者注

得到了改善。

青春期生理发育普遍加速的一个主要后果是，如今的女孩和男孩拥有成人的身体，却缺乏成人的社会地位。过去，成人的身体和角色是同步发展的，但在现代世界，两者已然脱钩。结果是，青少年在生理成熟的5~10年里，却（通常）被期望推迟获得成人的责任和特权，包括开车、喝酒和发生性关系。青春期来得更早，只会让社会成熟度的遥不可及给青少年带来更大的挑战，影响也更明显。早熟的青少年在经济和社会上仍然依赖于自己的家庭，很少有机会做真正重要的决定。然而，他们和（大多数）成人一样，经常会有与异性建立亲密关系、自己做决定、积累物质财富的强烈欲望。

这段在某种意义上成为成人但在另一种意义上还不是成人的经历，与女孩在上男女同校学校时进入由较年长的同辈（尤其是男孩）主导的中学社群的情况是一致的。从女孩的角度来看，较年长的不良少年似乎没有受到刚才所说的"成熟差"的困扰。他们能够通过偷窃或恶行来获得没有独立收入的青少年无法获得的财物，如汽车、衣服或毒品。这些有影响力的不良少年往往与家庭脱节，似乎可以自由选择自己的道路。吸烟、开车、喝酒和吸毒……全由他们说了算。同时，他们在异性面前表现得更有性经验、更自信。简而言之，不良行为似乎提供了一种切断儿童期束缚的有效手段，而较年长的不良少年往往被证明是这类不良行为的理想"榜样"，这种行为对早熟女孩来说又尤其具有吸引力。

所以，尽管我们已经看到，不良的养育环境可以加速女孩的青春期生理发育，并且生理上的成熟会促成过早的性行为、不良行为和不稳定的亲密关系，但这些预期的影响绝非不可避免。当父母和孩子的关系建立在依恋关系安全感的基础上时，严厉的育儿方式在其他方面的加速影响可以得到缓冲，从而使孩子产生复原力，不容易受到伤害。而且，即使女孩早熟，不良行为和性行为也并非不可避免。的确，就性行为而言，"一个巴掌拍不响"。仅仅早熟是不够的，每天在学校和男孩待在一起也不会发生什么，但两者一旦结合，麻烦的风险必将陡增。

第四部分
外部因素

第八章

日托到底是好是坏

　　对于人的发展研究的主题，即便是思想开放之人也会提出各种异议，更别提思想闭塞之人了，因此，关于人的发展的研究具有争议性也就不足为奇了。想想本书涉及的一些主题，如摄入大麻对心理健康的影响（第十一章）、基因在塑造心理发展和行为发展方面的影响（第十二章和第十三章）。面对此类主题时，许多人即便不说出来，内心其实也会抱有巨大的误解：书中呈现的结果，反映的是调研人员基于自身看法及意识形态所寻找的东西，而不是他们在冷静、诚实地调研手头问题后获得的发现。之所以研究结果显示摄入大麻会给心理健康带来风险，是因为这一观点首先激发了该项研究。换言之，设计并开展一项研究是为了证明一个观点，而不是为了解决一个问题或检验一个假设。

　　通过经验可知，要扭转对科学事业的这种错误看法，我们可以将实证产生的结果与个人对世界如何运转和人如何发展的看法这两者之间的区别类比成其他情况。只消思考这个问题："气象员基于复杂的气象测量数据得出明天有雨的结论，是否意味着他讨厌阳光？"关键是，研究人的发展的学者也并没有"制定规则"，规定世界如何运转和人如何发展，所以人们不应该戴着"假设这就是事实"的有色眼镜来解读包括我们所做的工作在内的研究发现。当然，我们的研究内容反映了我们的兴趣和关注点，但如果我们诚实地做研究，并以科学合理的方式开展工作，那么结果就不会因为我们希望看到人如何发展或者世界如何运转而失之偏颇。相反，它只会反映事实。此外，作为诚实的调研人员，我们应该随时做好研究发现未如所愿的准备。

话虽如此，同样重要的是要认识到，研究所揭示的人如何发展或世界如何运转，并不意味着他就该那样发展或它就该那样运转。假设事物"是怎样的"就意味着事物"应该是怎样的"，这在哲学中被称为"自然主义谬误"。可悲的是，有太多科学信息消费者指责学者的发现，认为科学家的目的在于肯定和鼓励某种存在、行为或发展的方式。举个很好懂的例子：早期研究发现表明，艾滋病在同性恋群体中猖獗且持续传播，至少一开始是这样的，于是人们指责获得这一发现的学者本身厌恶同性恋者，但其实不然。他只是一名艾滋病病毒"气象员"。其实此类对科学动机所做的误导性归因的证据，根本不必追溯到20世纪80年代初，想想如今某些人如何看待研究和记录气候变化的研究人员就明白了。

这些评论是即将展开的发展探索的前奏，我们将在本章探讨日托对儿童和青少年发展的影响，这也是本书第三个主题和目标（探讨家庭之外的童年经历如何影响日后的发展）的一部分。这个领域的研究常常充满争议。许多人都听说过所谓的"妈妈之争"：一些职场妈妈需要依赖他人来照看自己年幼的孩子，另一些全职妈妈则选择自己留在家里照顾孩子，两个群体的对立由此形成。对于许多全职妈妈及支持她们的人而言，普遍的看法是，孩子在全心全意的父母（通常是母亲）的照料下成长最为理想。然而，也有人认为，孩子在非家庭成员的照看下也能健康成长，比如父母将孩子送到日托中心或请邻居帮忙照看，孩子在那里可以和其他小孩一起玩耍，这种安排通常被称为"家庭日托"。由于人们对于什么对母亲、家庭和孩子最有利的看法大相径庭，因此，支持某一观点的证据被持不同观点的人视为有偏见，这种情况并不少见。

日托的现状

关于日托对孩子影响的问题，许多人可能没有意识到，在过去三四十年里，美国人的育儿方式发生了巨大的变化。在那之前，许多甚至大多数女性在怀孕后会选择在家照顾孩子，直到他们5岁左右准备上小学，或者3岁到4岁准备上幼儿园时，才会考虑重新回到工作岗位。当然，如果家里经济条件不允许，母亲可能会在孩子很小的时候就开始工作。但是，在过去的几十年里，越来越多的孩子开始有不同的经历，这通常是因为他们的家庭需要父母双方都有收入（如果是单亲家庭，就需要父亲或母亲有收入），或者是因为母亲想要继续自己的职业生涯，希望每天能和其他成人交流（而不是整天待在家里带孩子，感到与社会隔绝），甚至是因为母亲想保护自己，以防日后离婚导致经济上受到损失。

有意思的是，我们发现实际上美国人口普查局以前只统计5岁以下孩子的母亲的就业率，但随着时间的推移，他们逐步开始统计3岁以下孩子的母亲的就业率，然后是1岁以下孩子的母亲的就业率，最后甚至连6个月以下孩子的母亲的就业情况也不放过！这反映了美国人育儿方式的巨大变化。现在，由于联邦政府没有带薪育儿假政策，大多数母亲不得不在孩子6个月大之前就重返工作岗位，当然也有在孩子1岁之前回去工作的。实际上，5岁以下儿童的母亲和6个月以下婴儿的母亲的就业率几乎一样，都超过了50%。所以，在当下的美国，孩子们接受某种"早期、长时间和持续的"儿童保育已经成为常态。这里的"早期"指的是在出生后一年内的某个时间点开始的保育，"长时间"指的是每周20~30个小时或更长时间的保育，"持续"指的是保育会一直持续到孩子正式开始上学为止。但是，这并不意味着整个时期采用的保育方式都相同。实际上，保育安排的多次变化很常见，通常是因为孩子成长能力的需要或现有安排被打乱。无论最初的照料是由保姆、家庭日托所还是儿童保育中心提供的，情况都是这样。

第八章 日托到底是好是坏

关于日托的争议

20世纪80年代中期，美国社会经历了一场巨变，或者说社会实验，这在当时的学术界引发了一场关于日托影响的大讨论。这场讨论被大众媒体广泛报道，甚至引起了国会的关注，召开了听证会，并最终促成了本书介绍的这项研究。争议的起因是，一些大学学者关于日托的主流和进步观点受到了质疑。这些学者普遍认为，只要日托服务质量够高，能够提供周到、积极回应、富有爱心且有激励性的保育，孩子们就能茁壮成长。因此，大多数研究儿童早期发展的专家认为，孩子开始接受日托的年龄，以及每周在日托中心待的时间，都不是特别重要。正是这种观点受到了质疑。

另一种基于研究的观点认为，日托的质量并不是唯一影响孩子发展的关键因素。孩子在日托中心待的总时长，无论是几天、几周、几个月还是几年，同样重要。这种观点并非基于那种老派的、涉及意识形态的争论，即认为只有母亲才能照顾好婴幼儿，而是基于新的研究证据。新证据表明，如果孩子在很小的时候就开始长时间地接受日托，那可能会提高他们与父母建立带有不安全感的依恋关系的风险，而且他们可能会在3~8岁更有攻击性，也更不听话。

正如一位学者通过观察所言，"日托之争"爆发的原因至少有两个。我们已经提到了第一个原因：关于日托对孩子影响的看法，往往不仅基于研究证据，还受到人们意识形态层面的信念及意愿的影响。因此，有人反对那种"只有母亲才能照顾好年幼的孩子"的观点，认为这种说法实际上是在维护父权制，长期剥夺女性的工作权利，同时让她们只能"待在家里，围着灶台转"。关于日托影响的激烈争论的第二个原因是，现有的研究证据有限，还不足以盖棺论定，因此还可以找到支持不同观点的研究证据。正如一些质疑主流观点——只要日托质量好，其他都不重要——的学者所说，思想开放的学者能够、愿意也应该从不同的角度来看待这些数据。遗憾的是，当时的主流思想并不宽容。虽然有人认为，担心婴儿出生后第一年内就开始的日托的时间过长,是一种伪装成科学的厌女倾向,但也有人认为,过分关注日托质量,甚至仅仅关注质量,只不过是个人愿望的满足和政治正确的表现。后一种观点如今对我们来说也许再熟悉不过,但在日托之争爆发时还没有被提出来。

事实证明,这场学术争论带来的好处之一是,它引起了 NICHD 的注意。它是美国国立卫生研究院的一个部门,资助了有史以来规模最大、最全面的关于日托影响的研究——幼儿保育与青少年发展研究。这项研究揭示的关于日托对孩子影响的内容,正是本章要讨论的主题。本书的作者之一杰伊·贝尔斯基,不仅是这个耗资 1.5 亿美元的项目的众多研究者之一,也是一位持有修正主义观点的学者。他提出,在美国儿童接触的日托环境中,影响孩子成长的不仅是日托的质量,还有孩子在日托中心待的时长,这个观点对当时的主流看法而言是一个挑战。

NICHD 开展的研究

如果说 NICHD 的研究是在争议中诞生,而且进行得一帆风顺的,那可真是太过轻描淡写了。实际上,这个项目聚集了来自不同大学的发展学者,他们在合作过程中对于研究的内容和方法的意见并不统一。这在任何研究中都是个大问题,更不用说一项要跟踪 1 000 多名在 10 个不同地方长大的孩子的研究,研究时间跨度长达 15 年,大家又都是思想开明的研究者,他们可能会从不同的角度看待许多自己非常关切的决策。以下面这些在研究中遇到的决策困境为例:既然不可能在孩子成长的每个阶段都进行研究,那我们应该在他们 6 个月、9 个月还是 12 个月大的时候开始研究呢?孩子几岁时,家庭之外的经历对他们发展的影响最明显?我们应该把孩子带到可以严格控制环境的大学实验室,还是去他们家里,在自然状态下观察他们?考虑到不同家庭环境的巨大差异,实验室的环境会不会过于"人工",而家里又会不会太"嘈杂",以至于我们无法捕捉影响人的发展的细微信号?我们应该依赖父母和老师对孩子行为的陈述，还是通过实际观察来记录孩子的行为？尽管父母肯定比老师更了解自己的孩子，但也不要忘记，老师在多年的教学中观察过许多同龄儿童，在评估孩子的行为时，他们可能有更好的"参照点"。我们是不是只用关注那些在日托中心的孩子，还是也应该关注那些由朋友和邻居照顾的、接受所谓家庭日托的孩子，甚至那些由双职工父母委托给保姆在家照顾的孩子？毕竟，在孩子很小的时候就把他们送到日托中心并非常态，只是父母在工作繁忙时选择的一种育儿方式。我们应该如何看待父亲或祖父祖母提供的非母性保育？这是日托的一种形式，还是完全不同的东西？在统计分析数据时，我们是否应该对基于家庭的非母性保育和其他类型的日托（比如日托中心提供的服务）一视同仁？说句实话，在纵向观察性研究中，决策是没完没了的，往往不存在真正"正确"的答案。毋庸置疑，在一个团队中，如果每个人都坚持自己（往往与他人截然不同）的观点，那么产生冲突的可能性几乎不可避免。

虽然许多参与项目的学者觉得没完没了的集体决策过程给人很大压力，但最终这个过程对我们是有好处的。我们建立了一个真正的合作项目，全美 10 所大学的研究团队都参与了，他们对自己负责的那部分儿童样本执行了完全相同的科学协议（也就是方法和程序）。有时候，这就意味着每个团队都得按照他们认为合适或者不合适的方式来测量和研究他们感兴趣或者不感兴趣的东西。换句话说，合作就意味着要妥协。这一点在后文也会提到。对我们大多数人来说，这是一种全新的工作方式，因为以前大家都是按照自己认为最好的方式去做研究的，而不是必须做出集体决策并且服从它。我们相信，至少从科学的角度来看，历史会证明，为这 1 364 名儿童打造一项从出生持续到 15 岁的真正的协作性研究，是很有价值的。书中亦会呈现，尽管协作过程中的冲突造成了一些短期代价，但在提出和回答科学问题方面，它也带来了长期收获。

NICHD 的研究有一个核心目标，即评估一部分研究人员提出的一个简单直白的命题，其核心假设是，只要日托的质量够高（这是人人都希望的，但在美国这并不是普遍现象），孩子就能健康成长，这意味着日托的数量，也就是孩子入托的年龄和每周在日托中心待的时间，变得不那么重要了。这个命题让人想起1992年比尔·克林顿竞选总统时的口号"是经济问题啊，笨蛋！"，只不过在这里，我们将"经济"改成了"质量"。但在参与这项研究的20多位学者中，有少数人提出了不同的看法。他们认为，虽然日托的质量很重要，但它并不是唯一重要的因素，日托的时长也很重要，特别是在考虑孩子的社交和情感发展时。

无论合作的研究者们怎么看待这些问题，大家都认识到，不能只停留在一个简单的想法上，即日托对孩子的影响要么是积极的，要么是消极的。这个观点在过去几十年里影响了很多关于日托影响的学术讨论和公众讨论。NICHD的研究团队明白，要全面理解日托对孩子成长的影响，至少需要从日托的质量和时长两个维度来考虑。就像营养学家在研究食物摄入对成长的影响时，会区分蛋白质和碳水化合物的摄入，而不仅仅是看一个人吃了多少，研究人的发展的学者也意识到，为了探究日托的不同组成部分对孩子成长的影响，有必要对日托经历做抽丝剥茧式的分析。

让人颇为意外的是，以前没人这么做过。NICHD的研究显示，这样操作的代价相当高，尤其是我们的目的其实不单是让父母简单地评价儿童保育的质量（好、一般或差），再谈一谈孩子在托儿所待了多长时间。实际上，NICHD的研究之所以这么特别，又这么昂贵，是因为它通过派遣受过训练的观察员进入非母性儿童保育环境（如有），来观察孩子的日托经历，从而细致地测量日托的质量。重要的是，这种观察要持续两天，每天几个小时，关注的是照顾者是否以体贴、善解人意、积极回应、有激励性且富有爱心的方式与孩子互动。它不是仅仅在孩子成长过程中的某一个时间节点进行的，而是在他们6个月、15个月、24个月、36个月和54个月大的时候分别进行的。同样的方法也被用于观察童年中期的孩子，比如在一年级、三年级和五年级的课堂上进行观察。这是为了在研究学龄前阶段之后的日托长期影响时，排除学校教育经历差异对人的发展的影响。此外，研究人员再次在所有年龄节点对孩子的家庭进行了细致的研究，包括让父母填写问卷、参与面谈，以及录制与孩子互动的视频。和对学校教育的研究一样，这是为了在评估日托影响之前，排除家庭经历差异造成的影响。随着孩子年龄的增长，他们在认知、社交、情感和行为等多个方面的发展状态也被反复测量。这样做是为了确定日托的质量和时长是否会对人的各个发展领域产生不同的影响。这一切努力，让研究团队能够在一个非实验性的观察性研究背景下，评估日托的质量和时长是否以及如何影响儿童和青少年的发展。显然，这是唯一的方法。毕竟，如第一章提到的，哪有父母愿意让自己的孩子从3个月大就开始长时间接受不尽心尽力的儿童保育，只是为了让我们研究这种保育可能带来的有害影响？同理，哪有研究人员会参与这种不道德的研究？

在介绍NICHD研究的主要学术发现之前，我们想先说明一下这项研究与本书其他章节中讨论的达尼丁研究和环境风险研究在应对实证挑战方面有何不同。正如之前章节和之后章节所阐明的那样，评估某些发展经历或环境因素（比如吸大麻或女孩生理早熟）的影响时，通常会采取一系列步骤。首先，要确定所讨论的经历或环境是否与我们关心的结果有系统性关联。如有，再看看当考虑了替代性解释因素（比如家庭的社会地位或孩子的智商）时，这种关联是否仍然存在。处理这些因素的常见方法是通过统计手段来控制（也就是忽略、排除）它们。

NICHD的研究并没有采用这种看起来非常合理的"两步走"方法。相反，我们从一开始就意识到，孩子们的保育经历并不是随机分配的。那些由父母在家照顾的孩子、接受低质量照顾的孩子或接受中高水平照顾的孩子，来自不同的家庭背景，从一开始就有着不同的特征，比如家庭收入、父母的受教育水平和育儿的质量。因此，在评估日托的质量或时长如何影响儿童发展之前，我们必须先评估并忽略除儿童保育的影响外许多因素（尤其是那些也可能影响儿童发展的因素）的影响，这些因素可能会影响孩子经历的儿童保育的类型。所以，整个评估日托影响的研究工作把这种统计控制纳入了同一组多变量分析中，而不是分成两步来进行，从而整合了前面提到的两步法，在某种程度上形成了一个"一步到位"的过程。

在评估儿童保育的影响之前，我们控制了一些因素并忽略了它们的影响，这些因素包括：家庭收入与家庭成员数量之比；是双亲还是单亲家庭；孩子的种族背景，是白人还是少数族裔；孩子的性别，以及他们在婴儿期是容易型气质还是困难型气质；母亲是否有抑郁症的症状；母亲与孩子的互动方式是否更加善解人意、积极回应和有激励性。这些因素会随着孩子的成长而不断被重新测量，所以我们忽略了它们在孩子人生早期和日后可能产生的影响。同样值得注意的是，当孩子们开始上学后，我们通过观察课堂来测量他们在一年级、三年级和五年级时获得的教学支持和情感支持，从而在统计层面控制了他们所接受的学校教育的质量。这么做是因为我们想要评估儿童保育的长期影响，并将其与学校教育和家庭经历可能带来的影响区分开来。

更关键的是，在上一段提到的所有因素之外，每当评估日托质量的影响时，我们都会排除时长的影响；同样，每当评估日托时长的影响时，我们都会排除质量的影响。这样做是为了确保我们检测到的任何日托经历的质量或时长的影响，都不是由儿童保育的另一方面造成的。以这种方式推进研究，我们就可以直接评估上文提到的"是质量问题啊，笨蛋"的观点，即只要日托质量过关，日托时间的长短对孩子如何发展并不重要。同样重要的是，我们还可以评估在高质量或低质量的儿童保育环境中度过更长时间，是否会增强高质量日托预期的积极影响，或者加剧低质量日托预期的负面影响。

发展中的亲子关系

基于最早由英国儿童精神病学家约翰·鲍比提出的依恋理论，许多人认为，日托可能会破坏发展中的亲子关系，特别是在孩子人生前几年。他们认为，与父母分离自然会给孩子带来压力，并且由于日托导致孩子频繁与父母分离，孩子情感上的安全感会被削弱。如此一来，孩子可能会觉得无法指望父母在自己需要的时候出现。还有一个相关的观点是，长时间不跟孩子待在一起可能会限制父母充分了解孩子的能力，这（不仅仅是分离的经历）可能会影响父母的育儿方式，损害亲子关系的发展，进而影响孩子的幸福感。

研究亲子依恋关系的一种经典方法是"陌生情境"实验。研究人员将父母一方和12~18个月大的婴儿带到一个陌生的大学实验室环境中，在实验过程中会多次短暂地让大人离开孩子（时间不超过3分钟），有时还会让孩子单独与一个陌生的成人相处。然后，研究人员观察孩子在经历这种（有意安排的）分离压力后，看到父亲/母亲返回时的反应。研究人员仔细分析录像中孩子的行为，尤其是孩子对父亲/母亲离开和返回的反应，在此基础上判断依恋关系中是否存在安全感。通常，依恋关系中存在安全感的孩子会在隔着一段距离的时候就以明显的方式迎接大人。如果孩子不是很焦虑，他们可能会微笑、用手指向大人或咿呀欲言。如果孩子感到非常不安（有些孩子确实会这样），他们会朝着大人的方向走去，寻求身体接触，并在其怀里寻找安慰，得到足够的安抚后才会离开怀抱，继续在房间里玩玩具。

相比之下，一些没有安全感、有着回避型人格的孩子，往往会在大人回来时忽视他/她，或者不愿意靠近。这些孩子对痛苦的表达通常不像其他孩子那么明显，但这并不代表他们一点儿也不焦虑。还有一些缺乏安全感、被归类为抗拒型人格的孩子，他们对父亲/母亲和陌生人的进进出出感到心烦意乱，要么在父亲/母亲回来时无法振作以寻求安慰，只是躺在地上哭泣，要么想要父亲/母亲抱，但被抱起来之后又推开，想被放下来，可被放下后也不开心，又坚持要求再次被抱起。

关于日托的一些关键研究证据似乎表明，婴幼儿期在日托中心待了很长时间的那些孩子，更有可能在依恋关系中形成回避型人格，缺乏安全感的概率更大。但是，这些孩子与归来的父亲/母亲保持的肢体上和情感上的距离，是真的像依恋理论学者所认为的那样，反映了他们缺乏安全感，以及不相信父母能满足和回应他们的情感需求，还是仅仅是因为他们比较独立，习惯了与父亲／母亲的经常性分离，所以并不感到特别困扰呢？

鉴于之前提到的研究人员需要妥协的情况，并非所有人就这一问题的答案达成一致，这也许并不奇怪。那些因为被送去日托而经常经历与父母分离的孩子，在"陌生情境"中与父亲／母亲分离后，由于没有表现出急于与父亲／母亲建立心理联系或进行肢体接触，其独立性被误解为回避，进而被解读为不安全感，这便是一些不同意使用"陌生情境"法来评估日托影响的 NICHD 研究的合作学者提出的看法。其他合作学者（我们可以称之为依恋理论的坚定支持者）则坚持认为"陌生情境"法可行。前一组人或多或少地认为，如果你想了解亲子关系，只需观察亲子互动就可以了。没有必要给孩子施加压力，特别是因为"陌生情境"法制造的分离，对经历过多次分离的孩子（也就是那些在日托中心的孩子）和没有经历过分离的孩子（也就是完全由母亲在家照顾的孩子）并不会产生相同的影响。因此，依赖"陌生情境"法是不能进行公平比较的。解决这种意见分歧的办法十分简单：用两种方式来研究亲子关系，一种是使用"陌生情境"法，另一种是在无压力的环境下观察亲子互动。

在我们讨论关于日托对依恋关系影响的发现之前，有必要先提一下杰伊·贝尔斯基对现有证据的存在争议性的解读。尽管许多主流观点认为这只是一种过时的儿童发展理论，但他还是由此提出了一个假设：在人生早期经历长时间的儿童保育可能是带有不安全感的依恋关系发展的一个"风险因素"。显然，大多数风险因素在与其他风险因素共同出现时，就会施展出破坏人的发展的（黑）"魔法"。这不是什么新概念。例如，众所周知，虽然体重超标是心血管疾病的风险因素之一，但如果一个人既吸烟又不运动，还有心血管疾病的家族史，那么体重超标这个风险因素触发心血管疾病的可能性就会更大。第七章也说明了这一点。当性早熟和接触男孩（尤其是较年长的男孩）这两个风险因素同时存在时，早熟女孩更有可能做出女性问题行为。将这种风险因素的观点应用到依恋关系的研究中，意味着我们需要根据孩子面临的其他风险因素来评估日托的影响。

涉及日托对依恋关系的影响，研究结果支持了贝尔斯基的风险因素理论：那些在人生早期接受更长时间（无论是日托中心、家庭日托所还是保姆提供的）儿童保育的孩子——实际上是指在出生后的前15个月里，平均每周接受10小时或更长时间儿童保育的孩子（风险因素1），比其他孩子更有可能与母亲建立缺乏安全感的依恋关系，这一点在我们观察15个月大孩子在"陌生情境"中的表现时得到了证实，但前提是这些孩子的母亲在育儿方式上也表现得冷漠（风险因素2）。同样重要的是，就日托质量而言，也出现了类似的双重风险因素效应：低质量的儿童保育（替代性风险因素1）加上母亲冷漠的育儿方式（风险因素2）的组合，同样提高了形成缺乏安全感的依恋关系的风险。换个方式来看待这些结果，如果母亲在与孩子的互动中表现得相当冷漠，那么更长时间的儿童保育和低质量的儿童保育（各自）都会提高孩子缺乏安全感的风险。值得注意的是，在NICHD的研究启动时，研究人员就已经发现母亲的冷漠是预测婴儿期依恋关系中缺乏安全感的最佳指标。

值得注意的是，两年后，当孩子们长到36个月大，我们再次评估日托对依恋关系的影响时，只有长时间的日托（在出生后的前36个月内）加上母亲冷漠的育儿方式这一双重风险因素组合，在使用"陌生情境"法的前提下，仍然预测出缺乏安全感的依恋关系。双重风险因素组合中如果有一个因素是低质量儿童保育，似乎就不再对缺乏安全感的依恋关系产生影响。这些发现不仅与日托争议中提出的风险因素观点吻合，而且与"是质量问题啊，笨蛋"的观点相悖。这是因为在经历了高质量和低质量日托的儿童中，都观察到了包含长时间日托的双重风险因素效应。即使在非常高质量的日托环境中，也不能消除由于早期长时间日托（加上母亲冷漠的育儿方式）而提高的缺乏安全感风险。换句话说，在这种情况下，高质量日托并不像许多研究日托的学者长期以来认为的那样，在面对长时间日托和母亲冷漠的育儿方式时能增强复原力。

在研究日托的影响时，有一部分甚至大多数参与 NICHD 研究的合作学者，对依赖于"陌生情境"法表示深深担忧。因此，那些倾向于不使用基于分离的程序来评估依恋关系中的安全感的人，对于前面提到的关于依恋关系的研究发现不予重视，也就不足为奇了。那么，如果我们关注母亲在无压力情境下与孩子互动的录像，而不是"陌生情境"下婴儿的依恋行为，结果又会如何？更多质疑"是质量问题啊，笨蛋"这一观点的证据出现了。这是因为，风险因素 1（长时间日托）本身就预示着养育的支持性和体贴程度较低。实际上，对母亲互动行为的详细分析显示，当婴幼儿在出生后的前 6 个月、前 15 个月、前 24 个月甚至前 36 个月接受非母性保育的时间较长时，我们观察到，母亲相应地与 6 个月、15 个月、24 个月和 36 个月大的婴幼儿互动时，对孩子的体贴程度较低。相反，当在统计层面控制了许多可能的替代性解释因素后，我们发现，在上述所有时间点，更短的儿童保育时间预示着母亲更体贴的养育。这种结果似乎与这样一种观点一致：长时间与孩子分离可能会削弱父母充分了解孩子的能力，从而影响他们以最有利于孩子发展的方式与孩子互动。尽管也有证据表明，孩子接触低质量的日托预示着母亲较不体贴的养育，但这类数据不如关于日托时长对母亲行为影响的数据那么始终如一和有说服力。

总的来说，不管我们用什么方法来研究发展中的亲子关系——是通过在两个不同年龄使用有压力的分离程序来评估依恋关系中的安全感，还是简单地在 4 个不同年龄观察无压力环境下的互动——我们都发现，日托时长非常关键，而且起的作用比日托质量更大。事实证明，无论日托质量是高还是低，情况皆是如此。换言之，与长期以来主流观点所声称的不同，低质量的日托并不是长时间日托与不良亲子关系之间存在关联的原因所在。

社交、行为和认知发展

NICHD之所以关注亲子关系的发展，不仅是因为提取自依恋理论的观点，也是因为人们普遍认为育儿方式以及亲子关系的建立和发展会影响儿童的成长与发展。对第二个原因的考虑，加上对儿童发展的其他多个方面的关注，推动了NICHD的研究团队去探究日托的时长和质量如何影响儿童的社交、行为和认知发展。在这一点上，我们要再次提到杰伊·贝尔斯基有争议的风险因素观点，他基于早期并不充分的证据提出了对日托时长的关注。这些证据显示，在3~8岁，那些接受长时间日托的孩子比其他孩子攻击性更强，也更不听话。同时，在NICHD的研究启动之前，也已经有研究证据表明，高质量的日托有利于儿童发展，特别是在认知发展方面。

入学前的发展

在这样的学术背景下，我们联系父母和看护人，询问他们孩子在2岁、3岁和4岁半时的社交和情感行为表现，并通过人的发展标准化测试，正式评估了孩子在这3个年龄的智力发展情况。结果非常有趣，尤其是日托的时长和质量对人的发展的影响似乎截然不同。无论我们在孩子2岁、3岁还是4岁半时测量他们的智力机能，更高质量的日托都预示着更好的认知-语言机能，但在这些年龄的标准化评估中，日托的时长对智力表现并没有显著影响。这对日托的影响来说是个"好消息"。

当我们把目光转向社交、情感和行为发展时，情况几乎相反（虽然不是完全相反的）。尽管在某些年龄，某些测量结果表明更高质量的日托可以预测孩子更好的社交能力，但这种预测并不常见，尤其是与日托质量对认知机能的广泛影响，以及日托时长对社交和行为机能更稳定、更持续的影响相比。

关于日托时长对孩子影响的研究结果尽管有些复杂，但也带来了更有延续性和有价值的信息。孩子在出生后的前两年在日托中心待的时间越长，他们在 2 岁时就越有攻击性、越不听话（孩子 2 岁时有攻击性和不听话的情况来自日托中心看护人的陈述；他们未必了解孩子在出生后第一年的日托经历）。同样，这种情况与孩子所经历的日托的质量无关。但是，一年后，当这些满 36 个月的孩子再次接受社交和行为机能的评估时，此类"坏消息"并没有再次出现。这种明显的差异导致了研究团队成员之间的意见分歧，反映在报告相关发现的科学论文中对这些结果的讨论上。我们注意到，尽管在孩子 2 岁时记录的长时间日托的不良影响在他们 3 岁时消失了，这似乎表明我们不需要过分关注早期的发现，但我们也不能假设，在孩子 2 岁时观察到的影响已经完全消失了。

这就让我们接下来对孩子在 4 岁半正式上学前的发展评估变得非常关键。那些长时间待在日托中心的"坏消息"影响——孩子在 2 岁时表现出攻击性和不听话，在 3 岁时却没有——是否会再次出现？如果不会，那就基本可以肯定，2 岁时的不良影响只是成长过程中的一段小插曲，不应该被过分解读。但是，当我们请看护人在孩子 4 岁半时评估他们的行为时，结果再次表明，孩子在出生后的前 4 年半接受儿童保育的时间越长，他们在 4 岁半时就越有攻击性、越不听话。需要注意的是，这些看护人在孩子 2 岁乃至 3 岁时并没有照顾过他们。不用说，这项持续了 4 年半的研究在研究团队中引发了争议。因此，我们对这些结果进行了两三次核查。

幼儿园期间的发展

有人担心，上述称得上"坏消息"的研究结果，可能受到了看护人对孩子日托经历的了解程度的干扰。也许，在学龄前阶段行为问题得分较高的孩子之所以得到这样的评价，是因为其日托看护人知道他们在很小的时候就开始接受长时间的儿童保育，并且倾向于认为这种早期、长时间和持续的日托对孩子有害——事实上，许多看护人从过去到现在都持有这种观点。这种可能性促使我们扩大了对学龄前儿童的调研范围，研究了幼儿园老师在一年后如何评价这些孩子，因为几乎在所有情况下，当我们请这些老师在学年结束后填写行为问卷时，他们顶多跟这些孩子共处过一个学年。这样一来，老师们不太可能对孩子1岁至入学前的日托经历有过多的了解。换言之，在评估孩子的社交和情感机能时，这些老师不太可能受到与日托相关的偏见的影响。

在分析幼儿园的数据时，我们再次发现，孩子在出生后的前4年半里，在日托中心待的时间越长，表现出的攻击性和不听话的行为就越多。现在我们有证据表明，从婴儿期到学步期，再到学龄前阶段，孩子接受更长时间的儿童保育，预示着他们在入学第一年的问题行为也会更多。实际上，无论是从母亲还是从幼儿园老师那里得到的关于孩子行为的信息，都显示了这种不利影响。再次强调，我们观察到的日托时长的影响，绝不能被归咎于低质量的儿童保育经历。

尽管在孩子4岁半获得的研究结果似乎排除了一些成人可能因为更了解某些孩子或对日托的影响持有偏见的情况，但这些发现对某些合作研究者来说仍然出乎意料且令其不安，以至于对他们的信心构成了更多挑战。因此，接下来的问题不仅是那些在日托中心待得更久的孩子是否出现了高于平均水平的问题行为，而且是他们是否更有可能在"风险"范围内得分，也就是说，他们的行为问题是否足够多，以至于在未来某个时候可能会发展成真正的精神健康问题。结果证明，确实如此。在孩子4岁半即将开始上学时，以及在第一年上学（幼儿园）结束时，我们发现日托时长与风险范围内的行为问题得分之间存在剂量-反应关系。图8.1展示了一种基于看护人和幼儿园老师陈述的"阶梯"模式，它表明，在孩子人生的前54个月里，每周平均的儿童保育时长从0~9小时增加到10~29小时，再增加到30~45小时，最后增加到超过45小时，在风险范围内得分的儿童所占的比例也随之增加。

尽管这些证据看起来颇具说服力，但仍有许多合作研究者不愿相信这些"坏消息"发现是真实的，或者他们仍在寻找方法来接受这些他们既不期待也不喜欢，更不愿公布的结果，这与他们兴奋地发布那些算是"好消息"的认知发现形成了鲜明对比。因此，让数据被接受的下一个考验，带我们回到我们在评估依恋关系中的安全感时已经思考过的问题。一些人认为，那些经历了长时间日托的孩子，或许并不像我们在多种问题行为的综合测量结果中所看到的那样有攻击性、不听话，反而更加独立、更加自信。这促使我们拆解测量数据，创建一个反映无可争议的攻击性、不服从/违抗和过分自信的项目子集，并对每一项进行单独分析。

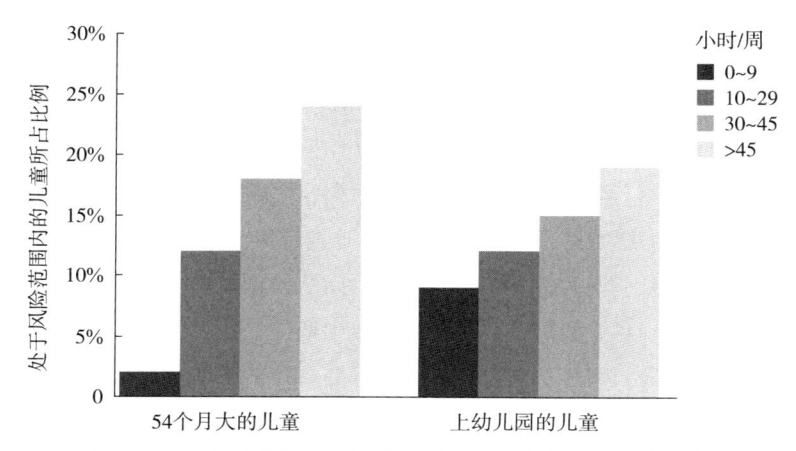

图 8.1 在儿童行为问题风险范围内得分的 54 个月大的儿童（左侧）和上幼儿园的儿童（右侧）所占比例是儿童保育时长的因变量。数据来源：NICHD Early Child Care Research Network (2003). Does amount of time spent in child care predict socioemotional adjustment during the transition to kindergarten? *Child Development, 74*, 976–1005, table 8

攻击性的行为子集包括残忍对待他人、毁坏自己的物品、打架斗殴、威胁他人和打人等行为。不服从/违抗的行为子集，也涵盖了挑衅、不合作、无法完成任务、乱发脾气和扰乱课堂秩序等不同行为。至于过度自信的行为子集，则包括炫耀/吹嘘、喜欢长篇大论、谋求关注、经常与人争吵。（有位合作研究者认为，最后这个子集反映的其实是"情感需求"，而不仅仅是自信。）

当我们用儿童保育时长来检验这些更具体的行为后果时，研究结果显示，在人生的前 4 年半中，那些平均每周接受更长时间的非母性保育的孩子，不仅像一些人所预期的那样更加自信，也确实更具攻击性以及更不听话。换言之，对于研究团队提出的每一个实证疑问，关于日托影响的"坏消息"的证据都很好地做出了回答；他们一再假设，孩子们不会受到影响，或者即便会受到影响，那也是日托质量低的后果。再啰唆一句，日托质量这个因素并不能说明问题，因此最终的结论只能是："这不（只）是质量问题，笨蛋。"

快进至青春期

面对高质量儿童保育在促进认知和语言发展方面的"好消息"，以及长时间日托可能增加孩子的攻击性和不听话行为的"坏消息"，目前还不清楚的是，随着孩子们的成长，他们在家庭、社区和学校中的经历会让日托的影响持续还是逐渐消失。这两种情况都是有可能发生的。回想一下，长时间日托对 2 岁孩子行为问题的负面影响，仅仅一年后就不再显著。尽管我们继续评估了童年中期的日托影响，但受篇幅所限，我们将跳过具体的研究发现，直接介绍评估结果。所以我们现在要谈论的是，当我们在孩子 15 岁最后一次见到他们时，日托的影响是否仍然显著。在此需要重申的是，在评估日托的影响之前，我们不仅排除了从孩子出生至 15 岁反复测量的家庭多方面的影响，也忽略了孩子上小学一年级、三年级和五年级时在提供情感支持和教学支持的教室环境中所受影响的测量数据。后者基于我们在学校里对研究对象展开的深度课堂观察，也反映了我们为了确保学校教育以及其他因素的影响不会伪装成日托的影响而做的努力。

实际上，从大多数方面来看，我们在研究对象青春期的发现与在他们年幼时得出的结果一致。更高质量的儿童保育再次与更好的认知机能相关联，这回我们采用的是一项针对学业成绩的标准化测试。这几乎是自学步期以来第一次有迹象表明，日托质量对社交机能也有影响。根据那些在 10 多年前接受过低质量儿童保育的青少年的陈述，他们自身表现出攻击性和做出不良行为的频率更高。

有趣的是，这种发展结果不再像孩子们更年幼时那样，可以通过日托的时长来预测。也就是说，在更年幼孩子的身上比在青春期中期孩子的身上也许更明显的一般问题行为，在那些在人生前 4 年半接受更长时间日托的孩子身上不再显示更高水平。相反，也许与儿童成长过程中行为发展方式一致的是，那些在人生前 4 年半平均每周接受更长时间日托的孩子，在青春期更有可能做出冒险行为（比如涉及性、毒品和摇滚乐等方面），以及出现更明显的冲动行事倾向。因此，关于日托影响的最终证据仍然显示了好坏参半的结果，其中好消息大多反映了高质量日托对认知发展的积极作用，坏消息则大多揭示了早期、长时间和持续的日托对社交和行为机能形成的潜在发展风险。

发展之谜

还记得在 NICHD 的研究开始之前，杰伊·贝尔斯基的观点对当时关于日托影响的普遍看法提出了挑战吗？他认为，长时间日托对亲子关系产生的负面影响，或许也能解释为何长时间日托与一些针对较年长孩子的研究记录的孩子的攻击性和不听话行为增加有关。换言之，也许是日托造成的不安全感，或者与孩子长时间分离导致的冷漠的育儿方式，促成了早期、长时间和持续的日托与后来的攻击性和不听话行为之间的联系。

NICHD 的研究的结果显示，日托时长与（双重风险条件下的）依恋关系中的不安全感和（单独的）父母冷漠的、缺乏激励性的育儿方式，以及儿童期的攻击性和不听话行为、青春期的冒险和冲动行为的增加有关。鉴于这一点，我们现在有足够的条件来评估贝尔斯基提出的假设。然而，令人惊讶的是，并没有证据支持这个假设。尽管日托时长与亲子关系的发展以及日后的问题机能有关，但亲子关系并没有作为中介，将日托时长与孩子在 2 岁、4 岁半以及上幼儿园时的攻击性和不听话行为，或者将日托时长与青春期的冒险和冲动行为联系起来。而且，正如我们反复强调的，低质量的日托从未被证实会导致日托时长产生任何影响。因此，我们面对着一个发展之谜：长时间日托是如何影响学龄前、上学后和青春期的社交行为的？

当我们最终发现，在日托中心待的几年里，与孩子更多的群体相处而非与孩子更少的群体相处似乎确实会产生不同影响时，我们在发展之谜这个问题上取得了一定的进展。长期在日托中心或家庭日托所与一大群孩子相处，可能会加剧日托时长对行为发展的负面影响。虽然这一发现具有启发性，但令人不安的是，它表明在人生的前 4 年半中，大多数在日托中心时间最长的孩子，是和一大群孩子共同度过日托时间的。这无疑是因为孩子开始日托的年龄越小，他们接受日托的累积时间就越长，他们所在的托儿场所就越可能是日托中心，而非其他类型的日托安排（例如保姆或家庭日托所）。事实上，日托中心里绝大多数孩子是待在大群体里的！换言之，尽管早期、长时间和持续的日托经历与接触大群体儿童的经历并不总是同时发生的，但这两种情况绝不是孤立的。它们往往相伴而来。

这个关于大群体的发现尽管让一部分研究人的发展的学者感到不安，但其引人注目的一点在于，它提醒我们注意到了一些之前可能没有得到足够重视的因素，因为我们过于专注于日托质量，并且为此投入了大量的资源。日托质量是根据看护人如何对待孩子来定义的：孩子在日托中心与其他孩子待在一起的经历。也许那些与长时间日托相关的发展风险，包括婴儿期缺乏安全感的依恋关系、童年早期的攻击性和不听话行为，以及青春期的冒险和冲动行为，都与孩子在很小的时候就开始并且一直到正式学校教育开始之前和太多孩子相处的经历有关。毕竟，没有证据表明这些风险与成人——无论是孩子的母亲还是有偿看护人——提供的保育质量有任何关系。

处在一大群不守规矩的孩子当中，又不得不与同伴"攀比"时，可能会使那些被母亲冷漠养育的孩子缺乏安全感，导致他们在后来的儿童期生活中表现出攻击性和不听话，以及在青春期做出冒险和冲动行为。遗憾的是，由于缺乏关于不同规模儿童保育环境中同伴互动的详细信息，我们无法进一步探究这种可能性。毫无疑问，这是因为我们当中有太多人（显然错误地）认为，最有影响力的因素是日托质量，从而导致我们明显低估了孩子在这么小的年纪与同伴互动的重要性。

我们在之前的章节中提到过，所有科学家在意识到没有测量本该测量的东西时所体会到的挫败感：要是我们能早点儿意识到就好了！

小结

在理解日托对孩子的影响，尤其是对认知-语言发展的影响这一问题时，"是质量问题啊，笨蛋"这个说法既不完全错误，也不完全正确。即便我们考虑了日托质量以及其他许多可能影响孩子的潜在因素，如家庭和学校教育等，令许多人惊讶甚至失望的是，NICHD 的研究仍揭示了一个事实：日托时长同样重要，尽管仅仅对于社交和行为发展而言。因此，好消息是，更高质量的日托确实能够促进孩子智力机能的发展；坏消息是，早期、长时间和持续的日托可能会提高孩子在 2 岁时、学龄前阶段和上学后出现更多问题行为，以及在青春期冒险和冲动行事的风险。关于家庭内外的经历是否以及如何影响孩子未来的发展这个问题，我们再次获得了一些发现。

在强调我们的研究发现之后，同样重要的是指出我们没有发现的内容。我们多次明确表示，无论我们如何努力（实际上我们确实已经很努力地去搜索了），我们都没有找到任何证据表明低质量日托也可能是长时间日托产生的那些不良影响的原因。同样令人惊讶的是，我们尽管一直在寻找，但从未发现任何证据表明日托经历的两个基本方面——时长和质量——存在相互作用。换言之，我们没有发现证据表明长时间的高质量日托比短时间的高质量日托能带来更多的认知-语言方面的益处。我们也没有发现证据表明长时间的低质量日托比短时间的低质量日托更有害。这些发现非常出人意料，甚至违反直觉。为什么长时间的高质量日托不会比短时间的高质量日托带来更多的好处呢？为什么长时间的低质量日托不会比短时间的低质量日托产生更多的负面影响呢？

或许最令人惊讶的是，尽管人们一直认为高质量的日托对孩子有益，但事实证明，高质量日托的积极影响范围相当有限。日托时长的潜在负面影响也是如此。还有一点不容忽视，那就是家庭环境对孩子的成长和发展的影响比日托经历的影响更大，这一点我们之前还没有提到。这可能部分是由于遗传因素的作用，但我们怀疑遗传因素并不能完全解释一个现象：家庭经历（在评估日托的影响时，我们忽略了许多用来测量家庭经历的变量的影响）在预测儿童和青少年发展方面的效果，比所有日托经历的测量结果都要显著。

思考这个问题的一个方式是做一个思维实验：如果命运之神在你出生前给你一个二选一的机会——一个是资源丰富、全力支持你成长的家庭，但你会在人生前 5 年的大部分时间里待在一个质量一般的日托中心；另一个是条件较差、资源有限的家庭，但你能享受长时间的高质量日托——从人的发展的角度来看，你会如何选择？根据 NICHD 的研究的结果，似乎应该选择第一个选项。该研究的重要发现之一是，家庭环境比日托更重要。但是，在关于日托影响的讨论中，这一点常常被忽视了。

然而，这并不意味着我们认为日托研究的发现不重要。回想一下，早期、长时间和持续的日托在美国是很常见的现象，无论是通过雇用保姆、把孩子送到家庭日托所还是把孩子送到日托中心。还要认识到，许多美国家庭能够获得的日托质量并不高，儿童保育的群体规模几乎总是大到足以带来与长时间日托相关的风险。因此，考虑到相当多的孩子要接受长时间、质量有限、与一大群孩子共处的日托，我们不应忽视 NICHD 的研究中检测到的日托质量和时长产生的有限影响。

可能有人会问："对许多人产生较小影响或有限影响，与对少数人产生较大影响，孰轻孰重？"因此，我们不仅要考虑日托对个人产生的有限影响——这是 NICHD 的研究和其他大多数日托研究关注的重点——还要考虑在一个为养育儿童的家庭提供的政策服务远少于其他许多现代西方国家的国度，如此多的儿童要经历长时间的日托，这可能对邻里、学校、社区乃至整个社会产生的总体后果。鉴于美国既没有联邦层面的带薪育儿假政策，也没有精细监管的儿童保育体系，你很难说美国向自己最宝贵的国家资源（儿童）或者对儿童负有最大责任的社会机构（家庭）提供了充分的支持。

经过深思熟虑，我们认为，孩子出生后，家庭理应享有充足的带薪育儿假。其中一大原因是，一系列调查显示，美国人更希望孩子的父母能够在家亲自抚养最小的孩子，而不是迫于经济压力，不得不付钱请别人来做这件事——尽管从事这一工作的报酬很低。可以肯定的是，如果婴儿也有发言权，他们也会在这些调查中说出同样的话！此外，儿童理应得到高质量的保育，主要不是因为这有利于他们未来的发展，从而造福社会，而是因为"他们从未要求来到人世间"。我们最年轻、最脆弱的公民每天都有权享受体面的生活，因此我们应该更多地考虑儿童权利，以及道德和伦理问题，而不仅仅是考虑提供不同类型的保育可能带来的投资回报。后者有将儿童商品化的风险，前者则体现了每个人生命的内在价值。

第九章

居住环境的影响

到目前为止，我们针对儿童、青少年以及成人发展的影响因素的研究，主要关注他们直接经历和接触的"邻近环境"，例如家庭（第五章和第六章）和学校是否实行男女同校（第七章）。之前提到的康奈尔大学尤里·布朗芬布伦纳教授将这称为人的发展生态系统理论中的"微观系统"。在很长一段时间里，发展学者在探讨塑造人生的因素时，如果超出了邻近环境的范围，通常就会转向更广泛的社会经济层面，即家庭社会经济地位。当然，这涵盖了很多方面，包括父母的受教育程度、家庭收入和父母的职业地位。但即便在这个层面，我们在很大程度上仍是在研究邻近环境的影响，因为所有这些潜在的影响源都与家庭资源相关。

在我们研究人的发展的职业生涯中，一个显著的变化是，我们越来越深刻地认识到儿童和家庭是嵌套在多层环境中的。这种认识在很大程度上得益于布朗芬布伦纳提出的儿童世界的俄罗斯套娃模型。孩子首先与兄弟姐妹和父母建立了密切的关系，这些关系构成了家庭；家庭植根于社区，社区本身则嵌入更广阔的社会；社会则嵌入更宏大的文化、历史乃至进化的背景。因此，影响人的发展的因素远远超出了家庭、日托所和学校这些邻近环境的范围。由于我们的研究既不涉及跨文化比较，也不涉及历史时期的比较，因此我们从未有机会探究那些更深层次的环境因素。但是，我们确实意识到，家庭所处的社区是家庭邻近环境之外紧接的一个重要层面。这促使我们开始新的探索之旅，我们将在下文中讨论，重点关注儿童成长的社区之间的差异，以及这些差异是否以及如何影响儿童的发展。

无论是已经购置房产的人还是租房者，都会对社区环境进行考量。这里安全吗？周边有没有便利店，特别是超市？通勤方便吗？考虑到有孩子或即将有孩子的家庭，特别是在美国，居住地的选择尤为重要，人们可能会疑惑，为什么研究人的发展的学者花了这么长时间才开始关注社区的影响。这是因为地方财产税对学校预算有着重大影响，社区的经济水平直接关系到孩子们可能接受的教育的质量，以及他们在学校中与谁交往。即便在英国，学校资金不与地方财产税直接挂钩，社区的便利性，比如距离公共交通的远近、零售商店的可达性，以及孩子的同龄伙伴会是什么样的人，仍然是选择居住地时需要考虑的重要因素。

在本章中，我们关注环境风险研究，选择居住地时孩子同龄伙伴的重要性在该研究的参与者托马斯和他的双胞胎兄弟詹姆斯身上得到了明显的体现。不妨回想一下，和达尼丁研究、NICHD 的幼儿保育与青少年发展研究有所不同，环境风险研究是在英国进行的。当我们在这对双胞胎 5 岁和 7 岁时家访其母亲的时候，托马斯看起来一切正常，但到 10 岁时，他的行为发生了一些变化，这显然是由他们家在父亲失业后搬到了一个条件较差的社区所导致的。

搬家后，这家人居住在公共住房，也就是英国人所说的"政府福利房"中。托马斯已经不再是我们之前去较为富裕的社区拜访时见到的那个友好、开朗、讨人喜欢的孩子了。相反，他现在似乎总想和人叫板，同时表现出一种"过早的强硬"态度。母亲将托马斯这种新的"态度"归咎于跟他一起厮混的男孩们。有天晚上，警察去了他们家，告诉家长，托马斯及其同伴向附近一座废弃建筑仍完好无损的窗户投掷石块，被警察当场抓获。令她感到绝望的是，丈夫失业后酗酒成性，托马斯新结交的朋友（她称之为"帮派成员"）也带来了不良影响，托

第九章　居住环境的影响

马斯面临着严重的"学坏"风险。我们不禁好奇,母亲的育儿方式是否也促成了孩子行为的变化,因为她似乎不再像我们之前几次拜访时那样,清楚地知道儿子的所作所为。

听到这个故事,我们并不感到十分意外,部分原因在于我们设计环境风险研究的初衷就是深入探究社区在塑造儿童发展中的作用,以便跳出儿童所处微环境的研究框架。为了实现这一目标,我们意识到自身专业知识的局限性,于是选择招募合作伙伴,以确保社区研究的前沿性。实际上,这是我们在开展环境风险研究和达尼丁研究时的常规操作。需要提醒读者的是,我们在本书中分享的所有研究,除了我们自己的成果,还涉及其他许多学者的贡献。参考文献部分对此有详细的记录,它列出了每一章所引用的学术报告,包括其合著者,即我们的合作研究者。没有他们的支持,这些研究工作是无法完成的。

本章将介绍一场发展探索的成果,它不仅探讨了社区环境对5~12岁儿童发展的影响,还考察了某些这样的环境条件能否作为保护性因素,使那些在贫困社区长大的孩子,哪怕是其中一部分孩子,在面对逆境时拥有复原力。通过这项研究,我们将研究视野拓展到家庭之外,探讨孩子在家庭之外的经历是否以及如何影响他们的未来发展,并评估父母的育儿方式在邻里效应(也就是社区影响)中的潜在中介作用。同样重要的是,我们需要区分邻居的绝对贫困与相对贫困,看看究竟哪种贫困状态对孩子发展的影响更大。我们通过分析与经济条件较好的邻居共同生活是否以及如何影响贫困儿童的发展来解决这一问题。

这对我们来说特别重要,因为普遍存在一种假设:把贫困儿童与那些在经济和教育条件更优越的家庭中长大的儿童放在一起,最有利于他们的发展。事实果真如此吗?正如我们即将看到的,某些社会学理论实际上并不支持这一观点。此外,即便将家境较好的孩子和家境较差的孩子放在一起,对家境较差的孩子确有益处,难道人们就不好奇,这种混合对那些天生家境优渥的幸运儿会有什么影响吗？

在探讨这些问题时，我们特别关注了另外两个问题。首先，家庭居住地在很大程度上取决于家庭自身的条件。因此，那些拥有更多经济资源及其他相关资源的家庭通常有更大的选择余地。这意味着所谓的"选择效应"可能会被误认为是环境影响，即我们讨论中的邻里效应。在本章的语境下，"选择"意味着研究对象的家庭是有选择性地居住在特定类型的社区中的。一种情况是他们主动选择了居住的社区，从而受到社区的影响；另一种情况是因为他们的资源有限，最终只能生活在特定的社区。与接触和经历日托一样，一个人居住的社区并不是随机分配的。这里的科学挑战在于，看似明显的社区影响实际上可能只是家庭资源的作用，因为家庭资源对居住地有显著影响，而且家庭资源往往与社区特征密不可分。因此，在进行研究时，我们再次需要区分社区的实际影响和居住在其中的家庭的影响。

我们还意识到，超越其他学者所采用的传统手段来测量社区特征是很有必要的。我们没有直接询问研究对象儿童的父母对社区的看法，因为我们担心这样可能会产生偏见。例如，一位抑郁、焦虑或愤怒的父亲或母亲，可能会用比客观情况更负面的词语来描述他们对社区的感受。所以，我们采用了两种更为客观的测量方法。首先，我们有幸能够利用一个复杂的地理信息系统软件，来获取环境风险研究中儿童居住地区的社会经济数据和经济指标，这些数据来自一家以营销为目的收集这类数据的私营公司。此外，为了了解这些地区的生活质量特征，我们投入了大量资金和人力，对数千名居住在环境风险研究对象所在社区的居民进行了调查——尽管他们并不属于研究样本的一部分。正如我们即将展示的，这两种方法对于回答我们在社区研究中最关键的实证问题都相当有用。

关注反社会行为

人们普遍认为，成长在贫困社区的孩子从高中毕业的可能性较小，进入监狱的风险较高，并且可能比生活在富裕环境中的同龄人面临更多的健康问题，但在我们启动环境风险研究时，关于社区如何影响儿童发展的具体机制仍然存在许多未知。值得注意的是，此前关于这一主题的社会学和人的发展研究大多集中在身体健康（例如婴儿死亡率、出生体重和哮喘）和学业成绩（例如考试分数、入学准备情况和学校表现），而不是社交和情感机能上。此外，大多数现有研究聚焦于青少年，依据的观点是"他们比年幼的孩子更不受父母的控制，因此更容易受到社区环境的影响"。这是因为，理论上，他们可以在自己居住的社区内自由活动。基于这些观察结果，我们将社区研究的重点放在了儿童反社会行为的发展上。

就我们的目的而言，反社会行为指的是那些对他人或财产造成物理或心理伤害的攻击性和不良行为。这些行为不仅侵犯了他人的权利，在某些情况下还可能触犯法律。在环境风险研究中，在儿童5岁、7岁、10岁和12岁时，我们让父母和老师填写调查问卷，描述孩子的行为特征。这些特征包括撒谎或欺骗、咒骂或说脏话、偷窃、逃学、脾气暴躁、对他人进行人身攻击等。这些测量项目与第八章中我们研究日托影响时的测量项目非常相似。为了在社区研究中构建一个更可靠、更全面的反社会行为指标，我们综合了在孩子每个年龄收集的父母和老师的陈述。读者们将再一次发现，在处理同一主题的诸多信息时，我们更像是"统合者"，而不是"拆分者"。

我们要回答的第一个实证问题关注的是社区中家庭的经济构成，所以我们所面临的挑战之一是如何准确描述社区的社会经济地位。幸运的是，一家私营公司帮忙解决了这个问题。该公司利用从全美人口普查和广泛的消费者研究数据库中获取的400多项测量数据，创建了一个住宅社区分类系统，并免费与我们分享了这些信息。这些用于描述和分类地区的测量数据包括居民的平均受教育水平、失业率、单亲家庭的比例、居住类型（例如公共住房与私人住宅）以及汽车拥有率等。根据那家私营公司提供给我们的数据，社区被划分为 5 种类型，从（由高收入家庭、大型独栋住宅和众多便利设施组成的）"功成名就"地区到（以政府补贴住房项目、低收入家庭、高失业率和单亲家庭为主的）"入不敷出"地区。在环境风险研究中，大约 1/4 的家庭居住在这两种极端类型的社区。我们第一次对社区展开研究时，策略是将这 5 种类型分别组合，将顶端的两类标记为"高社会经济地位"，将底端的两类标记为"贫困"，将中间的一类标记为"中等社会经济地位"。请注意我们是如何通过维度和类别相结合的方法来阐明社区对儿童反社会行为的影响的。

初步发现

社区研究的初步结果验证了我们之前的预测，并且无疑与许多读者的预期相符：社区的社会经济地位与儿童的反社会行为之间呈现了不同等级的剂量-反应关系。这一点在对儿童 5 岁、7 岁、10 岁和 12 岁时的攻击性和不良行为的评估中都得到了证实。随着社区社会经济地位的降低，儿童在这些年龄的反社会行为平均水平有所上升（见图 9.1）。此外，数据显示了一个显著的趋势：随着年龄的增长，贫困社区儿童与富裕社区儿童在行为上的差距也在扩大——从 5 岁到 12 岁，男孩的行为差距扩大了 43%，女孩的行为差距扩大了 57%。有意思的是，这并非因为贫困社区的儿童变得更加反社会，而是因为那些生活在高社会经济地位社区或中等社会经济地位社区的儿童从 5 岁到 12 岁，行为有所改善——反社会行为有所减少。然而，与其他所有儿童相比，那些在贫困社区长大的男孩在这段时间内，在不良行为和攻击行为方面没有表现出任何改善。到 12 岁，他们的行为仍然很糟糕，还像 5 岁时一样。所以说，并不是那些在经济条件较差的社区长大的儿童在十来岁的时候变得更加反社会了，而是他们抑制这些行为的能力不够强；学会抑制这些行为，是人到 12 岁这个年龄正常的发展趋势。

第九章　居住环境的影响

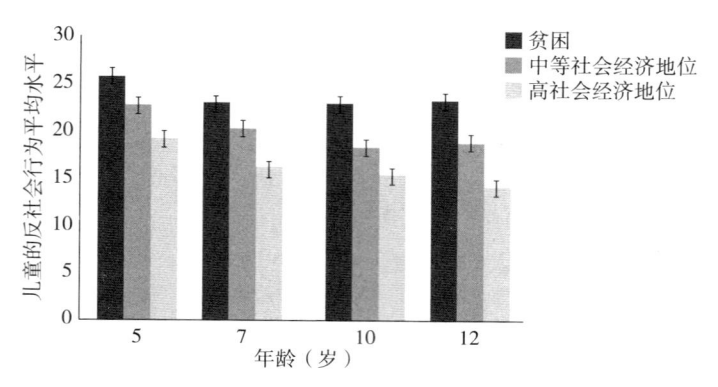

图9.1 儿童在 5 岁、7 岁、10 岁和 12 岁时的反社会行为平均水平是社区社会经济地位的因变量。Odgers, C.L., Caspi, A., Russell, M.A., Sampson, R.J., Arseneault, L., & Moffitt, T. (2012). Supportive parenting mediates neighborhood socioeconomic disparities in children's antisocial behavior from ages 5 to 12. *Development and Psychopathology, 24*, 705–721, figure 2. 转载已获许可

选择效应?

虽然有迹象显示社区可能对反社会行为起作用,但我们的研究还发现了一种明显的替代性解释——影响孩子的可能是他们的家庭,而不是社区本身。这样的话,我们观察到的可能是假象,而不是社区的真实影响。为了区分这种假象和社区的真实影响,我们调取了数据储藏室中的多项测量数据,在统计层面排除其影响。就家庭情况而言,这些测量数据包括家庭的经济困难、父母本人的反社会行为史、家庭精神健康问题史、儿童是否受到身体虐待,以及儿童接触家庭暴力的情况。我们对家庭的社会经济地位的评估是在孩子 5 岁时进行的,依据的是父母的受教育年限、户主的职业地位、家庭收入、是否领取政府补助、是否住在政府补贴房,以及是否拥有私家车。

在孩子 5 岁那年的家访中,母亲们根据反社会行为清单提供了信息,告诉我们她们或者双胞胎的父亲在生活中是否有过反社会行为。在孩子 12 岁那年的家访中,我们又详细问了每位母亲,是否有过物质滥用、酗酒、患抑郁症、患精神病或者自杀未遂的经历,以及孩子的直系亲属(双胞胎的生父、母亲的亲生父母和兄弟姐妹)有没有上述情况。在孩子5岁、7岁和10岁时，我们通过与母亲进行标准化临床谈话，确认了双胞胎中是否有人遭受过虐待。我们记录的虐待情况包括：被家里的大孩子殴打，被火柴烧伤，因为父母的疏忽或虐待而受伤（比如骨折），或在社区儿童保护团队那里有正式的身体被虐待记录。母亲们可能不会直接在谈话中说出来，但到了孩子12岁那年的家访时，她们意识到我们的研究团队是值得信赖的——尽管我们每次去都会说明，如果我们怀疑存在任何虐待行为，我们有义务向儿童保护机构报告。最后，在孩子5岁、7岁和10岁时，我们通过询问母亲，她们本人或她们的伴侣是否有过12种家庭暴力行为中的任何一种，比如对伴侣拳打脚踢或者用刀威胁对方，来评估家庭暴力的情况。显然，我们花了很多心思去测量和考量家庭因素和过程，也许这些能真正解释为何我们的社区分类与儿童的反社会行为有关。我们认为，仅仅控制家庭的社会经济地位这个变量是不够的。

"在考虑了所有这些家庭选择因素的影响之后，社区的贫困状况还能不能预测孩子的反社会行为呢？"在研究这个实证问题时，我们发现了什么？问题的答案是肯定的。虽然我们研究的一系列家庭因素确实如预期的那样，能预测孩子12岁时的反社会行为，但社区的社会经济状况也起了预测作用，而且这种作用是独立于其他因素的影响的。换言之，生活在较贫困社区的孩子并不是仅仅因为他们的家庭有问题就比生活在条件较佳社区的孩子更加反社会。最关键的是，他们所在社区的社会和经济特征也起了作用，以至于生活在更贫困的社区往往意味着孩子们更容易有更多的反社会行为。所以，选择效应不能完全解释我们最初观察到的邻里效应。

影响机制

发现即使考虑了大量可能有影响的家庭因素之后，社区特征好像也会影响儿童的发展，这是一回事，但要弄清楚到底为什么会这样，则是另一回事。所以，我们接下来要关注的问题是：社区的贫困是如何影响孩子的反社会行为的？

要明白，如果你觉得社区贫困会直接导致年轻人的不良行为和攻击行为，那你就大错特错了。正如我们在第七章讨论家庭对女孩青春期生理发育的影响时提到的，几乎所有的发展过程都是由多种因素共同决定的。我们关注某个因素或者影响源，并不意味着其他因素就不存在。从生物学角度来看，逆境生理反应可能在社区贫困和反社会行为之间起了连接作用。第十八章将重点讨论这种"生物学嵌入"过程，虽然不会特别提到社区贫困。"社会嵌入"因素也可能在起作用，最明显的例子是孩子的同龄邻居，这和本章开头提到的托马斯母亲的观点是一致的。育儿方式也很重要，我们在研究社区贫困如何影响反社会行为的时候，试图把重点放在父母的育儿方式上。因此，我们利用环境风险研究的数据，进一步探索社区影响，检验了一个假设：社区贫困首先削弱了支持式育儿，从而助长了反社会行为。

为了检验这个假设，我们考察了育儿的两个方面：母亲的关爱程度和监督力度。对于母亲的关爱程度，我们采用了一套名为"5分钟演讲样本"的流程，在孩子10岁的时候进行家访时，用这个方法来评估母亲。我们让母亲用5分钟时间谈谈自己的双胞胎孩子中的每一人。如果母亲不愿意谈，我们会给一些提示，比如："你带孩子去公共场所时，感觉如何？""你希望孩子做出什么改变吗？"然后，研究人员会根据母亲对孩子表达关爱的程度，对记录下来的母亲的评论进行评分。这是由专业的评估人员分别对双胞胎中的每一个孩子进行的，他们对被采访的家庭（或者双胞胎中的另一个孩子）一无所知。母亲的关爱程度是根据母亲说话的语气和评论的内容来评分的，特别是她对孩子表达的理解和同理心。如果一位母亲的谈话显示出对孩子极大的热情、关注和育儿的快乐，那么她的关爱程度就会很高。相反，如果母亲对孩子只有少许理解、支持、关心、热情或关注，甚至对孩子感到失望，那么关爱程度就会很低。如果谈话内容介于这两个极端之间，关爱程度也会相应地处于中等水平。

在那次家访中，我们还收集了孩子不在家时母亲对孩子行为关注程度的信息，同样是分别针对双胞胎中的每一个孩子进行的。我们通过 10 个问题来了解，比如：母亲是否清楚孩子和哪些朋友出去玩，母亲是否知道孩子在空闲时间去了哪里，孩子出门是否需要得到允许，以及母亲是否了解孩子在外面的活动。母亲肯定的回答越多，她的监督力度得分就越高。

当我们研究父母的育儿方式能否用来解释"社区贫困会助长孩子在 12 岁时的反社会行为"时，我们发现这种联系确实存在。生活在较贫困社区的母亲在育儿时往往不够关爱、不够支持孩子，对孩子的监督也不够，这导致她们的孩子更容易出现行为上的问题。实际上，当我们在统计层面考虑这些育儿行为（也就是将其作为控制变量忽略）时，之前发现的社区贫困对孩子不良行为和攻击行为的影响就完全不存在了！这意味着，正是社区对育儿方式的负面影响，才使得社区贫困能够预测并可能影响孩子的反社会行为。就像你打开墙上的电灯开关，灯就会亮，因为开关能让电流通过电线流到灯里。如果你切断了电线，它就不起作用了，不管你怎么按开关，灯都不会亮。在这个比喻里，开关代表社区，电线代表育儿方式，灯代表孩子的反社会行为。

相对贫困

在美国不少地方，贫困家庭和富裕家庭的居住地是有地理区隔的。最富裕的社区和最贫穷的社区往往离得很远。富裕社区可能位于铁轨一头，贫穷社区可能位于铁轨的另一头。当然，铁轨并不是贫富住宅区之间唯一的分界线。

虽然在美国有些地方，穷人和富人住得挺近的，但这在英国，尤其是在包括其首都兼最大城市伦敦在内的许多城市更为常见。就在我们写这段话之前几天，伦敦一栋 24 层的公寓楼发生了一场可怕的火灾。午夜刚过，大火就烧了起来，火势蔓延得很快，造成多人死亡。之后，政府就起火原因展开了大规模调查，目的是防止类似的悲剧再次发生。美国的新闻媒体对这件事的报道铺天盖地，这个被称为"政府福利房"的公共住房项目由地方议会（政府）管理，周边是全英国最贵的一些房子。早在20世纪70年代，英国政府就尝试让富人和穷人住得更近一些，而不是让穷人远离富人，政府官员认为此举对穷人家庭尤其有利。

这种安排为我们提供了一个良机，去研究穷人与富人为邻而非互相隔绝会有什么影响。我们着手研究这个问题时，想到了两种可能。一方面，如城市规划者希望看到的，与富裕家庭毗邻对贫困家庭有利，尤其是对孩子有利。这些孩子在成长过程中能经常接触那些擅长规划、勤奋工作、打理财产，并且能把孩子培养得积极向上、学业有成的人。另一方面，每天看到比自己富有得多的邻居，可能会让人感到沮丧，甚至生气，因为这就像是一种不断的负面提醒。贫富差距的比较可能会强化贫困感，并且加剧贫穷带来的负面影响。

为了评估这些对立的观点，以及"相对贫困"的影响，我们利用了之前提到过的测量数据。起初，我们只关注那些住在被标记为"贫困"的区域和家庭经济困难的儿童。判断家庭经济困难的指标包括：户主没有学历文凭、从事非技术性工作或者压根儿没有工作，或者一家人居住在政府福利房中。我们用精细的地理信息系统软件来确定每个家庭的住址，这样就可以区分那些住在贫困地区，但邻居中有富裕家庭的贫困家庭的孩子，和那些住在贫困地区，但邻居中没有富裕家庭的贫困家庭的孩子。这项研究之所以能进行，是因为环境风险研究中有3/4的贫困儿童住在至少有25%的邻居是富裕阶层的社区里。

更值得注意的是，我们发现至少在反社会行为这方面，城市规划者的想法并不正确：综合母亲和老师的说法，那些被富裕邻居包围的低收入家庭的孩子在5岁时的反社会行为，比那些住在都是贫困人口的地区的环境风险研究同龄人的反社会行为多（见图9.2）！当我们聚焦于孩子在7岁、10岁和12岁的反社会行为时，出现了同样的结果。正如NICHD的幼儿保育与青少年发展研究所述（第八章），我们的数据表明，无论是在大型日托中心还是在社区里，孩子身边更广泛的人群都会对他们产生影响。

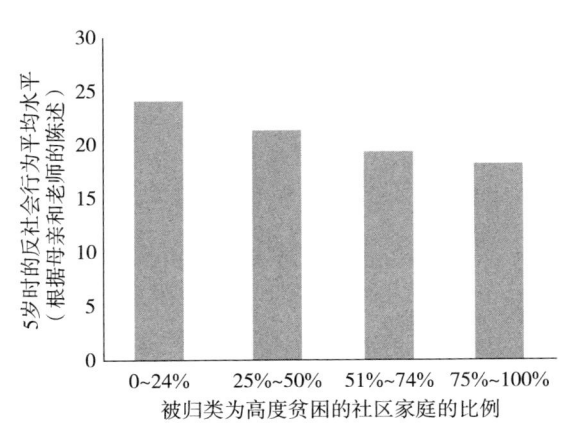

图 9.2 儿童在 5 岁时的反社会行为平均水平是贫困社区家庭比例的因变量。根据 Odgers, C.L., Donley, S., Caspi, A., Bates, C.J., & Moffitt, T.E. (2015). Living alongside more affluent neighbors predicts greater involvement in antisocial behavior among low-income boys. *Journal of Child Psychology and Psychiatry, 56*, 1055–1064, figure 3 重新编制。© 2015 Association for Child and Adolescent Mental Health

但是，我们还是需要仔细审视这些发现，以确定是否还有其他因素（而不仅仅是富裕邻居的邻近和数量）同样能解释这些发现。为了解决这个问题，我们忽略了前面提过的一些家庭和社区特征的影响，特别是家庭的社会经济地位、父母的反社会行为史、社区的贫困程度，以及另外两个尚未被提及的潜在混杂因素——集体效能和社区问题，这两个因素在许多以社区为导向的社会学研究中占据重要地位。对这两个特征进行测量是社会学家、哈佛大学的社区研究专家罗布·桑普森提议的。测量的方法是给那些与环境风险研究对象的家庭住在同一条街上或者同一栋公寓楼里（且愿意参与研究）的邻居邮寄调查问卷。为了了解社区的社会凝聚力和社会控制力，调查问卷涵盖了以下问题：如果孩子逃学、在街角闲逛，或者在当地的建筑物上涂鸦，邻居们会不会采取干预行动？人们是否愿意向邻居伸出援手？是否觉得自己居住的地方"邻里关系紧密"？

为了评估社区问题，调查问卷涵盖了以下问题：居民是否将社区内的各类混乱和犯罪视为问题，比如公共场所乱丢的杂物、碎玻璃和垃圾，破败的建筑、废弃汽车和空置店面，还有故意破坏公物的人，他们打砸路灯、窗户或在墙上涂鸦？即使我们忽略了所有潜在的家庭和社区混杂因素的影响，之前的结果还是一样的：当周围住着更多富裕家庭时，生活贫困和居住在贫困地区的孩子（从5岁到12岁）会比周围没有富裕家庭时做出更多的反社会行为。有一个重要的例外：在统计层面控制这些混杂因素之后，这种相对贫困的影响只对男孩成立，对女孩不成立。

当调研进行到这一步时，我们不禁要问："那些生活在普遍'贫困'地区，但自己家里条件还不错的孩子呢？他们是否也会因为生活在集中贫困程度较低、家庭经济状况混合程度较高的社区而受到不利影响？"答案是否定的。也许并不奇怪，对于生活在混合地区较富裕家庭的孩子来说，更高程度的集中贫困而不是更高程度的"相对富裕"，才预示着更多的反社会行为。同样的情况再次出现：当我们在统计层面忽略之前控制的那些社区和家庭因素的影响后，结果还是一样的。换言之，尽管事实证明，与住在非贫困家庭附近相比，集中贫困对贫困儿童，尤其是男孩有意想不到的好处，但它对非贫困家庭孩子的影响恰恰相反。于是，尽管相对贫困似乎助长了来自贫困家庭的男孩的反社会行为，但如果经济富裕的家庭住在一个有许多贫困家庭的社区内，破坏孩子发展的则是集中贫困而非相对贫困。对家境优越和家境不佳的孩子来说，生活在家庭经济状况混合程度较高或较低的贫困社区，影响是不一样的。

有人可能会问：为什么靠近更多而不是更少的富裕家庭居住，会对贫困家庭孩子的发展产生不利影响？数十年关于社会差距和健康的研究表明，经常接触比自己地位高的人，可能会让地位低的人在身心健康上受到负面影响。这样的观点连同我们的数据，让我们回想起30多年前柏林墙倒塌和苏联解体前后，人们对苏联人（俄罗斯人）的遭遇的观察。对许多苏联公民（俄罗斯公民）来说，在这些大变化发生前，他们如果往窗外看，看到的是大家都一样穷，这让他们多少还能忍受资源有限的生活。然而，一旦资本主义开始盛行，有些人就变得更郁闷了，因为这时有些邻居过得太好了。对于仍处于"水深火热"之中的苏联人（俄罗斯人），这种相对贫困的感觉无疑让生活雪上加霜——哪怕实际上他们的经济状况根本没变。有时候他们的生活甚至改善了，只是没有别人改善得那么多。换言之，当人人贫困、众生皆苦时，那些一直都贫困的人心里还平衡些，但要是看到有人比自己富多了，那就难免心里不是滋味。

说到反社会行为，一直以来的理论都认为，前面提到的那种社会比较，以及不公平和目标受阻的感觉，可能会让人做出不好的行为。这些心理体验不仅会让人有压力和负面情绪，比如嫉妒和愤恨，还会让人想在附近找机会占便宜。犯罪学家管这叫"机会理论"：社区里经济状况混杂可能会促使青少年犯罪，因为在这样的地方，高价值的东西，比如富裕邻居的财物，更容易被看到，也更容易被拿到。如果其他孩子拥有的东西是那些买不起的人特别想要的，比如昂贵的胶底运动鞋、笔记本电脑或者最新款的智能手机，这种情况就更为明显了。

考虑到这些可能性，人们不禁会问，为什么相对贫困的影响在女孩身上不起作用。一个原因可能是父母对女孩的看护比对男孩更严格，所以她们不太会一个人在社区里到处跑。另一个事实是，通常来说，男孩比女孩更容易参与破坏财物的犯罪行为，比如纯粹为了好玩而故意破坏公物，这种行为除了能在同龄人中提高自己的威望，其实没什么真正的好处，但对当事者而言有着重要意义。可以想象，当中学毕业、心理健康和劳动参与等因素成为研究对象步入成年早期后的研究焦点时，相对贫困的影响在女孩身上可能就会变得更加明显。时间会证明一切，但得等到环境风险研究中的孩子们长大以后，我们才能知道答案。请读者再回想一下果树栽培学家的比喻。在收获树木结出的果实之前，人们得先种树、施肥，确保它们有足够的水分，还得防止害虫的破坏。

第九章　居住环境的影响

面对社区逆境的复原力

虽然在贫困社区长大可能会让人更容易有反社会行为,而且男孩特别容易受到相对贫困的负面影响,但这并不意味着所有面对这些风险的孩子都会受到影响。我们再次强调,社区的影响是概率性的,而非确定性的。因此,至关重要的是阐明保护儿童免受此种逆境影响的因素,也就是那些能够培养他们面对社区逆境的复原力的条件。

在研究这些问题时,我们参考了"生态计量学"这一新兴领域的观点。生态计量学试图阐明,影响人发展的是动态的环境因素,而不是像集中贫困这样的静态结构特征。生态计量学的考量让我们关注社区层面的社会过程,这些过程可能解释了为什么至少在反社会行为这方面,有些在贫困社区长大的孩子表现得比我们想象的好。我们特别感兴趣的是,"集体效能",即邻里之间的社会凝聚力水平,以及大家愿意为了公共利益采取行动的程度,可能有助于增强复原力。集体效能的概念最早在芝加哥的一项研究中被提出,当地一些豪华的高层公寓楼里就缺少这种效能,但在一些最贫困的非裔美国人社区里,尤其是在那些由强大教会领导的社区里,集体效能却很常见。

一个社区的集体效能水平并不能简化为每个个体成员的特征之和。相反,集体效能是非官方的社会控制力和社会凝聚力的结合,体现了社区成员,尤其是年轻人在出现麻烦时守望相助的意愿。人们觉得这种大家一起努力的氛围会约束儿童和青少年的越轨行为,反映一个社区从更大的基础结构中提取资源和在社区内调动社会资本(个人技能)的能力。

环境风险研究的家访员分享了两个截然不同的故事,很好地体现了集体效能的含义。家访员分别跟我们讲述了自己到社区家访时观察到的一个类似的情况。他们在两个不同的社区里都看到一群10~12岁的男孩围着一个小孩欺负。在其中一个社区,几个路人看到霸凌的情况后,选择走到马路的另一边,显然不想掺和这件事。但在另一个社区，一辆沿街行驶的汽车放慢了速度，司机从车窗里大声喊："放开那个孩子，不然我报警了。"如此一来，那群欺负人的小毛孩就散了，险些遭殃的小孩也能自由地离开了，没人拦着他。

回想一下，之前为了描述社区特征，我们曾调查那些自家小孩没有参加环境风险研究，但是住在附近的大人。当每位研究对象8~9岁时，我们向与其居住在同一地区的15个居民家庭邮寄问卷，调查涉及1 116个环境风险研究家庭，因此我们总共邮寄了近17 000份问卷！每一份寄出的问卷都附有一个预先贴好邮票的信封，以便对方填写完问卷后寄回。平均下来，关于每个研究家庭，我们都收回了3份问卷。大多数参与调查的人在自己居住的社区生活了5年以上，对那里的一切了如指掌。

如前文所述，集体效能与调查问卷里关于社会控制力和社会凝聚力的问题是挂钩的。关于社会控制力的问题是，当孩子们行为不端（如逃课、乱涂鸦或者对大人不礼貌）时，能否指望邻居们采取各种方式来管一管。社会凝聚力和信任度与以下问题有关：社区是否"关系紧密"、人们是否值得信任、邻里之间是否和睦相处、大家的价值观是否一致。

为了看看集体效能对儿童复原力的增强（或减弱）作用，我们首先确定它能否预测儿童5岁时的反社会行为，以及接下来5年内这种行为的变化。结果表明，社区层面更高的集体效能预示着孩子在上学第一年的反社会行为更少，并且在较小程度上预示着孩子在5~10岁上学期间的反社会行为改善（减少）得更快。

关于复原力更关键的问题是，在忽略了施加影响的家庭和社区混杂因素后，集体效能在贫困社区里对人的发展的益处是否比在富裕社区里更大。在预测孩子刚上学时的反社会行为时，我们确实发现了这种情况。换言之，只有在贫困的社区环境中，集体效能才显得特别重要：如果这些贫困社区的集体效能高，那么和集体效能低的情况相比，贫困带来的预期负面影响就会小一些。但是，在经济条件更好的社区里（或者当我们研究的是反社会行为随时间变化的情况时），这种观察结果就不成立了。也就是说,只有在社区的社会凝聚力和社会控制力比较强,而不是比较弱的时候,那些在贫困环境中长大的孩子才能(在一定程度上)避免贫困带来的负面影响。

这清楚地表明,即使社区贫困程度一样,不同社区受到的贫困的影响也是不一样的。至少在孩子们上学后表现出来的反社会行为上,有些贫困社区和其他社区比起来,在集体效能上的差异让它们看起来没那么"穷"。在这些贫困社区长大的幼童的行为同样如此。

当我们完成了得出这些结果的社区研究后,我们又一次有这样一种感觉:希望能够探索之前没研究过的新领域,这里指的是儿童的教育经历。既然在集体效能高的贫困社区长大的孩子上学后表现得没有在同样贫困但集体效能低的社区长大的同龄人那么反社会,人们可能会想,这两组孩子上的学校的氛围可能会不一样。和那些在贫困且集体效能低的社区上学的孩子的老师比起来,是不是在贫困但集体效能高的社区上学的孩子的老师会花更多时间教课、花更少时间管课堂纪律呢?如果真是这样,那么这些不同社区里的学校教育的影响会有差异吗?遗憾的是,环境风险研究并没有条件解决这个问题,虽然这显然值得好好实证研究一下。

小结

社区在人们选择住处时扮演着重要角色,尤其是对父母来说——假设他们有选择权。在关注家庭微环境之外的世界对发展的影响的探索之旅中,我们发现社区的贫困与儿童的反社会行为有关,这一点并不让人意外。如果社区对居民日常生活的质量和儿童的发展无关紧要,人们也就不会那么在意自己居住的社区了。尽管有这样的发现,但考虑到大多数关于邻里效应的研究集中在青春期发展的其他方面,我们决定将研究重点放在青春期之前,探讨邻里效应在人的社交-情感发展方面是否显著。

作为环境风险研究的一部分,我们相信社区研究对"生态计量学"

领域有所贡献。首先，社区研究表明，即便是对于 5 岁的儿童，社区的贫困状况在解释儿童反社会行为的成因时也扮演着重要角色。即便在考虑了众多混杂的家庭和社区因素后，这一点依然成立，说明我们观察到的影响并不是因为"儿童的居住地并非随机分配"这一事实而产生的统计假象。换言之，尽管家庭因素在孩子的成长环境中扮演尤其重要的角色，但在孩子的攻击行为和不良行为方面，社区本身（而不仅仅是家庭的经济状况）也起着重要作用。

除此之外，还有三点值得我们回顾和深思。首先，家庭和社区并不是完全独立的影响因素。我们发现，社区的贫困状况在很大程度上是通过孩子所接受的父母养育方式来影响孩子发展的。当孩子生活在贫困社区，并且受到父母的关爱和监督较少时，他们更有可能做出反社会行为。这自然就意味着，如果生活在贫困社区的家庭哪怕在如此不利的环境下还能够提供超出预期的关爱和监督，那么孩子做出反社会行为的可能性就会减小。从复原力的角度来看，能给予孩子支持的父母是一个保护性因素，可以减轻在贫困社区成长可能带来的负面影响。

其次，我们观察到，至少对于男孩来说，关键可能不在于一个社区有多贫困，而在于其相对贫困的程度。回想一下，当贫困男孩和来自富裕家庭的孩子共同生活时，他们在 5~12 岁更有可能做出不良行为和攻击行为。这一发现挑战了许多城市规划者的普遍看法，他们认为让贫困儿童与富裕儿童混合居住对贫困儿童最有利。鉴于这些研究是在英格兰和威尔士进行的，我们不确定是否在其他国家，如美国或新西兰，也会发现相同的结果。

最后，我们关于相对贫困的发现，也许为解决发展经济状况混合型社区（或许还有学校）的难题提供了线索。我们发现，并非所有贫困社区都相同，它们在"生态计量学"上的差异很大也很重要——有的社区成员对居住地投入很多，而有的社区成员投入较少，甚至完全不投入。然而，我们的研究并没有明确指出是什么决定了社区的计量经济学特征，以及如何提升社区的集体效能。这一点在贫困社区尤其重要，因为在贫困社区中，集体效能能够培养复原力，从而减少预期中的反社会行为。作为研究儿童发展在机制和原因上存在的个体差异的学者，我们认为这个问题应该留给更了解社区动态的专家，尤其是社会学家和流行病学家来解答。那么，就让我们把这个问题交给这些专业人士吧。

第十章

关于霸凌

在进行环境风险研究时，我们前往英国曼彻斯特郊外，拜访了10岁的乔舒亚和他的双胞胎哥哥杰克。家访期间，我们注意到乔舒亚一直抱怨自己在学校里被其他男孩欺负。乔舒亚和杰克是异卵双胞胎，他们和单身母亲一起住在公共住房里，比起美国，在英国住这种房子安全得多。尽管如此，乔舒亚还是不停地抱怨道，总有男孩嘲笑他懦弱、笨拙、没朋友。遗憾的是，乔舒亚的哥哥杰克根本帮不上什么忙，他几乎从不为弟弟挺身而出，有时甚至还会加入欺负他的行列。如果他们的母亲有足够的钱，给两个孩子每人配一部手机，乔舒亚的处境可能会变得更糟，因为有了手机后，他在家的时间会更多，而霸凌会延伸至他独自在家的时间段。

可悲的是，无论是在英国、美国，还是其他大部分西方国家，许多孩子都经常遭受霸凌。2008—2009学年，美国国家教育统计中心的《全美犯罪受害调查校园犯罪补充报告》显示，美国有超过700万名12~18岁的青少年（约占学生总数的28%）表示自己在学校遭受霸凌。在英国，全国防止虐待儿童协会2011年的报告显示，有25%的孩子声称自己被霸凌过。这些数字比全球霸凌情况的预估数字大，后者显示2004年的儿童霸凌率只有13%，这个情况值得注意。这些数据之间的差异表明，要么是霸凌行为增加了，尤其是考虑到网络霸凌在许多儿童和青少年的生活中所扮演的角色，这显然是有可能的；要么是霸凌在英语母语国家比世界其他地区更频繁，这似乎也是有可能的。

简单来说，霸凌就是儿童或青少年一再受到同龄人的骚扰和羞辱，因为力量的不平等，受害者很难自卫。霸凌的形式多种多样。以前，霸凌往往需要面对面，比如霸凌者可能会当众撞倒受害者或者嘲笑他/她的外貌，引起旁观者的起哄。现在，情况已经变了。网络霸凌变得像虚拟世界的流行病，霸凌者通过发送令人厌恶的短信不断骚扰受害者，有时候这种骚扰甚至会导致受害者自杀。很多人可能都记得自己被霸凌、霸凌别人或者看到霸凌发生却选择袖手旁观的时刻。当然，后两种情况没什么值得骄傲的。

聊到这个话题的时候，我们中的两人不禁想起了自己在成长过程中被人欺负的经历，这些记忆真的是历历在目。特莉·莫菲特记得特别清楚，每天放学后在她坐长途车回北卡罗来纳州家的农场的路上，有个叫托佩尔的男孩总是找她麻烦。他老是推搡她，把她怀里的书撞掉，还威胁说要打她，连她旁边的人也不放过。特莉的丈夫阿夫沙洛姆·卡斯皮也回忆起自己小时候在加州圣克鲁斯因为移民身份而被欺负的经历。在学校的篮球赛上，每当他跳起来投篮时，一个叫杰里的家伙就会用拳头打他的肚子。杰里和自己的一个死党经常威胁说放学后还要继续这样对付他。每隔一段时间，这两个恶霸就会出现在学校的一个出入口，要么威胁说要揍阿夫沙洛姆，要么就动真格的。所以，整个春季学期，阿夫沙洛姆每天放学前都在想，从哪个门离校能最快"逃生"。你猜怎么着？我们在动笔之前上网搜了搜杰里的名字，不承想却发现了他在圣克鲁斯被捕时的照片。而那个总是欺负特莉的人，也已经早早离世了。这些真实的故事和我们书中讨论的主题不谋而合。

我们在这一章将深入探讨霸凌这个话题，特别是想弄清楚，孩子在家庭以外和同龄人相处的经历对他们的发展有什么影响。基于环境风险研究收集的数据，我们特别关注了两个问题：第一，霸凌对那些被欺负的孩子有什么影响；第二，孩子成长的家庭环境能否帮助他们减轻霸凌带来的伤害。第二个问题又让我们回到了之前章节里提到的复原力，以及发展经历对未来机能的概率性和确定性影响。

在研究小学生被霸凌的情况时，我们主要参考了在孩子 7 岁和 10 岁时与其母亲的谈话，以及在孩子 12 岁时与其本人的谈话。通过这些谈话，我们深入了解了孩子们遭受霸凌的具体情况。在和母亲们交流时，我们详细解释了哪些情况属于霸凌：比如别的孩子对某个孩子说话尖酸刻薄；给他起难听的绰号；故意不理他，或者不让他加入朋友圈，或者在活动中故意排斥他；对他拳打脚踢，推搡他；编造关于他的谎言或者散播关于他的不实信息；或者做出其他类似的具有伤害性的事情。根据这些描述，我们询问母亲们是否知道她们的孩子有没有遭受过这样的对待。当双胞胎孩子自己参与谈话时，他们也会告诉我们自己是否被别的孩子霸凌过。无论是母亲还是孩子，在陈述被霸凌的情况时，都要具体描述到底发生了什么。我们正是通过这些信息了解到乔舒亚被霸凌的经历，即本章开头提到的案例。

在跟大家分享我们关于霸凌影响的研究结果之前，我们先思考了一个以前从来没认真想过的问题：为什么现在大家对霸凌这么敏感？我们自己也是，之所以决定研究霸凌对儿童发展的影响，是因为霸凌现在已经成了一个热门话题，不管是家长、老师、政策制定者，还是孩子自己，好像都特别在意这个话题。这是什么原因呢？毕竟，霸凌也不是什么新鲜事。它似乎早就是与童年相伴相生的一部分，甚至在某些情况下，可以被视作成长的一种仪式。那么，为什么现在霸凌变成如此重要的话题呢？

我们之所以提出这个问题，并不是说霸凌不重要，而是现在大家对它的关注和几十年前比起来，变化太大了。一个可能的原因是，现代社会的大人比过去更关心自己的孩子，因为现在家里孩子少，能帮他们出头的哥哥姐姐也不多。以前，父母都忙得顾不上孩子，就算孩子抱怨被欺负，也常常发现父母太忙，没空管这些事。我们还记得，那时候父母经常说："你得学会自己处理问题，我小时候也是这样过来的。"

另一个可能的原因是，现在的学者、家长还有其他人比过去更加明白，要了解影响孩子幸福感的因素，我们不能只盯着家长怎么养育孩子。孩子与同龄人相处的经历同样关键。就在1998年，朱迪斯·哈里斯出了一本畅销书，名为《教养的迷思》，本书的第五章也提到了它。这本书揭示了一个事实：我们（包括家长和学者）当中有太多人没有意识到孩子与同龄人相处的经历对于人的发展的重要性，我们过去太看重家长的作用，却忽视了朋友和同龄人对孩子发展和幸福感的作用及影响。这就是为什么本书在探讨影响儿童发展的家庭因素和非家庭因素时，特别研究了那些主要发生在同龄人之间的事情：比如这一章的霸凌，还有第十一章的吸大麻。

也许真正让霸凌问题变得备受关注的是社交媒体。现在的孩子和我们小时候不一样，他们不只可能面对面被欺负。如今，有些最为恶劣的霸凌都是通过电子邮件、短信这些方式进行的，很多孩子都参与了，甚至包括一些以前根本不会这么做的孩子。而且，网络霸凌给人的心理伤害可能比身体上的推搡、威胁或者击打造成的痛苦还要严重。这些因素加在一起，使得霸凌问题及其对儿童的影响日益凸显。

霸凌的影响

在研究霸凌的过程中，我们专门对受害儿童可能受到的影响开展了三项独立研究。第一项研究评估了霸凌对儿童情感和行为问题的影响，第二项研究评估了霸凌对儿童自我伤害的影响，第三项研究评估了霸凌对儿童体重超标的影响。下面我们一个一个来讨论。

情感和行为问题

为了评估霸凌在孩子10岁和12岁时对其情感和行为问题的影响，我们参考了母亲和老师对孩子行为的陈述。行为清单中评估情感问题的部分包括"经常哭泣""过分内疚""担忧"等条目。行为问题则包括不良行为（如偷窃）和攻击行为（如经常打架）等条目。这些行为与第八章讨论日托影响和第九章关注社区的内容相吻合，因为环境风险研究和NICHD的幼儿保育与青少年发展研究采用了同样的评估工具。为了确保评估的可靠性和精确性，我们在霸凌研究中同样结合了父母和老师的陈述，这与我们在社区研究中的做法一致。

正如书中所揭示的，在非实验性的观察性研究中，儿童作为长期研究对象，尽管他们的发展没有受到干预措施的影响，但"反向因果关系"的风险始终存在。当某些被认为是"结果"的测量信息与某些潜在的影响因素相关联时，就会发生这种情况，但实际上可能是预期的结果影响了预期的原因。例如，一个内向、害羞的孩子可能无意中激起了他人的霸凌行为。在这种情况下，孩子影响了霸凌的发生，而不只是受到了霸凌的影响。这种情况并不少见，因为霸凌者往往欺软怕硬。但是，为了避免误解，需要明确指出，我们并没有暗示遭受霸凌是受害者的错。

鉴于存在反向因果关系的可能性，我们必须认识到，就算霸凌看似能够预测孩子将来的情感和行为问题，那也可能是因为孩子早期的问题行为引发了别的孩子对其进行霸凌，而不是霸凌导致了他们的问题行为。因此，我们研究了儿童在小学阶段可能遭受霸凌之前的问题行为情况。只有这样，我们才能确保引发霸凌、延续儿童未来发展问题的儿童行为的影响，不会被误认为是霸凌对孩子在适应成长过程中遇到的问题的影响。当然，也有可能是孩子的情感问题和他们遭受的霸凌之间存在交互影响。这将导致儿童的情感问题无意中影响他们所遭受的霸凌，霸凌也可能进一步加剧了这些情感问题。换言之，因果关系可能是双向的，既包括儿童问题影响霸凌，又包括霸凌引发（更多的）儿童问题。

正如我们在其他章节所做的那样，当霸凌仅受儿童自身影响时，为了降低错误推断霸凌影响的风险，我们在评估霸凌对儿童在10~12岁时的问题行为的影响前，5岁孩子最初加入环境风险研究时，在统计层面控制了他们的问题行为这个变量。采取这一做法后，我们发现在小学阶段遭受霸凌的孩子比没被霸凌过的孩子有更多的情感和行为问题。实际上，用我们的分析方法得出的结果表明，在5~12岁被霸凌过会导致情感和行为问题增多。

我们应认识到，遭受霸凌不仅令人痛苦，还会引发情感和行为问题。这些心理和行为上的后果对孩子来说是非常有害的，因为这类问题突出的孩子在建立和维持友谊方面更有难度，学业表现也往往不尽如人意。换言之，霸凌通过加剧情感和行为问题，可能成为孩子发展机能螺旋式下降中的一环，连带着影响他们发展的各个方面。意识到这一点，我们就进入了研究霸凌影响的第二阶段——重点关注自我伤害，即儿童故意自残的行为。

自我伤害

之前我们提到过一个事实：霸凌的严重性和痛苦程度有时足以导致一些孩子选择自杀。面对这种令人心碎的情况，我们应该追究谁的责任？是否有人犯罪了？这些问题促使我们关注自我伤害的问题。我们想知道，霸凌是否真的像媒体报道的那样，与儿童的自残行为有关，哪怕这种自残行为还没有达到自杀的程度。幸运的是，在环境风险研究这样涉及超过 1 000 个双胞胎家庭的大型研究中，自杀的情况也非常罕见，没有足够的数据支撑我们展开深入研究。不过，在评估儿童自我伤害的情况时，我们确实考虑了自杀企图。

我们将对孩子自我伤害行为的评估作为在其 12 岁时进行的面谈的一部分。我们询问了母亲们，在过去 6 个月里，双胞胎中的任何一人或两人是否曾经故意自我伤害或试图自杀。出于伦理考量，我们不能直接问孩子们关于自我伤害的问题，因为没人敢冒险以提问的方式在他们的脑海中植入类似的念头。自我伤害的行为包括割伤或咬伤自己的手臂、揪下一绺绺头发、用头撞墙，以及试图勒颈自杀（例如上吊）。在我们的样本中，有不到 3% 的人有自我伤害的行为，这种行为在男孩和女孩身上发生的可能性大致相同。

我们研究的第一步是探讨一个问题：在 12 岁之前频繁遭到同龄人霸凌的孩子，是否会在 12 岁时有更高的自我伤害风险？无论是对所有性别孩子的整体分析，还是分别针对男孩和女孩的分析，也无论是基于母亲对孩子自我伤害情况的陈述，还是基于孩子自己对自我伤害情况的陈述，得出的答案都是肯定的（见图 10.1）。

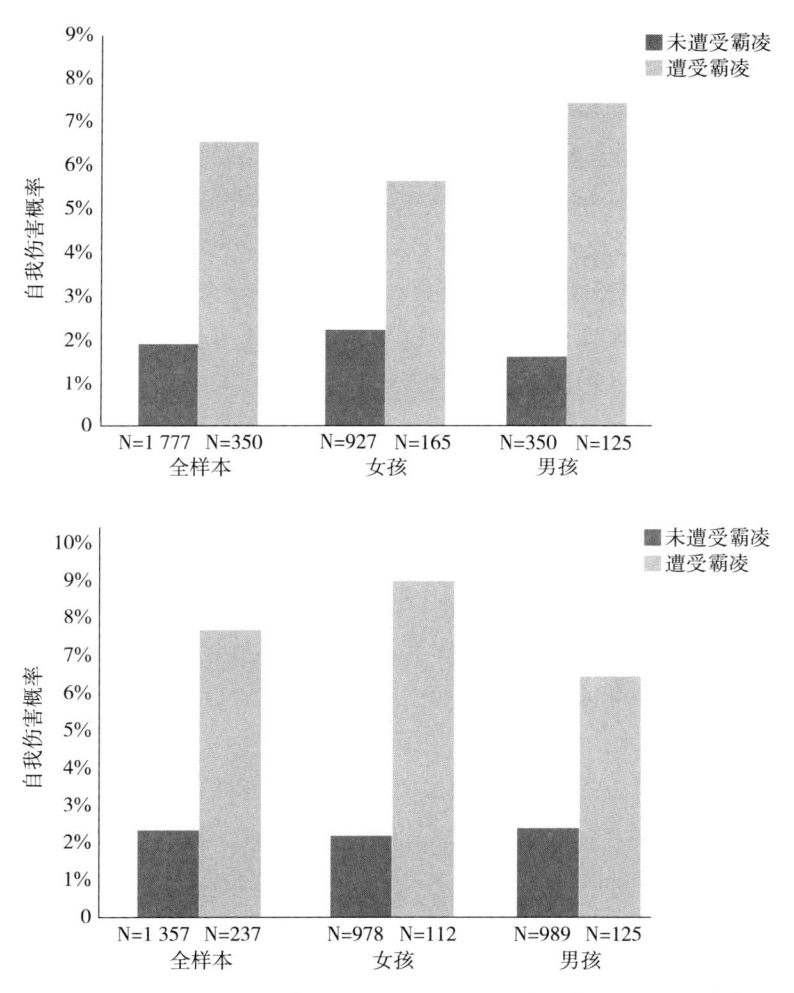

图 10.1 基于母亲提供的霸凌陈述（上）和孩子提供的霸凌陈述（下），经常遭受霸凌和未遭受霸凌的儿童在 12 岁时自我伤害的概率（N 代表样本数量）。根据 Fisher, H.L., Moffitt, T.E., Houts, R.M., Belsky, D.W., Arseneault, L., & Caspi, A. (2012). Bullying victimization and risk of self-harm in early adolescence. *BMJ, 344*, e2683, Figure 重新编制。CC-BY-NC

但是，正如我们的许多研究一样，在得出"观察性证据指向霸凌实际上会导致自我伤害"的结论之前，我们需要做的远不止记录它们之间的联系。毕竟，这种联系可能是由其他与自我伤害相关的因素造成的。回想一下，这种替代性解释因素叫作"第三变量"。我们知道霸凌和虐待儿童往往是相伴发生的，而自我伤害往往与不良育儿方式有关，因此我们进一步评估了是否可以用儿童受虐待的经历来解释霸凌对自我伤害的影响。如果确实如此，那么之前观察到的霸凌对自我伤害的影响可能就不成立了。在孩子5岁、7岁、10岁和12岁时，我们与其母亲进行谈话，收集了成人施加身体虐待和性虐待的信息。重要的是，即便考虑了虐待儿童的因素，霸凌对自我伤害的影响依然存在。换言之，霸凌对自我伤害的影响超过了虐待产生的任何影响。

在探讨替代性解释因素时，我们不仅考虑了儿童期遭受虐待这一点，也意识到，可能是孩子的心理健康问题，而非霸凌行为本身，导致了自我伤害。我们可以深入探讨关于已经检测到的霸凌影响的这第二种替代性解释，因为环境风险研究的数据库中包含了孩子在5岁时情感和行为问题的评估数据，正如之前讨论过的第一组霸凌研究结果所强调的那样。即使将这些因素纳入考虑范围，霸凌仍然能够预测自我伤害。我们不能简单地将霸凌看作霸凌者对受害者在霸凌发生之前就有的心理障碍的回应，从而认为是更早的问题而不是霸凌本身导致了自我伤害。

那么，受害者5岁时的智力能否解释呢？有没有可能是受霸凌的孩子智力较低，导致霸凌对他们的自我伤害产生了影响？然而，这第三种替代性解释因素也不能完全说明霸凌对自我伤害的负面影响。

那么家庭环境又如何呢？也许孩子们自我伤害是因为他们在家里遇到了其他问题，而不是在家里遭到了虐待，那么将自我伤害归咎于同龄人的霸凌，本质上就是一种错误的因果推断。为了探究家庭因素导致霸凌对自我伤害影响的可能性，我们对比了同一家庭中一人遭受霸凌而另一人未遭受霸凌的同性双胞胎，比如本章开头提到的乔舒亚和杰克的案例。即便采用了这种方法，霸凌仍然能够预测自我伤害。这种方法的核心在于控制了许多可能导致自我伤害的因素，比如家庭经济状况不佳、父母患有精神疾病、家庭暴力，以及直系或非直系亲属中有自杀未遂或自杀身亡的情况。这是因为，这些可能产生影响的家庭因素，对于在同一屋檐下长大的双胞胎而言是相同的。也就是说，两者之间任何与霸凌相关的差异，都不太可能是由他们在同一家庭中成长所共有的其他经历和环境因素导致的。

鉴于目前的发现，人们自然会好奇，为什么儿童期经常遭受同龄人霸凌会增加故意自我伤害的风险。众所周知，频繁被霸凌与极度痛苦相关，回想一下我们之前提到的将霸凌与情感问题联系起来的第一项研究的结果。但是，为什么被霸凌的孩子会选择自我伤害，而不是采取其他应对策略，比如运动或倾诉，来处理这些情绪呢？一种可能性是，12岁的孩子没有成人所拥有的缓解痛苦的手段，比如用酒精或香烟自我麻痹、在健身房锻炼或者暴饮暴食。当尝试向他人倾诉自己的痛苦却屡屡失败时，孩子可能会选择自我伤害，以更加激进的方式寻求关注。这种解释更有可能出现在存在虐待或忽视的家庭环境中，在这样的环境中，孩子的声音很少被听到，因为他们害怕一旦说出来，或者仅仅因为看护人缺乏同理心，自己又会受到体罚。

体重超标

关于体重超标的证据显示，在儿童期遭受霸凌将在孩子12岁时对其产生负面影响。我们想再次夸一夸纵向研究（本书的核心内容）的一大优势：它能够探究某个时间点记录的不良童年经历的负面影响是否在日后依然显著。在环境风险研究中，这意味着要在孩子们18岁也就是青春期晚期时寻找这种影响，因为截至撰写本书内容时，我们对这些孩子的跟踪研究正好进行到这个阶段。

在聚焦于霸凌的发展调查的第三阶段，我们决定调查青少年的体重状况，具体是看他们是否有体重超标的问题。根据医学标准，目前超过2/3的美国成人体重超标。探究体重超标与被霸凌经历之间的关系非常重要，原因有很多。体重超标不仅提高了罹患心血管疾病、2型糖尿病和癌症的风险，还与人际关系、学校和职场中的社会歧视有关。

由于目前几乎没有确凿的证据表明，针对体重超标的现有干预措施，如节食和改变行为习惯，从长远来看真的有效，因此，将潜在可改变的风险因素确定为预防目标尤为重要。霸凌可能就是这样的风险因素之一，因为它可能导致体重超标，或许它的作用机制是以暴饮暴食为方式的自我疗愈，或者在生理层面减缓新陈代谢。这就是为什么尽管我们没条件去探索霸凌对体重产生影响的这种潜在过程，但我们还是决定评估霸凌对体重超标的真实存在的影响。

我们关注体重超标问题的另一个原因是，有证据显示，人生早期的生活压力会使人容易发胖。比如，有证据表明，与未遭受虐待的儿童相比，遭受虐待的儿童在成年期肥胖风险更高，他们的BMI也增长得更快。我们再次认识到，排除关于小学时期遭受霸凌与高中毕业时体重超标之间任何已知联系的替代性解释（例如受虐待经历）是必要的。

为了了解孩子们遭受霸凌的情况，我们分别在他们7岁和10岁上小学时，再次与他们的母亲进行了谈话。当孩子们12岁上中学时，我们又分别与母亲和孩子进行了谈话。通过综合两方面的信息，我们将儿童分为三组：在小学和中学很少或从未遭受伤害的"非受害者"（占研究对象的59%）；在小学或中学经常遭受伤害，但没有在两个阶段都遭受伤害的"暂时受害者"（占28%）；在小学和中学都经常遭受伤害的"长期受害者"（占13%）。（顺便提一下，根据之前提到的儿童期经历，作者莫菲特和卡斯皮都属于暂时受害者。）当研究对象18岁时，我们评估了他们的身高和体重，并据此计算了他们的BMI——体重（千克）除以身高（米）的平方（kg/m^2）。我们对体重超标的定义参照了美国疾病控制和预防中心的标准。BMI在同年龄–性别组中排名前15%的研究对象被标记为体重超标。我们还计算了他们的腰臀比，即腰围除以臀围。同时，我们也测量了孩子12岁时的BMI。

我们再次通过分析霸凌和体重超标之间是否存在直接的统计关联来展开研究。结果证明确实存在这样的关联：遭受霸凌的儿童在18岁时比其他儿童更有可能体重超标，并且从剂量–反应关系的角度来看，更严重的霸凌与更严重的体重超标之间存在系统性的关联（见图

10.2）。此外，长期遭受霸凌的儿童在所有遭受霸凌的儿童中体重指数最高，被归类为暂时受害者或长期受害者的儿童的腰臀比也比非受害者儿童的更大。对于后一项发现，需要指出的是，腰围（腰臀比的基础测量项目）较大不仅意味着体重超标，还暗示了某些代谢问题的风险，因为内脏脂肪对健康的危害尤其大。内脏脂肪也称为"深层"脂肪，比"皮下"腹部脂肪储存得更深，它是一种凝胶状脂肪，包裹着肝、胰和肾等主要器官。

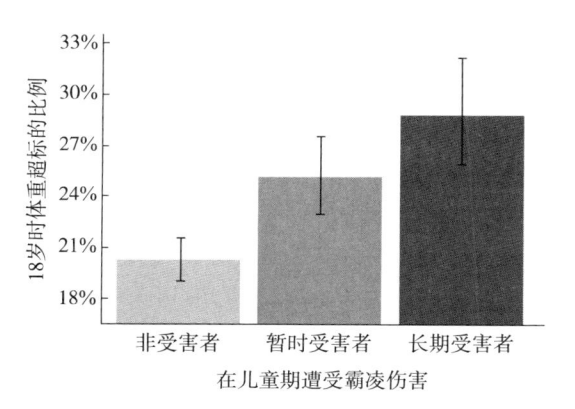

图 10.2　儿童在 18 岁时体重超标的比例是在儿童期遭受霸凌伤害的因变量。Baldwin, J.R., Arseneault, L., Odgers, C., Belsky, D.W., Matthews, T., Ambler, A., Caspi, A., Moffitt, T.E., & Danese, A. (2016). Childhood bullying victimization and overweight in young adulthood: A cohort study. *Psychosomatic Medicine, 78*, 1094–1103, figure 1A

　　与之前一样，我们对自己的研究发现进行了质疑。我们首先考虑的是同时发生虐待的情况。这一点很关键，因为有证据显示，遭受霸凌的儿童比未遭受霸凌的儿童更可能遭受虐待，遭受虐待也与更大的腰臀比和更高的体重超标风险（仅针对女孩）相关。尽管存在这些观察结果，但即使将受虐待经历作为一种可能的替代解释因素（第三变量）考虑进去，遭受霸凌仍然与体重超标有关联。换言之，霸凌对体重超标的预测作用比虐待的影响更为显著。

　　接下来，我们关注了有可能说明我们发现的霸凌与体重超标关系的其他替代性解释，包括心理风险和儿童个体特征。这一点很关键，因为遭受霸凌也与社会经济困境和食物无保障（社会心理风险）、5 岁时的心理健康问题（情感和行为问题）和低智商、青春期早熟有关。同样值得注意的是，除了情感问题，这些与霸凌相关的因素也分别能预测体重超标。然而，即使把这些潜在的混杂因素考虑在内，12 岁前遭受霸凌的经历仍然能预测 18 岁时体重超标。和之前一样，霸凌对体重超标的预测作用超出了任何社会心理风险和儿童个体特征的影响。

问题还是出现了：是霸凌导致了体重超标，还是体重超标的孩子更容易成为霸凌的目标？换言之，我们是否又一次面对着反向因果关系的问题，即体重超标先于霸凌并促成了霸凌，而不是霸凌导致了体重超标？重要的是，情况似乎并非如此。遭受霸凌的孩子在 12 岁时并不比其他孩子更容易体重超标，或者体重指数或腰臀比数值更高。因此，至少在参与环境风险研究的双胞胎案例中，认为与体重相关的特征先于霸凌并导致霸凌的观点几乎毫无依据。同样值得注意的是，即便考虑了儿童期的体重，儿童期遭受霸凌和 18 岁时体重超标之间的关联仍然存在。当我们排除了每个孩子的出生体重和体重超标遗传风险的影响后，结果仍然相同。体重超标的遗传风险是根据他们的孪生同胞是否体重超标来评估的。

在对 18 岁研究对象体重的相关测量数据进行分析时，情况再次看起来像是霸凌行为对他们产生了负面的影响。换句话说，受到霸凌的孩子有更高的体重超标风险。这一发现仅针对同龄人之间的霸凌，而不是由同时发生的成人虐待引起的。回想一下，即使排除了家庭经济困难、食物无保障、儿童心理健康问题、认知发展和青春期生理发育等可能产生干扰的混杂因素，受霸凌的儿童仍然更有可能体重超标。此外，这种关联符合假设的时间顺序，后者对于任何因果关系的推断都是至关重要的。也就是说，受霸凌的儿童在遭受霸凌时并没有体重超标，而是在成年早期体重超标，这与儿童期的体重以及遗传或胎儿期的影响无关。简而言之，体重超标是在霸凌之后发生的，而不是在霸凌之前。

根据这些发现，我们显然需要采取措施帮助受到霸凌的孩子，以防止他们体重超标。这些措施可能包括改善饮食习惯，比如减少垃圾食品的摄入，以及增加体育活动，强调锻炼的重要性。如果这些方法有效，它们可能不仅有助于控制体重，还能对儿童的心理健康产生积极影响。我们之前的研究已经关注了霸凌对儿童的情感和行为问题以及自我伤害行为的影响，这些研究结果强调了心理健康的重要性。

面对霸凌的复原力

在之前的章节，特别是第一章中，我们强调了一个事实：人的发展和所有生物学科一样，是一门概率性而非确定性的科学。除量子力学外，物理学是典型的确定性科学，这也是物理学有定律来解释物理作用力运作方式的原因。这些定律让人们有足够信心去建造桥梁和摩天大楼，在此仅举这两个例子来说明确定性的好处。正如第一章所解释的，概率性意味着原因或影响因素不会对人的发展产生必然影响，而是或多或少地存在可能性，但并不确定。因此，这些因素可能会也可能不会带来预期的结果，这取决于其他条件和因素。比如，我们都知道吸烟会提高患肺癌的风险，不安全的性行为会提高感染艾滋病的风险，但这并不意味着所有这样做的人都会承受这些行为带来的概率性后果。在当前的讨论中，这意味着即便霸凌行为提高了儿童出现心理健康问题和自我伤害的风险，以及成年早期体重超标的风险，也并不是所有遭受霸凌的孩子都会面临这些后果。这一发现引发了我们对逆境中的复原力的关注，并引出了一个问题：有哪些因素或机制能够保护遭受霸凌的孩子，使他们免受我们所记录的同龄人霸凌带来的发展风险的影响？在研究霸凌的最后阶段，我们探讨了这个问题。

为了解答刚刚提出的问题，我们首先对第二项关于霸凌的研究进行了扩展，试图找出遭受霸凌后自我伤害与不自我伤害的孩子有何不同。这一点似乎尤为重要，因为尽管超过 90% 的受霸凌儿童并没有自我伤害，但我们发现在自我伤害的儿童中，有一半的人曾经遭受霸凌。那么，那些遭受霸凌后选择自我伤害的孩子与同样遭受霸凌但没有自我伤害的孩子之间，究竟有哪些不同呢？

我们通过研究发现，那些有自我伤害行为的受霸凌儿童，比起其他受霸凌的孩子，更有可能拥有自杀未遂或自杀身亡的直系或非直系亲属。同时，这些自我伤害的孩子也更可能遭受成人的身体虐待。这些信息都是通过采访孩子们的母亲获得的。此外，儿童自身的心理健康状况同样关键。实际上，那些在遭受霸凌后选择自我伤害的孩子，相比那些没有自我伤害的孩子，更容易出现可诊断的行为障碍、抑郁症和精神病症状。至少在自我伤害这个问题上，面对霸凌的复原力似乎与家庭中没有自杀行为史以及在没有身体虐待的环境中成长有关。

鉴于这些发现，我们决定重新审视最初关于情感和行为问题发展的霸凌研究，以扩展关于面对霸凌的复原力的研究。于是，问题就变成：“为什么在心理障碍方面，有些被霸凌的孩子受到的负面影响比其他被霸凌的孩子受到的负面影响小？”因为有大量理论和证据表明，给予支持的家庭关系能在诸多不同的逆境中发挥保护作用，所以我们在阐明复原力相关过程的第二次尝试中选择专门关注家庭。对我们来说，另一件重要的事情是，如果能如预期般证明给予支持的家庭环境确实能保护儿童免受霸凌的全方位影响，那么我们就可以实施促进健康家庭运作的干预措施。我们的假设其实是，当遭受霸凌的孩子处于育儿方式温暖、兄弟姐妹关系亲密、家庭整体氛围良好（有序而非混乱）并能够提供情感支持的环境中时，他们就不太可能出现与遭受霸凌相关的适应性问题。

为了测量母亲的关爱程度，我们在研究对象5岁和10岁时使用了第九章提到的"5分钟演讲样本"法。实验中，我们要求母亲们用5分钟时间谈论她们的双胞胎孩子中的每一人，然后研究人员根据她们的语气和评论内容，特别是对每个孩子的理解和共情表达，对评论录音体现的关爱程度分别评分。我们还通过询问母亲来评估双胞胎之间的关系是否亲密，问题包括：“你的双胞胎孩子彼此相爱吗？”"你的双胞胎孩子为对方做过好事吗？"至于家庭氛围的评估，则是基于研究人员对他们访问的家庭的观察。他们的关注点包括：家里是否整洁、是否摆放着孩子制作的艺术品、是否有"快乐的感觉",以及是否显得混乱或过于吵闹。

有了这些测量数据,我们进一步分析了哪些受霸凌的孩子表现的情感和行为问题比他们的受霸凌经历所预示的少。接着,我们将这些评估结果与我们假设的家庭复原力因素联系起来。我们发现,正如预期的那样,当有迹象显示母亲关爱孩子、双胞胎关系紧密且相互支持、家庭氛围积极向上时,这些孩子即使经历了严重和长期的霸凌,他们出现的问题也比预期的少(见图10.3)。其实,即便我们考虑孩子在5岁时的智商和适应性问题,以及家庭的社会经济状况,"这样的家庭特征能够增强面对霸凌的复原力"的结论依然成立。

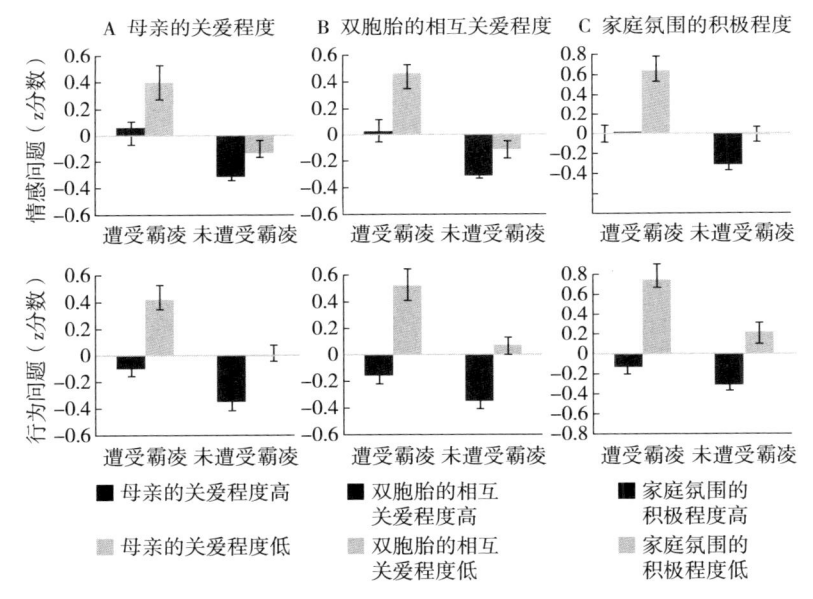

图10.3 遭受霸凌儿童和未遭受霸凌儿童的情感和行为问题是母亲的关爱程度(A栏)、双胞胎的相互关爱程度(B栏)和家庭氛围的积极程度(C栏)的因变量,这表明当家庭给予充分支持时,遭受霸凌儿童的问题就会减少。根据 Bowes, L, Maughan, B., Caspi, A., Moffitt, T.E., & Arseneault, L. (2010). Families promote emotional and behavioural resilience to bullying: Evidence of an environmental effect. *Journal of Child Psychology and Psychiatry, 51*, 809–817, figure 1 重新编制。© 2010 The Authors

第十章 关于霸凌

重要的是，我们发现这三个家庭因素各自都对增强孩子面对逆境的复原力有独特的作用。这意味着，如果母亲的关爱程度评分较高、双胞胎对彼此表现出的关心和体贴程度较高、家庭氛围比较积极向上，那么受霸凌的孩子遇到的问题就会较少。总而言之，如果受霸凌的孩子生活在一个给予充分支持的家庭中，他们的情感和行为问题就会比那些同样遭受同龄人霸凌，但成长在缺乏支持的家庭中的孩子的相关问题少。

为了更深入地理解在面对霸凌时，不同个体在自我伤害和适应性问题上的差异，也就是哪些人受到的负面影响较重，哪些人受到的负面影响较轻，我们开展了一系列研究。从整体来看，研究结果突出了家庭环境的关键作用，因而强调了将家庭因素纳入学校反霸凌干预项目的必要性，这些项目旨在减少受霸凌儿童所面临的困难。此外，我们的发现也提示我们，在进行干预时，应特别关注家庭结构和家庭关系的支持力。这些发现甚至可以被看作一种建议：如果资源有限，那么在为受霸凌儿童提供服务时，应该将那些得到了家庭支持的孩子单独分为一类，让家庭为他们提供必要的支持，帮助他们应对霸凌带来的压力。而那些在家庭中得不到支持，同时受霸凌和家庭虐待，或者家族中有自杀行为史或心理健康问题的孩子，也许应该优先得到专业诊所的治疗。这些孩子发展不良的风险最高，甚至可能已经处于生命危险之中。不过，毫无疑问，要改变那些可能让受霸凌儿童少承受霸凌概率性后果的家庭因素，是一项极富挑战性的任务。

小结

可以想象，在我们花了这么长篇幅介绍关于霸凌的发展探索后，有些人可能会总结道：我们发现的一切都基于普遍认知，是很多人都认同的。在某种程度上，我们并不否认这种看法。话虽如此，还是有必要指出，普遍认知有时候也可能是错误的。不妨考虑以下这几种可能性。

虽然大家都知道霸凌对孩子不好，但我们的研究可能会得出不一样的结论。毕竟，很多年长的成人对如今关于霸凌的担忧不以为然，他们认为霸凌是孩子成长过程中正常的一部分，对其长远的负面影响并不那么看重。特别是，有些人的观点和上文提到的普遍认知不同，他们可能会说问题不在于霸凌本身，而在于和霸凌有关的其他因素。换言之，霸凌可能被错误地认为是问题的原因，但实际上可能另有隐情。正是因为这种看似合理的可能性，我们才在研究中考虑了多种可能的替代性解释来分析霸凌的影响。比如，回想一下，尽管家庭虐待可以预测霸凌行为和问题机能，因此可能是受霸凌儿童出现问题的真正原因，但我们的研究发现并非如此。也就是说，即便我们将这个关于霸凌影响的最合理的替代性解释纳入考量，霸凌仍然能够预测不良机能，比如12岁时的情感和行为问题、自我伤害，以及18岁时的体重超标。

这个结论同样可以用来解释小学时期遭受霸凌之前孩子自身已有的能力和问题的影响。基于普遍认知，可能存在一种观点：并不是霸凌直接导致了孩子在12岁时遇到问题或在18岁时体重超标，因为情感、行为和体重的问题在霸凌发生之前就已经存在，这些问题可能加剧了霸凌，甚至可能是霸凌与负面发展结果之间存在关联的真正原因。所以，霸凌可能并不是孩子陷入困境的根源。同样，实际情况并非如此。即便我们考虑孩子的出生体重，并忽略孩子5岁时的智商、心理障碍甚至体重等因素，霸凌的影响依然存在。关键在于，只有通过深入研究关于霸凌影响的一个假设，也就是考虑并评估霸凌影响的替代性解释，我们才能真正评估以各种普遍认知为基础的观点。

当然，同样的道理也适用于关于孩子面对霸凌的复原力的研究。孩子在5岁时的问题行为可能是问题家庭关系的原因，一旦将这些因素纳入考量，家庭的支持性就不再是孩子面对霸凌的复原力的来源。但是，当我们深入研究霸凌问题时，我们并没有发现这样的结果。即便我们考虑了孩子在5岁时的情感和行为问题，有幸在一个充满爱和秩序的家庭中成长也确实能够减轻无端遭受霸凌给孩子带来的负面影响。这再次证明，一些看似合理的观念实际上可能是错误的，而这种错误只能通过我们所做的实证研究来确定。

  最终，我们的研究得出两大结论。首先，霸凌会带来短期和长期的负面影响，这些影响不能完全用多种合理的替代性解释来说明。其次，面对霸凌时，给予孩子充分支持的家庭环境尤其能够起保护作用或者促进复原力的作用。虽然最好的情况是孩子没有被霸凌，但万一霸凌真的发生了，那些生活在充满情感支持和氛围良好家庭中的孩子，情况会相对好很多。对个体来说，最有杀伤力的"双重风险"是，既被同龄人霸凌，又成长在一个缺爱的家庭中。这些（或许符合普遍认知的）观察结果不仅强调了预防霸凌的重要性，也指出某些干预措施至少可以减轻霸凌的不良后果。它们还再次表明了人的发展的概率性本质。尽管霸凌会提高不良发展结果的风险，但这种风险是可以被降低的，因此未必真的会产生不良发展结果。最后，关于复原力的研究结果强调了一个关于儿童福祉的重要观点：将家庭（包括育儿方式）的影响与同龄人的影响对立起来是错误的。事实证明，两者都很重要。

第十一章

早期和长期摄入大麻的影响

"宝贝，你终于来了。"这是20世纪70年代的香烟广告语，旨在吸引现代社会思想解放的女性去吸一种专为她们设计的新款香烟。用"宝贝"来代替世界上使用最广泛的非法药物——大麻，完美地呈现了我们生平所目睹的对待大麻的态度。即使在20世纪的最后几十年，当然也包括在那之前，大麻不仅是一种致幻的药物，而且在美国乃至世界其他大部分地区是非法的。它的危害被广泛宣传，甚至在1936年的电影《大麻烟疯潮》中被描绘为发疯和自杀的原因。现在，在美国的一些州，如科罗拉多州、华盛顿州、俄勒冈州和加利福尼亚州，以及乌拉圭和荷兰等地，大麻的销售和使用已经合法化，可以用于医疗甚至娱乐目的。因此，本章的标题也可以是"玛丽·珍，你终于来了"（玛丽·珍在20世纪中后期是大麻的别称）。

尽管很多人对大麻可能带来的负面影响不以为意，但有一个问题确实值得关注：这种致幻的物质是否会更广泛地影响心理健康和心理机能，更别提影响就业和家庭生活了。同样，酒精、可卡因以及其他一些被人出于娱乐目的而使用的化学物质也存在这样的问题。遗憾的是，这个问题一直难以解决，主要是因为美国和其他一些国家的政府长期限制研究人员系统性地研究大麻的影响。比起弄清楚大麻是否真的有害，或者它是否真的像现在人们所推崇的那样具有医疗价值，直接宣称大麻对人体有害似乎更合适。不过,好在最近在美国,这种情况有所改变,所以我们可以期待在未来几十年里,会有大量关于大麻如何影响人类健康和发展的新研究面世。

当我们开启关于吸大麻影响的发展探索之旅,将其作为达尼丁研究的一部分时,有一些证据显示摄入大麻对心理健康有负面影响。的确,全球范围内的证据都表明,摄入大麻有一定概率会导致出现精神分裂症之类的临床显著精神障碍。实际上,在我们开始研究大麻的影响时,一项针对整个瑞典人群的大型研究显示,18岁时大量摄入大麻,将来患精神分裂症的风险会增加600%!精神分裂症的诊断关键在于精神病症状。当一个人的思维和情感受到严重损害,以至于他与现实世界脱节时,他就会出现精神病。这可能包括妄想,或者幻视、幻听和相信一些根本不存在的事物。幻觉是精神病症状。

作为研究人的发展的学者,我们自然会好奇一个人开始吸大麻的年龄是否重要。这其实是我们在初步研究这个主题时最先探讨的问题。实际上,我们将这一章放在书中关于家庭和家庭以外因素对发展的影响的部分里,是因为大多数人是在青春期与同龄人一起初次尝试大麻的,然后有些人就开始频繁吸大麻。与我们之前的研究成果一致,达尼丁研究的数据表明,青春期摄入大麻可能会提高成年早期26岁时出现精神分裂症状的风险,但我们的初步研究还增加了三项与现有发现相符的新证据。

第一项证据有关之前没有被证实的一种可能性,即青少年在初次尝试大麻之前,就已经有精神病症状了。如果精神病症状出现在开始尝试大麻之前,那么先前将摄入大麻和精神分裂症症状联系起来的研究(包括我们自己的),就可以反映"反向因果关系"——可能是精神病症状导致人们去尝试大麻,而不是摄入大麻导致了精神病。只有像达尼丁研究这样的前瞻性研究,才能弄清楚这些被认为有关联的因素之间的"时间顺序",也就是确定先有精神病症状还是先有摄入大麻的行为。这是因为我们与研究对象进行了多次标准化精神病学面谈,这有助于我们确定精神病症状和摄入大麻的时间顺序。在评估任何药物或其他经历的影响时，能够证明潜在的原因（摄入大麻）实际上发生在潜在的后果（出现精神病症状）之前，是非常重要的。因此，我们的第一个促进理解摄入大麻的影响的重大发现是，反向因果关系并不能解释吸大麻和心理健康问题之间的联系。那些在青春期和同龄人一起吸大麻的研究对象，在开始尝试大麻之前，并不比那些不吸大麻的人更有可能出现精神分裂症症状。

我们的第二个重大发现具有发展层面的深远意义，因为它强调了开始尝试大麻的时机：比起那些17岁之后才开始尝试大麻的人，在15岁之前就开始的人出现与精神分裂症相关的症状的风险更高。这一结果表明，可能是由于15岁时大脑还在发育，那时尝试大麻会产生不良影响。在我们开展这项研究时，神经科学还没有完全弄清楚那些现在已被广泛接受的事实：大脑，特别是前额叶皮质，对于计划和控制冲动行为至关重要，它在青春期还在连续发展，而且这种发展会一直持续到20多岁。

我们的第三个也是最后一个重大发现，是关于摄入大麻对心理健康的影响的特异性的：即便不在吸大麻的过程中，有吸大麻经历或习惯的青少年，相比不吸大麻的同龄人，也更有可能出现精神病症状。但是，他们患抑郁症的风险并没有因为吸大麻而升高。这再次说明，大脑中可能发生了一些重要的变化。

既然我们已经记录了大麻可能带来的至少一种不良影响，在继续分享我们发现的大麻的其他影响之前，我们需要明确几点。我们做这些研究并不是为了揭露摄入大麻的负面影响，也不是为了证明它对健康、财富或幸福有害，更不是为了反驳任何关于摄入大麻的危害性的说法。这是因为，就像我们开展的许多关于健康的研究一样，作为以公共健康为导向的发展科学家，在研究大麻的影响时，我们关心的是摄入这种物质是否以及如何影响身体、心理和行为的发展。作为实证主义者，我们总是让证据说话，诚实、公开地报告我们的研究发现，无论这些发现会被支持或反对摄入大麻和大麻合法化的人如何使用。回想我们在第八章讨论日托时说过的话：请把我们想象成认真分析数据、预测天气的气象员。如果我们说天要下雨，那并不是因为我们讨厌阳光；如果我们说明天是晴天，那也不是因为我们讨厌下雨。我们纯粹是想分享数据告诉我们的信息。

超越心理健康和青春期

随着达尼丁研究的参与者们年龄的增长，我们想知道长期摄入大麻会不会对他们青春期之后的发展产生影响，这种影响不仅限于心理健康方面。这促使我们在后续的研究阶段不仅考察了青春期开始尝试大麻的情况，也考察了成年期长期摄入大麻的情况。我们没把研究焦点放在精神病上，而是转向了13~38岁神经心理机能的变化——或者说得更具体点儿，是神经心理机能的衰退。神经心理机能主要指已知与大脑活动过程紧密相关的认知能力。虽然我们的测量方法不像大脑成像研究那样直接针对大脑，但我们测量的心理能力是大脑活动的产物。我们对神经心理机能变化的测量基于对研究对象13岁、38岁时智力和记忆力的评估。我们还评估了在他们38岁时测量的视觉信息处理、听觉语言学习、信息处理速度、知觉推理和语言理解能力。

需要指出的是，我们对神经心理学测量结果所反映的信息非常有信心。这是因为，当特莉·莫菲特年迈的父亲在视力上出现很多令人沮丧和不安的变化，最终几近失明时，莫菲特这位神经心理学家证明了自己是个出色的大脑科学家。尽管有位老态龙钟的乡村医生认为她父亲的病情没什么大不了的，只是普通的老年退化，但莫菲特并不这么认为。根据一系列症状，她怀疑父亲大脑内部的某个特定区域长了肿瘤。果不其然，当莫菲特坚持带父亲去杜克大学医学中心做脑部扫描时，她发现自己猜测的肿瘤正压迫着父亲的视神经。一场非常简单的、通过鼻腔进入大脑的手术后，肿瘤被切除了！

我们对长期摄入大麻（我们的预测因素变量）的测量基于在研究对象18岁、21岁、26岁、32岁和38岁时进行的访谈。所谓长期摄入大麻，是指在这5个年龄节点，参与者符合大麻依赖的正式精神病学诊断标准的总次数。要满足这个诊断标准，研究对象必须表现出摄入大麻的不良反应，它导致他们在日常生活中需要承受显著的临床损伤或痛苦，就像在连续 3 个月内出现的多种症状所显示的那样。这些症状包括需要增加大麻的用量来达到预期的效果（耐受性增加），不摄入大麻时出现令人不适的戒断反应，尝试减少或控制摄入大麻但失败，以及因为摄入大麻而放弃或减少了重要的社交活动、职业活动或娱乐活动（比如，不与不摄入大麻的朋友出去玩，不去参加工作面试）。根据这些标准，研究人员会基于研究对象被诊断有大麻依赖的次数来给他们打分，分数在 0~5 的范围内浮动。

我们发现了什么？首先，更长时间的大麻依赖与研究对象在 13~38 岁参与研究的 25 年里智商更大幅度的下降有关。在这段时间里，那些从未接触过大麻的研究对象的智商有小幅提升——平均将近 1 分，而那些在一次、两次、至少三次测量中被诊断有大麻依赖的人，他们的智商平均分别下降了大约 1.5 分、2.5 分和将近 6 分。我们观察到了一种剂量–反应关系，就像我们在本书的其他章节中报告的其他发展经历和环境因素的影响一样：就大麻依赖而言，随着接触的增加，大麻的影响也在增加，即智商会下降。虽然智商下降超过 5 分看起来不是很多，但这对个人能力未必没有影响，尤其是当同龄人表现出幅度较小的下降或没有下降，甚至有轻微提升的时候。我们还邮寄问卷给熟悉研究对象的人，询问他们关于研究对象的记忆力和注意力的问题。这些数据表明，摄入大麻的人在日常生活中的认知问题比其他人显著。

我们再次尝试通过更深入地研究我们从研究对象身上收集的数据来加深对最初发现的理解。我们记录的智商下降可能仅仅是因为那些长期摄入大麻的人受教育水平较低，不管后者是由吸大麻还是其他某个因素导致的。考虑到这种与摄入大麻对认知的直接神经生物学影响相反的可能性，我们认为有必要检验这个看似合理的替代性解释。结果表明，长期摄入大麻对智商变化的影响并不是因为这些人受教育水平低。这一结果让我们感到惊讶，因为考虑到大麻可能会削弱人的成就动力，降低其教育抱负，受教育水平低的解释当然是有可能的。请注意，我们在这里并不是说长期摄入大麻不会影响成就动力或教育抱负，只是说这并不是摄入大麻与我们在开展研究的 25 年里测量到的智商下降之间存在关联的（唯一）原因或机制。

既然我们已经确定长期摄入大麻导致智商下降并不是因为吸毒者的受教育水平较低，我们就将注意力转向了神经心理学评估。也许不足为奇的是，我们发现，在特定的认知能力方面，相同的剂量–反应关系出现了。即便我们在统计层面控制了研究对象 13 岁时的智商，结果依然如此。为了确保我们的发现不是那些智商较低的青少年在 38 岁时表现得更差的假象，此举很有必要。考虑了 13 岁智商的影响后，证据显示，长期摄入大麻可能会削弱人到中年时大脑保持思想和操控思想的能力（也就是工作记忆）、解决问题时处理信息的速度以及理解口头和书面语言的能力。这些当然都是现实生活中的重要技能，会影响日常生活的许多方面，无论是打电话、照着食谱做菜，还是玩电脑游戏。

我们再次试图质疑这些发现，以确保它们不是由长期摄入大麻以外的因素造成的，这些"第三变量"（或者说混杂变量）总会影响对观察性研究结果的解释，就像在我们所做的研究中那样。这促使我们去评估长期摄入大麻对神经心理机能的不良影响是否仅仅因为那些长期摄入大麻的人在 38 岁时进入达尼丁研究项目办公室接受我们的检测之前 24 小时或一周内摄入了大麻。因此，问题变成了：我们的结果是否纯粹是那些摄入大麻的研究对象或多或少"宿醉未醒"的假象？事实证明，近期曾摄入大麻并不能解释这些发现，这意味着我们检测到的是长期摄入大麻的持久影响，而不仅仅是近期曾摄入大麻的短暂或短期影响。烟草依赖、烈性毒品依赖、酒精依赖或精神分裂症也不是上述发现的原因。鉴于此，大麻对中年人神经心理机能的负面影响仍然存在。

考虑到我们在之前研究中摄入大麻的影响这个问题上的发现——15 岁之前开始吸大麻的人患精神病的风险最高，我们又一次对研究对象开始吸大麻的年龄产生了好奇。对于我们已经强调的那些负面影响来说，成瘾者是在青春期还是之后才开始摄入大麻重要吗？答案是肯定的。研究结果显示，在成年期才开始摄入大麻的研究对象并没有受到长期摄入大麻的影响的困扰。换言之，我们一直在讨论的关于长期摄入大麻的神经心理影响的发现，实际上是由那些从青春期就开始摄入大麻的长期摄入者子集所"驱动"的。证据再次表明，存在一个与仍在发育中的大脑有关的发展脆弱期。

长期摄入大麻与现实生活机能

　　在心理学家严格控制的条件下进行的正式测试中显示出神经心理机能的下降或受限是一回事，弄清楚长期摄入大麻的影响是否会延伸到现实世界和日常生活中则是另一回事。在回顾我们刚刚总结的结果时，我们突然意识到，如果长期摄入大麻真的会导致神经机能变差，那么这种影响也可能会对成人的财富资源和社会地位造成破坏。这正是我们在第三个关于长期摄入大麻的长远影响的研究中关注的问题。在第十三章讨论人生成功的遗传性时，我们将会回顾这个主题。

　　在接下来的与大麻相关的研究中，我们关注的是中年期明显的经济和社交问题，这项研究同样聚焦于持续至38岁的长期摄入大麻。我们首先通过比较研究对象38岁时的职业状况及其父母的职业状况来研究社会流动性。如果父母的工作比研究对象的工作更有声望，比如父亲是医生，而女儿是文书助理，或者母亲是会计师，而儿子是汽车修理工，这种情况就被称为向下社会流动。反之则称为向上社会流动。

　　接下来，我们研究了经济困难的问题。在与38岁的研究对象进行面谈时，我们收集了他们的总资产净值、债务问题、在支付基本开销方面存在的困难等信息。此外，我们通过查阅官方的行政记录来获取他们的福利待遇信息，以及通过查询信用评级来确定他们的信贷价值。最后，为了了解社交机能，我们询问了研究对象在职场和亲密关系中遇到的问题。在职场方面，我们收集了研究对象的信息，看他们是否有过以下行为：为了得到工作而撒谎、不提前通知就辞职、与同事发生冲突、无故翘班、故意放慢工作节奏、在工作中偷钱、报告的工作天数和时长多于实际情况。至于亲密关系，我们通过询问他们情感上的亲密和信任、身体虐待的发生情况，以及他们或伴侣是否有控制行为，比如阻止伴侣工作、学习、见家人，还有跟踪伴侣，来评估研究对象亲密关系的总体质量。

考虑到我们之前关于长期摄入大麻对神经心理机能的影响的研究结果，经济和社交问题同样与这种生活经历有关，这似乎是唯一合乎逻辑的，而实际情况也确实如此：长期摄入大麻的时间越长，研究对象在中年期经历社会经济地位下降、经济困难、职场问题和亲密关系冲突的可能性就越大。结果再次揭示了长期摄入大麻与机能问题的程度之间的剂量–反应关系（摄入越多，影响越大）。

接下来我们要做的，当然是质疑既有发现！长期摄入大麻的这些负面影响也许并不是由这种经历本身直接带来的，而是其他因素在背后起作用，比如儿童期的社交和经济条件欠佳，在儿童期患有某些精神疾病，由单亲抚养成人，酗酒，或者在青春期就开始吸大麻（这个因素或许是最明显的）。其他研究结果显示，这些替代性解释因素无从说明18~38岁长期摄入大麻所带来的更多负面影响。最引人注目甚至令人惊讶的或许是，长期摄入大麻被证明与中年期的经济和社交机能低下有关，哪怕这种行为并非始于青春期，而是在之后的发展阶段才开始的。因此，这些关于现实世界机能的结果与我们在研究办公室通过心理测试来测量神经心理机能时的发现有些许不同。回想一下，关于那一系列发展结果，青春期吸大麻会提高机能不良的风险。

更让人惊讶的是，研究结果显示，长期摄入大麻与酒精依赖在引发经济和社交问题上发挥的作用几乎一样显著，有时候长期摄入大麻的影响甚至更强烈。虽然大麻依赖在预测经济困难方面比酒精依赖更准确，但这两种依赖在导致向下社会流动、职场上的反社会行为和人际关系冲突方面发挥的作用是相似的。在思考这些发现时要意识到，在达尼丁研究中乃至全世界，酒精依赖的人数比大麻依赖的人数多。这表明酒精依赖对社会造成的负担很可能比大麻依赖所造成的负担重。难怪有人质疑，为何对大麻的限制比对酒精的限制更严格。

身体健康呢?

在发现早期和长期摄入大麻对心理及行为机能有多方面的负面影响后,我们在研究大麻的最后阶段,把目光转向了身体健康。实际上,我们试图在这项研究工作中比较吸大麻和吸烟的影响。我们再次利用了研究对象18岁、21岁、26岁、32岁和38岁时的大麻摄入频率和大麻依赖的测量结果,以及在相同年龄评估的吸烟情况。在身体健康方面,我们利用了对牙周健康、肺功能、系统炎症和代谢健康的实验室评估,以及研究对象自己在26岁和38岁时陈述的身体健康状况。

在分享这些从成年早期到中年期的研究结果之前,需要先强调早期研究中的几项有关健康的发现。首先,我们在研究对象18岁和26岁时获得的测量数据,最初似乎表明吸大麻对肺功能有负面影响,但后来发现这实际上是吸烟和体重超标这两个混杂的"第三变量"造成的。当然,我们如果没有考虑替代性解释因素,也许就不会发现这一点。其次,或许会让人意外的是,我们在研究对象32岁时得到的证据实际上表明,吸大麻之人的肺活量比不吸大麻之人的肺活量更大!为什么会这样呢?我们猜测,这可能是因为人们为了从大麻中获取更多的精神活性成分,采取了"吸入后屏住"大麻烟雾的做法。

继续深入研究,去确定吸电子大麻烟(人们一直将其与严重到有时甚至会致死的肺部问题联系在一起)和食用大麻的人是否也符合这样的情况,会很有意思。因为吸电子大麻烟通常不需要大量吸入烟雾,而食用大麻完全不需要吸入。如果在未来的研究中,在这些条件下,我们没有发现摄入大麻与更大的肺活量之间的联系,那么,这将支持我们对达尼丁研究中为什么会出现这种关系的推断。

基于这一背景,我们来看看研究对象38岁时与健康有关的研究结果。最明显的是,与烟草的影响相反,即使是长期依赖大麻,我们也无法证明其与身体健康有关。事实上,在多项健康评估中,只有牙周健康被证明与摄入大麻有负面关联。具体来说,这些年的反复牙科检查显示,吸大麻与研究对象38岁时较差的牙周健康状况有关,也与

26~38岁牙周健康状况的大幅恶化有关。即便在考虑吸烟的"包年"（也就是26~38岁这12年间的吸烟量）后，情况也是如此。需要注意的是，尽管我们没有发现表明摄入大麻对中年期肺功能有损害作用的证据，但许多频繁摄入大麻的人确实承认自己有支气管炎症状，而这些症状在他们停止吸大麻后有所改善。

尽管摄入大麻被证明一般不会影响身体健康，但吸烟不是。实际上，吸烟与研究对象38岁时肺功能下降、全身炎症水平升高和代谢健康状况不良有关，也与26~38岁身体健康状况的大幅恶化有关。虽然吸烟和吸大麻都涉及吸入烟雾，至少在达尼丁研究的研究对象成长时期是这样，但必须指出，这两种烟雾吸入方式对身体健康的危害程度是截然不同的。在得出这一结论时，我们并不是想忽视吸大麻对牙周健康的潜在负面影响，也不是想淡化戒大麻对改善支气管炎症状的明显效果，只是想说明，在评估大麻和烟草这两种物质对身体健康的长期影响时，不应该将它们一概而论。我们再次好奇：为什么吸大麻一直被认为不可接受且非法，吸烟却可以被容忍这么久？

总体结论

关于我们在对大麻影响的探索（这是我们在达尼丁研究中为了弄清楚在同龄人的引导下开始尝试大麻的影响而开展的工作的一部分）中获得的发现，首先需要指出的是，在关于这一主题的所有研究中，我们从未发现表明成人偶尔出于娱乐目的而摄入大麻对健康有害的确凿证据。话虽如此，不管摄入大麻会带来什么样的乐趣，我们对其影响的长期研究确实显示，对于摄入大麻的青少年或多年来几乎每天都摄入大麻的人来说，不应该轻视它可能带来的问题性后果。特别关键的是，我们分享的第一批发现表明，青春期开始摄入大麻的人在心理健康和神经心理机能方面会受到损害，但后续的研究揭示了更广泛的影响：无论是否在青春期开始摄入大麻，长期摄入的不良后果影响范围扩展到了几乎所有长期摄入者在现实世界中的经济和社交机能。与此同时，除牙周健康外，我们几乎没发现长期摄入大麻会对身体健康的各个方面产生负面影响。

现在可能有人会认为，我们记录的对现实生活的不良影响可能仅仅是吸大麻的人因使用非法物质而被执法者追究、被逮捕的间接结果。换言之，吸大麻，甚至长期吸大麻本身不是问题，问题在于因此与法庭产生纠葛。我们实际上检验了这个观点，发现它站不住脚。当我们分析长期摄入大麻给现实世界带来的后果时，忽略全部有毒品相关犯罪记录的研究对象后，结果仍然没有变化。因此，即便是那些未引起警方注意的大麻摄入者，在中年期也出现了向下社会流动、经济状况不佳和家庭生活一塌糊涂的情况。

这些以及其他与大麻相关的研究结果之所以特别令人担忧，可能是因为如今的大麻在四氢大麻酚（THC），也就是让人产生"上头"感觉的精神活性成分的含量上，比38岁的研究对象在青春期甚至成年早期所接触的大麻强烈得多。我们在前文中说："玛丽·珍，你终于来了。"显然，这未必是好事。尽管这种新情况对身体健康的影响有限，但它似乎确实会对心理健康、神经心理机能，以及工作和家庭生活产生影响。

鉴于这些观察结果，试想一下：21世纪15岁或38岁的人如果在人生早期或成年期长期摄入更多烈性大麻，受到的影响是否会与大约30年前甚至更早时候的人一样？考虑到达尼丁研究的结果，以及我们已经暗示的情况，我们猜想答案是否定的。考虑到20世纪七八十年代人们对大脑，尤其是前额叶皮质在人生第三个10年中如何继续发展的认识与今天不可同日而语，我们完全有理由相信，我们的发现可能低估了21世纪的早期和长期摄入大麻行为带来的不良影响。

在结束本章之前，我们应该指出，仍然有强大的声音在反驳我们的研究结果所传递的信息——显著的心理和社交问题与摄入大麻有关，至少与长期摄入大麻脱不了干系，无论是对于在青春期开始摄入大麻的人，还是对于在中年期仍继续大量摄入大麻的人。我们亲身经历过，有些人因难以接受某些研究发现，而倾向于迁怒传递这些消息的人。

第十一章　早期和长期摄入大麻的影响

这是因为我们在发表关于现实生活结果的第三项研究的成果时遇到了阻力。一些学术期刊的审稿人拒绝接受我们提交的科学报告，并不是因为我们的研究方法和数据测量存在本质缺陷，而是出于对科学研究可能传递的信息以及我们的研究动机的担忧。

我们在最初尝试发表有关身体健康的数据时，恰恰遇到了类似情况。这一次，问题不在于我们不正当地制造出反对摄入大麻的科学证据，可能出于个人原因夸大了它的负面影响，而在于我们正好相反的做法！我们面对的是"你不能说大麻对健康无害，因为这会导致更多人吸毒"的观点。在研究大麻的影响时，科学家们如果发现了负面影响，就会受到指责，但如果没有发现负面影响，那他们同样会受到指责。我们自然也受到了反对大麻和支持大麻的游说团体的诋毁（以及称赞）。

就像我们在第八章介绍日托研究时明确提到的，这种评估研究的方法存在严重缺陷。作为科学家，我们不认为自己的职责是通过精心设计的实证研究和合理推导的结果让人们感觉更好或更糟。相反，我们致力于保持开放的心态，准备接受科学证据可能指向的任何方向。同样重要的是，我们不认为那些报告了不受欢迎的发现的人应该受到指责，而有些时候确实会出现这样的情况。记住：如果气象员说第二天会下雨，那并不是因为他讨厌阳光！对于任何来自高质量研究的科学发现，都需要给予同样的理解。我们需要区分人们想要相信的东西，甚至他们希望通过科学研究得出的结论，与客观收集和评估的数据实际揭示的内容。

总之，我们要强调一个关键的政策相关观点：鉴于大麻在许多地方已经是合法或半合法的，确保青少年难以获取大麻便尤为重要，并且人人都要警惕从青春期到中年期长期摄入大麻对社交和经济成功造成的负面影响。大麻合法化似乎有助于实现这一目标。毕竟，推动大麻合法化的两个主要原因，一是打击犯罪团伙向年轻人销售大麻，二是通过合法销售筹集资金来帮助那些无法自行戒除大麻的人。我们期待大麻合法化在这两个方面都取得成功。

第五部分

遗传基因

第十二章

吸烟会遗传吗

尽管如今在美国和许多西方国家，吸烟的人比以前少了很多，但在许多地方，吸烟仍然是个问题。吸烟不仅对公众健康造成了巨大损害，还带来了巨大的经济负担。《经济学人》杂志2017年的一篇报道称，全球每年由吸烟造成的健康问题和生产力下降的损失高达1.4万亿美元，其中将近40%的损失落在那些最无力负担的发展中国家身上。美国疾病控制和预防中心也指出，从20世纪末到21世纪初，吸烟导致美国超过40万人死亡，生产力损失达950亿美元。

为什么在美国这样一个国民受教育水平高、发达、高科技的社会里，人们还会继续吸烟呢？尤其是在许多地方，为了吸烟，人们不得不站在寒冷刺骨或酷热难耐的室外。已经有相当长的一段时间，吸烟对健康的危害是众所周知的事实，前文已经提到，它会提高患肺癌和心血管疾病的风险，增加死亡的可能性。实际上，这些证据早在大约40年前就已经非常充分，足以说服我们当中一位作者的父亲改掉他持续了30年、每天吸一包骆驼牌无过滤嘴香烟的习惯。如果他没有戒烟，很难想象他能在体重超标的情况下活到90岁。

出于对健康方面的担忧，特莉·莫菲特在26岁时决定戒烟，她之前每天都要吸一包烟。和北卡罗来纳州农村的许多青少年一样，她17岁就开始吸烟了。在那里，烟草是经济作物，香烟很便宜。当她的

"老烟枪"祖父因肺癌去世后，特莉才意识到，无论吸烟带来的短期好处有多大，比如看起来很"酷"，长期的健康代价都实在太大了。里奇·波尔顿曾经长时间吸那种被称为"死亡棒"的香烟，但他最终也变聪明了——尽管这发生在他的妻子告诉他"你把烟戒了，我才愿意备孕"之后。本书的四位作者中，只有阿夫沙洛姆·卡斯皮还在吸烟。他是一个"社交吸烟者"，这种人似乎不会上瘾，只是偶尔吸几口，甚至可能好几天都不吸，对他们来说，间歇性戒烟并非难事。

不同人的经历促使我们去探索，努力理解为何时至今日，还有人吸烟。显然，人的发展和环境因素在其中扮演了重要角色。大多数对尼古丁上瘾的人是在青春期开始吸烟的，往往迫于同龄人的压力。他们这么做大多是想要获得社会的认同，提升自己的形象，表现得更"成熟"，或者就像本书的作者们在青少年时期那样，想变"酷"。然而，环境因素起作用的最佳证明可能来自一项研究，它发现，香烟价格上涨与吸烟者（尤其是吸烟的年轻人）减少之间存在联系。但是，正如我们在本章将要看到的，至少在决定谁会很快从尝试吸烟转变为对尼古丁上瘾这个问题上，遗传因素也起了作用。

无论是大众媒体还是社交媒体，几乎每天都有新闻报道称，科学家发现了某个会被基因影响的人类机能。一篇基于科学研究的报道的主题，可能是精神分裂症或自闭症（也称孤独症）之类的精神障碍，可能是孤独之类的心理现象，也可能是冒险之类的行为问题。这并不奇怪，因为遗传学学者"指哪打哪"，他们在自己的科学视角所到之处，几乎总能发现基因对各种表型起作用。所谓表型，是指个体的任何可观察特征，包括身高、性取向、是否吸烟等。大量证据显示，基因构成几乎对所有表型特征都有影响，因此，只有人们识别出一种没有表现出基因影响证据的表型，才真正算有价值的新闻！

表型确实有一部分是由基因决定的，但这个观点有时会被误解，比如人们可能会认为"基因决定命运"：如果你有某个基因，你就一定会有相应的特征。实际上，情况并非如此简单，有多个原因。最重要的是，基因和表型之间存在一系列复杂的生物学过程，有时候还涉及心理和行为因素。基因的主要功能是编码蛋白质，而编码蛋白质仅仅是形成鬈发、数学天赋或性取向等特征的第一步。从基因到表型的转化过程中，会有许多事情发生，所以基因的潜力并不总是能够完全变成现实。这里再次凸显了概率性，而非确定性。即便有统计数据表明基因型和表型之间存在关联，从而涉及遗传学，科学家也不得不承认，两者到底是如何联系在一起的，在很大程度上仍然是个谜。并不是说这是个不可知的过程，或者这个过程中的步骤还没有被揭示，只是我们还没有完全掌握基因型发展为表型的复杂路径图，尤其是在像人类这样复杂的有机体中。

对那些非常复杂的表型来说尤其如此，它们正是本书讨论的主题，包括气质、自我控制力、ADHD、青春期生理发育时间、霸凌、吸大麻和吸烟。这种情况在科学研究中并不少见。在人们完全理解吸烟影响健康的具体生物机制之前，就已经有证据显示吸烟与多种疾病有统计关联。有人可能会问：在确认预测因素与结果之间存在实证联系之前，深入研究任何预测因素（比如基因）与任何假设结果（比如吸烟）之间的生物学或心理和行为过程有什么意义呢？请注意，在本书讨论的研究中，我们通常先确定自己感兴趣的预测因素能否真的成功预测我们感兴趣的结果，然后尝试阐明能够解释研究中的预测因素与结果之间关联的发展过程。毕竟，如果在最初的分析中，变量 A 甚至不能预测变量 C，那么为什么还要评估变量 B 是否如假设的那样，是将变量 A 与变量 C 联系起来的机制呢？

当我们谈论连接基因型和表型的复杂事件链时，如果我们传达的信息仅仅让人们觉得这条链只包括体内或大脑中的生物过程，那我们就错了。因为环境因素和经历也可以是基因型转变为表型的复杂影响链中的关键环节。关于这一点，可以回顾我们在本书第二章讨论早期气质对发展的后续影响时提到的两个发展过程——"利基选择"和"唤起效应"。利基选择观点的核心是，个体往往是自身发展的推动者，即个体是具有主动性的有机体。他们不仅是被动地接受自身的发展经历或接触自身所处环境的，也是自身发展的建构者和设计者，即使这种建构和设计是无意识的。

智力和离婚涉及的遗传性就是这种过程的案例。在利基选择的案例中，基因和智力可能存在联系，拥有某些特定基因的人会比其他有着不同基因构成的人认为阅读和学习更有趣、更好玩，所以更喜欢阅读和学习。他们最终变得更聪明，不是简单地因为基因，而是因为基因的某种东西促使他们倾向于做一些有助于智力发展的事情，比如去图书馆，在学校专心学习。至于离婚，可能是因为基因导致某些人在挑选伴侣方面判断力较差，选择了不合适的伴侣，或者基因使他们容易吵架、抑郁或不擅长沟通，正是通过这样的社交和情感过程，基因型和表型才被联系在一起。这里的中心观点是，如果连接基因型和表型的中介过程由于某种原因没有发生（比如学校教育缺失或禁止离婚），那么潜在的基因影响就不可能完全显现。在这种情况下，基因并不能决定命运。所以，我们再次看到，在涉及基因影响时，人的发展是概率性的，而不是确定性的。

另一个需要考虑的间接过程是唤起效应。就此而言，一个人去哪里——是去图书馆借更多的书还是去酒吧觅得一个有问题的伴侣——已经不那么重要了，重要的是别人如何对这个人的行为做出反应，以及这种反应如何影响这个人的发展和机能。回到智力的话题，我们可以设想一个孩子出于遗传原因对学习有浓厚的兴趣。因此，她在课后学习了更多的课外知识，如音乐、艺术、语言或计算机技术。这些经历提供了额外的认知刺激，最终使个体习得更多的知识。

我们也不难想象在离婚案例中发挥作用的唤起效应。试想一下，有些人可能出于基因的原因，性动机非常强烈，甚至倾向于寻求性体验的多样性，会有多段婚外情，最终导致他们的伴侣提出离婚。需要再次强调的是，离婚并不是一个人基因构成的直接表现，而是基因型影响的心理和行为倾向引起了他人对他/她的表型的反应，他/她是在这种情况下才成为离婚者的。

因为"基因未必决定命运"的观点如此重要，而且关于基因影响的报道常常被误解，我们可以通过两个天生好奇心旺盛的人的例子来理解这一点。其中一个人的父母对他的好奇心表示赞赏；另一个人的父母（可能因为贫困、生活压力大或者缺乏教育）觉得孩子的行为（比如总是问问题）很烦人，于是以严厉的态度回应孩子。以离婚为例，想象一下，如果两个人都有出轨的倾向，但其中一个人因为住在偏远的农场，根本没有机会实现这种想法。

这些例子说明了基因型可能需要特定的环境条件才能发展成表型，这表明基因是在特定环境背景下发挥作用的。因此，即使有证据显示某种表型与基因有关（具有遗传性），也不意味着只有基因构成才是关键因素。正如人的发展和行为似乎很少能完全不受基因的影响一样，几乎没有什么现象可以完全不受环境的影响。后天环境和先天基因都在其中起了作用，尽管它们各自影响的程度可能因需要解释的表型不同而有所不同。先天与后天的这种相互作用是第十四章和第十五章讨论的重点。

在探讨发展学者如何研究基因影响之前，作为讨论吸烟遗传性研究的铺垫，我们在考虑基因影响时需要强调另一个重要问题：除非有其他证据，否则所有显示基因影响的证据都是适用于特定的被研究人口的。因此，仅仅发现智力或离婚在一地一时与基因有关，并不意味着在另一个地方或另一个时间点也会如此，至少在程度上会有差异。即使有人断言"离婚是由基因决定的"，因为有证据表明离婚具有遗传性，这也不意味着在人类历史的任何时刻，在世界上的任何地方，于每个人而言都是如此。毕竟，在一个禁止离婚的社会里，离婚怎么可能是由基因决定的呢？或者，在一个饮酒非法且无法获得酒精的国家，怎么可能证明酗酒具有遗传性呢？甚至有一些暗示性的（如果不是决定性的）证据表明，智力在富裕的美国社区中具有高度遗传性，但在经济贫困的社区中遗传性不那么强，这可能是因为在后一种环境中缺乏智力发展所需的条件，从而限制了基因差异的表达。永远别忘了，先天因素能否发挥作用取决于后天环境。

研究基因的影响

当科学家们试图理解基因如何塑造人的发展和机能，无论它带来的是积极的影响（如智力）还是消极的影响（如犯罪）时，他们依赖的是不断发展的研究工具。在研究心理和行为发展以及身体健康方面，我们至少可以区分出两拨研究："定量行为遗传学"和"分子遗传学"。第二拨研究涉及对基因的实际测量。这是我们最激动人心的探索之一，也是本章以及第十三到十五章的重点。另外，定量行为遗传学是在能够测量单个基因的技术出现之前就存在的。因为这种早期的研究方法为后来的分子遗传学方法奠定了基础，所以我们首先讨论它。

行为遗传学

如果不直接测量基因，如何记录基因的影响呢？有几种方法可以做到这一点。要理解这些方法，就需要记住一些生物学和遗传学的基础知识，最显而易见的是，一个人的亲戚在生物学上与他的关系越近，两者共享的基因就越多。这里特指使人类产生差异性的基因。令人惊讶的是，这些基因只占整个人类基因组的一小部分——大约5%！同卵双胞胎，比如杰伊·贝尔斯基和他的兄弟，共享100%的差异性基因；一级亲属，如父母和孩子、亲兄弟姐妹（包括异卵双胞胎），共享50%的差异性基因；二级亲属，如祖孙或叔侄，共享25%的差异性基因；三级亲属，如堂/表兄弟姐妹，共享12.5%的差异性基因。养父养母与被领养的孩子之间不共享这些基因，被领养的孩子和他们的兄弟姐妹（养父养母的亲生孩子）也不共享这些基因。有了这样的基本认识，我们就能理解行为遗传学基于这样一个概念：如果表型是可以遗传的，那么拥有更多共同基因的人彼此之间会更相似，而基因关联更少的人彼此之间的相似度也更低。

所以，如果表型是可以遗传的，我们就可以推断：同卵双胞胎在表型上的相似度会高于异卵双胞胎；亲生父母和亲生子女之间的相似度会超过养父养母和养子养女之间的相似度；一级亲属（如亲兄弟姐妹）彼此之间的相似度会高于他们与二级亲属（如叔父或姨母）之间的相似度；一级亲属彼此之间的相似度会高于他们与三级亲属（如堂/表兄弟姐妹）之间的相似度。这种研究基因影响的基本方法是由查尔斯·达尔文的表弟弗朗西斯·高尔顿爵士在19世纪晚期提出的。

正如本章开头提到的，基于遗传亲缘关系的相似性模式在几乎所有可能的表型研究中反复得到了证实。换言之，基因的影响似乎无处不在，这并不是说人与人之间的差异完全是由基因决定的——后天的养育同样重要，只是基因的影响确实是广泛存在的。说实话，在21世纪，这一点应该是显而易见的，但同样显而易见的还有一个观点：在研究人的发展的学者感兴趣的、关系到健康和幸福的大多数现象中，基因并不是唯一的影响因素。

分子遗传学

行为遗传学研究比较了在不同程度上共享基因的人群，比如同卵双胞胎和异卵双胞胎、亲兄弟姐妹和领养的兄弟姐妹、一级亲属和二级亲属。任何一种行为遗传学研究都有一个明显的不足：即使我们发现了遗传性的证据，这类研究也无法告诉我们哪些特定的基因在起作用，而且，我们得面对数百万个可能的基因变体。最终，我们只能在"黑箱"中得出一个模糊的结论——基因构成有某种东西发挥作用，可以解释个体之间机能的差异，但我们能确定的信息也就这么多了。

到20世纪末，随着基因测量技术的进步，发展学者对基因的理解有了根本性的变化。需要认识到，在所谓的基因型-表型研究中，这种基因分型技术能够将特定的基因与特定的心理和行为现象联系起来，正如本章和第十三章所报告的那样。同时，还要了解的是，随着基因测量成本的不断降低，分子遗传学研究已经经历了一系列时期或浪潮。第一股基因型-表型研究浪潮聚焦于单个"候选"基因，人们基于对表型潜在生物学原理的理解（"生物学合理性"），认为这些基因可能影响特定的表型。

随着测序技术的进步，也就是测量实际基因的成本降低，以及越来越多的基因可以被测序，将基因和表型联系起来的研究开始聚焦于多个基因变体，并创建基于多个基因的"多基因风险评分"。在预测某一特定表型，比如本章讨论的吸烟和第十三章讨论的教育成就（和人生成功）的过程中，多基因评分的形成依赖于通过大规模的全基因组关联研究（GWAS）来确定哪些基因应该被组合在一起。这些基因"发现"研究涉及成千上万甚至数十万人，他们提供了关于某一特定表型的遗传数据和信息。在一种不受任何生物学见解指导的"无理论"统计方法下，问题变成：在被研究的表型（如 ADHD）案例中，与没有该表型的对照组相比，数千乃至数百万个基因变体中的哪一个在统计上更为常见？GWAS 明确指出：基因的影响是复杂的；几乎所有引人注目的表型都受到许多基因的影响；这些基因中的每一个都只产生非常细微的影响；一次只关注一个基因几乎没有意义。

考虑到本书的结构，特别是聚焦于基因影响的本章和第十三至十五章，我们需要指出，尽管我们在本章和第十三章讨论了基于 GWAS 的研究，在第十四章和第十五章聚焦于基于候选基因的研究，但这种讨论顺序实际上与遗传学研究的推进顺序相反，也与我们自己开展遗传学研究的顺序相反。我们和其他人在进行与 GWAS 有关的研究之前，先进行了候选基因的研究，那么为什么我们不按照谁先谁后的"历史性"顺序来讲述我们的研究呢？这个问题的答案是，两组研究涉及的是不同的实证问题，我们认为让概念性而非历史性的考量来指导我们的讲述更为重要。

我们（在本章和第十三章中先讨论的）后来的遗传学研究，与我们早期的遗传学研究（关于我们之后将关注的反社会行为和抑郁症）的一个核心区别在于研究的重点。与 GWAS 有关的研究关注的是基因型和表型之间的关联，而我们（以及其他研究者）的候选基因研究关注的是基因和环境的相互作用。这两组研究的区别在于，后者不是简单地问基因的变异能否预测某个表型的变异，而是问环境的影响（这是本书至此的一个主要关注点）是否会根据个人的基因构成而变化。我们认为这是一个更为复杂的问题，因此决定在后续章节中再做探讨。

在转向深入探讨我们的主要关注点——吸烟的遗传性——之前，让我们再谈谈两种历史性的观点。到目前为止，事实证明，使用基于多个基因的多基因风险评分来研究基因和环境的相互作用是极其困难的，因为这种方法需要的样本量比与 GWAS 有关的基因型-表型研究所需的样本量更大。话虽如此，我们必须承认，关于人的发展和健康的遗传学研究已经超越了对候选基因的关注。这是因为前文强调过的惊人发现，即单个基因本身的影响非常细微。

吸烟基因型与表型的关联

随着测量多个基因和创建多基因风险评分的技术的不断进步，达尼丁研究有望基于 GWAS 的大规模调查结果提出问题——这些调查的样本量在某些方面让我们的研究相形见绌。尽管达尼丁研究有约 1 000 名研究对象，但我们还是无法开展 GWAS 的"发现"研究，这需要从数万甚至数十万个基因变体中找出与某一特定表型相关性最大和最小的基因变体。就此而言，达尼丁研究的样本数量实在是太少了。尽管如此，基于其他人开展的大型 GWAS 调查所获发现，我们完全有可能为每位研究对象创建一个多基因风险评分，以探索遗传学与人的发展表型之间的关系。这就是我们研究吸烟遗传性的方法。有了研究对象的遗传信息，我们基于 GWAS 的"发现"研究为每位研究对象创建了多基因风险评分，它让我们能够使用特定的基因来预测成人每天的吸烟量。

然而，在研究吸烟的遗传性时，我们必须承认，我们最初主要受到了预算的限制。尽管（为我们的多基因风险评分提供数据支持的）关于吸烟的 GWAS 显示，有许多基因变体与吸烟有关，但在达尼丁研究的早期阶段，我们只分析了数量有限的基因，其中只有 6 个在 GWAS 中被认为与吸烟有关。这种限制的原因是，在我们开始研究基因时，基因分析的成本非常高。因此，我们对吸烟的多基因风险评分仅基于 6 个基因变体，而不是 GWAS 当时识别出的所有基因变体。正如我们将在第十三章中看到的，一旦基因分析的价格大幅下降，我们就能够分析研究对象的更多基因，并基于数百万个基因变体创建多基因风险评分！

尽管关于成人每天吸烟量的"多基因风险评分"存在局限性，我们还是努力通过多种方式扩展关于吸烟遗传性的研究。首先，作为发展学者，我们希望从人的发展的角度来探讨吸烟的遗传性问题。因此，在探索吸烟遗传性的过程中，我们试图弄清楚之前识别出的 6 个构成我们多基因风险评分的成人吸烟量遗传标志物是否可以共同预测青少年吸烟行为。

这个问题非常重要，原因有二。首先，大多数吸烟者是在青春期养成吸烟习惯的，通常是受同龄人的影响。其次，从公共卫生的角度来看，旨在削弱遗传风险影响的干预措施，在尼古丁依赖形成初期，而不是在尼古丁成瘾多年甚至几十年后，可能最为有效。同样重要的是，与成年期某一表型相关的基因必然与青春期的同一表型相关，这并不是一个既定的结论。因此，中年人身上与吸烟或其他表型相关的基因不一定（全部）和青春期对应表型相关基因相同。这听起来令人难以置信，却是事实。所以，GWAS 在成人身上识别出的与吸烟相关的基因能否被证明与新西兰青少年的吸烟行为有关，仍然是一个悬而未决的问题。

在研究吸烟的遗传性时，我们扩展先前工作的第二种方法是区分并研究不同的吸烟表型，尤其关注吸烟的发展过程。因此，正如我们接下来要描述的，我们不再只是简单地问我们的 6 个基因的吸烟多基因风险评分能否预测研究对象在青春期和成年期每天吸烟的平均量，而是考虑了其他的吸烟指标。我们现在强调的一个表型——迅速发展成重度吸烟——是非常重要的，因为它是成年期尼古丁依赖风险升高的一个信号。在这个关键点上需要注意的是（这或许可以作为对上一段关于不同人生阶段的讨论的扩展），仅仅一组基因可能在一个吸烟表型（比如开始吸烟）的形成中起作用，并不一定意味着它在其他所有与吸烟相关的表型（比如尼古丁成瘾）的形成中也起作用。同理，与成年期吸烟相关的基因能否预测青春期吸烟是一个有待实证的问题，我们不能想当然地认为我们基于 GWAS 创建的成人每天吸烟量的多基因风险评分可以预测不同的吸烟表型，哪怕这些表型是在成年期记录的也不行，更别提是在青春期记录的了。

我们试图扩展吸烟遗传性研究的第三种方法是评估对青春期吸烟的表型测量结果能否解释成年期吸烟已经确立的基因影响。例如，可以考虑这样一种可能性：影响吸烟者在吸烟生涯早期的吸烟量的基因，可能与决定他们几十年后保持每天吸一包或两包烟习惯的基因不同。因此，与青春期和成年期吸烟相关的基因可能并不完全相同。

探索这个基本的发展问题不仅对基础科学很重要。实际上，我们在这次探索中的发现可能对应用科学也非常重要，因为它可能会影响预防或减少吸烟的干预措施。如果发现青春期的吸烟表型与（基于研究对象为成人的 GWAS 创建的）多基因风险评分相关，并且能够解释同一个多基因风险评分对成年期吸烟的影响，那么情况就可能是这样的。这是因为它意味着在 GWAS 中成年吸烟者身上已经识别出的基因，可以用来在吸烟风险较高的人成为吸烟者之前——在他们的青春期甚至更早的时期——就识别出他们。这种发现可能会让那些因为吸烟多基因风险评分很高而最有可能成为吸烟者的青少年成为预防或减少吸烟项目的目标。当然，这需要吸烟基因和吸烟之间的关系在青春期足够强，以证明这种针对性治疗是有效的。

预测成年期吸烟的基因能否预测青春期吸烟？

我们长期跟踪研究对象，并且作为达尼丁研究的一部分，多年来，我们多次详细询问他们关于吸烟（以及其他冒险行为）的情况，因此我们能够得到许多与吸烟相关的"结果"，并将其与 6 个基因的多基因风险评分相联系。实际上，我们创建并区分了两组吸烟表型，以评估多基因风险评分与研究对象在青春期吸烟的关系，以及它与研究对象在成年期 32 岁和 38 岁时吸烟的关系。我们在吸烟遗传性研究的第一阶段关注的与吸烟相关的"结果",将在我们分享我们的研究成果时变得清晰。

我们的第一个发现是,吸烟多基因风险评分并不能区分吸烟和不吸烟的研究对象,也不能区分吸烟者开始吸烟的年龄。换言之,我们根据 GWAS 调查组合的 6 个基因［GWAS 显示这些基因(以及其他基因)能够预测成人每天的吸烟量］并不能用来确定哪些研究对象会开始吸烟或不吸烟,或者他们是在年龄较小还是较大的时候开始吸烟的,至少在达尼丁研究中是这样的情况。这些研究结果再次强调了之前提到的观点:不同的基因可能会影响吸烟的不同方面,比如吸烟与不吸烟、成瘾的速度、吸烟量等。

这些初步的无效发现引导我们将全部注意力转移到那些已经开始吸烟的人身上,希望了解他们吸烟习惯的发展情况。于是,我们发现吸烟遗传风险较高的研究对象,也就是多基因风险评分较高的人,一旦开始吸烟,就更有可能发展成每天吸至少 20 支烟,并且他们比同时开始吸烟但多基因风险评分较低的同龄人更快地达到这一高水平的吸烟量。因此,尽管我们的多基因风险评分不能预测谁会尝试吸烟,但它可以预测烟瘾的发展。

在至少吸过一支烟的人中,近 20% 的人在 15 岁时转变为每天吸烟——成为"日常"吸烟者。经历了这种"早期转变"的研究对象,他们的多基因风险评分比那些过了更长时间才每天吸一支烟的人更高。还有 10% 的吸烟者在 18 岁时发展到每天吸 20 支烟,反映了向重度吸烟的快速发展,这些研究对象的多基因风险评分也比那些过了更长时间吸烟量才达到这个水平的人更高。总的来说,较高的多基因风险评分与在吸第一支烟后更快而非更慢地养成吸烟习惯有关。

那么成年期吸烟的情况如何呢?在达尼丁研究中,我们根据 GWAS 建立的基于一个成人表型(每天吸烟量)的多基因风险评分能否预测其他成人吸烟表型?事实证明确实可以。多基因风险评分越高,38 岁时的"包年"累积量就越大。["包年"是指每天吸烟量除以 20

（一包香烟的数量），再乘以 38 岁以前按此速度吸烟的年数。］遗传风险较高的研究对象更有可能发展为尼古丁依赖，尼古丁依赖是根据从开始吸烟到达到"需要"吸烟的标准之间的年数来定义的，而"需要"吸烟的标准基于以下症状：起床后立即想吸烟，即使在普通感冒或流感时也想吸烟，以及每天吸很多支烟（见图 12.1）。多基因风险评分较高的同一批个体还表现出更长期的尼古丁依赖，符合多年依赖的标准。多基因风险评分较高的个体也最有可能将吸烟作为应对压力的手段，最有可能在 18~32 岁戒烟失败，最不可能在 30 多岁时戒烟成功（见图 12.2）。

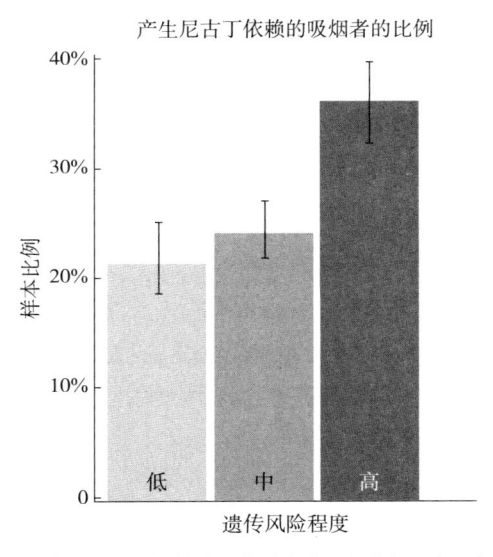

图 12.1 曾经吸烟并产生尼古丁依赖的研究对象的比例是低、中、高遗传风险的因变量。根据 Belsky, D.W., Moffitt, T.E., Baker, T.B., Biddle, A.K., Evans, J.P., Harrington, H., Houts, R., Meier, M., Sugden, K., Williams, B., Poulton, R., & Caspi, A. (2013). Polygenic risk and the developmental progression to heavy, persistent smoking and nicotine dependence. *JAMA Psychiatry, 70*, 534–542, figure 4B 重新编制。转载已获许可。Copyright © 2013 American Medical Association. 版权所有

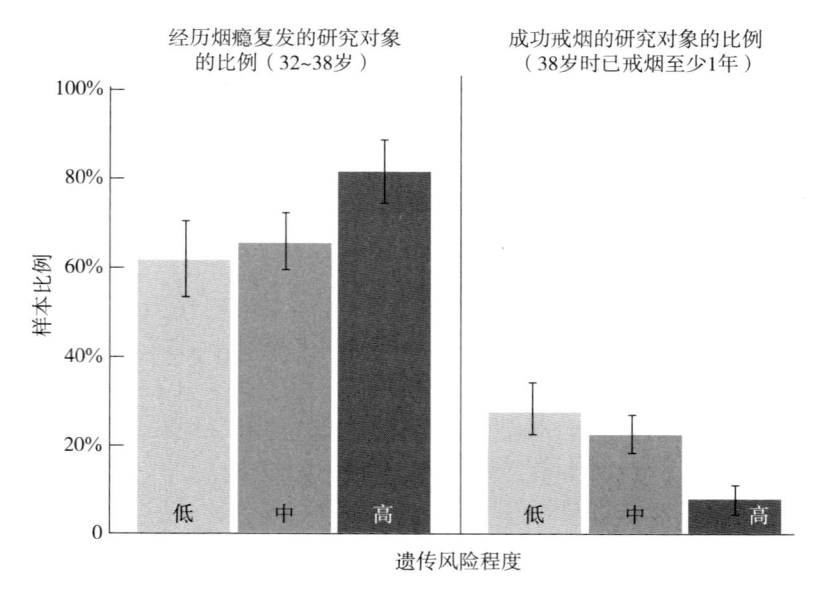

图 12.2 在 32~38 岁戒烟后重新吸烟（"复发"）的研究对象的比例（左栏）和在 38 岁之前成功戒烟至少一年（"戒断"）的研究对象的比例（右栏）是低、中、高遗传风险的因变量。根据 Belsky, D.W., Moffitt, T.E., Baker, T.B., Biddle, A.K., Evans, J.P., Harrington, H., Houts, R., Meier, M., Sugden, K., Williams, B., Poulton, R., & Caspi, A. (2013). Polygenic risk and the developmental progression to heavy, persistent smoking and nicotine dependence. *JAMA Psychiatry, 70*, 534–542, figure 4C 重新编制。转载已获许可。Copyright © 2013 American Medical Association. 版权所有

确实有证据显示，在青春期和成年期，吸烟的某些方面——具体来说就是个体一旦开始吸烟后吸烟习惯的发展，在达尼丁研究的样本中是受基因影响的。

青少年吸烟能否解释成人吸烟的遗传风险？

考虑到吸烟多基因风险评分与青春期和成年期多个吸烟表型之间的联系，我们在吸烟遗传性研究的下一个阶段转向我们的核心发展问题：在 GWAS 中发现的与成人吸烟相关的遗传风险是否也与青少年吸烟有关？这是一个重要的问题，但它并不是我们的研究工作所依赖的

成人吸烟 GWAS 探讨的问题。在解决这个问题的时候，我们想更深入地了解是否应该将具有高吸烟遗传风险的青少年作为预防吸烟项目的目标群体。

为了解决我们面临的发展问题，我们首先开发了一个新的反映吸烟问题的成人吸烟测量方法，它基于研究对象到 38 岁时的"包年"、尼古丁依赖症状，以及他们与我们面谈、报告戒烟失败的年龄节点数量。我们再次将想要测量的吸烟问题的指标进行了统合。如预期那样，多基因风险评分较高的人在成年期确实经历了更多的吸烟问题。然而，最重要的是，这种多基因风险评分与成人吸烟之间的联系几乎完全可以用两个青少年吸烟表型来解释：一是早期转变为每天吸至少一支烟，成为"日常"吸烟者；二是迅速发展为每天吸至少 20 支烟，成为重度吸烟者。这些结果表明，在 GWAS 调查中识别出的成人吸烟的遗传基础实际上在更早的时期就开始发挥作用了。尽管 GWAS 关注了成人吸烟的遗传性，但我们的发现也在青少年吸烟的发展问题上提供了有用的信息。

小结

我们基于之前 GWAS 的发现创建的吸烟多基因风险评分并没有区分出吸烟者和非吸烟者，这与我们在开始探索吸烟遗传性时的预期大致相符。这是因为在之前为我们的多基因风险评分提供数据支持的 GWAS 发现研究中被识别出的基因，预测的是成人每天的吸烟量，而不是吸烟行为的起始。换言之，在我们的多基因风险评分中被捕捉的遗传风险似乎更多地反映了身体对尼古丁的反应，而不是年轻人开始吸烟的倾向。是否有某些基因可能与后一个表型相关，目前还不得而知。鉴于青少年常常会在朋友的怂恿下尝试吸烟，这些基因可能与他们对同龄人压力的敏感性有关。

与多基因风险评分能够检测出尼古丁成瘾易感性的观点一致的发现表明，吸烟行为的发展过程确实与多基因风险评分相关。回想一下，在开始吸烟的人当中，遗传风险较高的人更快地发展成重度吸烟者和产生尼古丁依赖；他们更可能成为长期重度吸烟者，并形成长期的尼古丁依赖；与多基因风险评分较低的吸烟者相比，他们戒烟的难度也更大。我们之前没有提到的一项让我们感到惊讶的发现是，像阿夫沙洛姆·卡斯皮这样偶尔吸烟（并不一定每天吸烟），但在生理上并未对尼古丁上瘾的"社交吸烟者"的多基因风险评分在所有研究对象中是最低的，甚至比那些从不吸烟的人还要低。这一发现再次凸显了一个事实：我们的多基因风险评分似乎与人们对尼古丁依赖的易感性有关，而不是与对迫使人们尝试吸烟的社交压力的易感性有关。那么，令阿夫沙洛姆·卡斯皮吸烟的压力到底来自何处？

尽管我们关于吸烟基因型和表型之间关系的发现与其他一些研究团队的报告相符，但我们的研究首次跟踪了特定遗传风险与吸烟行为发展（从开始吸烟到成为日常吸烟者，再到重度吸烟、尼古丁依赖，以及中年期艰难的戒烟过程）的关系。能够做到这一点，当然得益于达尼丁研究的长期跟踪，以及它对吸烟行为进行的详尽和反复的测量，这是之前的研究做不到的。这一独特的研究条件也使我们发现，基因对成人吸烟问题的影响是通过青春期的路径介导的，这条路径包括了从开始吸烟到成为重度吸烟者的过程。换言之，如前文所述，成人吸烟的遗传性在人生的第二个10年就已经起作用了。因此，那些由于基因构成相关因素而在中年期大量吸烟的人，实际上在20年前甚至更早的时候就已经迅速养成了吸烟的习惯。

这些基于实证的观察结果与一些儿科医生的看法吻合，他们认为某些青少年在尝试吸烟之后很快就会变成经常吸烟者和尼古丁依赖者。在任何此类尝试和随后的依赖发生之前，早期识别这些个体似乎是对的，也是当前可能实现的公共卫生目标。实际上，我们的研究表明，有两种不同的方法值得尝试。首先，可以对青少年进行基因分型，在他们开始尝试吸烟之前就告知他们本人对烟草上瘾的风险，从而潜在地帮助那些最有可能难以戒烟的人防患未然（并节省一大笔钱）。如果他们能收到其他信息，比如吸烟不再像以前那样被认为很"酷"，以及吸烟成瘾的人一生中花费巨大（成千上万美元），这种方法可能尤其有效。其次，同样的青少年基因构成信息可以用于小范围内识别高风险青少年，以便对他们进行更有针对性和更集中的预防吸烟治疗。如果初步试验证明有效，就有了扩大这类工作的基础。

然而，读者应该明白，这类筛选机制和针对性策略也可能无效，其中一个原因可能是，我们的多基因风险评分虽然在预测吸烟表型方面有一定的显著性，但其预测能力有限，基于 GWAS 识别的更多成年期吸烟量基因的多基因风险评分亦是如此。这就是为什么我们只倾向于推进小范围试验的想法，而不是直接进行更广泛的应用。尽管如此，人们或许还会考虑将多基因风险评分与其他已知的风险因素结合起来，比如有吸烟的父母、哥哥、姐姐或朋友，渴望像年长的孩子一样吸烟，或者因为承受巨大的同龄人压力而吸烟。有充分的理由相信，基于遗传和环境因素的多基因＋环境风险评分，在识别风险最高的年轻人方面，可能比单纯基于遗传信息的风险评分更有效。

经验告诉我们，有些人会反对使用基因信息来筛选个体（即使是以试验为基础），然后区别对待在吸烟多基因风险评分上得分较高的人，包括让他们优先参与预防吸烟的项目。许多人对滥用基因存在恐惧，这是可以理解的，但我们认为这种恐惧有些被夸大了，它往往源于几十年前优生学运动不光彩的历史。面对这些反对意见，我们必须问，为什么可以筛查乳腺癌基因，却不能筛查与行为相关的基因，比如吸烟（吸烟的致癌风险与乳腺癌基因 BRCA 的致癌风险没什么区别）。如果那是因为基因对严重疾病的预测能力更强，这就将是一个非常合理甚至极具说服力的论点，它表明，如果基因预测行为的能力增强了，那么基于更好的证据来确定目标就是合适的。

经验同样告诉我们，即便是更充分、更有力的证据，很多人也仍然难以接受。这是因为，如今仍有太多人在区分身体、思想和行为，不知为何，他们认为，尽管身体受到基因的影响，但思想和行为却并非如此。我们强烈主张打破这种错误区分的局限。毕竟，现有证据表明，肠道细菌与心理机能有关，这种联系无疑源自连接肠道和大脑的迷走神经。因此，将身体和思想，进而将身体和行为视为完全不同的事物，似乎是一种极其过时的思考人类、遗传学和人的发展的方式。简单来说，摒弃身心二元论已经是很久以前的事了；我们面对的是一个系统集成的有机体，而不是由遵循完全不同规则的不同部分构成的个体。

第十三章

成功人生可以遗传吗

在第十二章，我们讨论了全基因组关联研究，也就是GWAS。GWAS研究的是使用获取自成千上万乃至数十万人的全基因组扫描信息测量出的成千上万甚至数百万个基因变体，是否以及如何与研究人员关注的表型相关。回想一下，当我们在达尼丁研究中研究吸烟的遗传性（第十二章）时，我们依赖的是之前研究中发现的基因，这些研究包括了数万名成人的数据。通常情况下，没有单一的研究包含足够多的参与者来开展GWAS，所以大多数这类"发现"研究需要多个研究团队的合作，每个团队都会收集他们感兴趣的表型的数据，比如吸烟，同时也收集研究参与者的DNA样本。因此，在开展GWAS时，研究人员会将许多研究团队收集的数据汇总，创建一个足够大的样本，以便进行全基因组分析。这就是这类研究发表的报告可能会有多位作者的原因之一。

对于本章的内容来说，需要强调GWAS的两个重要特征，因为本章聚焦于我们对成功人生遗传性的研究。第一个特征是，许多研究被组合起来，以创建足够大的样本进行全基因组研究，研究人员在全基因组研究中对成千上万甚至数百万个基因变体进行统计评估，以确定它们与特定表型的关联。这些研究在特性和复杂性上往往各不相同。因此，尽管可以根据DNA的共同测量结果和特定表型（如吸烟）将这些研究组合起来，但它们在已测量和未测量的其他表型与环境因素方面存在很大差异。虽然提供给GWAS的一个数据集可能包含许多关于身体健康的信息，但它可能缺乏关于心理健康的信息，而其他数据集的情况可能正好相反。因此，用于开展一个特定表型的GWAS的一组研究不一定能够组合以开展其他表型的GWAS，进而确定与一种结果相关的基因是否也与另一种结果相关。正如我们将看到的那样，当涉及研究成功的遗传性时，达尼丁研究的一个主要优势在于可以将许多不同的表型与同一组基因联系起来，以解决这个问题。不过我们现在说这些可能为时尚早。

GWAS——实际上所有检验基因型与表型关联（也就是哪些基因变体与一个特定表型有关）的研究——的第二个重要特征是，它们在本质上是有相关性的。每个研究人的发展的学者在上学早期都会被告知一句格言："相关性不等于因果关系。"这当然是我们在整本书中研究多个主题时反复质疑自己发现的关联，并试图排除我们发现的替代性解释的原因。无论是集中在一个或几个候选基因上的基因型-表型研究，还是像GWAS那样关注成千上万甚至数百万个基因变体的基因型-表型研究，例如能够区分谁会和谁不会迅速对尼古丁上瘾的研究，都不能被假定能够识别真正产生因果影响的基因。这是因为一些被识别的基因与所讨论的表型相关，可能仅仅是因为它们在统计层面或物理层面与其他实际产生因果影响的基因密切相关（在物理层面密切相关是指在基因组内的位置非常接近）。

最后，了解基因组如何运作，尤其是特定基因是否以及如何对特定表型产生因果影响，并不会止步于GWAS。从许多方面来说，GWAS只是科学家们深入了解将基因型与表型联系起来的生物机制的起点。例如，如果从其他研究工作获知在一项全基因组研究中发现的一些基因在炎症过程中起作用或与新陈代谢有关，那么这就可以为研究人员提供研究方向，促使他们"调高显微镜的放大倍数"，以便更详细地探究基因型发展为表型的生物过程（如果确实存在这样的过程）。

事实证明，可能不只有这种情况：我们在第十二章讨论的一些由

GWAS 识别的"尼古丁成瘾基因"实际上并没有在决定谁会迅速成为日常吸烟者、一天吸一包烟的人和难以戒烟者方面发挥因果作用。还有一种可能性：基于 GWAS 的发现用这种术语论及这些基因可能既有启发性又有误导性，即便它们确实发挥了因果作用。这样说是因为，学术界对关于基因型与表型联系的两件事已有充分认识。第一点是，由于全基因组研究正在识别与几乎所有被研究表型相关的大量基因，我们有更多理由相信，即使许多基因确实对所讨论的表型产生了因果影响（而不仅仅是与表型相关），它们对被研究表型的影响也非常小。一个表型只与单个基因或者很少几个基因相关的情况极其罕见，尤其是本书关注的那些表型（或者说发展结果）。因此，由单一基因突变引发的疾病，包括一些罕见病（如亨廷顿病），并不是展示基因如何影响研究人的发展的学者最感兴趣的表型的理想模型。

关于基因型及其与表型联系的第二个关键点是，许多甚至大多数基因与许多不同的表型有系统性联系。基因多效性是描述这一生物现象的科学术语。它意味着，在关于吸烟的 GWAS 中被识别的所谓"吸烟基因"也可能出现在其他关注完全不同表型的全基因组研究中。例如，不难想象，与尼古丁成瘾有关的基因可能也与其他物质成瘾有关。要认识到，即便情况如此，也不能排除一种可能性，即这类明显的"上瘾基因"甚至可能与和成瘾无关的表型有关。

事实上，基因多效性的现象可以解释为什么人类的基因组实际上比最初预计的小得多。毕竟，如果一个特定的基因能够影响许多不同的表型，那么就不需要那么多基因来装配和发展智人，而如果每个基因只影响一种表型，就需要更多的基因。打个比方，如果一个建筑工人需要一把锤子来建造一个木质平台、另一把锤子来铺设屋顶的木瓦，再有一把锤子来安装厨房的台面，那么他的工具箱里就需要更多的工具。相反，如果仅凭一把锤子就能胜任这三项工作，甚至还能做其他事情，比如打破窗户去救一只困在着火房子里的狗，那么他需要的工具就少得多。

对单个基因的微小影响以及它们可能影响多个表型的探讨，引出了本章关注的发展探索主题"成功人生的遗传性"的核心问题。不可否认，我们花了一段时间才讲到这个问题：是否存在这样一种可能性，那就是与一个表型相关并被如此标记的基因（比如"吸烟基因"），实际上也与其他许多表型相关，以至于以现有方式来标记它们除了能提供有用信息，还会误导人？例如，想象一下，我们通过 GWAS，比较数千个从未离过婚的人和数千个离过婚的人的全基因组，识别出 873 个与离婚有关的基因变体。于是，人们可能会合乎情理地倾向于将这些有区分性的基因称为"离婚基因"。但是，如果在这 873 个基因变体中，有不少也能区分出爱争论的人和不爱争论的人，失去工作的人和没有失去工作的人，或者逢赌必输的人呢？除了有助于解释为什么有些人比其他人更有可能离婚——因为他们爱争论，很难保住饭碗，并且选择了有问题的伴侣——以上发现难道不会让人质疑将这组基因称为"离婚基因"的恰当性吗？换言之，鉴于基因多效性，即便一组特定基因与一个特定表型相关，也不能从逻辑上得出这些基因都只与这一个表型相关的结论。

教育成就基因？

这种思考让我们对关于教育成就的多个 GWAS 发现研究识别出的基因产生了兴趣，这些基因能够区分不同受教育水平的人。更确切地说，我们想知道，关于这些被贴上"教育成就"标签的基因的研究是否可能尚未完全说明它们实际关联的内容、可能影响的范围及其背后的含义。这些基因是否可能也与成功人生的其他许多方面有关，而不仅仅是一个人受教育的年限，特别是在结束了正规学校教育之后的那些年里？如果是这样，那么将它们称为"教育基因"可能会误导人，这并不能充分体现现代遗传学的核心原则——基因多效性。如果这些假设的"教育成就"基因能够预测成功人生的其他方面（即使在考虑了受教育年限之后），这一点就尤其正确。遗憾的是，关于教育成就的 GWAS 并没有解决这个问题，因为其包含的涉及成千上万人的研究并非全都测量了相同的可能被视为衡量成功人生的指标的非教育表型。这些研究的参与者仅回答了一个简单的问题："你的最高学历是什么？"为了寻找与受教育水平差异相关的基因，GWAS 目前已经涵盖了 100 多万名参与者，这可能仅仅是因为"最高学历"是几乎所有研究，包括那些收集 DNA 的研究的参与者都要填写的信息。

这就是达尼丁研究的独到之处，它提供了一个机会，让我们在考虑受教育年限之后，仍然能确定那些假定的教育成就基因是否比受教育年限更有预测力。与第十二章讨论的我们早期开展的吸烟遗传性研究相比，这次我们利用研究对象身上更多的遗传信息，从而能够为每位达尼丁研究对象创建一个假定的"教育成就"多基因评分，并确定这一多基因评分能否既预测教育成就，又预测成功人生的其他许多方面。为了做到这一点，我们创建了一个包含 200 多万个基因变体的多基因评分，并对每个变体特别加权，以反映它在几个大型 GWAS 发现研究中预测教育成就的程度。

我们不仅想确定关于教育成就的遗传学发现是否也可以预测毕业后与成功相关的结果，还进一步提出了两个问题，以深入了解成功人生遗传性研究中的发展问题。我们提出的第一个问题：儿童、青少年和年轻成人在达到最高教育成就或最终成功之前的机能运作方式是否与"教育成就"多基因评分有关？换言之，能够预测第二个 10 年结束时及以后的学业成就的多基因评分，是否也可以预测人生早期的机能情况？这或多或少与我们在第十二章探讨的发展问题相似，当时我们探讨了预测成年期吸烟的基因能否预测青春期吸烟。第二个问题：如果与成年期的成功有关的某些基因也能预测人生早期的表型，那么这些早期特征能否帮助解释基因型发展为表型的过程？换言之，这些早期特征是否构成了基因影响成年期成功的一部分路径？在第十二章中，我们发现基因对青少年吸烟的影响是吸烟多基因风险评分与成人吸烟表型产生关联的路径，当时也对这一问题做了探讨。

我们提出的这两个问题不仅对想要理解发展"如何"运作的基础科学很重要，从应用科学的角度来看也很重要。如果可以通过某些似乎具有预测作用的基因来确定发展—行为路径，那么这些路径就可以成为干预的目标，特别是对于那些在生活的各个方面看起来都没有成功优势的儿童来说。显然，这正是许多以基因为导向的癌症研究背后的逻辑：先找到与癌症相关的基因，然后阐明基因型与癌症表型之间的生物学路径，接着以这些路径为目标，用药物为那些在遗传上有患癌症倾向的人做预防或治疗。换言之，能提高有癌症遗传风险的人的幸福感的有效模式，同样可以应用于发展和行为领域。在此情况下，干预的目标可能不是生理或生化层面的，而是心理和行为层面的。这种分析让我们回到了上一章结尾提出的观点——需要超越身心二元论，认识到心理、行为和生物学所遵循的规则并非完全不同。

教育成功以外

一旦我们这些探索人的发展的研究者（现在也是遗传学的研究者）为达尼丁研究的每位研究对象创建了一个"教育成就"多基因评分，研究成功人生遗传性的下一步便是建立学校教育和其他方面成功的测量标准。测量教育成功的标准很简单，就是确定研究对象在他们38岁生日前获得的最高学历。这是一个重要的测量标准，因为如果被GWAS研究者认为与教育成就基因相关的多基因评分不能在达尼丁研究中预测受教育水平，那我们就不得不终止研究，因为没有继续进行的理由了。

幸运的是，这不成问题。正如最初的GWAS发现研究所展示的那样，到38岁时，多基因评分较高的研究对象往往接受了较长时间的正规教育，多基因评分较低的研究对象接受正规教育的时长则较短（见图13.1）。事实上，我们在这两个变量之间观察到的联系虽然存在但有限——几乎与在最初的GWAS发现研究中观察到的关联程度一样。由于这种联系有限，因此我们绝不能推断多基因评分是教育成就的主要决定因素——它甚至都算不上预测因素。显然，除了基因构成，还有其他因素在起作用——构成多基因评分的数百万个基因与受教育水平之间的关系是概率性的，而非确定性的。

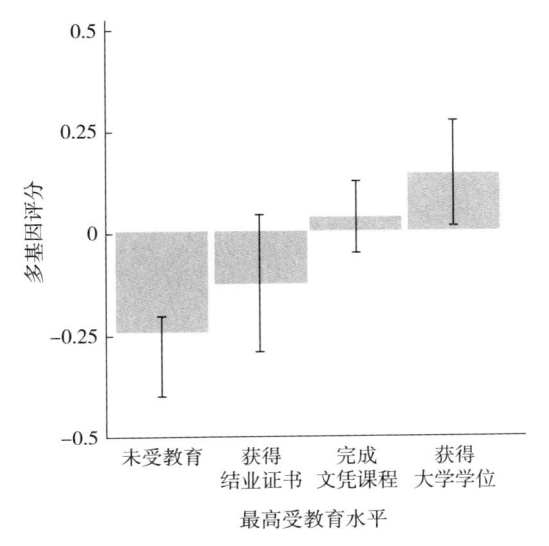

图 13.1　多基因评分与教育成就的联系，它表明受教育水平越高，多基因评分就越高。根据 Belsky, D.W., Moffitt, T.E., Corcoran, D.L., Comingue, B., Harrington, H., Hogan, S., Williams, B.S., Poulton, R., & Caspi, A. (2016). The genetics of success: How single-nucleotide polymorphisms associated with educational attainment relate to life-course development. *Psychological Science, 27*, 957–972, figure 1a 重新编制。Copyright © 2016 The Authors. 转载已获世哲出版公司许可

再次确认了之前研究发现的结果之后，我们得以继续执行研究计划的下一步，尝试使用"教育成就"多基因评分来预测学校以外的成功。为此，我们创建了两个综合测量指标，每一个都基于多个组成部分的测量结果。第一个是"成年成就"，基于在研究对象 38 岁时收集的各种信息，包括他们自己填写的问卷、亲朋好友填写的关于他们的问卷、研究人员与他们的谈话，以及行政记录。因此，测量成年成就的基础是研究对象的职业声望（如医生比护士更有声望）、年收入、总资产（如现金、股票、房产和汽车）、信用问题、支付账单的困难程度、领取社会福利的天数和正式的信用评分。这些要素结合起来后，综合指数得分越高，表明人生越成功；得分越低，表明人生越失败。

不出所料，我们发现"教育成就"多基因评分也能够预测更普遍意义上的成年成就。在研究对象38岁时，那些多基因评分较高的人比评分较低的人更有可能从事更有声望的职业，获得更高的收入，积累更多的资产，更少报告支付账单的困难，更少依赖社会福利，并且拥有更高的信用评分。

这些结果出来后，我们开始关注毕业后成功的第二个测量指标——社会流动性。这个测量指标是通过比较研究对象父母的职业声望与研究对象的教育、职业和成年成就来确定的。虽然大多数研究对象（像他们这一代的其他人一样）经历了向上社会流动，他们的社会阶层高于他们的父母，但也有人是向下流动的，他们的社会阶层低于他们的父母。这一点可以通过达尼丁研究中两名中年男性参与者的例子来说明（为了保护个人隐私，我们使用了化名，这也是本书的惯例做法）。大学毕业后，彼得成为一名会计。因为彼得的父亲只是一个在工厂工作的高中毕业生，所以彼得经历了向上社会流动。与之形成鲜明对比的是，查尔斯是一名零售店店员，而他的父母有一方是教师，所以查尔斯经历了向下社会流动。

考虑到我们之前报告的情况，教育和成年成就多基因评分能够预测社会流动性并不出人意料。事实证明，多基因评分不仅是教育成就的指标，也是成年成就和社会流动性的指标。即便我们考虑了研究对象儿童期所处的社会阶层，那些多基因评分较高的人也确实比多基因评分较低的同龄人获得的学历更高，从事的职业也更有声望。

研究中特别有意义的发现是，多基因评分在预测成功人生方面的能力，对来自低、中、高社会阶层家庭的孩子来说几乎是均等的。无论孩子的家庭在他们成长过程中的社会地位如何，在每个社会阶层中，多基因评分较高的孩子都更有可能实现向上社会流动，而评分较低的孩子更有可能经历向下流动。因此，来自低社会经济地位背景且多基因评分较高的研究对象，比来自同样背景但多基因评分较低的研究对象更有可能攀升社会经济阶梯；来自高社会经济地位背景且多基因评分较高的研究对象，则比来自同样背景但多基因评分较低的研究对象更不可能跌落社会阶层，因而更可能保持在他们出生时所处的较高社会阶层。

说实话，如果我们发现所谓的教育成就基因无法预测毕业后的成功，那才真是出人意料。从纯粹的逻辑和社会学角度来看，如果多基因评分能够预测教育上的成功（事实如此），并且教育成功本身能预测人生中许多方面的成功（这也是事实），那么多基因评分极有可能预测毕业后的成功。实际上，这样的推理分析意味着，所谓的教育成就基因之所以能够预测人生的成功，是因为教育成功在推动人生成功的过程中发挥了作用。人们甚至可以将此视作人的发展的数学公式，至少在现代后工业化的西方世界中是如此：当代表教育成就基因的多米诺骨牌 A 倒下时，它通常会推倒代表实际教育成就的多米诺骨牌 B，而 B 又将推倒代表成功人生的多米诺骨牌 C。

这就是故事的全部吗？教育成就基因能够预测成功人生仅仅是因为教育成就吗？教育成就基因是否只能通过教育成就来预测成功人生？如果有人拿走了多米诺骨牌 B 并推倒了多米诺骨牌 A，那么多米诺骨牌 C 会怎样？在预测成功人生时，我们通过在统计层面控制教育成就从而忽略其影响来做到这一点。因此，刚用来打比方的问题变成了："多米诺骨牌 A 是否足够重，以至于能够震动桌子，导致多米诺骨牌 C 倒下，或者在没有多米诺骨牌 B 的情况下，让骨牌 C 剧烈摇晃？"答案是肯定的。即便在控制教育成就这一因素之后，多基因评分仍然能够预测成年成就。然而，重要的是，在这些预测条件下，多基因评分的预测能力几乎减半。这意味着，尽管教育显然能够部分解释"所谓的教育基因如何预测成年成就"，但这并不是故事的全部。现在，让我们进一步扩展关于成功人生的探索，更仔细地看看基因在成功人生发展中的作用。

人生早期的多基因相关因素

尽管到此为止总结的研究发现非常有趣，记录了基因多效性，从而凸显了将研究中的那组基因标记为"教育成就"基因的问题，但作为研究人的发展的学者，我们最感兴趣的是基因型转化为表型的路径。因此，探索成功人生的第二阶段旨在解答这样一个问题："在心理、行为和社交层面，基因型是如何发展成表型的？"作为解答这个问题的第一步，我们确定了儿童期、青春期甚至成年期的成就是否也与反映教育成就和成功人生的多基因评分有联系。如果确实如此，它们就可以充当多米诺骨牌比喻中的"B"角色，之后我们就可以探究基因和人生早期机能之间的这些联系是否有助于解释已经记录的基因和成功人生之间的联系。这样，我们就有机会研究可能的路径，这些路径能够解释我们的基因测量结果是如何与成人发展联系起来的。

为了深入理解发展过程，我们广泛地调查，调取了研究对象 3~18 岁的大量测量数据。我们把这些数据看作可能将基因型与成人表型联系起来的潜在中介，即多米诺骨牌 B。研究发现，多基因评分较高，因此未来更有可能取得成功的儿童在人生早期就显示了与同龄人不同的特征。虽然多基因评分与研究对象在人生早期的运动里程碑（如爬行、走路和跳跃）的年龄并无关联，但语言里程碑的确与他们的基因构成有关。具体来说，多基因评分较高的研究对象比多基因评分较低的人更早开始学会说话，更快地开始使用句子交流（将两个或两个以上的单词组合）。多基因评分较高的人在更小的年纪就掌握了阅读技能。在研究对象 7~18 岁反复进行的测试的结果显示，多基因评分较高的儿童不仅阅读成绩更好，而且随着时间的推移，他们的阅读成绩提升得更快，因此在更小的年纪就（在测试中）达到了阅读成绩的峰值。

于是，当我们请研究对象将他们的官方考试成绩（包括新西兰教育部对所有学生进行的标准化测试的成绩）带到项目办公室时，我们发现多基因评分较高的学生在 15 岁、16 岁和 17 岁时的表现优于多基因评分较低的同龄人，这并不令人意外。与这些发现一致的是，来自问卷和谈话的证据表明，多基因评分较高的研究对象在 18 岁时更渴望接受更高水平的教育，尤其是上大学。他们也倾向于追求更有声望的"专业性"职业，如医生或工程师。

也许关于基因影响成功人生的更有趣或不那么显而易见的路径，

来自我们在成年期的地理流动性方面获得的发现。在看待即将呈现的结果时，应该意识到新西兰人拥有海外工作经验是很常见的事情。到38岁时，超过1/3的研究对象至少在国外工作过12个月，澳大利亚是最常见的目的地。但是，新西兰人最看重的是在澳大利亚以外的国家工作的经历，即所谓的"重大海外经历"。尤为明显的是，多基因评分较高的研究对象更有可能拥有海外经历，与多基因评分较低的研究对象相比，他们在38岁时更有可能在海外工作，甚至在澳大利亚以外的地区工作。

对"做事计划性"的观察表明，多基因评分较高和较低的人在海外经历上的差异并非偶然，也不是什么随机机会的结果。从我们在研究对象32岁和38岁时给他们的亲朋好友邮寄的调查问卷中，我们了解到，多基因评分较高的人更善于理财。实际上，通过在他们人生第四个10年询问他们的财务状况，我们也得出了相同的结论。因此，基因构成不仅仅能预测语言和学术相关的技能与学历。

研究结果还显示，多基因评分较高的研究对象在婚恋方面的技能和成功度也更胜一筹。虽然基因构成无法区分研究对象是否正处于一段正式的恋爱关系中，但那些多基因评分较高且处于正式恋爱关系中的人，他们的伴侣拥有大学学位、收入高于全国平均水平的可能性，比那些同样处于恋爱关系中但多基因评分较低的人大。显然，前者通过与社会地位较高的伴侣结合，巩固了自己通过教育和职业成就积累的社会经济优势。这样看来，在基因、教育和职业层面已经富有的人，在人际关系上似乎也变得更加富足了！

从基因型到表型

认识到一个假定的"教育成就"多基因评分不仅可以预测成年期成功人生的多个方面，甚至还与人生早期的认知、动机、社交和理财机能的许多方面相关，是一回事，而要确定这些早期机能是不是实现成功的手段，则是另一回事。换言之，那些与多基因评分相关的儿童、青少年甚至成人的能力，是否被证明是基因型发展为表型的路径？这是我们作为研究者接下来要关注的问题，还是那个比方：多米诺骨牌B是否连接了代表基因型的多米诺骨牌A和代表成功人生的多米诺骨牌C？还记得我讲过，如果我们发现被研究的个人特征确实是将基因构成与成功人生的各个方面联系起来的路径，那么我们就认为这个问题对于识别潜在的干预目标至关重要。

鉴于此，我们关注了几组可能将基因型和表型联系起来的中介：一是通过标准化测试测量的认知能力，智力显然可能是我们众多发现的最终决定因素；二是非认知能力，尤其是自我控制力；三是人际交往能力，越来越多的证据表明，对于成功人生来说，人际交往能力和智力能力同样重要，甚至比智力能力更加重要（详见第三章）；四是身体健康，良好的健康状况可能是基因构成影响成功人生的一条路径。

有了这些机能领域的测量结果，我们想要知道：如果将这些"中间表型"（多米诺骨牌B）纳入考量，它们能否解释多基因评分（多米诺骨牌A）如何预测成功人生（多米诺骨牌C）？作为解答这个问题的第一步，我们需要确定多基因评分是否确实与上一段提到的个人特征相关。结果表明，多基因评分可以预测认知能力和非认知能力，即便它无法预测身体健康状况。与已有的观察结果一致，在研究对象5岁、7岁、9岁和11岁时对他们进行的智商测试中，多基因评分较高的研究对象比多基因评分较低的研究对象表现得更好。事实上，前一组孩子到13岁时的智力发展速度更快。此外，我们观察到，多基因评分较高的研究对象在人生前10年里，在控制个人冲动、情绪和行为方面展现了比多基因评分较低的研究对象更强的自我控制力。在研究对象3岁、5岁、7岁和9岁时，多基因评分较高的人被认为比多基因评分较低的人更友好、更自信、更易于合作、沟通能力更强，从而拥有更好的人际交往能力。这意味着认知能力和非认知能力的这些指标似乎是可靠的"中间表型"，可以促进基因型发展成表型或帮助解释基因型如何发展成表型，即便身体健康指标做不到这一点。

事实证明，这些认知和非认知的"中间表型"确实在统计上起了中介作用，因此有助于解释多基因评分对成功人生的影响（基因→认知能力/非认知能力→成功人生）。如此一来，它们揭示了基因型发展成表型的可能路径。事实上，认知能力、自我控制力和人际交往能力在解释基因构成与教育成就的关联中发挥了大约60%的作用，在解释基因构成与成年成就的关联中发挥了将近50%的作用。虽然这些研究结果不能最终证明改善这些中间表型会促进人生成功，但我们的观察性研究结果无疑指向了这一方向。

小结

有些人可能还没意识到，人生或者至少生命的生理机制显然是不公平的。我们在探索成功人生遗传性的研究中得出这一核心结论，只是因为没有人能选择自己的父母，但遗传自父母的基因让某些人赢在了人生的起跑线上。正如我们所见，这种生物学遗传性可能会增加或减少以下方面的机会：在儿童期更早、更快地发展语言和阅读能力；在青春期对未来的教育和职业成就有更大的抱负；在成年早期获得海外教育或海外工作经历；到中年期擅长理财，并与受教育水平较高和财务状况较好的人建立亲密关系。这些遗传基因似乎也会影响个体在儿童期的认知能力和非认知能力发展得好或不好的概率。也许最关键的是，这些个人特质至少在一定情况下可以说明，特定的基因构成（我们无法选择自己的父母所带来的结果）为何会影响一个人在职业、经济和社交上的成功，以及他们经历向上社会流动的可能性。

虽然很容易将刚才提到的一系列发现理解为"基因决定命运"的证据，但至少有两个原因说明我们不该这么去看待这个问题。其中一个原因和基因构成的预测能力有关，另一个原因和我们的研究对干预措施的潜在影响有关。让我们逐一进行探讨。

基因预测的局限性

尽管我们在预测成功人生方面取得了一定成果，也展示了一组在

GWAS 发现研究和达尼丁研究中都能够预测教育成就的基因，并且这组基因在达尼丁研究中预测的内容远不止于此（不仅仅是因为这些基因与教育成功有关），实际上，多基因评分的预测能力是有限的，而不是压倒性的。换言之，在教育、职业、财务和人际关系方面的成功，有很多东西是无法通过我们的多基因评分所包含的基因来解释的。重要的是，我们用多基因评分来预测许多"中间表型"的能力也是如此，这些"中间表型"是我们在阐明基因型如何发展为表型的过程中特别关注的。

至少有两个可能的原因可以解释我们的预测为什么存在局限性。首先，我们的多基因评分仅仅基于那些将基因与教育成就联系起来的研究，因此存在一种可能：如果存在其他将基因与成年成就、社会流动性结果（或者我们为了阐明基因型和表型之间联系的由来而研究的中间表型）联系起来的 GWAS 发现研究，我们就可以通过在多基因评分中加入这些新识别的基因来增强我们的预测能力。

不论我们在研究中可能识别出多少基因，我们的多基因预测存在局限性的第二个原因，建立在研究许多不同表型的许多 GWAS 的结果上。这些结果表明，单独的基因对几乎所有已研究表型的预测能力，无法解释人们在机能和发展方面的许多差异。事实上，遗传学中的一个重大难题是，尽管在第十二章中讨论过的不包含测量基因的行为遗传学研究表明，大约 50% 的表型具有遗传性，但即使是多基因评分解释的同一表型，其变异百分比在很大程度上仍然是个位数！这种差异在学术文献中被称为"丢失的遗传性"问题。为什么基于数百万个基因变体的多基因评分能解释的个体差异问题如此少，而关于双胞胎、领养和其他方面的家庭研究却表明基因能解释的个体差异问题多得多？

最终，我们有充分的理由假设，即使 GWAS 发现研究涵盖了我们在研究中关注的任意一个或所有成功人生表型或中间表型，并且我们能够把这些结果纳入我们的多基因评分，有一点也毫无疑问，那就是在人如何发展和发挥机能方面，仍然会有很多差异是无法仅通过基因来解释的。换言之，重要的是，我们仅利用遗传信息来预测发展的几乎所有方面（包括成功人生）的能力是有限的，这说明很有可能存在许多与基因构成完全无关的非遗传因素，它们几乎对人的发展的所有方面都有影响。因此，基因的影响力具有概率性，至少对我们关注的表型来说是这样。了解基因只能提供值得关注但有限的预测能力。

干预的意义

如果说遗传学解释我们在人的机能和发展中观察到的所有差异的能力是有限的，是我们无法得出"生物学决定命运"结论的第一个原因，那么之前提到的第二个原因是什么呢？正如第十二章所指出的，第二个原因很简单：所有对基因影响的估测都是针对特定人口进行的，这意味着这些研究是针对特定的时间、地点和人群展开的。这可能被解读为，我们的研究发现仅限于20世纪70年代初某12个月期间在新西兰出生的人，他们在20世纪末到21世纪初进入中年期，但这实属误解。我们完全有理由相信，我们的发现能够超越这一狭窄的参考框架。最明显的是，我们的多基因评分所依据的基因"发现"研究并不是在新西兰进行的，而是在西方世界的其他地方开展的。这意味着，使用我们所使用的多基因评分来预测教育成就（且我们怀疑远不止教育成就）的能力，至少不仅限于开展最初的发现研究的地点和时间，或者不仅限于我们开展成功人生研究的地点和时间。

若情况如此，为什么还要强调"对基因影响的估测是针对特定人口进行的"这一事实的重要性呢？因为我们所知道的世界并不是唯一可能存在的世界。这就是为什么关于基因影响的中介的发现如此重要。正如我们反复强调的，这些发现意义重大，它们表明如果能识别并实施提高语言和阅读能力、自我控制力和人际交往能力的非遗传方法，那么我们在研究中观察到的基因影响就可以被改变。这些方法甚至可以帮助那些因基因构成而面临人生失败风险的人。在这样一个世界里，这类基因影响甚至可被大幅削弱。试想一下，在一个社会中，人们付出巨大的努力来培养我们认定的"中间表型"技能，这些技能可以在基因对成功人生的影响中起中介作用，尤其是对那些因为基因构成而面临人生失败风险的儿童。这或许能够使那些受基因构成影响、人生成功概率受限的人拥有更成功的人生。若果真如此，基因预测成功人生的能力就会减弱，因为拥有更多而不是更少"成功人生"基因的人最终会彼此趋同。

这一分析再次表明，生物学未必决定命运，发展是概率性的，不是确定性的。同样，就像一旦我们理解了癌症的生物学机制，我们就有可能通过药物来抵消致癌基因的影响一样，我们有理由相信，通过发展干预措施来促进认知能力和非认知能力，以及其他方面的能力的提高，应该有可能抵消基因导致人生失败的影响。

第十四章

虐待儿童、基因变体与反社会行为

　　生活中很少有事情是由单一因素引起的。回想一下，关注父母育儿方式原因的第五章结尾提到，尽管发现女孩在儿童期和青春期经历的育儿方式可以预测她们成年后的育儿方式，但育儿方式是"由多重因素决定的"。换言之，尽管育儿方式似乎存在代际相传的情况，且我们近期的研究表明，这绝不仅是基因影响伪装成环境影响的案例，但个体在儿童期接受的养育方式并不是塑造其日后育儿方式的唯一因素。孩子的气质和行为、父母关系的质量，以及工作的压力和疲劳，也可能塑造其育儿方式，这里仅列举这几个影响因素。

　　与此相关，我们在第七章了解到，虽然参与NICHD幼儿保育与青少年发展研究的女孩，其性早熟与她们青春期的性行为有关，但有男孩在，尤其是较年长的男孩，这一点也很重要。当这两个因素同时出现时，达尼丁研究中的女性研究对象——早熟且就读于男女同校学校的女孩，更有可能在13岁时违反行为规范，并在15岁时做出不良行为。然而，当生理上同样成熟的女孩进入女子学校时，早熟的负面影响并没有出现。换言之，女校起了保护作用，促进了复原力，就读于男女同校学校则起相反的作用，放大了早熟对女孩问题行为的影响。在本章和第十五章，通过关注基因和环境的影响，以及重点关注它们在塑造人的发展，特别是本章讨论的反社会行为和第十五章的抑郁症方面如何相互作用，我们扩展了对人的发展和复原力的多重决定因素的研究。

我们在本章深入探讨了童年经历是否以及如何影响日后的机能，采用的方法是在童年经历的基础上加入遗传学信息，尤其是特定的候选基因。还记得在第十二章，我们区分了候选基因方法和GWAS衍生的多基因方法，后者是我们研究吸烟（第十二章）和成功人生（第十三章）的遗传学基础。我们在第十二章讨论了为什么我们在关注多基因遗传方法后，在介绍研究基因影响的策略时遵循了反向顺序。要知道，多基因遗传方法出现在我们的研究项目以及更广泛的人的发展领域的早期候选基因研究之后。我们在第十二章和第十三章中使用了较晚出现的多基因方法来阐明基因型和表型之间的联系，在本章和第十五章中则使用了较早的候选基因方法来阐明基因和环境的相互作用（GXE），或者从发展经历和环境因素是否影响发展的角度来看待遗传变异的影响。

反社会行为的决定因素

反社会行为跟其他许多有关人的发展的议题一样，得到了充分的研究。我们已经知道，反社会行为会受到各种因素的影响。所以，当我们探索成年期反社会行为的发展起源，需要挑选一个环境因素和一个遗传因素作为研究重点时，我们借鉴了之前关于反社会行为的研究。我们对探讨基因和环境如何相互作用或共同作用以塑造发展过程感兴趣，于是不得不查阅两组不同的学术文献。这是因为，研究这两个影响因素之一的人通常没有深入考虑其中另一个因素（也就是说，要么只考虑基因而不考虑环境，要么只考虑环境而不考虑基因）。

在环境因素方面，大家普遍认为虐待儿童是反社会行为的一个明显的相关因素，也是预测因素。但是，这并不意味着每个遭受虐待的孩子最终都会成为反社会的成人。正如第五章中提到的，有一些关于"打破虐待儿童代际传递循环"的学术文献提供了有用的信息。它们有助于理解为什么有些儿童会如预期那样受到虐待的影响，而有些不会。尽管遭受虐待可能会使将来犯罪的风险升高约50%（这是一个关于可能性而非确定性的陈述），但大多数受过虐待的儿童并没有成为不良青少年或者在成年后犯罪，这也是事实。

不是所有遭受虐待的孩子都会有相同的成长轨迹（这是另一个关于发展概率性的例子），通过观察参与达尼丁研究的两个男孩，詹姆斯和阿瑟（此处亦为化名），我们深刻体会到了这一点。他们均来自容易发生身体虐待的家庭。两人的父母都酗酒，缺乏家规，家庭生活一地鸡毛。父母不仅对孩子严厉，还经常实施家庭暴力。然而，出于某种原因，只有詹姆斯表现出了我们认为在这种养育环境下可能会出现的行为问题。

如何解释虐待对男性反社会行为影响的这种"不一致性"呢？在我们刚刚讨论的两个男孩的案例中，以及在有关儿童期虐待影响的研究文献中，这种不一致性都很明显。我们想知道，遗传学是否有助于解释为什么一些遭受虐待的儿童变得反社会，而另一些没有。正是这种可能性促使我们使用单一候选基因进行第一次GXE研究。这是我们进入分子遗传学领域的第一步——测量实际基因（而不是像行为遗传学研究那样关注个体亲缘关系，无论他们是双胞胎、父母和孩子，还是养父养母和养子养女）。我们开始了在人的发展领域的另一段探索之旅。在此重申第十二章讨论和区分候选基因研究与多基因研究时提到的内容——当我们最初研究基因对发展的影响时，分析基因的成本远比开展第十二章和第十三章所讨论的多基因研究时高得多。因此，我们当时能够检测和关注的基因数量是有限的。

在决定将哪个基因纳入GXE研究时，我们选择了单胺氧化酶A基因启动子中的一个功能性多态性，以下简称"MAOA"。MAOA基因位于X染色体上；男性有一条X染色体和一条Y染色体，而女性有两条X染色体。考虑到这一事实的复杂性，加上男性更明显地倾向于做出反社会行为，我们决定在这项基因研究中只关注男性。从功能上讲，MAOA基因编码MAOA酶，MAOA酶负责代谢也就是分解（大

第十四章　虐待儿童、基因变体与反社会行为　　249

脑中的）神经递质，例如去甲肾上腺素、5-羟色胺和多巴胺，使它们失去活性；神经递质是神经细胞间传递信号的分子。对我们的研究目的至关重要的是，MAOA 活性的遗传缺陷，即由该基因的特定变体产生的低水平 MAOA 酶，已被其他研究者发现与小鼠和人类的攻击性有关。这正是我们选择这个"候选"基因进行首次 GXE 研究的原因。正如下一段将要指出的，现有证据表明，这个特殊的基因可能有助于解释为什么只有一些人在童年遭受虐待后会变成反社会的成人，在生物学上是合理的。

在我们深入探讨促使我们关注 MAOA 多态性的证据之前，需要再次强调，本书（本章和第十五章）讨论的两项 GXE 研究对单个候选基因的关注，与 21 世纪头 10 年的这类研究的趋势一致。全基因组的 GWAS 方法在接下来的 10 年才开始流行。当达尼丁研究团队最初开始使用被测量的基因时，基因分型仍采用手工操作，一次只能处理一个遗传标志物。大约在 20 世纪 90 年代末，该领域的研究人员开始注意到，一些关于候选遗传标志物与精神疾病之间联系的发现并没有在后续研究中再现：一个研究小组可能会大肆宣扬发现了某些东西，随后的研究者却无法得出同样的结果。因此，尽管一个研究小组可能在发表的一篇论文中报告说，不同个体的同一个特定基因的变异与特定表型有系统性关联，但后续的一些研究未能记录同样的关联。

我们推测，如果不同研究的参与者在导致其精神障碍的社会或环境因素上存在差异，那么这种不一致性可能就会在这些研究中体现出来。人们早就认识到精神障碍可以由环境因素（如虐待儿童、生活中的压力事件、接触有害事物等）引起，但在基因型-表型研究中最初匆忙测试候选基因时，这个已知事实被忽略了。我们选择 MAOA 作为与反社会行为有关的希望候选基因，然后检验一个假设：只有当研究参与者在儿童期遭受过虐待，他们的 MAOA 风险或非风险状态才能预测他们是否会变得反社会。我们的目标是了解，如果重新考虑环境因素，候选基因研究的结果是否更具可复制性。同样的想法也推动了我们次年对 5-羟色胺转运基因、生活压力和抑郁症的研究（见第十五章）。

如前文所述，这两章讨论的研究是在基于GWAS的遗传学研究成为研究人类基因影响的主要策略之前进行的，即采用多基因评分之前大约10年（第十二章和第十三章都讨论了多基因评分）。因此，尽管我们分享的GXE研究可能有点儿"过时"，但我们还是专门用了几章着墨于此，因为GXE研究与GWAS的研究工作一致地揭示了关于人的发展的遗传学研究已经发生了变化，而且可能会继续变化。简单总结一下第十二章阐述的内容：首先是使用双胞胎和领养相关研究展开的行为遗传学研究，它不测量基因，只测量有亲戚关系的个体之间的相似程度（如父母子女、兄弟姐妹、领养的孩子），作为共享基因的指标；然后依次是候选基因研究、与GWAS相关的研究工作。接下来是表观遗传学研究——第十六章的重点。后续会开展什么研究仍未可知。

回到强调研究MAOA以阐明反社会行为决定因素的"生物学合理性"的证据问题上，研究啮齿动物（或"动物模型"）被证明可以提供有用的信息。小鼠体内编码MAOA的基因被微生物学家"敲除"（意为从基因组中删除）后，它呈现出"攻击性增强，大脑去甲肾上腺素、5-羟色胺和多巴胺水平升高"的生物学特征。同样重要的是，当这一过程反过来进行时，小鼠的攻击性就会减弱。或许更值得注意的是，人类研究也指出了MAOA在攻击行为中的作用。还有一个重要的信息：在荷兰的某个单一家族谱系中发现了一种罕见的遗传现象——家族成员体内无法产生MAOA酶。这就相当于人类案例中的"敲除"。事实证明，这个荷兰家族中的几代男性都是臭名昭著的"暴力分子"。以上观察结果表明，低水平的酶是由低活性而非高活性的MAOA基因变体造成的，它可能在暴力行为中发挥作用。虽然已经有了来自这个独特荷兰家族的证据，但当我们启动聚焦于虐待和MAOA的GXE研究时，在人类研究中，MAOA和攻击行为之间的联系仍然没有定论。

当把儿童期遭受虐待和MAOA各自与反社会行为之间的不一致联系放在一起考虑时，作为发展学者，我们提出了一个GXE假设：如果男性在儿童期遭受过虐待，并且携带某些MAOA基因变体，他们就更有可能变得有暴力倾向。换言之，当两个风险因素——一个是遭受虐待，另一个是特定的基因型——同时出现时，成年后更有可能发展出暴力倾向。这个观点是精神病理学研究中"素质-应激假说"的一个形式。所谓素质，指的是一种潜在的或隐藏的"漏洞"，它使人处于发展出一个问题的风险中，但根据这一假说，问题只在特定的经历出现时才会显现。这就是为什么素质-应激假说有时也会被以一种更"用户友好"的方式贴上"双重风险假说"的标签，就像我们在第八章讨论日托影响时所做的那样。

在我们的研究中，我们关注的素质是基因构成，特别是低活性而非高活性的MAOA基因变体，而应激情况是指儿童在成长过程中遭受的虐待。换言之，我们认为只有当同时满足这两个条件时，成年后的暴力倾向才可能出现——因为潜在的"漏洞"或者说素质在没有特定的应激情况时不会被触发或显现。这有点儿像"一个巴掌拍不响"的道理。单一因素，无论是应激情况还是素质，都不足以引发（暴力）倾向。只有两者同时存在才行。

遗传变异

正如我们在第十二章明确指出的，不管生活在哪里，无论属于哪个种族或民族，人类所携带的大多数基因在每个人身上都是相同的。这就是为什么人类都有两只眼睛、两条胳膊、两条腿、两个肺、一颗心脏等。但是，有一小部分（大约5%）基因因人而异，它们被称为基因多态性，我们在本章已经提到过这个术语。就MAOA而言，这些变体被标记为低活性和高活性，它们反映了MAOA酶受基因影响的表达程度，进而分别导致前文提到的神经递质的少量或大量分解。携带低活性MAOA的个体，其MAOA酶活性较低，对威胁反应过度，很可能会对感知到的危险做出敌对反应。高活性MAOA的情况则完全相反。因此，我们预测，如果男性研究对象在儿童期遭受过虐待，并且携带低活性 MAOA 变体，那么他们最有可能成为反社会的成人。

测量儿童期遭受的虐待

幸运的是，大多数参与达尼丁研究的孩子在儿童期没有遭受过虐待，但还是有一些孩子经历过。通过观察孩子们在儿童期的行为和父母提供的信息，以及研究对象在成年期对自己儿童期经历的回忆，我们可以查明他们在 3~11 岁是否有遭受虐待的迹象。我们利用多年来收集的各种信息，对哪些研究对象在成长过程中遭受过虐待做出了合理的判断。首先来看看最早用于确定虐待情况的相关评估。

就像在第二章、第三章和第五章中提到的，我们在孩子们 3 岁时观察了他们与母亲的互动，评价了母亲在情感上持续表现出消极态度、在其他方面对孩子过于严厉、粗暴对待孩子、不帮助孩子等有问题的育儿行为的程度。这样的评分标准总共有 8 项，母亲如果有至少两种这类行为，就会被归类为"拒绝型"母亲；16% 的母亲符合这一标准。

当孩子们 7 岁和 9 岁时，他们的母亲会填写一份调查问卷，反映她们是否采取过 10 种严厉的管教方式中的任何一种，比如用巴掌揍孩子或者用物品打孩子。要知道，在 20 世纪 70 年代，体罚是比较常见的，至少这种情况在说英语的国家比现在更常见，所以父母通常会很坦诚地表示自己采取过这种育儿方式。不过，我们所说的严厉育儿方式反映的是对于特定时代和文化来说异常严厉的育儿方式。我们在第五章中提到，虐待孩子的父母常常会用"我小时候又不是没经历过，现在不也过得挺好！"之类的话来为这种行为辩护。在严厉管教方面得分排在前 10% 的父母被归类为"异常严厉型"父母。

由于家庭破裂的经历同样与反社会行为相关，我们发现在样本中有 6% 的人在他们人生前 10 年经历了至少两次主要看护人的变更，我们将其归类为"经历了破坏性的看护人变更"。我们还在研究对象 26 岁时就受虐待问题与其进行谈话，发现有 3% 的人表示自己在 11 岁之前多次遭受严重体罚（如因被捆绑而留下红肿伤痕或被电线抽打），导致身体出现持续的瘀伤或损伤，我们把这些研究对象归类为"受到身体虐待"。在研究对象26岁时与他们的另一部分谈话里，我们询问了他们的生殖健康状况，并对非自愿的性接触进行了回顾性评估。有5%的研究对象被归类为"受到性虐待"，因为他们说自己在11岁之前有生殖器被人触摸，被迫触摸别人的生殖器，或者别人试图与他们性交或完成性交的经历。

有了这些与虐待相关的信息，我们计算了每个孩子在人生前10年中遭受虐待的次数，创建了一个累积暴露指数。孩子越是被看护人"拒绝"，越是被认为遭受了异常严厉的惩罚，越是被发现经历过至少两次主要看护人变更，越是被认为遭受过身体虐待或性虐待，我们就越倾向于判断他们为儿童期虐待的受害者。结果显示，大约2/3的研究对象没有遭受过虐待，超过1/4的人有过一次受虐待的迹象，近10%的人有至少两次与虐待有关的经历。我们将第一组归类并标记为"没有受到虐待"，将第二组归类为"可能受到虐待"，将第三组归类为"受到严重虐待"。

检验GXE

在检验关于儿童期虐待史和MAOA多态性如何相互作用来预测反社会行为的素质-应激假说或者说双重风险假说时，我们的研究与之前的许多研究相比有3个重要优势。第一，与那些从临床或特殊样本（如被判暴力犯罪的罪犯）开始的基因研究不同，我们研究的是具有代表性的普通人口。这样做可以避免在将"特殊"样本作为研究重点时可能出现的预测因素和结果变量之间关联的潜在扭曲，就像第一章讨论前瞻性研究的效用时所提到的那样。第二，如前文所述，我们的样本有详细的环境逆境历史特征——我们掌握了研究对象3~11岁儿童期的详细信息，其中大部分信息是以前瞻性的方式收集的。这里需要插一句重要的题外话：3个（未）受虐待的群体在基因构成上没有差异。如果存在差异，就会产生一个解释性问题，因为那样我们就面临一种情况：孩子的基因构成可能影响他被虐待的可能性。在这种情况下存在的风险是，基因-环境相关性可能会被错误解读为一种 GXE。

我们的研究的第三个主要优势与我们希望预测的结果有关。我们在研究对象不同的发展时期对反社会行为进行了严格的测量。反社会行为是一个复杂的表型，我们使用的不同测量方法各有利弊。因此，在评估每位研究对象参与反社会行为的程度时，我们主要依赖 4 套不同的测量方法。在青春期，我们的测量依据是品行障碍的正式精神病学诊断，该诊断基于一项标准化的临床访谈，由训练有素的评估人员在研究对象 11 岁、13 岁、15 岁和 18 岁时开展。如果研究对象在这些年龄节点之一收到了正式精神病学诊断意见，他们就被认为有品行障碍。在评估暴力犯罪的刑事定罪时，我们依赖的是澳大利亚和新西兰警方协助提供的法庭记录。在男性研究对象中，有 11% 的人在 26 岁之前因暴力犯罪而被判刑，如普通攻击、故意用武器伤人的严重攻击、家庭暴力、过失杀人和强奸，共有 174 份犯罪记录。在研究对象 26 岁时，我们使用了他们完成的标准人格评估来创建暴力倾向指数，标准人格评估中包括与暴力有关的条目，如"生气的时候，我随时准备打人"和"我承认自己有时喜欢伤害他人的身体"。最后，我们参考了研究对象 26 岁时亲朋好友提供的有关其暴力行为的信息，询问了这些非常了解研究对象的人 7 个主要症状，包括"难以控制愤怒""把自己的问题归咎于他人""做了坏事后毫无愧疚感"和"（是或不是）良好公民"。

关于研究对象暴力倾向的全部 4 组信息都显示彼此之间存在显著的统计关联，这表明它们涉及相同的潜在特质。作为倾向于统合（而非拆分）的研究者，我们创建了一个反社会行为的综合指数。这个综合指数显示了研究对象是否符合青少年品行障碍的诊断标准，是否因暴力犯罪而被判刑，是否在自我陈述的暴力倾向方面排在样本前 25%，以及是否在知情人陈述的反社会人格障碍症状方面排在样本前 25%。

统计分析的结果为我们的 GXE 假设提供了有力的支持。无论我们关注的是反社会行为的综合指数，还是最初统合的 4 个组成部分中的每一个，结果都是一致的。图 14.1 和图 14.2 显示，虽然反社会行为越严重，就越有可能确定研究对象在儿童期遭受过虐待（也就是受到严重虐待 > 可能受到虐待 > 没有受到虐待），但在携带低活性而非高活性 MAOA 基因变体的个体中，这种剂量-反应关系尤为明显，正如为我们的研究提供依据的素质-应激/双重风险假说所预测的那样。事实上，无论以何种方式测量反社会行为，低活性 MAOA 基因变体与遭受虐待的经历——特别是遭受严重虐待的经历——结合后，产生的机能问题数量都是最多的。

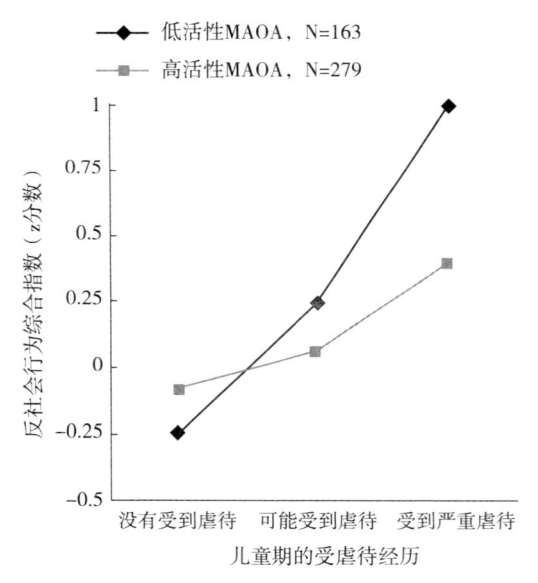

图 14.1 反社会行为的平均水平是儿童期的受虐待经历和 MAOA 基因型的因变量。根据 Caspi, A., McClay, J., Moffitt, T.E., Mill, J., Martin, J., Craig, I.W., Taylor, A., & Poulton, R. (2002). Role of genotype in the cycle of violence in maltreated children. *Science, 297*, 851–854, Figure 1 重新编制。转载已获美国科学促进协会许可

图14.2　儿童期的受虐待经历与反社会行为类型之间的关联是MAOA基因型的因变量。Caspi, A., McClay, J., Moffitt, T.E., Mill, J., Martin, J., Craig, I.W., Taylor, A., & Poulton, R. (2002). Role of genotype in the cycle of violence in maltreated children. *Science, 297*, 851–854, figure 2A and B. 转载已获美国科学促进协会许可

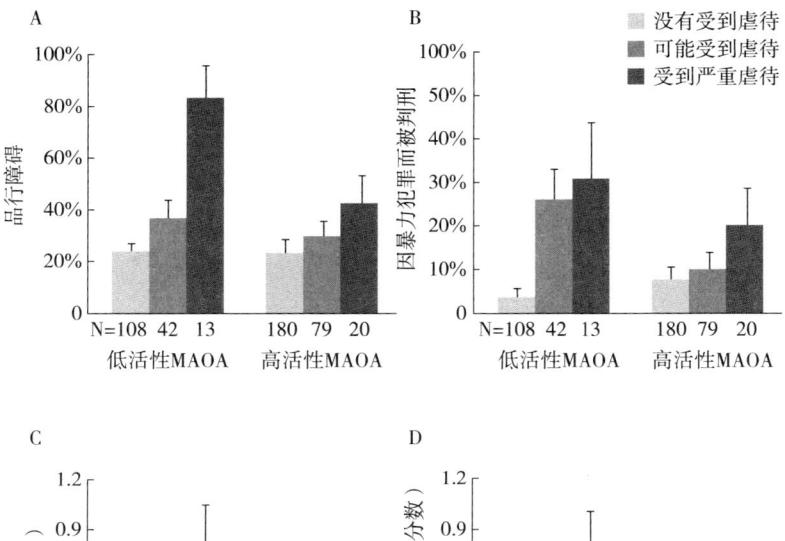

小结

除了证明存在之前强调的GXE，并再次强调人的发展的概率性本质（因为不是每个曾受到虐待的男孩长大后都会成为反社会之人），我们还应该明确同期另外两个来自我们的遗传学和环境发展研究的发现。首先，尽管已经证明儿童期的受虐待经历对携带低活性MAOA基因变体的男性来说尤其成问题，但儿童遭受虐待本身也预示着更高水平

的反社会行为（就算不那么明显），也就是说，这与基因构成无关。不过，需要重申的是，并不是每个曾受到虐待的孩子都会成长为反社会的年轻人。值得注意的是——这是第二个需要考虑的额外发现——基因构成并没有虐待的这种普遍影响。仅仅知道研究对象携带的是低活性还是高活性MAOA基因变体并不能从暴力行为上区分男性。只有当特定的养育史和特定的基因型共同出现时，男性研究对象才特别容易做出反社会的行为。

因此，在那些可能遭受虐待，尤其是曾遭受严重虐待的人当中，携带低活性MAOA基因变体似乎会提高反社会和暴力行为的风险。尽管同时具有低活性MAOA基因型和遭受过虐待的个体只占全体男性研究对象的12%，但他们构成了群体中因暴力犯罪而被判刑之人的将近一半——44%。换言之，那些经历这种"双重风险"的男性在强奸、抢劫和斗殴案件中的比例是其他研究对象的4倍。此外，85%具有低活性MAOA基因型的男性研究对象在遭受严重虐待后发展出了某种形式的反社会行为（如图14.2中4类个体结果所示）。

为了解释受虐待经历发展为反社会行为的原因和机制，人们提出了许多生物学和心理学上的过程。这些过程强调的因素包括激素、大脑的结构和活动、对威胁的敏感性，以及与有攻击性、犯罪记录或暴力行为之人交往的倾向。但是，并没有确凿的证据表明这些因素中的任何一个能够解释从儿童期受虐待到成年后犯罪行为的发展。现在人们应该普遍认识到，一些年轻人能够从虐待中恢复过来，另一些则不能。我们的研究表明，遭受虐待的儿童的基因差异可能会影响他们的恢复过程，至少在达尼丁研究中是这样的。

为了阐明包括遗传学在内的生物学并不决定命运，我们必须强调，如果研究对象携带所谓的"风险"基因，即低活性MAOA基因变体，但并没有在儿童期遭受过虐待，那么他们参与暴力或其他反社会行为的可能性并不会比那些携带低风险基因变体的人更大。仔细看图14.1和图14.2的最左边一栏可以发现，携带高风险、低活性基因变体且没有遭受过虐待的人在实际反社会行为上的得分，整体上比携带低风险、高活性基因变体且没有遭受过虐待的人的得分低。鉴于我们在这里强调的差异较小，过分解读这一观察结果并没有太大帮助。尽管如此，它还是促使我们思考主流的素质–应激或双重风险模型的一种替代模型，前者已经为许多关于 GXE 的研究提供了有用的信息。

要理解我们接下来要探讨的内容，请再次观察图 14.1 和图 14.2 并思考：如果我们不只关注有问题的育儿方式，如虐待儿童和抚育缺席，还特别考虑支持型的育儿方式，这些数据可能会是什么样？设想每幅图中的横轴都向纵轴左侧延伸，在横轴上向左移动的距离越远，代表父母的育儿方式越积极且越愿意提供支持。横轴的最左边代表特别善解人意、给予充分支持和关爱的育儿方式，而最右边代表严重虐待。现在，记住这些重新调整后的坐标图，继续向下和向左绘制（或扩展）图中低活性、高活性 MAOA 群体的线条。会发生什么？这是只关注环境逆境永远无法揭示的东西——因遗传因素而最容易受到虐待的负面影响波及的个体（也就是低活性子群），也可能是从积极养育中获益最多的人，因为他们表现出的反社会行为最少。如果情况确实像我们在这个思想实验中所认为的那样，它就意味着素质–应激和双重风险理论只代表了 GXE 故事的一半，甚至可能会被证明有误导性。

这不仅是因为有些人更容易受到逆境的影响，也是因为另一些人更容易受到父母育儿方式（也许还有其他环境因素）的影响，不管这种影响是好是坏。换言之，他们更容易受到消极和积极的环境影响。在我们的思想实验中，携带低活性 MAOA 的人不仅在受到严重虐待时表现出最严重的反社会行为倾向，也在得到特别好的照顾时表现出最轻微的反社会行为倾向。事实证明，一种新兴的思想流派正在影响我们如何更普遍地思考 GXE 以及人和环境的交互作用，它更加广泛地强调了前面说的这种可能性。这种所谓的"差异易感性"视角认为，有些儿童比其他儿童更容易受到那些被认为会破坏或提升幸福感的环境的影响。

杰伊·贝尔斯基提出了儿童对环境影响具有"差异易感性"的想法，儿科医生和公共卫生研究员 W. 托马斯·博伊斯在其 2019 年的著作《兰花与蒲公英》中详细探讨了这一观点。书名是对两种类型的孩子的比喻。兰花型孩子非常敏感，成长经历（如给予充分支持或缺乏支持的育儿方式）和环境因素（如贫穷或富裕）会对他们施加很大的影响。这些孩子就像兰花，如果被照顾得好，就能茁壮成长；如果照料不当，就容易凋敝。蒲公英型孩子则完全相反，他们似乎不受发展经历和被养育经历的影响，甚至达到对环境完全免疫的地步。我们不太喜欢这种贴标签式的理论，因为它有把所有孩子都只归为这两种类型之一的风险。图 14.1 和图 14.2 提醒我们注意一种更微妙的观点，即认识到对环境影响或人的发展可塑性的易感性是呈阶梯状或连续性的。简而言之，有些孩子极易受到影响，有些孩子不那么敏感，还有一些孩子完全不受影响。

考虑到我们设计的研究只关注有问题的、非支持型的育儿方式，我们不确定差异易感性框架的梯度方法是否适用于我们的研究对象，但强调这一点其实是为了鼓励读者以非常规的方式思考人的发展，以及说明我们开始研究 GXE 时是怎样做的。具体来说，需要考虑这样一种可能性：在我们（及其他研究者）的研究中，那些由于基因构成（或者其他某个因素，比如气质）而在逆境中表现最差的孩子，如果接触提供充分支持或物质、精神层面都富足的养育环境，可能会发展得最好。

在本章结束时，我们再来讨论一下 GXE 研究可能存在的局限性。与第十二章和第十三章中关于吸烟和成功人生遗传性的研究不同，GXE 研究关注的是儿童期遭受虐待的不同影响，这一点与第十五章的抑郁症研究相似，它关注的是单个"候选"基因。我们选择研究 MAOA 多态性，是因为有动物和人类的研究证据表明，它可能与环境因素（在我们的研究中是虐待）相互作用，从而可以预测成人的反社会行为，这是有生物学合理性的。但是，我们的选择并不意味着 MAOA 是唯一可能与虐待相互作用并破坏幸福感的基因。这极有可能背离真相，因为第十二章提到，大多数表型会受到众多基因的影响，每个基因的影响都很小。接下来的挑战将包括研究与反社会行为相关的多个基因（可能会以 GWAS 调查为基础），并确定由此创建的多基因评分是否也会与虐待相互作用，从而预测反社会行为，就像我们研究 MAOA 时发现的那样。

第十五章

生活压力、抑郁症和相关基因

抑郁症是一种常见且严重的疾病，它会对人的感受、思维和行为方式产生负面影响。幸运的是，这种疾病是可以治愈的。抑郁症会让人感到悲伤或者无法感受到快乐，引发各种情感和身体问题，同时也会削弱人们在工作和家庭中的表现。抑郁症的症状轻重不一，可能包括以下一种或多种情况：感到悲伤或情绪低落；对曾经喜欢的活动失去兴趣或愉悦感；食欲变化；在没有改变饮食习惯的情况下体重减轻或增加；睡眠问题，如难以入睡、睡眠浅或睡太多；精力减退或容易感到疲惫；无意义、机能失调的身体活动增加，如扭手或踱步，或者动作和说话变得迟缓；失去个人价值感或产生负罪感；难以思考、集中注意力或做决定；有死亡或自杀的想法。

遗憾的是，抑郁症无处不在。2015年，大约有1 600万美国成人（占美国成年人口的近7%）在过去一年中经历过一次重度抑郁发作。美国精神医学学会对重度抑郁发作的定义是"在两周或更长时间内，持续出现情绪低落、丧失兴趣或愉悦感，以及其他至少四种机能变化症状，如睡眠、饮食、精力、注意力和自我价值感的问题"。此外，这种发作一定伴随着社交、职业或其他日常生活领域中临床可见的显著痛苦或障碍。重性抑郁症是缩短美国人寿命最多的疾病，也是导致人受困于任何精神或行为障碍时间最长的疾病。抑郁症的治疗成本也很高：从1999年到2012年，服用抗抑郁药的美国人比例从大约6.8%上升到12%。到2020年，全球抗抑郁药物的市场规模预计将超过160亿美元[①]，这还不包括人们通过大麻、酒精和其他非处方药进行的自我治疗。

抑郁症的普遍性和它带来的痛苦促使人们付出巨大的努力来治疗它，并寻找其原因。本章的科学探索关注的就是抑郁症的原因，就像第十四章中讨论的那样，我们将从GXE的角度来探讨。我们之前聚焦于儿童期和青春期经历如何影响日后的发展，但在本章中将特别关注成人的经历，尤其是那些负面或有压力的生活事件。众所周知，这类经历可能是抑郁症的诱因。它们可能包括多种情况，比如生意失败或失业等职场挫折；投资失败或无力支付账单并负债等财务问题；亲密关系告一段落或亲人离世等人际关系破裂事件；房屋失火或出于其他原因无家可归等住房问题；当然，还有被诊断出罹患癌症或其他严重疾病等健康问题。

负面生活事件对抑郁症的影响，其实和第十四章提到的儿童期受虐待对男性暴力行为的影响有相似之处。研究结果并不一致，有的显示严重生活事件对抑郁症有影响，有的则并非如此。而且，大家都知道，面对同样的逆境，每个人的反应不尽相同。我们讨论的是概率性而非确定性的影响。这让人想起了达尼丁研究中的一个案例，两名年轻女性在26岁时接受了关于她们社交关系的访谈，我们暂且称她们为夏洛特和奥利维娅。她们都在不久前经历了分手，并且都是被对方甩了，而不是主动提出分手的。由于恋情已经持续了好几年，她们都曾以为可能会发展为长期关系，甚至可能与另一半步入婚姻的殿堂。但在达尼丁研究中，对26岁的研究对象进行的标准精神病学访谈显示，夏洛特在情感上受到了重创，她符合重性抑郁症的诊断标准，奥利维娅则展现了应对这个应激源的复原力。尽管奥利维娅显然对这段没有结果的感情感到失望，但她并没有陷入沮丧；与夏洛特不同，她不认为自己再也找不到另一个爱自己的男人，也不担心自己会孤独终老。奥利维娅相当乐观："天涯何处无芳草！"

---

① 本书英文版原书首次出版于2020年。——编者注

第十五章　生活压力、抑郁症和相关基因

这些观察结果清楚地表明，严重的负面生活事件是抑郁症的"风险因素"。这个术语本身就传达了一个很重要但在人们从因果关系角度思考问题时经常被误解的观点。不妨回忆一下第八章和第十四章都强调过的内容：虽然亲密关系破裂会增加患抑郁症的可能性，但这并不意味着这个人一定会患抑郁症。实际上，我们都知道，当其他风险因素同时出现时，这种风险通常才会变成现实。如果一段关系意外结束与另一起严重的生活事件，如失业或亲人去世同时发生，那么前者导致抑郁的可能性就会更大。

根据第十四章提到的精神病理学的素质-应激（或双重风险）模型，我们的研究不仅关注了严重生活事件的累积，还再次探讨了基因构成的差异导致一些人容易受到逆境的负面影响，另一些人却不然的可能性。换言之，基因型就是上面提到的模型中的素质，它使得某些人在遇到许多负面生活事件时容易感到抑郁。但是，如果没有这些逆境，这种脆弱性就不会或者至少不太可能显现。我们再次提出"一个巴掌拍不响"的理论，认为负面生活事件这种逆境和特定的基因构成会共同发挥作用，引发抑郁症。换言之，当再次探索 GXE 时，我们发展学者检测到的抑郁症的这些不一致相互关系都成了研究的线索。

哪些基因会影响抑郁症

我们在第十四章回顾了早期关于 GXE 的研究，其关注点是 MAOA 多态性，因为理论和证据显示它与暴力行为有关。在 21 世纪头 10 年，基于 GWAS 的多基因评分成为流行的研究策略之前（如第十二章详述的那样），我们通过候选基因研究来探索 GXE 时，MAOA 并不是研究成年早期抑郁症病因学的理想选择。相反，我们关注的是另一种多态性——5-羟色胺转运体启动子区，也称为 5-HTTLPR。5-羟色胺转运体有两个版本，分别是短型（s）和长型（l）。每个人都从父母双方那里分别遗传了这样一个等位基因变体。因此，HTTLPR 可以是 ss、ll 或者 sl 的形式。如果一个人从父母双方处遗传了相同的等位基因变体，都是 l 或都是 s，此人就被称为这种变体的"纯合子"；如果一个人携带了每种变体中的一个，即 sl，他就被称为"杂合子"。

我们选择 5-HTTLPR 作为抑郁症病因学研究的遗传学关注点，有两个原因：一是关于它的功能性的证据，二是研究表明它可以调节（修改）对压力的反应。就功能而言，在细胞层面，短等位基因与从连接大脑中两个神经元的突触"摄取"更少的 5-羟色胺（一种神经递质）有关，长等位基因则与摄取更多的 5-羟色胺有关。换言之，这两种变体对 5-羟色胺在大脑突触中存留的时间有着不同的影响。人们认为，存留的时间越长，5-羟色胺的镇静作用就越大。这似乎表明，携带短等位基因的人，尤其是携带两个短等位基因的人，患抑郁症的风险更高，因为他们从 5-羟色胺的镇静作用中获益较少。

除了这个假设，还有实证研究支持 5-羟色胺转运体多态性的变异与抑郁症之间的关联。与之前提到的短等位基因与抑郁症直接相关的不一致证据相辅相成的是，有重复的迹象表明，5-羟色胺转运体的变异与压力相互作用，可能导致类似抑郁的行为或与抑郁相关的生理反应。在这方面，我们首先可以看看动物研究。与拥有两个长等位基因的老鼠相比，拥有一个或两个短等位基因的老鼠在受到压力时表现出更多的恐惧行为，压力激素也增加得更多，但在没有压力的情况下，这些由基因型导致的情感和生理机能差异无法体现。接着，对一种高度社会化的猴子——恒河猴——的研究表明，在压力大、社交孤立的饲养环境中，携带短等位基因的个体比长等位基因纯合子的个体显示出更低的 5-羟色胺能活性，然而当这些基因不同的猴子和其他猴子一起生活时，我们并没有观察到此种神经递质的差异。最后，就人类而言，神经成像研究表明，携带一个或两个短等位基因的人，其大脑中应对压力的杏仁核的神经元活性比长等位基因纯合子的人更高。在所有情况下，行为和生理机能的差异都是遗传变异的结果，但它们只在压力条件下才会出现。很显然，这就是 GXE 的证据。

在探索抑郁症成因的研究中，基于上述现有证据，我们怀疑 5-HTTLPR 的变异可能影响个体对压力经历的精神病理学反应。我们假设，携带两个短等位基因的研究对象在经历多重压力生活事件时，最有可能感到抑郁或表现出抑郁症状。同样，携带单个短等位基因的人，相比没有短等位基因的人，即 ll 携带者，也更可能表现出抑郁倾向。与之前提到的研究一致，我们进一步预测，当研究对象没有经历负面生活事件时，s 携带者和 l 携带者在抑郁方面不会有差异。换言之，随着负面生活事件的增加，比如从没有负面生活事件到一件、两件、三件、四件或更多，ss、sl 和 ll 携带者之间在抑郁方面的差异将变得越来越明显，s 携带者会比 ll 携带者表现出更严重的精神疾病，尤其是当他们处在压力更大的生活环境中时。

检验 GXE

为了检验我们的预测，一完成对研究对象所做的基因分型，我们就转向了数据储藏室，调取已经收集的关于负面生活事件和抑郁的信息。为了评估研究对象接触和经历负面生活事件的情况，我们采用了一种自行开发的方法，叫作生活史日历。这个方法涉及引导研究对象回顾他们的人生时间表，从上一次见到他们开始，一年接一年、一个月接一个月地回顾发生在他们身上的事情。比起简单地问一个人是否发生过这件事或那件事，或者只问他们在一段时间内是否遇到过任何问题，这是一种更精准地收集人生经历信息的方式。因此，当我们在研究对象 26 岁见到他们时，我们关注了他们过去 5 年，即从 21 岁生日到 26 岁生日的生活史日历。

我们从研究对象的报告中筛选出一些负面的或有压力的事件，包括：工作问题（长期失业，被裁员，因公司搬迁而失去工作，被解雇）；经济问题（债务问题，如物品被收回，没钱采购食物或支付家庭开支，付不起医疗费，支付账单有困难）；住房问题（无家可归或频繁搬家）；健康问题（持续至少一个月的严重身体疾病或导致身体障碍的损伤）；人际关系问题（卷入暴力关系，同居关系结束或亲密关系破裂）。总的来说，在观察的这 5 年中，有 30% 的研究对象没有遇到过压力生活事件，25%的人遇到过一次，20%的人遇到过两次，11%的人遇到过 3 次，15%的人称遇到过至少 4 次此类事件。

评估抑郁症时，我们使用的是标准的精神病学访谈，这些访谈是在研究对象 26 岁时进行的。负责访谈的人并没有参与收集生活事件的信息，所以他们的评估不会受到这些信息的影响。访谈主要关注研究对象在过去 12 个月里的抑郁情绪状况。它对抑郁症状（如失眠、持续焦虑）进行了持续的量化评估，并给出了重度抑郁发作的正式精神病学诊断。17%的研究对象（其中女性占 58%，男性占 42%）在过去一年中符合重度抑郁发作的标准。该比例与美国同龄和同性别人群的记录相仿。

在检验我们的 GXE 假设时，除了考虑重性抑郁症诊断结果和抑郁症状数量，我们还调查了自杀倾向；3%的研究对象表示，在抑郁发作期间，他们曾尝试自杀或反复有自杀的念头。在研究对象 26 岁时，我们通过邮寄问卷从了解他们的亲朋好友那里收集了相关信息，问卷要求受访者根据 4 种不同的症状对研究对象进行评分："感到抑郁、痛苦、悲伤或不快乐""感觉没人爱他们""看起来孤独""把自杀挂在嘴边"。最终，我们得到了 4 项抑郁症指标——抑郁症状的数量、重性抑郁症的诊断、自杀想法或自杀企图，以及一位朋友或家庭成员对他们抑郁程度的评价。

有了这些数据，我们基本为检验 GXE 假设做好了准备，但在检验之前，我们需要先确定经历很多或很少负面生活事件的研究对象是否存在基因差异。如果确实存在差异，比如携带短等位基因的纯合子比其他人经历了更多的负面生活事件，那么这将增加第十四章所讨论的基因-环境相关性（以及选择效应）的可能性。事实上，如果携带短等位基因的研究对象和没有携带短等位基因的研究对象在负面生活事件的经历上存在差异，我们就无法继续进行 GXE 研究。幸运的是，情况并非如此。知道一个人的 5-HTTLPR 基因型并不能帮助了解他/她的负面生活经历，因为基因型与环境没有关联。

直接检验假设的第一步为其提供了支持。与携带两个长等位基因的研究对象相比，携带短等位基因（无论是 ss 还是 sl）的研究对象经历许多负面生活事件，将更明显地预示他们会出现更多的抑郁症状。即便考虑（也就是在统计层面忽略）了在研究对象 21 岁时测量的抑郁症状的影响，情况依然如此。这个结果意味着 GXE 对 26 岁时抑郁症状的预测并不能归因于"早期抑郁导致后期抑郁"。对于携带短等位基因的人来说，更多的压力生活事件预示着从 21 岁到 26 岁抑郁症状的增加。如图 15.1A 所示，在 ss 纯合子的情况中，经历大量负面生活事件与更多抑郁症状的关系最为密切，这些人最容易受到逆境的影响；在 ll 纯合子的情况中，这种关系最弱，使得这些人在面对逆境时表现出更强的复原力；sl 杂合子则介于两者之间。显然，研究对象携带的短等位基因越多，大量负面生活事件对其的不利影响就越大。

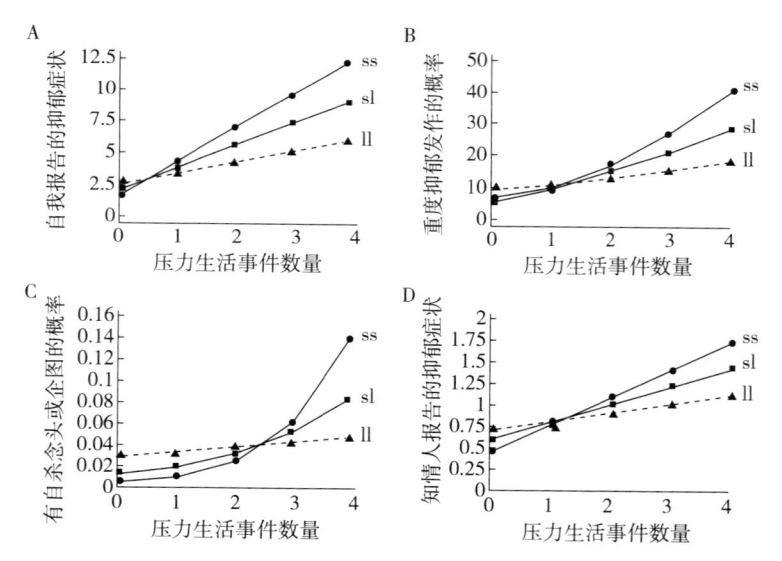

图 15.1 （21~26 岁）压力生活事件数量与 16 岁时的抑郁症相关结果之间的联系是 5-羟色胺转运体基因型的因变量（s= 短等位基因；l= 长等位基因）。Caspi, A., Sugden, K., Moffitt, T.E., Taylor, A., Craig, I.W., Harrington, H., McClay, J., Mill, J., Martin, J., Braithwaite, A., & Poulton, R. (2003). Influence of life stress on depression: Moderation by a polymorphism in the 5-HTT gene. *Science, 301*, 386–389 figure 1. 转载已获美国科学促进协会许可

同样值得注意的是，当我们查看抑郁症的几项不同测量指标——重度抑郁发作的概率（图 15.1B）、有自杀念头或企图的概率（图 15.1C）、知情人报告的抑郁症状（图 15.1D）时，我们发现了一致的结果模式。在所有这些情况中，携带短等位基因的人，尤其是 ss 纯合子，比 ll 纯合子更容易受到负面生活事件的不利影响，而当研究对象没有或很少经历压力生活事件时，抑郁症的基因型差异没有显现。因此，无论我们如何测量抑郁症，都可以看到一种典型的、与素质–应激模型相关的 GXE。

一种可能的替代性解释

尽管我们的 GXE 研究结果最初看起来非常有说服力，但我们意识到，它们可能会反映短等位基因携带者更容易受到负面生活事件对抑郁症的不利影响之外的其他情况。这是因为，如果经历更多负面生活事件的研究对象的基因差异影响了他们对压力生活事件的接触情况，那么也会出现我们之前分享的结果。如果真是这样，这可能意味着我们原本对环境压力的测量实际上在某种程度上是对基因构成的测量，后者或多或少地伪装成了对环境的测量。让我们来看一个思想实验：我们发现吃得多的人比吃得少的人更重，但事实上吃得多是由基因构成决定的。如果真是这样，那么将饮食的测量结果仅仅视为经历指标而非基因构成指标，会是错误的做法。

所以，即便我们已经排除了 5-HTTLPR 这个特定的遗传因素与压力生活事件接触情况的错误关联，我们仍然有可能发现还存在其他未被测量的基因可能与压力生活事件有关。如果确实存在这样的情况，那么我们的发现实际上可能是基因–基因相互作用（GXG）的结果，而非基因–环境相互作用的结果——因为我们假设的环境指标实际上可能是遗传学方面的测量结果。在我们早期的基因研究项目中，我们并没有测量其他所有可能相关的基因，因此我们无法直接解决当下这个问题。

然而，我们认识到，可以通过一种间接的方式来评估 GXG 这种可能性。如果这种关于 GXG 的替代性解释能够说明明显的 GXE 结果，那么理论上，生活事件应该会在预测抑郁症方面与 5-HTTLPR 相互作用，即使这些生活事件发生在重度抑郁发作之后。这种"事后预测"在逻辑上是不可能的，因为它意味着未来的环境经历（负面生活事件）能够预测过去的事情（抑郁症），而不是反过来。但是，如果我们对负面生活事件的测量真实地反映了环境压力，并且不是伪装成基因构成的替代指标，那么生活事件相对于抑郁症的时间顺序就非常重要。事实上，预测因素和结果会按照与因果关系一致的时间顺序排列，例如，可能的原因（生活事件）先于可能的结果（抑郁症）。换言之，如果像我们已经发现的那样，早期的生活事件与基因构成相互作用，预测了日后的抑郁症，而且日后的生活事件与基因构成在"预测"早期的抑郁症方面并没有相互作用（这一点我们仍需要通过研究确定），那么我们对 GXE 证据的解释就站得住脚。

为了以实证的方式解决这个问题，我们重新进行了统计分析，这次用作待解释结果的是在研究对象 18 岁和 21 岁时测量的抑郁症信息，而不是在他们 26 岁时测量的信息。在这两项额外的分析中，我们想知道日后的生活事件（它们事实上可能是基因因素）是否与 5-HTTLPR 相互作用，"预测"早期的抑郁症。结果与我们最初的 GXE 解释一致：日后的生活事件并没有与基因构成相互作用，"预测"早期的抑郁症。结合我们最初的 GXE 发现，这些无效的结果让我们确信，我们所观察到的不是伪装成 GXE 的 GXG。

小结

在我们的第二次关于 GXE 的探索之旅中，我们发现了一些证据，这些证据表明之前关于环境和遗传因素的影响（我们对这两者分开进行了调查）的研究在预测心理健康方面的结果不一致，可能是因为某些人的基因构成使他们比其他人更容易受到逆境的影响。这个发现很重要，因为它提出了一个新的研究方向：如果我们不考虑基因对特定疾病或精神机能障碍的影响，而是考虑基因如何影响我们对潜在环境影响的易感性，那我们可能会在科学上取得更大的进步。这与第十四章结尾提到的差异易感性观点是一致的。差异易感性观点提出了这样一种可能性：有些人可能比其他人更容易受到积极或消极环境因素和发展经历的影响。想象一下，有这样一门科学，它不仅试图识别可能导致某些疾病的基因，还尝试识别那些塑造我们对环境刺激（如毒素或生活应激源）和支持（如优质的学校教育或积极的生活事件）的反应方式的基因。如果这些基因真的可以被识别出来，那么我们就可以更精准地出于预防的目的将那些最有可能受到某些逆境影响的人，或者出于改善的目的将那些最有可能从某种形式的积极环境中受益的人，确定为目标人群。

无论我们和其他研究者发现的 GXE 结果（它们将经历多重生活事件与携带 5-HTTLPR 短等位基因联系起来）多么令人兴奋，也无论这些发现与精神病理学中长期存在的素质-应激模型多么吻合，GXE 研究仍然存在争议。虽然我们明确表示，在我们的看法对服务和实践产生任何影响之前，需要其他人再次得出我们的这些发现，但我们还是受到了批评——至少表面上看起来是这样。尽管其中一些批评并非全无道理，毕竟，完美的科学研究是罕见的，但大部分批评似乎源自非科学因素。许多支持我们的同事认为，我们受到攻击，是因为我们作为在研究中强调环境重要性的非专业遗传学家，填补了许多纯遗传学研究（也就是基因型-表型研究）未能填补的空白。此外，我们的研究结果显示，影响抑郁症的是基因与环境的相互作用，而不仅仅是基因，从而再次表明基因并不决定命运，这打破了一些人的思维定式。

现在大家普遍认同的一点是，在涉及生活事件、5-HTTLPR 和抑郁症的 GXE 研究中遇到的问题，可能与目前候选基因研究众所周知的局限性（见第十二章的讨论）和对压力生活事件的测量不足都有关系。测量不足意味着，研究过于依赖简单的检查清单，而没有像我们使用生活史日历数据收集方法那样进行详尽且深入的访谈。

在回顾我们自己的发现时,我们意识到至少还有两个问题值得进一步研究,一个与环境因素有关,另一个与基因型有关。关于环境因素的问题,我们想知道,鉴于证据显示携带短等位基因的人在面对多重压力生活事件时更容易抑郁,逆境在成年期和儿童期是否以相同的方式发挥作用。这促使我们调取了第十四章中提到的儿童期虐待测量结果,以确定它是否也与 5-HTTLPR 相互作用,预测重度抑郁发作的风险。如图 15.2 所示,情况确实如此,它基本上重现了之前关于压力生活事件的早期发现(见图 15.1B)。当然,这意味着在成年早期抑郁风险方面,某些人(携带 5-HTTLPR 短等位基因的人)更容易受到在两个不同的人生阶段经历的至少两种不同的逆境——儿童期的虐待和成年早期的压力生活事件——的影响。

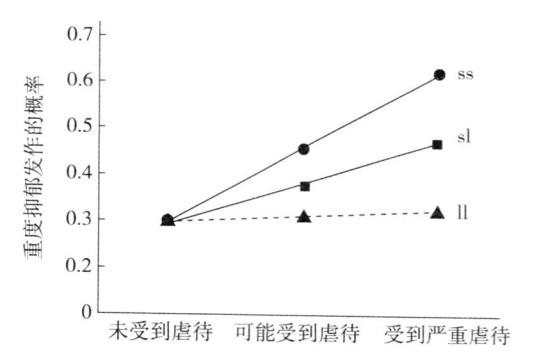

图 15.2 (3~11 岁)儿童期虐待与(18~26 岁)成年期抑郁症之间的联系是 5-羟色胺转运体基因型的因变量(s= 短等位基因;l= 长等位基因)。Caspi, A., Sugden, K., Moffitt, T.E., Taylor, A., Craig, I.W., Harrington, H., McClay, J., Mill, J., Martin, J., Braithwaite, A., & Poulton, R. (2003). Influence of life stress on depression: Moderation by a polymorphism in the 5-HTT gene. *Science, 301*, 386–389, figure 2. 转载已获美国科学促进协会许可

我们感兴趣的基因型相关问题是,面对逆境时的抑郁风险是否只与 5-HTTLPR 有关,而与另一个先前发现的候选基因(见第十四章)无关,这个基因与男性因在儿童期受到虐待而变得更具攻击性有关。换言之,MAOA 多态性会像 5-HTTLPR 和负面生活事件相互作用那样以双重风险模式和压力生活事件相互作用,预测抑郁症吗?研究结果

显示，情况并非如此。这意味着，在面对多重压力生活事件时，哪些人更容易患上抑郁症，存在一定的遗传特异性。

虽然我们在本章主要讨论了携带 5-HTTLPR 短等位基因的人在成年早期更容易受到抑郁的困扰，但我们同样需要看到这些研究结果所揭示的复原力相关信息的重要性。正如我们在第十四章提到的，当谈到有什么因素能够保护个人不受逆境的负面影响时，我们自然会想到一些环境因素，比如有个好朋友，或者一些个人特质，比如高智商或有幽默感。第十四章和本章讨论的 GXE 研究都清楚地表明，我们还得把基因构成考虑进去。就达尼丁研究的参与者而言，那些拥有一个或两个 5-HTTLPR 长等位基因的人似乎更能抵御成年早期的负面生活事件和儿童期的虐待带来的抑郁方面的影响。看到这样的结果，你可能会感叹，不能选择谁来做自己的父母真是太令人遗憾了！

第十六章

表观遗传学：将基因视为因变量

在本书的前十五章里，我们尽量避免使用太多的科学术语，来讲述我们对数以千计的孩子成长和发展过程的跟踪研究，但从本章的标题可以看出，我们要破例了。用科学的话来说，当我们探讨某个因素（如童年早期的气质）或者某种经历（如在童年中期遭受霸凌）能否预测、如何预测，以及是否影响、如何影响发展的某个方面（如反社会行为或抑郁症）时，这个预测因素就被称为自变量，预测结果则被称为因变量。其逻辑依据的是以下假设：被预测的现象（如攻击性的程度）取决于自变量（如是否遭受霸凌）。

在第十二到十五章讨论的遗传学研究中，我们把基因看作一个独立的因素，也就是某个表型的预测因素，这是开展人的发展研究时的常见做法。正如我们之前看到的那样，基因可以单独充当预测因素，就像第十二章讨论吸烟和第十三章讨论成功人生时的情况；基因也可以和某些环境条件相互作用，就像第十四章讨论儿童期遭受虐待和第十五章讨论压力生活事件时的情况。基因通常被认为是"首要原因"，因为它们从受孕那一刻起就存在，并且是在所有表型发展之前。所以，就算基因不是唯一的影响因素，人们也普遍认为它们影响着个体发展的大部分情况。然而，我们在本章提到了一种可能性，即发展经历和环境因素实际上可能会影响基因的机能，这就像是把原本作为首要原因（自变量）的基因变成了结果（因变量）！对于大多数研究人的发展的学者来说，这是一种相当激进的观点，它是看待基因如何影响心理和行为现象的一个新视角。这种观点还为研究环境影响的学者开辟了一个全新的遗传学分支——表观遗传学。

虽然表观遗传学对于研究人的发展的学者来说是个比较新的领域，但它由来已久。表观遗传学被认为是解开一个最大的生命之谜的关键：我们身体里的细胞，如眼睛、耳朵、腿骨或心脏中的细胞，是如何"知道"要变成这种类型而不是其他类型的细胞的呢？为什么眼睛里不会有心肌细胞，心脏里也不会有眼球细胞呢？胚胎学家早就知道，这些问题的答案与基因的不同表达有关。一个细胞发展成心肌而不是二头肌或股骨，是因为某些基因被开启并被表达，促进蛋白质的生成，后者开启了一系列遗传影响的进程，其他基因则保持关闭状态，以确保它们不会干扰生成蛋白质所开启的遗传影响进程。这就像是身体里的每个细胞都有一套完整的基因字母表，但只有特定的"字母"会被用来"拼写"特定的"单词"，也就是身体部位。打个比方，有些字母组合会拼出"心脏"，有些会拼出"二头肌"，还有一些会拼出"股骨"。这种器官的分化发生在产前的胚胎发育阶段，在妊娠期的这个短暂阶段，身体的各个部分得到确定，这通常发生在受精卵在子宫内壁着床后不久。

从表观遗传学的角度来看，在胚胎发育过程中，一旦细胞分化成心脏细胞、二头肌细胞或股骨细胞，它们通常就会保持这种状态，除非发生异常情况，比如癌症。当旧细胞（在死亡之前）分裂产生新细胞时，这些新细胞会继承与旧细胞相同的基因指令。因此，无论是心脏细胞、二头肌细胞还是股骨细胞，每一代细胞的基因表达都与第一代细胞完全相同。直到不久之前，我们对表观遗传学的理解都是这样的：在胚胎期，携带个体所有基因的特定细胞会随着特定基因的开启和表达，以及其他基因的永久关闭，发展成身体的不同部位。

然而，在 21 世纪初，一些真正具有突破性的发现彻底颠覆了我们对表观遗传学的既有认知。加拿大麦吉尔大学的迈克尔·米尼带领的研究团队发现，母鼠对新生幼鼠的照顾方式会影响幼鼠的基因表达，进而影响它们长大后是否更容易感到焦虑。如果母鼠经常舔舐和梳理新生幼鼠的毛发，那么一个在老鼠对压力的生理反应中起作用的特定基因的表达就会被关闭，这使得幼鼠在成长过程中不那么容易焦虑。具体来说，母鼠舔舐和梳理毛发的行为会导致一个甲基附着在与压力相关的基因上，这个化学过程会"关闭"与压力相关的基因，从而使幼鼠更具抗压性。虽然还有其他方式可以影响基因表达，但关闭基因的 DNA 甲基化过程在人类中被研究得最多，也是本章的关注点。需要指出的是，甲基化并不是表观遗传学或基因表达的全部。它只是调控基因表达的几种表观遗传机制之一，而且可能会受到个体发展经历和环境因素的影响，进而影响表型发展。

米尼的研究让研究人的发展的学者为之振奋。一位著名学者在美国心理科学协会的期刊上发表了一篇文章，讨论了育儿方式如何影响基因表达，进而影响心理和行为发展。这份刊物每月面向成千上万的心理和行为科学家发行。尽管这位学者对这项研究可能对人类产生的深远影响感到非常兴奋，但他并没有明确指出，这项研究是在老鼠身上开展的！在缺乏必要提醒的情况下，将一项关于老鼠的发现轻率地推广到人类身上，这种做法并不少见。同样值得注意的是，这项关于啮齿动物的研究，以及它对人的发展可能意味着什么，成为 2009 年 6 月 26 日《新闻周刊》的封面故事。原因显而易见。不仅像人们早已认识到的那样，基因作为自变量（也就是首要原因）会影响人的发展，而且发展经历，如父母的育儿方式，现在看来似乎能影响 DNA 甲基化和基因表达，从而影响人的发展。基因成了因变量！虽然它们仍然是发展的影响源之一，但现在它们可能也会受到其他影响源（发展经历和环境因素）的影响。在本章讨论这个话题时，我们将回到儿童期对人的发展的影响这一主题，并将其扩展，考虑表观遗传学如何将人生早期（本案例中的青春期）的发展经历与日后的精神机能障碍联系到一起。

随着科学文献中不断出现记录环境对人类 DNA 甲基化影响的证据，正如早期的啮齿动物研究启示的那样，我们开始对即将发表的发现，特别是对基于新出现的证据得出的结论持谨慎态度。和许多人一样，我们感到十分兴奋，表观遗传学中后天能够塑造先天（基因表达）的可能性也许会极大地改变我们对先天和后天的看法。与此同时，我们也在思考那些被报道的涉及 DNA 甲基化的表观遗传学发现的可靠性（或者说可复制性）有多高。尽管有大量新兴的文献关注环境对基因表达的调节，但已经发表的研究中存在许多方法论上的差异。这些研究不仅关注许多不同的环境因素（如早年失去父母、儿童期遭受虐待和父母的精神病史），而且在研究基因的甲基化时考察了许多不同的基因。

很难弄清楚，这些研究到底考察了多少种不同的环境因素和不同的基因。发现环境因素 X 因为 DNA 甲基化而与基因 Y 的表达有关是一回事，但如果研究的是 4 个不同的环境因素（如贫穷、性虐待、严厉惩罚和霸凌）对 45 个不同基因的甲基化及表达的影响，并得到了同样的结果，那又会怎么样呢？如此一来，我们可能在探索 180 种可能性后才能得出一个结果！如果是这种情况，那我们就有充分理由质疑这个激动人心的发现到底是真的、可信的，还是只是偶然出现的。

在提出这些想法时，我们并不是想小看那些最早发表关于环境如何影响人类表观基因组（也就是基因甲基化）的研究的人。在科学研究的初期，探索各种可能性是很有意义的。但是，随着时间的推移，我们会进入更加专注、更加严谨地评估一个想法的阶段。这正是我们准备在本章关注的表观遗传学研究中做的事，我们一如既往地借助了环境风险研究。需要声明一点，我们并不是要否定其他人的研究结果。我们保持开放的心态，也满怀希望，努力扩展这个领域的研究。我们在表观遗传学研究上投入的时间、资金和精力，也许是最显而易见的、最好的证明。

我们在开始探索表观遗传学时就意识到，如果我们想要研究发展经历和环境因素是如何影响 DNA 甲基化，进而影响心理和行为发展的，那么首先我们需要找到一个特定的环境因素（自变量），我们有理由相信这个因素能够影响并预测某个特定的心理或行为发展结果（因变量）。这样做是必要的，因为指导我们对人的发展开展表观遗传学研究的假设是，发展经历和环境因素（A）会影响 DNA 甲基化（B），进而影响心理和行为发展（C）。

按照新兴理论（以及有限的证据），A 对 C 的影响是通过 A 对 B 的影响，以及随后 B 对 C 的影响来实现的。为了验证上一段所说的假设，我们计划分 5 个阶段进行研究。首先，我们确定了反映儿童经历和发展表型的环境特征，这是我们在表观遗传学研究的第一阶段致力于阐释的对象。第二阶段的目标是确定我们选择的环境因素是否真的如预期那般可以预测我们关注的发展表型。如果无法预测，那我们就没有继续研究的理由了；如果可以预测，我们就会进入第三阶段，致力于确定这个环境预测因素 A 是否也可以预测甲基化这个中介 B。第四阶段会继续评估中介 B 自身是否可以预测发展结果 C。如果第三阶段和第四阶段的结果都令人满意，那么我们会在第五阶段确定之前观察到的环境因素 A 对结果 C 的影响是否确实是通过中介 B 来实现的（也就是 A → B → C 的路径）。

第一阶段：确定并测量预测因素和结果

经过深思熟虑，我们决定将青春期受到伤害的经历作为环境因素 A，将成年早期的精神机能障碍作为结果 C。我们选择受害经历作为环境因素，是因为研究者认为这种经历会带来很大压力，类似于母鼠很少舔舐幼鼠、为其梳理毛发，以及之前人类 DNA 甲基化研究者所关注的情况，如儿童期遭受虐待。我们选择精神机能障碍作为待解释的结果表型，是因为有大量证据表明，不同类型的受害经历会提高患精神机能障碍的风险。同样影响我们这个决定的还有早期的啮齿动物研究，它表明，父母的行为会导致一个已知与生理应激反应系统相关的特定基因的甲基化（或者甲基化的缺失），从而影响老鼠的焦虑水平。

在研究受害经历时，我们决定不只关注环境风险研究对象经历的一种特定类型的受害经历，如儿童期遭受虐待，而且全面地考察青少年可能遇到的各种侵害方式。这个决定是基于之前的研究做出的，这些研究表明，多种受害经历在预测精神疾病症状方面，比任何单一的特定受害经历的存在或缺失都强得多。事实上，现有证据表明，遭受多种伤害的儿童往往比那些多次遭受同一种伤害（无论是儿童期虐待还是同龄人霸凌）的儿童出现更多的精神疾病症状。

为了评估受害情况，我们询问了 18 岁的环境风险研究对象，了解他们从 12 岁小学毕业后进入中学以来的受害经历。具体而言，我们询问他们是否有遭受虐待、忽视、性侵犯、家庭暴力、同龄人或兄弟姐妹的侵害、通过网络或手机实施的侵害，以及犯罪侵害的经历。将近 2/3 的青少年表示他们没有经历过严重的侵害，但有近 20% 的人说自己经历过一种，不到 10% 的人表示经历过两种，而近 7% 的人表示经历过至少 3 种严重伤害。

在我们的多阶段研究的第一阶段，我们首先测量了因变量，通过对 18 岁研究对象的保密访谈，了解他们的精神障碍症状。具体而言，我们评估了研究对象在过去一年里出现的 5 种外化谱系障碍（酒精依赖、大麻依赖、品行障碍、烟草依赖、ADHD）和 4 种内化谱系障碍（抑郁、焦虑、创伤后应激障碍、进食障碍）的症状。我们还询问了他们是否有妄想、幻觉，或者不寻常的想法和感受，比如"我的想法不寻常且很可怕"和"我认识的人或知道的地方似乎很异样"，来评估思维障碍的症状。除了创建外化谱系障碍症状、内化谱系障碍症状和思维障碍症状这 3 种不同的测量指标用于分析，我们还根据自己的研究和其他研究的证据［这些证据表明个体身上常常会出现更普遍地反映精神机能障碍的多种症状（称为"共病"）］，创建了一个反映多种症状的指数，它被称为 p 指数（这里的 p 是"精神机能障碍"英文的首字母）。p 值越高，意味着个体身上出现的交叉障碍症状就越多。

第二阶段：受害经历预测精神机能障碍

既然我们已经确定了自变量和因变量，在我们的表观遗传学研究接下来的初级阶段，我们要确定青春期受害是否如我们假设的那般，能够预测成年早期的精神机能障碍。对这个问题的初步研究表明，青少年遭受多种伤害与上一段提到的精神机能障碍症状之间存在一种剂量-反应关系。也就是说，青少年经历的伤害类型越多，他们表现出的外化谱系障碍、内化谱系障碍和思维障碍的症状就越多（见图 16.1），他们的精神机能障碍指数 p 值也就越高（见图 16.2）。同样值得注意的是，我们评估的每一种单独的青少年受害类型都与这 4 个因变量的每一个呈现出类似的剂量-反应关系。然而，需要指出，在遭受虐待、忽视和性侵害的情况下，青少年受害对 p 指数的负面影响最为显著。当我们同时考虑所有这些受害类型时，每一种受害类型都在预测 p 值方面独立地发挥了作用。换言之，每一种受害类型都对 p 值施加了独特的附加影响。这无疑也解释了为何更常遭受更多种伤害与更高的 p 值有关。

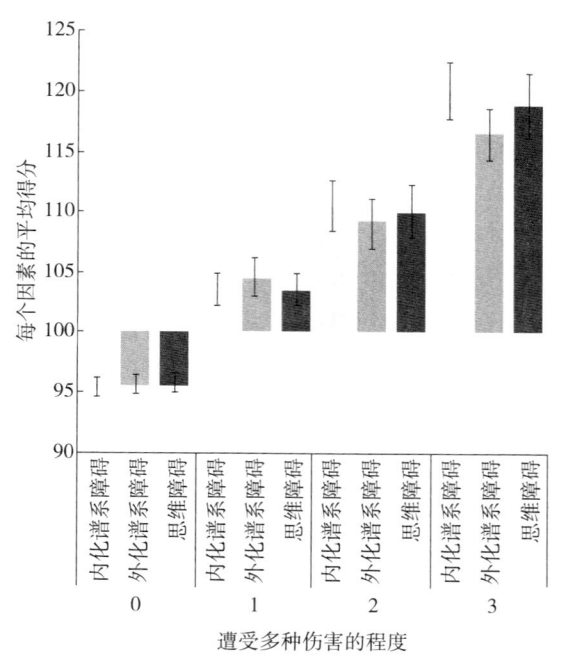

图 16.1 成年早期不同精神机能障碍问题的平均水平是遭受多种伤害的程度的因变量。根据 Schaefer, J.D., Moffitt, T.E., Arseneault, L., Danese, A., Fisher, H.L., Houts, R.,Sheridan, M.A., Wertz, J., & Caspi, A. (2018). Adolescent victimization and early-adult psychopathology: Approaching causal inference using a longitudinal twin study to rule out alternative non-causal explanations. *Clinical Psychological Science*, Vol. 6(3): 352–371, figure 1 重新编制。CC-BY

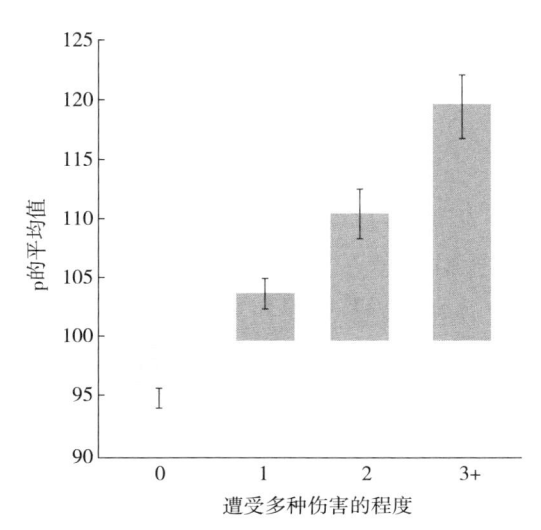

图16.2 成年早期平均的一般精神机能障碍得分（p）是遭受多种伤害的程度的因变量。Schaefer, J.D., Moffitt, T.E., Arseneault, L., Danese, A., Fisher, H.L., Houts, R., Sheridan, M.A., Wertz, J., & Caspi, A. (2018). Adolescent victimization and early-adult psychopathology: Approaching causal inference using a longitudinal twin study to rule out alternative non-causal explanations. *Clinical Psychological Science*, Vol. 6(3): 352–371, figure 2a. CC-BY

读过本书前面章节的人可能已经猜到我们接下来要做什么了——我们肯定不会就此止步。按照惯例，我们需要质疑初步发现，确定是否存在4种或其中任何一种非常可能的非因果解释能够说明这些结果。首先，目前报告的发现（它们会成为之后所有研究发现的基础）会不会是受访者的偏见的产物？毕竟，提供受害经历和精神机能障碍症状信息的是同一个人，一个18岁的青少年。一个有心理问题的18岁女孩很可能歪曲并夸大她的受害经历，不是吗？如果是这样，那将会增加我们发现受害经历和精神机能障碍之间联系的可能性。这个关于偏见记忆的问题，我们在第五章已经详细讨论过，当时我们探讨了回顾性研究的局限性，以及前瞻性研究在研究育儿方式代际传递时的优势。第一章也提到，相比回顾性研究，前瞻性研究在人的发展研究中更具普遍优势。

幸运的是，在环境风险研究中，我们不仅让双胞胎中的每一人报告自己的孪生兄弟（姐妹）的受害经历，还让他们的父母分别报告每个孩子的受害经历。这样我们就可以检验，当我们依赖知情者报告的研究对象的受害经历时，将更严重的多种伤害与更严重的精神机能障碍联系起来的发现是否还是一样的。当我们用知情者的这些报告来重新分析并预测双胞胎每人的 p 值时，结果再次显示，[由孪生兄弟（姐妹）或父母报告的]更严重的多种伤害能够预测（由双胞胎研究对象本人报告的）更多的精神机能障碍症状。显然，反应偏向并不是我们获得上述研究发现的原因。这样一来，我们可以排除多种伤害负面影响的首个非因果的替代性解释。

在我们的研究发现的 4 种可能的非因果解释中，我们需要考虑的第二种是，受害可能是人生早期经历的结果，即它可能是早先存在的精神问题导致的，而不是在青春期才受到的多种伤害。这就引出了一个问题：是否存在一个"反向因果关系"的过程，即早年的心理问题导致青春期受害，而不是反过来？为了解答这个问题，我们从数据储藏室中调取了现有的测量数据：研究对象 12 岁时的心理健康问题、5 岁时父母和老师陈述的情感和行为问题，以及家族精神病史。每一项测量指标都能预测研究对象 18 岁时的精神疾病症状（也就是 p 值），这意味着反向因果关系存在的可能性非常大。

当我们分别考虑并忽略（以及同时考虑并忽略所有）这些早期心理脆弱性标志物的影响后，我们发现青春期遭受更严重的多种伤害仍然能够预测更高的 p 值。换言之，尽管早期问题和日后青春期受害之间确实存在联系，但在我们最初得到的结果中，事实并非反向因果关系伪装成了受害的影响。实际上，我们的研究揭示了一种包含我们研究的因素和过程的循环关系：早期的问题或其风险（也就是家族精神病史）预示着青春期遭受更严重的多种伤害，这种受害经历又预示着成年早期更多的精神疾病症状——实际上是更多类型的精神疾病症状。

关于第三种可能的非因果解释，我们要探讨的是一个明显关乎人的发展的问题：儿童期受害是青春期受害预示成年早期心理问题的原因吗？是否存在一个"敏感"时期，其间儿童期受害为未来青春期受害和成年早期的精神机能障碍症状奠定了基础？为了解答这个问题，我们重新打开环境风险研究的数据储藏室，调取了在研究对象 5 岁、7 岁、10 岁和 12 岁时收集的信息，这些信息记录了他们是否经历过多次母亲及其伴侣之间的家庭暴力、同龄人频繁的霸凌、成人施加的身体虐待、性虐待、情感虐待和忽视，以及身体忽视。幸运的是，将近 3/4 的环境风险研究对象没有受过严重伤害，但有 20% 的孩子经历过一种，近 4% 的孩子经历过两种，还有近 4% 的孩子经历过至少 3 种这样的伤害。

有了这些关于儿童期受害的数据，我们在忽略了儿童期受害的影响后，再次评估了青春期受害对 18 岁时精神疾病症状的影响。结果表明，即便考虑了儿童期的受害经历，青春期遭受更严重的多种伤害仍然能够预测更多的精神疾病症状。但是，证据也表明，儿童期和青春期的受害经历分别以独特的方式预测了反映不同精神疾病症状的 p 值。我们对第三种解释的探索最终揭示，18 岁时精神机能障碍的最有力预测因素是研究对象在儿童期和青春期累积的逆境经历，而不仅仅是他们在儿童期或青春期受到伤害的经历。

在某些方面，检验我们核心发现的第四种也是最后一种可能的非因果解释是最具挑战性的，不过这正是环境风险研究专门针对的问题。研究包含了共享 100% 差异性基因的同卵双胞胎和只共享 50% 差异性基因的异卵双胞胎。正如本书反复强调的那样，基因可能会影响环境因素（如第二章讨论的关于气质的利基选择和唤起效应）和我们在大多数章节中视作结果的发展表型（如反社会行为和赌博）。如果真是这样，那么环境因素（如多种伤害）与发展结果（如年轻成人的精神疾病症状）之间的任何联系，可能都并不反映真正的环境影响，而可能是受共享基因的影响才显现的，这说明影响受害和出现精神疾病症状的概率的是同一组基因。如果真是这种情况，那便意味着在我们关于受害经历预测精神机能障碍的核心发现中，基因影响被误以为是环境影响。

有些证据让我们不得不认真考虑上述可能性：同卵双胞胎的 p 值

和受害得分比异卵双胞胎的更相似。这样的发现表明，我们的受害经历和精神疾病症状的测量指标至少在一定程度上是儿童基因构成的因变量，尽管我们还不能通过这种行为-遗传证据（见第十二章）来确定是哪些特定的基因导致了同卵双胞胎和异卵双胞胎之间的这种相似度的差异。关键的问题在于，是否真的有这种基因的影响能够解释我们最初表明更严重的多种伤害与更多的精神疾病症状之间存在关联的证据，而事实证明并非如此。

简单来说，我们发现：不管是同卵双胞胎还是异卵双胞胎，无论他们的基因相似度有多高，双胞胎中遭受更多伤害的一人确实比遭受较少伤害的孪生兄弟（姐妹）有更多的精神疾病症状。即使我们只关注同卵双胞胎，这个结果也是成立的。这意味着，同卵双胞胎之间的精神机能障碍差异和他们受害经历的差异有关，不是由基因差异造成的——因为同卵双胞胎之间没有基因上的差异。最终，与第四种解释相关的证据表明，受害经历和精神机能障碍症状之间的联系既不能只用双胞胎（不管是异卵双胞胎还是同卵双胞胎）共享的家庭环境因素来解释，如生活在单亲家庭或双亲家庭中，或者家庭环境是混乱的或有序的，也不能只用遗传因素来解释。总之，受害是发生在双胞胎中一人身上的，而不是两人共有的经历，这是受害经历被证明和精神疾病症状有关联的原因之一。

显然，我们在研究表观遗传学的第二阶段找到了证据，这可能是我们在观察性研究中能得到的最接近于证明受到多种伤害对精神机能障碍有真正因果影响的证据。既然我们已经发现受到多种伤害和精神机能障碍症状之间的联系真实存在，而不是其他各种可能性造成的假象，我们就可以继续下一阶段的表观遗传学研究了。具体而言，既然受到多种伤害可以预测（而且看起来确实会影响）成年早期的精神机能障碍（A→C），问题就变成了这种受害经历的影响是否由甲基化这个表观遗传学过程造成，甲基化会关闭基因的表达。为了回答这个复杂的问题，接下来在研究表观遗传学的第三阶段，我们要确定多种伤害指数是否与基因的甲基化有关（A→B）。如果答案是肯定的，那么在第四阶段，我们会继续观察表观遗传甲基化是否与精神机能障碍症状有关（B→C）；如果答案还是肯定的，那么在第五阶段，我们会观察表观遗传学是否在多种伤害对心理问题的影响中起了中介作用（A→B→C）。

第三阶段：受害经历与表观遗传学

在着手分析DNA以测量甲基化之前，我们需要做一个重大决定。在早期的啮齿动物研究中，研究者通过"牺牲"，即杀死老鼠来"获取"它们的大脑组织，以便测量大脑细胞中DNA甲基化的情况。显然，我们不能用类似的方法对待环境风险研究对象。尽管我们知道确实有研究通过人脑组织来探索表观遗传过程，但那是在研究"参与者"去世后进行的。所以，如果不能从大脑细胞中获取DNA，那我们可以从哪里获取呢？

最后，我们决定用血液来做这项研究。当环境风险研究对象年满18岁时，只要对方同意，我们就安排抽血——几乎所有研究对象都同意了。我们选择测量血细胞中的DNA甲基化，是因为我们的研究和其他表观遗传学研究都依据这样一个假设：社会心理应激体验会通过交感神经系统，特别是下丘脑-垂体-肾上腺轴（HPA），转换成外周循环血液中的甲基化。本章的小结部分将回到这个问题：为了测量甲基化，应在人体内什么地方收集细胞来分析DNA，从而评估发展经历和环境因素的影响？

在评估受害经历对血细胞中基因甲基化的影响时，我们采取了两种方法。这两种方法与我们在涉及整个基因组和候选基因的分子遗传学研究中已经见到的方法类似。也就是说，我们不仅开展了一项关注整个表观基因组的甲基化的表观基因组关联研究（EWAS），还关注了几个特定的候选基因的甲基化。其他研究逆境影响的表观遗传学工作，包括最初的啮齿动物研究，都重点关注了这些候选基因的甲基化。这样做让我们的研究既有广泛的覆盖性（得益于EWAS），又有针对性

（得益于对候选基因的关注），从而大致能确保研究不只针对太小或太大的范围。如果只关注表观基因组层面，那就可能会错过只涉及特定候选基因的甲基化相关影响，因为这种基因特异性影响可能会在大量基因中被忽略；如果只关注其他逆境相关甲基化研究关注的候选基因，我们就可能会错过表观基因组中的甲基化相关影响，这些影响发生在表观基因组中的位置可能之前没有被研究过。（关于全基因组研究和候选基因研究之间差异的详细讨论，见第十二章。）

关注表观基因组的方法

当我们研究受到多种伤害与整个表观基因组（包括候选基因）的甲基化之间的关系时，我们采取的策略类似于我们在研究受到多种伤害对精神疾病症状的影响时检验第四种非因果解释的策略。我们评估了在同一家庭中成长的双胞胎在受害经历上的差异是否与他们在基因甲基化上的差异有系统性联系。通常来说，如果一对双胞胎中受害更严重的一人在甲基化方面与另一人存在系统性差异，那么这就可能表明甲基化受到了受害经历的影响。因此，我们需要回答的实证问题是："双胞胎之间受害经历的差异能否预测他们甲基化的差异？"当开展EWAS时，我们的工作涉及在双胞胎内部做40多万次比较！这是因为EWAS包含大量的基因甲基化位点。为了确保检测到的任何受害经历影响都可能反映对表观遗传甲基化的真实影响，而不是偶然的结果，我们进行了复杂的统计调整（在此无须赘述）来降低得出偶然结果的风险。简而言之，由于我们评估了在表观基因组中对如此多的甲基化位点进行的多次测试的结果，这些调整考虑并忽略了偶然结果出现的可能性。

分析结果既有趣也出人意料。首先，我们发现青春期受到多种伤害对表观遗传甲基化有3种独特的影响，它们在降低出现偶然结果的风险的统计调整中被保存了下来。于是，我们有理由相信这3种影响不是单纯地由研究关注的甲基化位点数量太大导致的。但是，在我们"解读"这些发现之前，我们再次意识到需要质疑它们。因为已知受害和吸烟往往是相伴发生的，而吸烟也已被证实会影响表观基因组范围内的甲基化，所以我们需要确保在环境风险研究的数据中吸烟对甲基化的影响不会被误认为是受害经历的影响。一旦我们的数据证实了之前的研究发现，即吸烟确实会影响 DNA 甲基化，这一点就变得尤其重要。

值得注意的是，即便我们使用了之前的那套统计调整方法，环境风险研究的数据中还是出现了吸烟对表观基因组范围内的甲基化的 83 种影响。当我们忽略了吸烟的这些影响后，最初发现的青春期受害经历对甲基化的 3 种影响就消失了。从某种意义上说，这并不令人意外，因为我们最初发现的受害经历对甲基化的那 3 种影响可能只是我们在吸烟研究中检测到的 83 种影响中的一部分，这 83 种影响不仅在我们的研究中有，在其他关于吸烟的 EWAS 中也有。超过 40 万种影响中的这 3 种影响由此看来是不成立的，也就是相关吸烟影响的假象。换言之，我们不应该对这 3 项"发现"做过多的解读。

"缺乏证据不等于没有证据。"所以，虽然上述结果让人有些失望，但我们并没有就此放弃，结束我们在表观遗传学领域的探索。相反，我们决定再做一次最初的分析工作，复核我们获得的无效表观基因组发现，这次我们分别关注最初在研究对象青春期测量的 7 种不同受害经历中每一种的潜在影响。这意味着一轮 40 多万次的比较，我们要开展 7 轮，对每种受害类型都开展一轮！无论这个过程多么艰难，都是值得的，因为我们之前把不同类型的受害经历统合成一个多种伤害预测因素变量的做法，可能没有揭示真相，而是掩盖了真相。或许受到某些特定形式的伤害对基因的甲基化有独特的影响。然而，事实证明，这种拆分的方法并没有提供有力的证据来证明特定的受害经历在任何有意义的层面影响了表观基因组的甲基化。尽管经过对多次测试的统计调整，我们在近 200 万个测试的关联中发现了 8 个符合统计标准的关联，但它们在不同的受害类型中没有一个是重复出现的。换言之，在受害经历影响表观基因组上特定位点的甲基化方面，并没有吻合的，甚至半吻合的实证"信号"。

虽然这些结果让人有些沮丧，但我们仍然不准备就此放弃。就像登山时，一条路被落石堵住，并不是放弃整个登顶计划的理由。正如许多发展理论家所指出的，如果人生早期的生活经历比日后生活经历的影响更大，那么影响表观基因组的，可能会是在儿童期而非青春期受到的伤害。因此，我们下一步的尝试仿照了我们之前的做法，但这次关注的是在儿童期受到的伤害是否会影响 DNA 甲基化。然而，当我们研究儿童期受到多种伤害对甲基化的影响时，连一种符合统计标准的影响都没有，只有偶然的结果，这让我们更加失望了。

然而，当我们分别评估环境风险研究中记录的 6 种不同类型的儿童期受害经历的影响时，我们得出了一些更有趣和更乐观的结果。我们不仅发现了 48 种将儿童期受害经历与基因甲基化联系起来的影响（这些影响都经过多次测试，符合统计标准），而且其中 39 种与性侵害有关。这些发现似乎与某个表观遗传学理论相符，即儿童期受到性侵害与成年早期全血中的稳定 DNA 甲基化差异有关。然而，我们需要谨慎地对这些发现进行解读，因为根据我们的记录，在研究的 1 600 多名双胞胎成员中，只有 29 人曾遭受性侵害。此外，当我们把研究的关注点放在青春期的性侵害上时，我们并没有观察到同样的性虐待/甲基化关联。同样重要的是，当我们参考对儿童期逆境的回顾性陈述（第十七章有详细的讨论）时，我们发现成人对性虐待的回忆与表观基因组中许多位点的甲基化有关，但检测到的 22 种影响与将儿童期记录的性虐待经历作为预测因素识别出的 39 种甲基化相关影响没有一种是重叠的。换言之，尽管对儿童期受到性虐待的前瞻性和回顾性测量的结果都能预测甲基化，但在两次分析中，没有一个甲基化基因是相同的。不用说，考虑到性侵害的回顾性和前瞻性测量结果的这些差异，我们对性侵害研究的初步发现不抱信心。

我们还得考虑长期或经常性受害经历的影响，研究累积压力，就像我们在研究受害经历对精神机能障碍症状的影响时做的那样。重要的是要理解，在儿童期经历了更多类型的伤害的环境风险研究对象在青春期同样如此。虽然我们发现了一些有限的初始证据表明在儿童期和青春期都曾遭受多种类型的伤害与 DNA 甲基化有关，但一旦我们再次考虑吸烟，识别出的这些少数影响就消失了。初步发现再次站不住脚，这次涉及的是儿童期和青春期受到的多种伤害的累积压力，它看起来更像是吸烟对表观基因组甲基化的（相关）影响的假象。我们采取了一种保守的方法来质疑初步发现，这当然是件好事，它使我们避免过早地接受初步发现并朝着错误的方向继续前进，还以为自己真的有所发现一样。

关注候选基因的方法

尽管目前的研究成果让人感到失望，但我们还不能下结论说受害经历对甲基化表观遗传机制的影响很小，即便目前看来确实如此。就像之前提到的，我们有限的成果仍有可能是因为我们把研究范围定得太大，关注的是表观基因组（也就是 EWAS）。也许我们需要把研究范围缩小，专注于特定候选基因的甲基化，尤其是那些已知与生理应激反应系统有关的基因，以及之前其他研究者发现与逆境指标有关的基因。这促使我们关注了 6 个候选基因。我们在采用关注表观基因组的方法研究这 6 个候选基因的甲基化时，重复了前述的所有分析，而这第二种检测受害经历对表观遗传甲基化的影响的研究方法和前一阶段的研究方法一样有局限性，甚至更有局限性，所以我们不再详细说明或讨论它们。换言之，在检测环境对表观基因组的影响方面，我们"竭尽所能"的策略并没有达到预期的效果。

考虑到我们原本计划在表观遗传学领域开展 5 个阶段的探索，这些令人失望的结果意味着，我们没有足够的基础去进行预期中最后两个阶段的研究，即测试表观遗传甲基化能否预测精神机能障碍的结果（第四阶段：B → C），以及它是否在受害经历对精神机能障碍的影响中起中介作用（第五阶段：A → B → C）。因为我们的环境因素——（多种）受害压力，无论是在整个表观基因组层面还是候选基因层面都不能一致地预测遗传标志物的甲基化，也就无法促成受害经历对精神机能障碍产生影响，所以我们的表观遗传学研究就此告一段落。"竹篮打水一场空"后，我们失望至极，这也是可以理解的。

小结

　　随着本章描述的研究逐步进行，它可以说是迄今为止对人类在人生前 20 年对受害压力的反应中的表观遗传变化进行的最全面的调查。在开始这项工作之前，我们计划关注环境和发展因素，将它们分别作为表观遗传学探索的预测因素和结果（第一阶段）。我们假设不仅受到多种伤害能预测（事实上确实能预测）精神疾病症状（第二阶段）和能预测（事实上几乎不能预测）DNA 甲基化（第三阶段），而且 DNA 甲基化能预测精神疾病症状（第四阶段），甚至还在受到多种伤害对精神疾病症状的影响中起中介作用（第五阶段）。但由于第三阶段的结果有局限性，我们没有足够的证据来继续推进最初的计划。是时候结束对这个新的遗传学分支，即表观遗传学的研究了。但是，我们应该如何理解我们已经发现或者尚未发现的东西呢？我们有两种看法。

　　我们团队中的一些人认为，受害经历和甲基化之间的实证联系并不明显，这让我们完全有理由对其他研究者早期报告的发展逆境对人类 DNA 甲基化影响的发现持怀疑态度。我们不仅有一个与成年早期精神疾病症状有明显因果关系的环境预测因素，而且这个因素与我们的甲基化测量结果关系不大，几乎不相关，或者顶多偶尔相关。无论我们关注的是儿童期的受害经历、青春期的受害经历还是儿童期和青春期的累积受害经历，也无论我们考虑的是受到多种伤害还是受到特定形式的伤害，情况都差不多。这种令人失望的结果促使我们的研究关注全基因组层面的甲基化或特定候选基因。可能发展学界对于接受之前关于逆境影响人类 DNA 甲基化的证据过于急切，而这些证据并没有像科学文献和大众媒体中的许多文章所假设的那样有说服力。换言之，我们质疑的不是最初针对啮齿动物的研究——这些研究使研究人的发展的学者对基因作为因变量兴奋不已——而是针对人的发展的研究文献中关于这一主题的多种发现。

我们明白，不能因为目前的研究没有找到明显的证据，就彻底否定逆境对人类 DNA 甲基化的影响。毕竟，无论我们的研究多么全面和深入，都不能说我们已经对此有了最终结论。首先，我们只研究了甲基化这一特定的表观遗传过程，但还有其他可能会被受害经历影响的表观遗传过程。如果我们有机会测量其他这些基因表达机制，那我们可能会发现更多关于逆境对表观基因组影响的有力证据。其次，我们研究了儿童期和青春期的受害经历的影响。但是，如果逆境对甲基化的影响发生在人生的更早时期，比如婴儿期或学龄前阶段，会怎么样呢？在早期的啮齿动物研究中，母鼠对幼鼠的舔舐和毛发梳理行为，被证明在表观遗传层面有很大影响，这通常发生在幼鼠刚出生那几天，即新生儿时期。也许 NICHD 幼儿保育与青少年发展研究（第七章和第八章的关注点）更适合揭示对甲基化的影响，因为它从研究对象 6 个月大时就开始跟踪他们及其逆境相关经历。遗憾的是，这项研究从未有过专门探究这一问题的资源，而且在推进时，就连大多数发展学者也不太了解甲基化研究。

在总结我们大部分未取得显著成果的研究时，另一个要考虑的因素是我们在何处寻找逆境对甲基化的影响——在血细胞中。虽然有理由相信压力和逆境可能显著影响血细胞中 DNA 的甲基化，但寻找这种影响的更好地方可能是大脑本身。回想一下，加拿大研究人员当初将啮齿动物的基因作为因变量进行研究时，就是从大脑开始的；自杀受害者的研究人员也是从大脑入手的。我们当然无法获取大脑细胞，因此无法证实或否定受害经历的影响可能仅针对身体的特定组织，比如大脑，而非其他组织，至少就逆境对甲基化的影响而言是这样的。

我们也不能忽视的是，不管我们进行的全基因组甲基化分析有多全面（我们在某些分析中进行了超过 40 万次比较，总共超过 200 万次），表观基因组中仍然有一些地方是借助目前的技术无法探索的。同样的观点也适用于我们对候选基因的选择。虽然我们的 6 个候选基因是基于之前将逆境和甲基化联系起来的证据深思熟虑后选择的结果，但我们并没有穷尽所有可能的候选基因。如果我们关注其他基因，是否有可能找到更有说服力的证据，证明环境对甲基化这种表观遗传过程的影响，从而使基因成为因变量呢？

总而言之，这些思考让我们最初的想法能够自洽。尽管在环境风险研究中，关于受害经历对基因甲基化的影响的证据并不多，就像我们在达尼丁研究中通过复核一些发现从而确认的那样，但这并不意味着在其他地方开展研究所获得的发现也会让人失望。时间会给我们答案。实际上，刚刚这个想法让我们开始思考我们自己和他人在表观遗传学领域所做的研究。展望未来，那些主张逆境，甚至积极和支持性的经历能够通过甲基化这一表观遗传过程影响基因表达的人需要拿出证据了。为了解决这个问题并提供有说服力的证据，我们需要更多基于假设的科学研究，而不是仅仅停留在探索性研究上。研究人员需要明确他们想要发现什么，也就是他们预期在表观基因组中能检测到影响的确切位置，以及会产生影响的特定环境和经历。

再次声明，我们发表这些评论的目的，并不是要贬低那些先驱者。在完成本章的过程中，我们站在了前人的肩膀上。我们既不赞美恺撒，也不否定他——恺撒在此代表一个观点：压力和逆境有可能通过甲基化这一表观遗传过程影响基因表达，进而影响心理和行为机能。鉴于在科学领域付出的所有努力，我们期待我们的表观遗传学研究能带来更丰硕的成果。尽管已有充分的行为方面的证据表明受害经历与成年早期的精神疾病症状之间存在明显的因果关系，但对受害经历与甲基化来说，情况并非如此。

第六部分

走向中年

第十七章

童年逆境与中年身体健康

在谈及研究人的发展，尤其是儿童期和青春期的人的发展时，我们或许应该在之前许多章节里就做出重要的区分，现在也为时不晚。这种区分与至少存在两类发展学者有关。一类专注于研究标准发展的过程——典型的婴儿、儿童或青少年在成长中是如何变化的。这类学者关注的内容包括语言的发展：一个发育正常的婴儿，尽管还不会说话，如何显示出理解语言的迹象，使用他/她学会的第一个词，然后将两个词组合成第一句话，接着是更多的词，不久之后开始掌握基本语法。其他对生理发育和心理发展感兴趣的研究者会研究性成熟的过程：在青春期生理发育过渡期间，激素是如何变化的，以及随着这些变化，发育正常的儿童的身体是如何成熟起来的。研究社交发展的学者则会探讨亲社会和反社会行为是如何随着时间的推移，从婴儿期、学步期、学龄前时期一直逐步发展到青春期的。

任何阅读本书至此，尤其是按章节顺序阅读的人都会明白，刚才强调的发展研究并不反映我们的思维偏好，因此也没有体现我们追求的发展探索。作为一个不同的发展研究派别的成员，我们关注的不是典型发展的标准模式，而是个体差异。关于人的发展，包括身体、思想和行为的几乎所有方面，有一个事实：差异是常态，而不是例外——当然，基本常识除外，比如每个人都拥有两只胳膊、两条腿、一个胃肠道系统，最后一个例子是语言能力，除非你有严重的神经问题或在日常生活中缺少接触语言的机会。许多学者致力于描述典型的普通人，处于这一差异范围中间的人，而我们感兴趣的往往是那些极端的人，他们的特征和行为明显不同于一般男孩或女孩。因此，作为研究个体差异的学者，我们想要理解为什么有些人会极其反社会、抑郁或有创造力，在此仅列举这三个例子。

现在很明显，我们会问："为什么相同年龄的人，不管是婴儿、幼儿、儿童、青少年还是成人，他们彼此之间会表现得如此不同？"为什么有些人从小就经常离经叛道（第六章），或者如第七章所说，比同龄人更早地性成熟？是他们的基因、家庭、同龄人，或者他们所在的社区造成了这些个体差异吗？早期差异对日后发展差异有何影响？这些差异在青春期、成年早期，以及本章和第十八章关注的中年期都很明显。这正是个体差异研究的范畴。

这也是本书的第二个主题——探讨人的日后机能在儿童期和青春期的起源的全部内容。在这里，我们将重点扩展到第三个主题，它关注的是中年期身体健康的变化，这实际上是第二个主题的延伸。所以问题变成了："中年期的健康状况是否与人生早期的成长经历和机能有关？"本书的其他部分已经小篇幅讨论了这个问题，比如从青春期开始长期吸大麻对身体健康的影响（第十一章），但它是本章和下一章的核心关注点。

有趣的是，从个体差异的角度对早期生活经历如何塑造心理和行为发展进行思考由来已久，甚至可以追溯到发明文字之前。柏拉图和苏格拉底对这个问题很感兴趣，任何学过一点儿哲学的人也都接触过让-雅克·卢梭的浪漫理想主义思想。这位18世纪的法国哲学家认为，孩子天生善良，如果让他们自由发展，他们就会成长为善解人意、关心他人和乐于合作的人，因此，家庭和社会或多或少毁掉了一些人，甚至毁掉了大多数人。也许这就是卢梭自己看似决绝地抛弃他的众多孩子的原因。（或者我们是在讨论一个"反向因果关系"的例子：卢梭先遗弃了孩子，然后才提出这样的理论来为自己的行为辩护！）

关于童年经历对人的发展的影响的科学研究，大概可以追溯至20世纪中叶。值得注意的是，其中大部分研究，就像之前几个世纪的推测性思考一样，集中在育儿，尤其是先天因素和家庭育儿的质量如何塑造后来的心理与行为发展上。这就是仅约20年前才发生的一件事情（它也是本章的重点）如此引人入胜的原因。尽管关于儿童期的发展经历和环境因素如何影响日后的心理与行为发展的研究一直有增无减，但更引人注目的是新近兴起的中年期身体健康或疾病的发展理论和研究。对这个课题的兴趣催生了一个全新的研究领域，即健康和疾病在发展层面的起源。这个领域不是由心理学家、精神病学家或发展学者（像我们这样的科学家）开拓的，而是由医生开拓的。医生们意识到，中年期健康状况不佳可能起源于儿童期，或者更早，在子宫里——甚至更早，在受孕之前！现在看来，这似乎是显而易见的，但尤其令人惊讶的是，发展学者花了这么长时间才意识到这一点。

为何如此？我们猜测，其中一个原因是，西方文化长期以来一直将精神和身体分开看待——至今在很多方面仍然如此。第十二章末尾提到过这个观点，第十三章也探讨过。因此，精神（心灵）——以及心理学和行为的本质、特征——被认为在根本上与身体不同，甚至与身体无关。按照传统，精神和行为属于心理学和精神病学的研究范畴，身体则属于生物学和医学的研究范畴。我们甚至可以在今天的某些地方看到这种二元论观点的体现。许多人对"基因差异可能导致医生对每个患者采取不同的治疗方法，因为对某些人有效的治疗对基因不同的其他人可能毫无帮助"的观点并不觉得意外。肿瘤学这门研究、诊断和治疗癌症的学科，可能比其他任何医学领域都更能体现这一现象。随着肿瘤学家逐渐认识到癌症在基因上的多样性，癌症治疗中出现了"个性化医疗"的概念。因此，对某些癌症有效的药物对其他癌症可能无效。这对患有"匹配"癌症的人来说是个好消息，但不幸的是，对患有其他类型癌症的人来说往往意味着生命的终结。

在许多人看来，把行为发展看作一个类似的概念是难以接受的。正如我们已经明确指出的，尤其是本书第五部分关于遗传基因的章节所阐明的，携带某些基因的人如果在儿童期受到虐待，就会比携带不同基因的人更容易出现反社会行为（第十三章）或变得抑郁（第十四章）。有一天，当人们掌握了更多证据，提倡根据个体差异来区别对待不同个体时，突然之间，有些人会惊讶地说："你不能区别对待人，优先让某些人参加预防或干预项目。这样做是不公平的。"但是，当且仅当证据变得有说服力，就和在个性化癌症治疗中一样时，又何来不公平一说呢？为什么有这么多人拒绝接受通过个性化治疗来预防或补救心理和行为问题的可能性？我们在这里指的是可能对某些人有效而对其他人无效的治疗，比如那些旨在预防或纠正儿童问题发展的新兴干预措施。

本章的目的不是解决这个关于身心二元论的问题，也不是要对它进行深入讨论。我们提出这个问题，只是为了强调为什么大多数发展学者花了这么长时间才开始探索本章的关注点——健康和疾病的发展起源（DOHD）。

中年期不良健康状况的发展起源

关于 DOHD 的大部分研究工作依赖于一种研究方法，正如我们从第一章开始就反复强调的那样，这种方法本质上是有局限性的。这是因为在许多开创性的研究中试图弄清楚儿童期和青春期的逆境经历是否以及如何影响成年期健康的医生们，"回顾性地"审视了成年患者的过去，以了解那些比其他人更健康的人在成长过程中是否有不同的发展经历和环境接触经历。换言之，他们询问了成年患者的童年经历。

作为研究心理和行为发展的专家，我们早就认识到这种方法的严重局限性。正如第一章所指出的，这是本书开展纵向研究的主要原因。为了阐明家庭内外的生活经历是如何影响发展的，最好是在这些经历发生之时就进行研究。永远记住，即使是人生中最重要的事情，人们也有可能忘记，尤其是创伤或痛苦。就像是大脑把这段经历埋藏起来，以保护当事人不再回忆或重温它，这实际上是一种心理防御机制。但是，这并不意味着被遗忘的人生早期逆境不会继续影响人的发展。

记不起童年家里发生的事，会削弱我们理解早期家庭经历如何影响日后健康和发展的能力，也会使人们歪曲童年发生的事情。就像第五章讨论育儿方式的代际传递时提到的，这种歪曲至少有两种形式。第一种形式是理想化，指用比实际情况更积极的眼光来看待一个人的童年。在这种情况下，当人们回忆童年时，往往缺少"支持性关怀"的具体细节，因为理想化的人只会泛泛地表达"我的父母很好"或者"我的童年很快乐"。

歪曲记忆的第二种形式是负面情绪或抑郁状态导致的。在这种情况下，个体几乎是戴着灰色眼镜看待世界的，当然也包括看待过去。当一个人感到抑郁、焦虑或充满敌意时，他很容易回想起成长过程中受到的轻视、冒犯和虐待，即使这些并不是他童年的典型经历。他仿佛很难从家庭中获得积极和支持性的经历。

当看到医生和其他领域的学者在大众媒体及社交媒体上发表越来越多关于"不良童年经历"如何破坏中年期身体健康的研究时，我们不禁对这些研究得出的结论的有效性产生怀疑。目前还不清楚，开展这项关于不良健康状况发展起源的研究的医学研究人员到底是忽视了依赖童年经历的回顾性报告所带来的风险，还是只是选择忽视我们提出的担忧，毕竟这些担忧已经在心理学文献中被讨论了数十年。

我们很高兴自己再次有很好的机会，既能评估我们收集的不良童年经历的潜在优势和局限性，又能阐明健康和疾病的发展起源。我们可以检验前瞻性的和回顾性的不良童年经历测量结果之间的相似程度，来比较这两种不良童年经历测量结果在预测中年期健康方面的能力。作为达尼丁研究的一部分，我们在研究对象38岁时出于特定目的，回顾性地测量了他们的不良童年经历。详细报告我们在不良童年经历探索之旅的这一阶段获得的发现之前，我们不妨先来总结之前探究儿童期逆境和未来健康之间联系的不良童年经历相关研究工作的结果。

成年期健康的儿童期起源

在之前两项评估儿童期逆境对成年期身体健康影响的研究中，我们关注了一些人所说的一个家庭的"社会标签"，在我们的研究中指的是社会经济地位（研究对象的社会阶层出身）。"社会标签"一词是由之前提到的康奈尔大学教授尤里·布朗芬布伦纳创造的，它被用来强调，虽然社会阶层确定了一个家庭在社会中的社交和经济地位，但它不能确切地说明，在经济条件较差的家庭中更常见的某些不良经历，如儿童期遭受虐待或母亲抑郁，是否真的在某个家庭的某个孩子身上发生过，以及是否由此被证明对发展有影响。这一点同样适用于家庭的其他社会标签特征，无论是家庭结构（如单亲或双亲）还是社区位置（如安全或危险），这里只列举这两种考虑家庭背景的方式。换言之，一个孩子在较低阶层的家庭中成长这一事实，并不能可靠地展示他的实际"生活经历"，比如他是否遭受过虐待或者有一位抑郁的母亲。

引入不良童年经历测量结果之所以如此重要，是因为这种做法试图将有关健康的发展研究从社会标签研究方法转移到考虑特定的家庭影响。因此，开展不良童年经历测量是为了捕捉被认为会影响身体健康和幸福的特定发展经历及环境因素。我们在健康方面的研究就跳出了社会标签研究方法的框架，在分享这项研究之前，先来看看用这种不太理想的方法描述研究对象儿童期的家庭时，我们究竟了解到了什么。

在关于儿童期逆境对健康的长期影响的首次研究中，我们评估了孩子的社会阶层出身和成长过程中的社会经济困境能否预测他们26岁时的身体和牙齿健康状况。这项研究依赖于对孩子3岁、5岁、7岁、9岁、11岁、13岁和15岁时父母职业状况的多次测量。我们这样做不仅是出于方法学上的考量，想要成为"统合者"而非"拆分者"，还因为在人生早期某个时间点的社会经济地位不一定能反映成长过程中累积接触的不利或有利经济条件。我们的研究忽略了研究对象出生前母亲的妊娠并发症（如妊娠糖尿病、高血压和子痫），以及医院记录的他们出生时的健康状况（如早产和出生体重）这两者的可能影响。我们对这些因素的影响进行了统计层面的控制，因为我们已经发现，在社会经济地位较低的家庭中长大的研究对象出生时的平均健康状况较差，而我们不希望儿童期的社会经济地位对未来健康的任何潜在影响被误认为是这一被记录在案的发展现实的产物。

研究结果显示，在4项身体健康的测量指标中，有3项（BMI、腰臀比、心肺耐力，不包括收缩压）显示了与孩子社会阶层出身的分级剂量–反应关系。随着儿童期经济困难的加剧，成年早期不良健康状况的迹象也在增加。牙齿健康也是如此，以牙菌斑数量、牙龈出血、牙周病和龋齿面为指标。这些表型是我们在研究对象26岁对他们所有人进行牙科检查时测量的。实际上，即便控制了研究对象26岁时的职业状况，所有检测到的儿童期经济困难对身体和牙齿健康的影响也仍然存在，这意味着以上发现不可能是他们的社会阶层"终点"（也就是成年期的社会经济地位）的结果。

6年后，当研究对象32岁时，我们再次观察他们，重点关注心血管疾病的风险。我们统合了6个生物标志物，用它们来反映研究对象32岁时心血管疾病风险升高的情况：静息时收缩压高、非空腹总胆固醇升高、非空腹高密度脂蛋白胆固醇低、糖化血红蛋白浓度高、心肺耐力低、体重超标。与研究对象26岁时的研究发现一致，他们的社会阶层出身起了作用。来自长期低社会经济地位家庭的人患心血管疾病的风险是其他人的两倍多。值得注意的是，当考虑家庭对不良健康状况的责任（采用的指标是父母一方是否吸烟，是否存在酗酒问题，是否有心脏病）时，这些结果即使在某种程度上有所减弱，也仍然存在。在评估儿童期社会经济地位的影响之前，我们也考虑了研究对象是否在青春期表现出不良健康行为的证据，如吸烟、饮酒或使用其他非法物质，或体重指数高，情况依然如此。

考虑到这两组关于年轻成人的发现都与他们的原生家庭的人口统计学特征（社会经济地位）有关，我们特别有兴趣深入研究儿童期对健康的后续影响。通过研究特定的不良童年经历，我们可以跳出家庭的社会标签，更好地了解实际的"生活经历"，尤其是在经济困难的家庭中更为常见的不良经历是否以及如何影响中年期健康。因此，我们接下来的不良童年经历探索之旅的第一阶段旨在确定该经历的回顾性和前瞻性测量结果能否提供相似的研究对象发展史画面。换言之，根据我们在研究对象成长过程中收集的信息，他们回忆的童年经历与实际发生情况的吻合度如何？第二阶段是比较这两种发展史测量结果在预测中年期健康方面的能力。我们试图确定回顾性不良童年经历测量结果对于我们了解中年期不良健康状况的儿童期起源是否存在局限性，或者是否可能更有优势。鉴于我们先前的观点，我们预计在预测中年期健康方面，对不良童年经历的回顾性评估比不上在儿童期获得的前瞻性测量结果，能提供的信息也更少。

前瞻性和回顾性不良童年经历描绘的童年画面是否相同？

我们想要比较不良童年经历的回顾性和前瞻性测量结果，所以我们关注了既在儿童期得到前瞻性评估，又在成年期得到回顾性评估的经历。我们对不良童年经历的定义，参照了美国疾病控制和预防中心的提法，包括5种类型的伤害儿童行为和5种类型的家庭功能障碍。伤害儿童行为包括身体虐待、情感虐待、身体忽视、情感忽视、性虐待。家庭功能障碍则包括有家人坐牢、有家人滥用物质、有家人患精神疾病、失去父亲或母亲、父母一方被伴侣暴力对待。

由于要用到这些概念的前瞻性测量结果，我们回到数据储藏室去收集在孩子3岁、5岁、7岁、9岁、11岁、13岁和15岁时的研究评估期间所做的记录。这些记录来源广泛，包括家庭与社会服务机构和儿科医生的联系、研究人员在访谈孩子及其父母时所做的笔记、研究人员在项目办公室观察到的母子互动情况、公共卫生护士对家访情况的记录，以及我们调查的老师对孩子行为和表现的报告。关于父母犯罪的信息是通过请父母填写问卷的方式获得的。

为了回顾性地评估与不良童年经历相关的家庭经历，研究对象在

38岁时填写了医学研究人员在研究工作中使用过的问卷——儿童期创伤问卷。为了补充问卷收集的信息，我们还通过访谈了解了研究对象对家庭物质使用、精神疾病、入狱、父母一方被伴侣暴力对待，以及因父母分居、离婚、去世或离家出走而失去父亲或母亲的记忆，因为这些内容在问卷中没有被覆盖。

我们集齐关于不良童年经历的前瞻性和回顾性信息之后，编码人员接受了关于美国疾病控制和预防中心提供的不良童年经历定义的培训。然后，我们根据数据储藏室里的这些信息，对10种不良童年经历（5种是伤害儿童行为，5种是家庭功能障碍）分别进行"有/无"的评分。这样，每位研究对象都得到了一个在1和10之间的不良童年经历评分，这与医学研究人员对回顾性不良童年经历的量化方法一致。需要指出的是，负责审核不良童年经历的前瞻性数据并进行编码的人，并不知道研究对象在38岁时所做的回顾性陈述。

现在需要评估对不良童年经历的前瞻性和回顾性评估在多大程度上讲述了相似的关于儿童期逆境的故事。那些在不良童年经历回顾性评估中得高分、中等分数、低分的研究对象是否在前瞻性评估中的得分情况也类似？从某种程度上说，答案是肯定的，但两者的相似度绝对不会很高。这两种测量方法挖掘的信息虽然并不是完全不同的，但也不是完全相同的。前瞻性的儿童期记录显示，有60位研究对象实际上至少4种不良家庭经历。但是，当我们仔细检查他们时，超过半数的人在多年后的回顾性陈述中并没有报告这些情况。同样值得注意的是，有10位在成长过程中有至少4种不良家庭经历的研究对象，在回忆童年时却说他们没有或者只有1种不良家庭经历！

关于前瞻性记录和回忆之间不一致性的研究不仅仅揭示了中年期对儿童期经历的逆境的"选择性遗忘"。我们并不是有意使用"遗忘"这个词；除非有其他证据，否则我们怀疑那些记不起儿童期不良经历的研究对象真的没有这些记忆。根据前瞻性记录，有10%的研究对象实际上没有这10种不良经历，却在回忆时说他们有其中3种甚至更多！换言之，回忆可能导致了研究对象对儿童期不良家庭经历的少报和多报。尽管数据非常清楚地表明了这一点，但如果否认对不良童年经历的前瞻性记录并非绝对准确，那便是我们的疏忽。当然，达尼丁研究的数据储藏室可能确实缺少关于一些研究对象看似不为人知的逆境的信息。譬如，有些研究对象回忆自己小时候曾遭受性虐待，（前瞻性）数据储藏室却没有这方面的记录。重要的是要认识到，只要患者坚信一段不良童年经历真的发生过，那么无论这段经历真实与否，它都可能会影响身体健康。

考虑到前瞻性测量也可能存在局限性，我们决定加倍细致地研究两种不良童年经历测量结果之间的一致性，这次针对的是个人不良家庭经历的水平，而不是基于各种不同逆境的综合评分。或许出现一致性和不一致性的原因是，某些类型的逆境更容易被准确记起，另一些则更难被准确记起。根据我们的发现，确实如此。人们对不同逆境的回忆准确程度不尽相同：对丧亲的回忆高度准确，而对遭受情感虐待的回忆极度不准确。这表明，我们最初在这两项不良童年经历评分之间发现的总体一致性，很大程度上是由丧亲相关记忆的高度准确所驱动的，甚至可能被它夸大了。当我们从不良童年经历评分中排除这一项时，回顾性和前瞻性测量结果之间的一致性下降了40%！要知道，两者的一致性本就不高。换言之，当我们更仔细地查看不良童年经历的信息时，前瞻性和回顾性测量结果的一致性显然比最初记录的更加有限。因此，有明确的证据表明，在关于健康和疾病的发展起源的医学研究中，或在医生对患者的治疗中，不应只凭表面就不加怀疑地接受基于成年患者的回忆所得到的不良童年经历测量结果。

回顾性和前瞻性不良童年经历的预测能力

记录并意识到不良童年经历回忆的不可靠性固然重要，但对科学和健康实践来说，更重要的问题是，在成年期回忆的不良经历与其他方面机能的关联有多大，特别是与基于儿童期和青春期详细记录的不良童年经历相比。如果回顾性和前瞻性不良童年经历的测量结果预测成人幸福感的能力相似，那么已经记录的前瞻性和回顾性测量结果之间存在的"偏差"或不一致性，就不像最初看起来那么成问题了。

为了探究回顾性和前瞻性不良童年经历测量结果在预测38岁中年期幸福感方面的能力，我们根据研究对象提供的信息创建了4个主观的健康结果测量指标，并且基于测试和收集到的生物样本创建了2个客观的健康结果测量指标。第一个主观测量指标是关于身体健康的，反映了研究对象如何评价他们自己的整体健康状况，从差到优。第二个主观测量指标是关于认知健康的，依据的是研究对象对19个日常生活中会遇到的难题的回答，例如记住自己与人有约、记住自己去商店是想要买什么，以及反复向他人讲述同一个故事。为了测量心理健康的主观结果，我们通过访谈评估了包括抑郁、焦虑、反社会人格和精神病在内的多种心理健康问题的不同症状。最后，对社交健康的主观测量是基于一份有关伴侣关系质量的清单，清单包含28个条目，例如坦诚沟通、共同活动和爱好、权力平衡、尊重与公平、情感亲密、信任。

再来看两个客观的健康结果指标。第一个是基于在研究对象38岁时获得的多个生物标志物，包括反映心肺耐力、肺功能、牙周病、全身炎症和代谢异常（体现在腰围、高密度脂蛋白水平、甘油三酯水平、血压和糖化血红蛋白上）的标志物。第二个针对的是认知健康，基于对工作记忆的评估，后者属于研究对象在38岁时所做的标准化智力测试的一部分。

用上面提到的测量指标，我们进一步分析了不良童年经历的回顾性和前瞻性测量结果在预测中年人的健康状况方面的能力。我们获得了几个有趣的发现。总体来看，前瞻性和回顾性不良童年经历测量结果都能在一定程度上预测研究对象在38岁时自述的和实际的健康状况。简而言之，无论是用前瞻性方法还是回顾性方法测量不良童年经历，我们都发现了一个规律——儿童期经历的逆境越多，中年期的健康状况就越不好，这与之前的医学研究发现吻合。无论是对身体健康或认知健康的自我评价还是实际测量结果，都符合这个规律。我们再次用证据确认了人的发展是概率性的，而非确定性的。即便在那些不良童年经历评分很高的人当中，也有健康状况良好的；同样，在评分很低的人当中，也有健康状况不佳的。

深入分析数据后，我们发现，回顾性不良童年经历测量结果与健康结果之间的关系要么非常弱，要么非常强，这正是研究发现尤其有趣之处。在预测4个自我陈述的主观健康结果指标方面，我们发现回顾性不良童年经历评估比前瞻性不良童年经历评估更能预测健康状况。然而，当涉及对两项客观健康结果的解释时，情况则完全相反。事实证明，对于身体健康的生物标志物指数和工作记忆的认知评估来说，前瞻性不良童年经历评估是比回顾性不良童年经历评估更好的预测因素。所以，如果你想知道不良童年经历如何对中年期实际身体健康产生影响，那么回顾性不良童年经历报告（在某种程度上）是有局限性的；如果你想了解一个人对自己健康的看法或感受，那么回顾性报告（在某种程度上）能提供更多信息。

小结

还是那个比喻，我们开始探索不良健康状况的发展起源，"既不是为了否定恺撒，也不是为了赞美他"。我们开展关于不良童年经历的研究，不是为了证明用回顾性方法来测量不良童年经历没有价值，也不是为了证明它特别有用。更确切地说，我们的主要目标是了解儿童期的逆境是否真的可以预测，以及可能破坏成年期的身体健康。换言之，我们想知道，在更严谨的评估中，基于回顾性医学研究得出的结论是否成立。

话虽如此，我们必须承认这次研究的严谨程度确实有限。或许最关键的是，在我们报告的研究中，我们没有办法忽略一些替代性解释。尤其需要指出，虽然儿童期逆境预示着中年期不良客观健康状况，但可能还有其他因素，即第三变量，同时影响着我们的研究关注的预测因素和结果。一些未被测量的儿童特征，包括基因构成，可能对不良童年经历和日后的不良健康状况都有影响。比如，不难想象，在某些条件下，健康状况欠佳的儿童或者具有特定基因构成的儿童可能会引发不良童年经历，就像关注早期气质的第二章讨论的那样。再如，众所周知，有发展障碍的儿童比健康儿童更容易遭受虐待。因此，不太健康或具有特定基因构成的孩子，或者同时具有这两种特征的孩子，即使没有经历人生早期的逆境，也可能在中年期健康状况欠佳。我们提出这一点是为了提醒读者，在尚未或无法排除这些可能性时，我们必须始终考虑到它们。

无论如何，达尼丁研究的结果支持了医学界的普遍看法。就像本书所展示的，不良童年经历不仅会损害心理和行为健康，还会损害身体健康。这一观察结果强调了第十六章提出的观点：在精神和身体之间划分界限已不再是一种思考人的发展的合理方式，即使这种方式曾经站得住脚。

我们还必须意识到，依赖儿童期逆境的回顾性报告在准确度和预测身体健康的能力方面，尤其是在使用生物标志物对身体健康进行客观测量时，并非没有局限性。对于把不良童年经历评估纳入医疗实践的医生来说，明白这一点以及他们所收集信息的局限性是很重要的。患者陈述的童年经历并不一定真的发生过，同样，有些人没有提到某些事情也不意味着那些事情没有发生过。这让人想起之前章节提到的一个科学观点，它现在也适用于临床实践——缺乏证据不等于没有证据。在科学研究中，这句格言意味着获得无效发现（涉及还没有被检测到的东西）的研究同样是有意义的。在本章，它意味着我们不能简单地相信，患者声称没有发生的特定不良经历真的没有发生过。

达尼丁研究的结果提出了医生需要认真思考的两个观点。首先，出于不同的原因，患者可能会隐瞒或夸大自己的儿童期逆境。其次，一些明确的客观事件，比如父亲或母亲去世，比那些需要评估的经历，比如遭受情感虐待，更容易被准确回忆起来。需要指出的是，前人及我们的其他研究几十年前就已经证明了这两个观点。所以，医生如果想要通过询问成年患者他们的不良童年经历来了解他们的中年期健康状况，就需要明白这两点。发展科学、心理学和行为科学需要医学科学的指导，反之亦然。

第十八章

童年逆境的生物学嵌入机制

本章和第十七章联系得最为紧密，但这并不意味着你需要先读完第十七章才能理解本章。第十七章探讨了儿童期逆境与身体健康的客观测量结果之间的联系，由此引出一个科学家们总是会思考的基本科学问题：当可能的原因和可能的结果之间存在联系时，这种假定的影响是如何实现的？

在当前的研究背景下，这个问题可以换个问法："人生早期的逆境是如何影响中年期的身体健康的？"虽然本章将主要探讨 3 种不同的生物学机制，但我们需要明确，人生早期逆境与中年期不良健康状况之间的联系，不是只能通过在生物学方面起中介作用的过程来解释。它还可能涉及行为、认知和情感等方面。在当前的研究背景下，也许要考虑的最关键的因素是影响健康的行为，包括缺乏运动、不良饮食习惯和物质使用（如吸烟、酗酒和使用非法药物）。尽管这些并不是本章研究重点关注的内容（本章的核心关注点是解释中年期健康问题的儿童期根源的生物学机制），但这并不意味着它们在解释儿童期逆境如何与成年期健康状况相关联方面没有发挥作用。

对机制导向型研究感兴趣的不仅是学术界探究人的发展机制的研究者。这是因为对机制的基础科学洞察可以指导干预和治疗，即应用科学。我们之前讨论过这个问题，特别是在第十三章讨论成功人生的遗传性时。设想一下，我们无法改变如今被发现可以预测研究对象不良健康状况（第十七章）的经济困难或不良的儿童期环境，或者我们无法改变作为研究对象 26 岁、32 岁和 38 岁时不良健康状况的指标的生物标志物。这或许是因为我们没有意愿、知识或资源来有效地做到这一点，也可能是因为成人在人生早期的逆境经历是他们的发展历史中已经存在的事实，我们无法让时光倒流，进而改变历史。但是，这是否意味着我们无法改善个人健康呢？

答案未必是肯定的。至少从原则上说，我们并非完全无力影响我们无法改变的人生早期因素所建立的发展轨迹。这是因为，在当前的案例中，如果我们能理解连接儿童期逆境与日后不良健康状况的路径或中介机制，那么它们就可以成为潜在的干预目标。如果可以通过某些行为或药理手段有效地改变这些中介机制，那么鉴于发展的概率性本质，可能出现而非不可避免的结果就可以不出现。这种想法促使我们在本章的生物学嵌入机制探索之旅中探讨了 3 种不同的生物学过程——炎症、逆境生理反应和端粒侵蚀，这些过程可能在儿童期逆境与年龄相关疾病的已知联系中起中介作用。关于炎症的数据来自达尼丁研究和环境风险研究，关于逆境生理反应和端粒侵蚀的数据则完全来自环境风险研究。

我们有义务再次提醒读者，在研究人生早期逆境对中年期健康的影响的潜在生物学中介时，也需要考虑替代性解释。因此，如果我们关注不同类型的逆境（如虐待和霸凌）与炎症、逆境生理反应或端粒侵蚀之间的联系，我们就会像通常所做的那样，质疑自己的初步发现。例如，在努力理解儿童期逆境的生物学嵌入机制的研究中，我们尽力排除了潜在的混杂因素的影响，包括儿童特征（如出生体重、BMI 和智力）、父母因素（如抑郁、育儿方式和虐待）及家庭因素（如社会经济地位）。这样一来，我们就超越了我们在第十七章针对不良童年经历与成年期健康之间的联系所做的研究。

炎症

我们选择在三项独立的研究中关注炎症，因为有证据表明它与年龄相关疾病有关。炎症是身体组织对诸如病原体、受损细胞或刺激物等有害刺激的复杂生物反应的一部分，是一种保护性的反应，涉及免疫细胞、血管和分子介质。炎症的作用是消除最开始导致细胞损伤的因素，清除因初始损伤和炎症过程而坏死的细胞及组织，并启动组织修复。

不管炎症有哪些真正的、公认的益处，长期高水平的炎症都表明免疫系统功能异常。因此，像血液中 C 反应蛋白这样的生物标志物所指示的高水平炎症，可以预测且可能导致日后的动脉粥样硬化、胰岛素抵抗／糖尿病、心脏病、神经退行性变／痴呆。显然，我们有理由假设，炎症可能是儿童期逆境进行"生物学嵌入"并损害健康的过程的一部分。我们在与炎症相关的研究中特别关注 C 反应蛋白的水平，因为它被认为是最可靠的炎症指标之一。近期，美国疾病控制和预防中心与美国心脏协会认可将测量 C 反应蛋白水平作为心血管疾病传统风险因素筛查的辅助手段。

在前两项关于儿童期逆境通过炎症的增加进行"生物学嵌入"的研究中，我们调查了在研究对象儿童期测量的各种逆境因素与在他们 32 岁时评估的炎症水平之间的联系。逆境有 3 种不同的评估方式，分别与社会阶层、虐待和社交孤立有关。如第十七章所述，社会阶层评估是基于父母的职业地位，从研究对象出生至 15 岁，这一因素被反复测量。对研究对象在人生前 10 年所受虐待的测量方式与第十四章描述的一致，根据在他们的成长过程中测量的被养育经历，我们将他们归类为未受到虐待、可能受到虐待、受到严重虐待（肯定曾受到虐待）。在孩子 5 岁、7 岁、9 岁和 11 岁时，我们反复向父母和老师提出两个问题，以评估孩子社交孤立的情况。这两个问题是：孩子是否"倾向于独自做事、相当孤僻"？他／她是否"不太受其他孩子喜欢"？研究人员从 32 岁的研究对象身上抽取血液，来测量 C 反应蛋白水平。

在两项与炎症相关的研究的第一项中，儿童期的受虐待经历和社交孤立经历（尽管此处不涉及社会阶层）都预示着炎症水平的上升，这从研究对象 32 岁时血液中升高的 C 反应蛋白水平中可见一斑。证据显示了预测因素和结果之间的剂量-反应关系。随着受虐待的可能性和严重程度的增加——从没有到可能，再到肯定，炎症的程度也在增加。因为基于对数据的进一步分析，我们了解到出生体重低也能预测成年期炎症的增加，所以将儿童期逆境与 C 反应蛋白水平联系起来的发现排除了出生体重低的影响。换言之，忽略出生体重低的影响，儿童期的虐待和社交孤立各自都能预测在人生的第四个 10 年初期炎症的增加。

在这里，重新审视并进一步开发第十七章提到的一个关于不良童年经历的概念可能会有所帮助。我们在第十七章区分了基于儿童的"社会标签"（如社会阶层）的发展经历测量结果，以及反映实际生活经历（如遭受虐待）的发展经历测量结果。虽然这些儿童期特征通常相互关联，但一个特征存在并不一定意味着另一个特征也存在。因此，尽管儿童期遭受虐待在经济条件较差的群体中比在富裕群体中更为常见，但它在两种社会经济背景下都可能发生。只有当我们直接测量虐待（或母亲抑郁、家庭暴力或漠不关心的育儿方式）这种事情时，我们才能确定这些不良经历是否在孩子的生活中真实发生过。像社会阶层这样的社会标签指标充其量只是关于这种情况发生可能性的替代性或概率性陈述，而且很可能不准确。我们推测，这就是为何我们在一开始研究炎症时，只发现虐待和社交孤立能够预测炎症水平，社会阶层却不行。

替代性解释

在第二项关于炎症的研究中，我们在研究对象 32 岁时评估了前面提到的虐待的影响是否独立于其他风险因素。我们依次考虑了 3 组独立的额外风险因素，然后进一步探索了虐待的影响。我们进行这项后续研究，是因为有 3 个假设可能不支持儿童期逆境会通过炎症的增加损害成年期健康的观点。首先，根据"共发风险因素假设"，我们评估了在控制出生体重、儿童期社会经济地位和智商（研究对象 7 岁、9 岁和 11 岁时测量结果的平均值）之后，虐待能否预测人生第四个 10 年初期的炎症。这种方法对于确定儿童期虐待对炎症的明显影响是否可能实际上由其他共发的风险因素而非虐待本身引起是必要的。结果未能支持共发风险因素假设。尽管遭受虐待的儿童更有可能经历共发的人生早期风险，但这些风险因素并不能完全解释我们在第一项研究中记录的虐待对炎症的影响。在考虑其他人生早期风险因素之后，虐待仍然能预测 C 反应蛋白水平的升高。

我们评估的第二个替代性假设是"成人压力假设"。这个假设认为，儿童期的虐待可能与成年期的炎症有关，是因为遭受虐待的儿童在成年期可能职业地位较低、抑郁或承受较大的压力。我们再次评估了这些可能性，以确定虐待对炎症的影响是否被错误地归因于成年期的经历，而不是儿童期的经历。结果与上一段所说的一致，我们不得不排除认为只有成年期的条件才起作用的这个假设。尽管遭受虐待的儿童在成年期更可能面临压力，但成年期的这些经历并不能完全解释虐待对炎症的影响。因此，在考虑这些成年期的条件之后，虐待仍然能预测 C 反应蛋白水平的升高。

最后，我们评估了"健康行为假设"。这个假设提出，在儿童期遭受虐待会影响成人在 32 岁时的炎症水平，可能是因为这些在儿童期遭受虐待的成人表现出代谢综合征的迹象，如体重超标、高血压或高胆固醇，或者有吸烟、缺乏运动或饮食习惯差等问题。我们再次评估了这些可能性，以确定虐待对炎症的影响是否被误解为成年后的健康相关问题而非儿童期的虐待造成的。健康行为假设也不能完全解释我们的数据。和之前一样，尽管受到虐待的儿童在成年期更可能健康状况不佳，并做出有害健康的行为，但这些由虐待引发的成年后的健康相关结果并不能完全解释虐待对炎症的影响。在考虑这些因素之后，虐待仍然能预测 C 反应蛋白水平的升高。

事实上，当我们同时考虑这 3 组可能的替代性解释因素时，虐待与炎症之间的联系依然存在。受到虐待的儿童在成年期炎症水平的升高，不能完全用其他已知与儿童期虐待或炎症相关的因素、条件和行为来解释。

人生早期的炎症

在排除了虐待对研究对象 32 岁时炎症的影响的几个替代性解释之后，作为发展学者，我们想知道虐待对炎症的不利影响是否在几十年前就已经显现。换言之，我们想知道能否检测到实际上在人生早期就已经显现的逆境对炎症的长期影响，或者我们检测到的是不是虐待引起的延迟炎症反应。遗憾的是，达尼丁研究无法解答这个问题，因为我们没有在研究对象还是孩童时（20 世纪七八十年代）测量炎症。在新西兰的这个研究项目开始之时，研究者们还远远没有对健康和疾病的发展起源产生兴趣。话说回来，科学家们经常是在数据收集完毕后，才想到有些东西当初应该测量却没有测量。

幸运的是，我们后来启动的环境风险研究回答了这个问题。不妨回顾第一章、第九章和第十章的内容，环境风险研究对英国 1 000 多对双胞胎展开跟踪，从他们 5 岁跟踪研究到 18 岁。研究中的一系列测量包括在研究对象 12 岁时通过末端血采样提取 C 反应蛋白。这个研究项目同样测量了儿童在人生前 10 年里遭受的虐待。然而，在环境风险研究中，我们扩大了关注范围，考虑了抑郁的影响，具体而言就是在孩子 12 岁时，用一份标准化问卷来评估他们的感受。

得到关于儿童期虐待和儿童期抑郁的信息后，我们便能比较 4 组孩子，从而评估儿童期逆境对 12 岁时炎症的影响。第一组孩子既没有遭受虐待也不抑郁，第二组孩子遭受过虐待但不抑郁，第三组孩子抑郁但没有遭受虐待，第四组孩子既遭受过虐待又抑郁。结果显示，那些既遭受过虐待又抑郁的孩子的 C 反应蛋白水平最高，与没有这两种情况的对照组相比差异最大。很明显，只遭受过虐待或只抑郁的孩子在 12 岁时的 C 反应蛋白水平与对照组没有区别。重要的是，儿童期的社会经济地位、性别、是异卵双胞胎还是同卵双胞胎、体温或腰臀比等其他已知与炎症有关的多种因素，无法解释"双重风险"组——遭受过虐待和抑郁的孩子的炎症水平明显升高这一现象。

从整体来看，我们对炎症进行的3项研究（2项基于达尼丁研究，1项基于环境风险研究）的结果与一个假设一致：炎症可能是儿童期逆境与年龄相关疾病之间产生联系的一座桥梁——它可能从儿童期一直持续到了成年期。在我们探索生物学嵌入机制的下一阶段，我们将注意力转向了逆境生理反应。

逆境生理反应

第二项生物学嵌入机制研究基于第九章关于霸凌影响的研究。在环境风险研究中，我们发现，研究对象在儿童期遭受的霸凌能够预测12岁时的情感和行为问题、自我伤害行为，以及18岁时的体重超标情况。这些发现让我们开始关注逆境生理反应的一个特定方面——皮质醇反应钝化。因为广泛的理论和研究表明，人生早期的压力可能通过影响下丘脑-垂体-肾上腺轴的活动来改变身心健康，所以我们研究了这一潜在的生物学嵌入机制。下丘脑-垂体-肾上腺轴是一条连接神经系统和内分泌系统的综合性神经生物学通路。

下丘脑-垂体-肾上腺轴是身体对压力产生适应性和非适应性反应的基础。适应性反应的特征是，面对应激源时，下丘脑-垂体-肾上腺轴的最终激素产物——皮质醇会迅速增加，然后逐渐减少。例如，当人们受到巨大噪声的惊吓，或者开车必须快速转向以避免交通事故时，就会出现这种反应。这是一个迅速调动身体资源来应对突发意外或威胁，从而保护自己的过程。当人从恐惧中恢复过来时，升高的皮质醇水平会下降，并很快回到正常水平。

但是，当一个人反复遇到不可预测和无法控制的应激源时，这种正常的反应就会变得迟钝，以至于在面对应激源时，皮质醇水平完全或几乎不会飙升。本质上，这个系统似乎超负荷工作，疲惫不堪，无法再正常运转了。正如明尼苏达大学的发展心理学家梅根·冈纳所指导的那样，想象一根新的橡皮筋或一根很少使用的橡皮筋。当你拉伸它的时候，它会恢复原状。但是，如果你不断地拉伸它，每次都临近断裂点，会发生什么？最终，它会失去弹性。这个比喻或多或少描述了导致皮质醇反应钝化的情况。一个没有反复承受过压力的人，在面临压力时，皮质醇水平会达到一个峰值，触发人的应对机制；压力消失后，皮质醇水平会迅速下降。但是，在压力持续不断的情况下，皮质醇水平的峰值要么不存在，要么不会很大。至少这是我们在进行第二次关于霸凌影响的研究时，理论以及部分证据所表明的情况。

考虑到霸凌带来的巨大压力，我们想知道环境风险研究中那些遭受霸凌的孩子在实验环境下遇到压力时，是否会出现皮质醇反应钝化。为了弄清楚这一点，我们采用了两种广泛使用且有效的压力唤起程序——儿童节奏听觉序列加法任务（PST）和特里尔社会压力测试（TSST），并且对孩子们完成这两项测试的过程进行了录像。首先开展的 PST 的设计理念是，心算数学问题时，因为没法儿打草稿，所以会感觉有压力，如果还有人围观，压力就会更大。这正是这个研究程序所包含的内容。TSST 依据的概念是，在公众面前演讲是有压力的。它要求 12 岁的孩子在一名陌生的、面无表情的评判员和一名访谈人员面前讲述他们在学校里最不愉快的经历。在两种情境中，我们都告知孩子会进行录像，这也是为了增加他们的压力。

为了评估皮质醇反应钝化，我们收集了 5 次唾液样本，并将样本送到实验室去测定皮质醇含量。收集唾液的方法是让孩子们用吸管把唾液吐到一个小容器里。第一次和第二次取样是在心算测试开始前 20 分钟和开始前 2 分钟进行的，第三次取样是在测试刚结束时进行的，最后两次取样是在测试开始后 25 分钟和开始后 35 分钟进行的。由此，我们绘制了孩子们在面对压力前后的皮质醇反应，以及皮质醇水平随时间变化的轨迹。基于前述讨论，我们假设遭受霸凌的孩子会表现出皮质醇反应钝化的迹象，即在这 5 次唾液测量中，他们的皮质醇峰值或升幅都比其他孩子的小。

为了使结果在证实我们的假设的情况下更有说服力，我们将这第

第十八章　童年逆境的生物学嵌入机制　　　315

二项研究的对象设定为同卵双胞胎（他们共享 100% 的基因），根据他们母亲的陈述，他们在 7 岁、10 岁和 12 岁时遭受霸凌的情况是不一样的。这里的"不一样"是指双胞胎中有一人被欺负，而另一人没有——就像第九章中提到的乔舒亚和杰克一样。通过这种方式，我们对每一个遭受霸凌的双胞胎成员都进行了基因上的控制。这意味着遭受霸凌的双胞胎成员和没有遭受霸凌的双胞胎成员之间出现的任何皮质醇水平的差异都不能被认为源于遗传因素，因为他们的基因是相同的，所以皮质醇水平的差异只能是环境因素的结果。

在评估我们的假设时，很重要的一点是，在开始心算测试之前，同卵双胞胎中遭受霸凌的一方和没有遭受霸凌的另一方的唾液皮质醇水平是相似的。幸运的是，情况确实如此。这样我们就能在同等条件下进行比较，所以任何可能出现的差异，无论是否符合我们的假设，都不能被归因于压力测试之前两组双胞胎的唾液皮质醇水平的差异。双胞胎的比较结果显示，没有遭受霸凌的一组在 PST 后 35 分钟显示出符合预期的皮质醇升高，遭受霸凌的另一组则没有这种升高（见图 18.1）。这意味着，双胞胎中遭受霸凌的那一组的皮质醇反应钝化了。实验结果表明，遭受霸凌的程度与皮质醇反应之间存在负剂量–反应关系。儿童遭受霸凌的频率越高、持续时间越长、情况越严重，他们对压力的生理反应就越小。正如梅根·冈纳可能会说的，他们的"橡皮筋"被拉伸得太频繁，以至于失去了"弹性"。

尽管我们的研究策略——比较遭受霸凌情况不一样的同卵双胞胎——排除了我们的发现源自伪装成环境影响的基因影响的可能性，但在接下来探索生物学嵌入机制的过程中，仍需要检验我们所获发现的一些替代性解释。一个替代性解释是，个体因素在霸凌受害之前就存在，使我们得出了上述研究发现。如果双胞胎在出生体重、智商或者情感和行为问题上存在差异，就可能出现这种情况，但我们的检验结果显示并非如此。研究还发现，在双胞胎 5 岁时，霸凌发生之前，母亲对双胞胎中遭受霸凌的一人和没有遭受霸凌的另一人给予的关爱没有什么不同，他们在家里是否经历虐待的情况也没有区别。换言之，家庭环境不可能是导致遭受霸凌情况不一样的双胞胎之间皮质醇差异的原因。儿童的 BMI、青春期生理发育成熟程度、对他人的霸凌行为，或者他们在心算测试中所承受的压力和负面影响也不能将两组双胞胎区分开来。这些结果意味着，与霸凌受害相关的个人因素，以及在心算应激源持续期间情绪经历的差异，都不能解释双胞胎中遭受霸凌的一人比具有相同基因但未遭受霸凌的另一人皮质醇反应钝化更严重。另一个替代性解释是，儿童期逆境，即本案例中的霸凌，通过逆境生理反应实现了生物学嵌入。

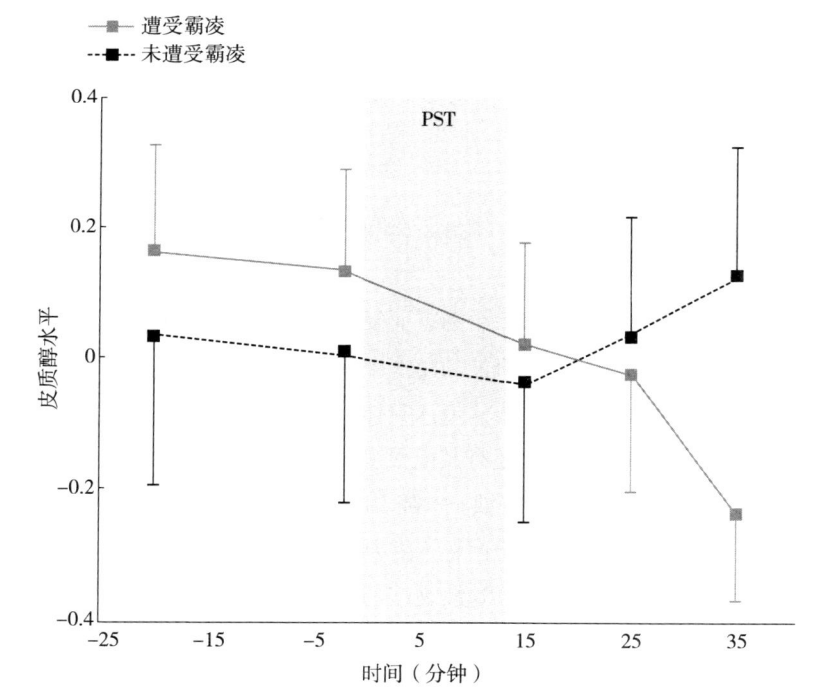

图 18.1 遭受霸凌和未遭受霸凌的同卵双胞胎在社会心理压力测试 PST 开始前 25 分钟至测试开始后 35 分钟的平均皮质醇水平。根据 Ouellet-Morin, I, Danese, A., Bowes, L., Shakoor, S., Ambler, A., Pariante, C.M., Papadopoulos, A.S., Caspi, A., Moffitt, T.E., & Arseneault, L. (2011). A discordant monozygotic twin design shows blunted cortisol reactivity among bullied children. *Journal of the American Academy of Child & Adolescent Psychiatry, 50*, 574–582, figure 1 重新编制。转载已获爱思唯尔许可

第十八章　童年逆境的生物学嵌入机制　　　　　　　　　　　　　　　　317

科学文献中有讨论指出，我们发现的这种与霸凌相关的下丘脑-垂体-肾上腺轴"下调"可能是适应性的。它可能是为了保护仍在发育中的大脑，使大脑免受长期接触由慢性压力引起的高水平皮质醇所带来的有害影响。即便如此，这也并不意味着这种保护性适应没有代价。主要压力介质（如皮质醇和儿茶酚胺）的变化会促进对不断变化的环境的适应。然而，持续的低皮质醇分泌可能会提高未来身心健康出现问题的风险，因为低皮质醇水平与注意力下降、工作记忆受损、对压力和惩罚的反应能力减弱有关。此外，由于皮质醇会影响促炎反应的幅度和持续时间，持续的低皮质醇水平可能导致免疫系统过度活跃，从而提高患自身免疫病的风险。总而言之，即便在面对慢性压力时，皮质醇水平的下调可能反映了某种生物学"智慧"，这一过程也仍会产生与健康相关的代价。

端粒侵蚀

再怎么说，发展都是一个动态而复杂的过程，无论是从社交、情感、认知、行为还是生物机能的角度来看都是如此。这意味着在探讨儿童期逆境如何以生物学方式嵌入身体，并最终损害身体健康时，除了炎症和逆境生理反应，还有其他很多方面可以研究。这促使我们开始研究端粒，特别是端粒侵蚀——随着时间的推移，端粒会逐渐变短。

何为端粒？要回答这个问题，需要记住人体是一个不断变化的动态实体。因此，帮助你阅读这段文字的眼球细胞与帮助你阅读之前内容的细胞有所不同，它们也不会是帮助你阅读之后内容的细胞。这是因为，细胞在不断地"更新"，通过细胞分裂和复制的过程，现有细胞终将死亡并被新的细胞取代。每当这种情况发生时，染色体末端的端粒就会缩短。你可以把端粒想象成鞋带两端的保护套，它可以防止鞋带散开。每次你系鞋带，鞋带末端的胶带状物质就会磨损变短；时间长了，它就会消失，鞋带两端也会因此散开。染色体也会发生类似的情况。一个细胞分裂的次数是有限的，经过足够多次的分裂，端粒会缩短到无法再保护染色体的末端，这时细胞就会死亡。

这个过程导致一些人将端粒视为反映细胞年龄的"生物钟"：从生物学角度来看，端粒越短，细胞就越老，人的生物学年龄也就越大。端粒随着年龄的增长而缩短的证据当然支持这一观点。研究还发现，患有年龄相关疾病的成人的端粒比健康同龄人的端粒短。然而，对于我们探索生物学嵌入机制的这个阶段的研究目的来说，最重要的是，有证据表明，在儿童期经历逆境的研究对象的端粒比同龄人的更短。更引人注目的是，研究甚至发现了逆境与婴儿出生后第一天的端粒长度之间的联系。母亲在怀孕期间承受更多压力的新生儿，其端粒比其他新生儿的更短！显然，逆境甚至在人出生之前就开始加速细胞的生物性衰老了。

发现无论是在儿童期还是在成年期，逆境都与某个时间点测量的端粒缩短有关，是一回事，而将逆境与端粒的实际缩短过程即随时间的推移逐渐变短联系起来，则是另一回事。这类证据会表明逆境加速了衰老，而且，如果这与未来的不良健康状况有关，那么它就是另一种生物学嵌入机制，通过这种机制，儿童期逆境由此隐秘地"渗入皮肤"，影响身体健康。因此，在环境风险研究中，我们试图通过研究在儿童期接触暴力能否预测儿童从 5 岁到 10 岁端粒的实际变化，而不仅仅是端粒在某个时间点的长度，来扩展对逆境和端粒长度之间关系的研究。我们预测，在这 5 年的时间里，接触更多暴力的儿童的端粒侵蚀情况会更加严重。

为了更准确地评估儿童接触暴力的情况，我们分别在环境风险研究的双胞胎 5 岁、7 岁和 10 岁时，采访了他们的母亲。在大量访谈中，母亲回答了每个孩子可能接触的 3 种不同类型暴力的相关问题。针对家庭暴力，母亲陈述了自己或伴侣是否有过 12 种具体行为中的任何一种，如对伴侣拳打脚踢或者持刀威胁对方。如第九章所述，基于母亲对一系列问题的自由回答，就可以将孩子认定为霸凌受害者：其他孩子对双胞胎中的一人说了刻薄伤人的话；取笑他/她，或者用恶意伤人的蔑称叫他/她；完全无视他/她，将他/她排除在朋友圈外，或者故意在活动

第十八章　童年逆境的生物学嵌入机制

时不带他/她一起玩；打、踢或推搡他/她，或者把他/她锁在房间里；捏造或散布关于他/她的谣言；参与其他类似的伤害性行为。

我们关注的第三种暴力接触是身体虐待，利用了研究者对环境风险研究家庭进行家访时记录的大量信息，以及在详细询问育儿方式时母亲提供的信息。被认定为虐待的行为包括母亲每周用巴掌打孩子，导致孩子身上留有痕迹或瘀伤；孩子经常被同父异母（或同母异父）的哥哥或姐姐打，或者父亲在醉酒时"只是为了羞辱"孩子而经常用巴掌打他们；母亲的男友猥亵孩子，还经常扇孩子耳光。

与达尼丁研究的情况一样，研究人员会向环境风险研究对象的母亲们明确指出：如果孩子被判定处于持续的危险之中，他们就有责任为家庭寻求帮助。研究人员在家访期间两次向母亲们传递了这一信息。因此，任何在叙述中表明孩子仍处于危险之中的母亲都明白，她们实际上是在请研究团队进行干预。这样的干预包括和母亲一起去看家庭医生（英国所有儿童都会在医生处注册），并报告情况。通过这种方式，我们确保熟悉家庭情况并对孩子的健康负责的专业医疗人员能够接手相关病例。这使我们能够以一种家庭可接受、同时符合自身道德责任和法律要求的方式来报告儿童身处的危险状况。虽然母亲们可能因为担心报复而隐瞒孩子受到虐待的情况，但在孩子5岁、7岁、10岁和12岁时的家访过程中，我们多次询问母亲孩子们的受害情况，她们迟早会愿意透露孩子遭受虐待的相关信息。多年来，我们对好几个家庭进行了干预，但没有一个家庭因此而退出研究。

掌握关于儿童接触家庭暴力、霸凌和身体虐待的各种数据后，我们把它们统合起来，创建了一个累积暴力接触的综合测量指标。大约一半的儿童被判定为没有接触过暴力，大约1/3的儿童接触过一种暴力，略多于15%的儿童接触过至少两种暴力。

为了测量儿童5岁和10岁时的端粒长度，研究人员用拭子轻轻刮擦孩子的口腔颊侧内壁，以收集口腔细胞样本。然后，这些样本被送往我们在伦敦的实验室进行DNA提取，并最终测定端粒的长度。

在为期5年的研究中，当我们要确定接触更多的暴力能否预测端粒侵蚀加剧（端粒缩短得更快）时，我们发现情况确实如此。那些经历过至少两种暴力的儿童从 5 岁到 10 岁的端粒缩短速度明显快于那些接触过一种暴力或完全没有接触过暴力的儿童（见图 18.2）。即便考虑了许多替代性解释因素，即我们在本书中提到的"第三变量"，包括儿童的性别、BMI、身体健康状况和家庭的社会经济状况，结果也是如此。换言之，接触暴力预测端粒缩短加速的能力，远远超过了其他因素的影响。

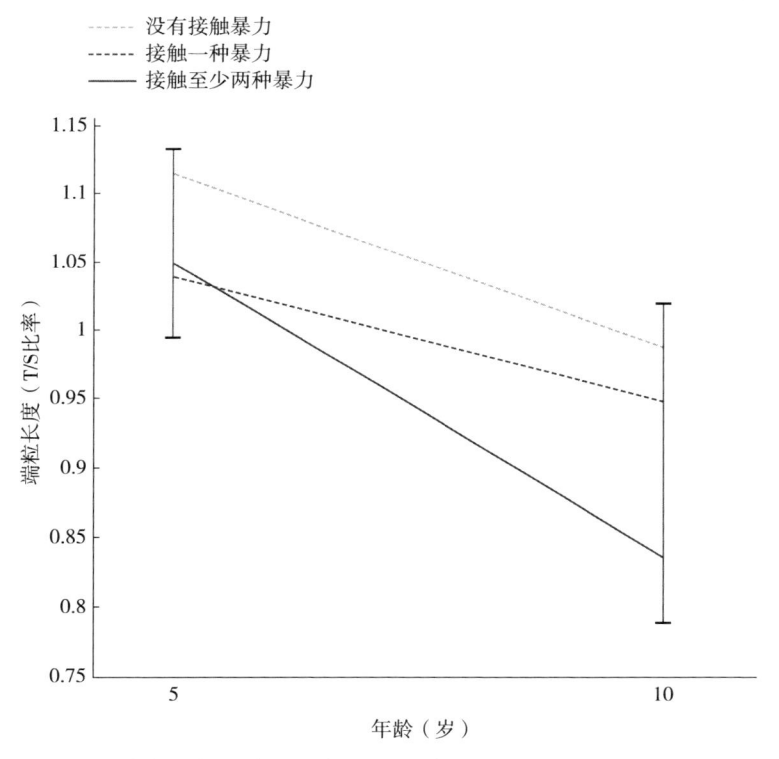

图 18.2 累积暴力接触与 5 岁和 10 岁时端粒长度之间的联系。根据 Shalev, I., Moffitt, T.E., Sugden, K., Williams, B., Houts, R.M., Danese, A., Mill, J., Arseneault, L., & Caspi, A. (2013). Exposure to violence during childhood is associated with telomere erosion from 5 to 10 years of age: a longitudinal study. *Molecular Psychiatry, 18*, 576–581, figure 2 重新编制

虽然之前的研究已经记录了儿童期逆境与（仅在某个时间点进行

测量的）缩短的端粒之间的联系，但我们的研究首次揭露了逆境对端粒变化过程的影响。与我们的假设一致，这是首个表明接触身心暴力形式的逆境可以预测端粒随时间缩短（或者说端粒侵蚀）的研究。因此，接触至少两种暴力的儿童，其细胞生物性衰老速度比同龄人更快，这是一个合理的推断。关于衰老速度的更普遍问题是下一章的关注点。

小结

从整体上看，关于生物学嵌入机制的研究结果支持了我们之前检验的假设，从而扩展了第十七章中将逆境与中年期不良健康状况相联系的研究。在达尼丁研究中，当我们在研究对象 32 岁时尝试预测他们血液中的 C 反应蛋白水平时，我们首次看到了这方面的证据。非常重要的一点是，儿童期经历更多逆境与炎症增加之间被检测到的联系不能完全用其他已知与炎症相关的因素来解释。我们在第一项关于炎症的研究中也证明了这一点——即便排除低出生体重的影响，儿童期虐待和社交孤立仍然是炎症的预测因素。在第二项关于炎症的研究中，情况也是如此。这一次，即便考虑了人生早期逆境的其他指标，以及成年期的压力和健康行为，儿童期虐待也仍然可以预测炎症。在最后一项涉及环境风险研究的儿童参与者而非达尼丁研究的成人参与者的炎症研究中，我们发现儿童期虐待和抑郁这一组合与炎症增加有关，后者也不能用各种潜在混杂因素来解释。这项关于炎症的研究非常重要，因为它清楚地表明，即使在 12 岁的孩子身上，逆境也对炎症有影响。

自从我们发表了使用 C 反应蛋白来测量炎症的研究后，一种名为"suPAR"的新型炎症测试方法被开发出来，suPAR 是"可溶性尿激酶型纤溶酶原激活物受体"的英文缩写。我们发现，在达尼丁研究和环境风险研究中，有不良童年经历的儿童在成年后 suPAR 水平升高；事实上，suPAR 和 C 反应蛋白结合在一起，会使逆境的影响增加两倍，变得更显著。这说明我们有一部分研究的步伐与最新的测量工具保持一致，而且将相关的测量指标进行了统合，为我们发现它们对我们感兴趣的发展结果的预测能力提供更强的"信号"。

同样重要的是，我们关注逆境生理反应和端粒长度的另一些环境风险研究相关工作显示，接触霸凌和暴力分别与皮质醇反应钝化和端粒侵蚀加速有关（我们再次控制了混杂因素）。与关于12岁时的炎症的研究结果一样，这些发现的重要性在于，它们表明，逆境对生物学嵌入过程的影响不仅限于某种延迟反应（本来也有可能出现这种情况）。实际上，我们对12岁儿童的炎症和逆境生理反应，以及儿童5岁至10岁端粒缩短的研究工作表明，这些与逆境有关的生物学嵌入过程实际上发生在接触压力期间。之前的研究工作，包括我们对研究对象32岁时炎症的研究，都没有说清楚这个问题。

我们还需要强调四点。第一，尽管我们反复发现，儿童期逆境会以已知损害健康的方式影响生物过程（即便在忽略了许多替代性解释因素之后），但这种影响仍是概率性的，而非确定性的。因此，一些经历过我们所研究的逆境的儿童并没有出现炎症水平升高或端粒侵蚀加速的情况，一些没有经历过相同逆境的儿童却有这样的情况。具体为什么会出现这种情况并不是我们关注的重点，但它显然值得在未来获得更多的研究关注。目前，我们只能重申贯穿本书的核心观点：发展是概率性的，而非确定性的。

第二，即便我们的发现与"以C反应蛋白水平升高为指标的炎症加剧、以皮质醇反应钝化为指标的非适应性逆境生理反应、以更严重的端粒侵蚀为指标的生物性衰老加速都会发挥中介作用，导致儿童期逆境影响日后的健康状况"的说法一致，我们的研究目前也并不能提供相应的证据。在完成必要的研究，测试炎症、皮质醇反应钝化或端粒侵蚀是否确实将儿童期逆境与糖尿病等真正的年龄相关疾病联系起来之前，我们必须等待环境风险研究的双胞胎和达尼丁研究的参与者变老。回想关于果树栽培学家的比喻：我们种下了果树，但需要等它们成熟后才能收获果实。

第三，生物学嵌入机制研究的发现引出了一系列关于儿童期逆境和成年期不良健康状况之间关联的生物过程起因的新问题。比方说，我们研究的生物学嵌入过程是否相互关联？当然，有一种可能是，逆境生理反应影响炎症，进而加速端粒侵蚀。不管这听起来多么合理，达尼丁研究的后续工作表明，至少在研究对象 38 岁时，生物性衰老的各种假设指标彼此之间并没有关联。儿童期是否也这样，还有待确定。

无论如何，几乎可以肯定的是，在健康和人的发展的过程中，除了当前关于人的发展的研究关注的生物学嵌入过程，还有其他生物学嵌入过程在起作用。关键是，逆境从外部转移到内部，影响炎症、逆境生理反应、端粒长度，最终影响身体健康，这可能是一条复杂的影响链。目前应该已经明确，人的发展具有复杂性。这就是第一章把它比作气象学的原因。从很多方面而言，我们和其他研究儿童期逆境的生物学嵌入机制的人只不过才刚刚开始阐明这一过程。

第四，即最后一点，或许也是最重要的一点，实际上重申了本章开头的观点。所以我们在此提醒读者，我们阐释儿童期生物学嵌入过程的研究结果有着潜在的干预意义。从某种程度上说，如果未来的研究表明炎症、皮质醇反应钝化和端粒侵蚀等过程确实是儿童期逆境影响年龄相关疾病的因果路径的一部分，那么它就将突出潜在的生物学干预靶点，从而促使我们从基础科学转向应用科学。可以想象，有朝一日，在儿童期陷入逆境的儿童、青少年甚至成人可以通过药物治疗（或许还有行为治疗）来降低炎症水平，恢复皮质醇反应的"弹性"，以及减缓甚至逆转由虐待、社交孤立、霸凌、抑郁和其他许多儿童期逆境造成的端粒侵蚀。除了这种愿景本身就具有吸引力，它也是本章介绍的机制导向型发展研究如此重要的原因之一。该研究有望揭示潜在有影响力的干预目标。换言之，尽管我们在这里介绍的研究工作是在学术界开展的，但我们不希望它停滞于此。

第十九章

快速衰老，还是慢慢变老

生活充满乐趣，对时间的感知也是如此。还记得儿时的你多么迫不及待地渴望长大——长大了就能上学、熬夜、开车，然后离开家上大学吗？一切都发生得如此缓慢。那些里程碑，还有它们带来的各种机会，好像永远都不会到来似的。

现在，让我们快进至人生后半程——如果你还没到那个阶段。考虑到现在美国人的平均寿命大约是 78 岁，后半程在这里指的是 35~45 岁这个阶段。谁会急于变老呢？然而，年纪越大，时间似乎就过得越快，我们也貌似老得越快。"我怎么一下子就四五十岁，甚至 60 岁了呢？"许多人会想，"我不是才刚步入职场、刚换工作、刚有孩子吗？我的职业生涯怎么就不知不觉地过了巅峰期呢？我的孩子们怎么一下子就长大成人甚至为人父母了呢？不久前，我不是才参加了他们的儿童运动会和音乐独奏会吗？"

事实是，有些人觉得自己比实际年龄大，另一些人却恰恰相反。"天啊，我等不及要退休了。"一些 50 多岁的人这样想，"我总是觉得很累，我真希望自己不缺钱。"然而还有一些人，甚至年纪更大的人，完全无法想象退休生活，他们似乎比年轻人更有活力，一有机会就去滑雪、徒步旅行或者骑自行车。

还有一个现象是，我们中的一些人，在 30 多岁、40 多岁或 50 多岁的时候看起来与（实际）年龄相仿甚至更大的人非常不一样，行为也大不相同。为什么有些女性眼睛有神、皮肤光滑、发丝有光泽，而另一些同龄女性看上去却老许多？这仅仅是因为妆容和发型不同吗？当我们对成年后的达尼丁研究对象每5年左右进行一次回访时，我们不禁开始思考刚才所说的观察到的现象和提出的问题。

在进行第38次研究的某一天，我们以一种非常戏剧化的方式意识到了这一点。两位研究对象——奥利弗和迈克尔几乎同时到达，他们在一整天的时间里将参与访谈、接受身体健康和认知机能测试、提供血液样本、检查牙齿，以及完成其他各种信息收集程序。我们对研究对象的跟踪研究当时已经进行了将近40年。你很难相信这两位男士都是38岁。奥利弗双眸炯炯有神，满口洁白的牙齿，一头浓密的黑发，仅两鬓有些许斑白，他走路时肩背挺直，步伐矫健。相比之下，迈克尔脸色苍白，牙齿变色或缺失，他走得很慢，耷拉着肩膀，头发已经花白。如果不是事先知道这两名中年男子的出生日期只相差几周，你可能会不假思索地断定，迈克尔比奥利弗年长不少。

诸如此类的观察结果，以及世界各地其他研究团队正在推进的研究，让我们对加速衰老的过程产生了好奇，这是一个令有些人在生物学上和身体上比其他人衰老得更快的过程。这些观察结果促使我们带领大家开启本书的最后一次关于人的发展的探索之旅，它与中年期健康的儿童期起源有关。身为中年人，我们几位作者对衰老过程和速度之类的话题非常感兴趣，这并不奇怪。为了不显老（并且想吃什么就吃什么），杰伊·贝尔斯基每周游泳4~6次，每次游一英里，这个习惯已经保持了大约40年。阿夫沙洛姆·卡斯皮践行严格的饮食习惯，大多数时候只吃根茎、叶菜和豆荚。特莉·莫菲特爱吃蛋糕，会把头发染红，读一些描写老年人的文学作品，书中人物无不是安享晚年的典范。里奇·波尔顿则通过关注新西兰政界错综复杂的钩心斗角，以及观看新西兰著名橄榄球队"全黑队"的比赛来让自己的心跳加速。

和之前一样，我们再次发现，达尼丁研究在探讨衰老速度的问题上具有独特优势。与其他关于衰老过程的研究相比，我们最大的优势在于，不必依赖回顾性方法，对老年人就其过去经历进行访谈，因为早在研究对象步入中年之前，我们就已经收集了大量关于他们的数据。这样，我们就不会掉入认为"基于回顾性方法收集的信息是准确的"的测量陷阱，尤其是我们已经反复发现情况并非如此。还记得第十七章的内容吗？当我们将成年研究对象长大后分享的儿童期和青春期经历与我们在他们的儿童期和青春期收集的信息进行比较时，我们发现它们并不像许多人想象的那样吻合。有些人回忆起人生早期的生活，就像戴着玫瑰色眼镜，仿佛忘记了自己经历过的应激源和紧张情境；另一些人则戴着灰色眼镜，过去在他们眼中显得黯淡无光。

发现有的人在中年期似乎衰老得很快，有的人则老得慢些，并阐释这种差异的潜在原因及影响，这其实不仅仅是一项理论工作或学术活动。到2050年，全球80岁及以上的人口将增加两倍以上，增加到接近4亿人，这使本章分享的研究变得更值得关注。随着人口老龄化趋势的加剧，全球疾病和残疾的负担也在增加。从人生的第五个10年开始，年龄的增长会伴随许多慢性病造成的呈指数级增长的负担，这些慢性病包括糖尿病、心脏病、痴呆和肥胖。减轻疾病负担和控制医疗保健费用最有效的方法是延缓这一进程的到来，不是通过延长寿命本身，而是通过延长健康寿命。健康寿命指的是无疾病、无残疾的寿命。

有些人可能觉得，在研究对象38岁时研究衰老速度快慢的问题还为时过早，但其实延长健康寿命的关键在于解决衰老本身的问题，包括在人们相对年轻时就采取干预措施，以逆转或延缓年龄相关疾病的发展。在许多关于衰老的研究中，等到个人年龄早已超过38岁才去探究衰老速度差异的本质和决定因素是普遍的做法，这往往导致研究人员在许多人已经患上年龄相关疾病时才去考虑处理这个问题。正如我们将看到的，与年龄相关的生理变化在40岁之前就开始累积，往往在疾病确诊前几年就已经影响器官系统。等到人们七老八十才开始研究衰老，可能会错过最佳时机。

为了深入理解不同的人衰老的差异，我们将关于衰老速度的研究分为四个阶段。在第一阶段，我们使用在研究对象38岁时获得的各种生理测量数据来区分生物学年龄较大和较小的人——尽管他们的实际年龄相同。在第二阶段，我们利用过去 12 年收集的数据来评估研究对象 26~38 岁的衰老速度。这样我们可以确定，那些在中年期生物学年龄比同龄人大的研究对象，是否真的从 20 多岁（如果不是更早）开始就在生物学层面衰老得更快。我们预测情况会是这样的。第三阶段的目标是超越反映生理状况的生物标志物，评估可能被认为更日常的衰老指标，如认知能力和运动技能，以确定它们是否作为 38 岁研究对象生物学年龄的结果呈现出差异。换言之，生物标志物与心理和行为表型之间是否存在系统性的联系？我们再次猜想，情况确实如此。最后，在第四阶段，我们试图阐明衰老速度差异的儿童期前因，再次回到健康的儿童期起源这一主题。我们考虑了研究对象的社会阶层出身、在儿童期经历的逆境、他们的健康状况、智力和自我控制力，以及他们祖父祖母的寿命。看到这里的读者都知道，我们会预测，儿童期的不良机能和更多的逆境经历预示着更快的衰老速度。

中年期加速衰老的特征

我们的第一项任务是创建一个中年期生物性衰老的综合测量标准，于是我们决定排除 11 名在相当年轻的年纪就已经显示患年龄相关疾病迹象的研究对象，包括 2 型糖尿病、心肌梗死和脑卒中。原因是，如果研究包括这些明显不健康的少数人，那么我们可能会得到扭曲的结果。我们像这样适度调整了样本，组合在研究对象 38 岁时评估的 10 个生物标志物，为每个人创建了一个生物性衰老指数；具体而言，我们测量了血液中的糖（糖化血红蛋白）、肺功能（第一秒用力呼气量，英文缩写为 FEV1）、肾功能（肌酐）、肝功能（尿素氮、白蛋白和碱性磷酸酶）、免疫活性（巨细胞病毒免疫球蛋白 G）、炎症（C 反应蛋白）、血压（收缩压）和总胆固醇。我们选择这些生物标志物的原因是，另一个研究加速衰老的团队之前发现，每一个生物标志物本身预测的死亡率都高于实际年龄预测的死亡率。

和大多数科学家一样，我们又一次站在了前人的肩膀上，让他们的研究为我们的工作提供信息——就像第十二章和第十三章中提到的，我们依赖大型"发现"研究的 GWAS 发现来指导我们自己的遗传学研究。在此，请允许我们引用英国诗人约翰·多恩 1624 年写的《丧钟为谁而鸣》中的一句非常贴切的名言："没有人是与世隔绝的孤岛，每个人都是大陆的一部分。"

当我们绘制每个研究对象的生物标志物综合评分时，其分布呈现为一条漂亮的钟形曲线，清晰地记录了他们生物学年龄的实际差异。衰老得特别快或特别慢的人是少数，大多数人的衰老速度符合预期。我们通过将 38 岁研究对象的数据与已经稍有提及的另一项研究收集的数据进行比较，得出了这个结论。我们使用的生物学年龄指数就是由那项研究开发出来的。因为该研究包含了许多不同年龄的人，所以我们可以用其中的数据来确定每个 38 岁研究对象的生物学年龄，具体方法是将他们的生物性衰老指数得分与该研究中在相同生物学年龄综合指数上得分相似的人的年龄进行比较。我们由此判断，奥利弗的"内在年龄"（生物学年龄）为 34 岁，而迈克尔的生物标志物综合评分表明，他的内在年龄相当于典型的 47 岁。在我们的 38 岁研究对象中，有少数人的生物学年龄不到 30 岁，还有一些人和迈克尔一样，生物学年龄超过了 45 岁，但大多数人的生物学年龄集中在 35~40 岁。

衰老速度

在记录了中年期生物学年龄的差异之后，我们进入研究衰老速度的第二阶段，目标是确定中年期生物学年龄较大的研究对象是否因为在人生早期衰老得更快而达到这个水平。毫不意外，我们预测，情况正是如此。为了检验这个关于衰老速度的假设，我们基于 18 个生物标志物创建了一个新的生物性衰老综合指数。在达尼丁研究的较早阶段，即研究对象 26 岁、32 岁时，以及后来 38 岁时，我们对这些生物标志物逐一进行了测量。达尼丁研究的数据储藏室中在这 3 个年龄对所有生物标志物的重复测量结果为我们的后续研究提供了有力支持。在 18

个生物标志物中，有 7 个与之前提到的研究对象 38 岁时的生物学年龄指数所包含的测量指标相同，包括糖化血红蛋白、第一秒用力呼气量、肌酐、尿素氮、平均动脉血压和总胆固醇。在此基础上，我们又添加了 10 个生物标志物，以反映心肺耐力（最大摄氧量）、腰臀比、第一秒用力呼气量与用力肺活量比值（FEV1/FVC）、BMI、脂蛋白 a、甘油三酯、牙周病、白细胞计数、高密度脂蛋白（也就是"好的"胆固醇）、载脂蛋白 B100 与载脂蛋白 A1 比值。构成衰老速度指数的最后一个生物标志物是白细胞端粒长度，我们在第十八章提到过端粒长度，它是一个反映每条染色体末端"保护套"长度的 DNA 测量指标。回想一下，每次细胞自我复制时，端粒就会缩短，因此，随着年龄的增长，它们会变得越来越短。

有了在 3 个不同时间点记录的全新生物标志物综合测量数据后，我们就可以去评估是否如预期的那样，这个含 18 个条目的生物标志物指数随时间推移的变化程度，能够区分衰老得更快和更慢的研究对象——这里的衰老速度是在研究对象 38 岁时使用含 10 个生物标志物的生物学年龄指数确定的。结果与我们预测的一致：衰老速度越快（正如从 26 到 32 岁，再到 38 岁，多个生物系统中的生物标志物更明显的恶化情况所表明的那样），研究对象 38 岁时的生物学年龄就越大。事实证明，在我们测量研究对象 38 岁时的生物学年龄之前的十几年里，奥利弗的衰老速度比迈克尔的慢得多。

我们的研究结果由此表明，个体在中年期生物学年龄的差异，有很大一部分是在成年早期和中年期之间（甚至更早的时候）形成的。这一发现强调了之前提出的一点，即衰老貌似并不仅仅是老年人的现象。展望未来，我们不得不问，那些在 38 岁时生物学年龄比实际年龄大的人（如迈克尔），在实际年龄进一步逐渐增加的过程中，是否会比实际年龄和他们相同的人（如奥利弗）在生物学层面衰老得越发快。我们知道，前者在 26~38 岁的衰老速度已然比后者更快。如果真是这样，他们的健康寿命和整体寿命是否会因此而缩短？为了深入了解这个问题，我们开始了关于衰老速度的研究的第三阶段。

生物标志物之外

我们在中年期衰老研究中探讨的第三个问题是：38 岁时生物学年龄更大的研究对象（显然是因为他们的生物系统健康状况在之前 12 年里恶化得更快）的大脑和身体其他部位是否也会显示加速衰老的迹象？我们的预测是"会"，为了检验它，我们检查了研究对象的体能，如爬楼梯和参加剧烈运动项目的能力，以及二三十年来认知能力的下降情况。对后一项的检查是通过反复测量研究对象在 7 岁、9 岁、11 岁、13 岁和 38 岁时的智商来实现的。我们还利用了研究对象 38 岁时拍摄的面部照片，看这些照片是否也显示了生物学年龄更大的人衰老得更快的迹象。此外，我们询问了研究对象的健康状况，并使用精密的验光仪器检查了他们眼球中的血管。

考虑到已有的研究结果，38 岁时生物学年龄较大的人和生物学年龄较小的人（注意，他们的实际年龄是相同的）的大脑和身体其他部位表现出差异，这并不令人意外。与这种说法一致的第一个证据是，38 岁时生物学年龄较大的研究对象在该年龄节点上的身体机能客观测试中表现较差（见图 19.1）。他们的平衡能力更差，（用沟槽钉板测试的）精细运动能力更有限，握力也更弱。这些观察结果与研究对象自己陈述的身体功能受限一致。38 岁时生物学年龄较大的人表示，与生物学年龄较小的同龄人相比，他们在爬楼梯、走超过 2/3 英里的路和参加剧烈运动项目方面更困难。值得注意的是，这些基于对身体功能受限的陈述的结果与研究对象自评的健康状况一致：38 岁时生物学年龄较大的人自认为比生物学年龄较小的同龄人健康状况更差。

对于 38 岁时生物学年龄更大的人来说，问题不仅仅在于身体机能更差。他们在 38 岁时接受智商测试的得分也比其他研究对象低。这是因为，从 7 岁到 38 岁，38 岁时生物学年龄较大的研究对象在认知机能方面的衰退比生物学年龄较小的人更严重（见图 19.2）。当然，研究对象仍然保持着年轻时的心智能力和学识，但对于快速衰老的人来说，他们处理信息的速度已经明显变慢了。

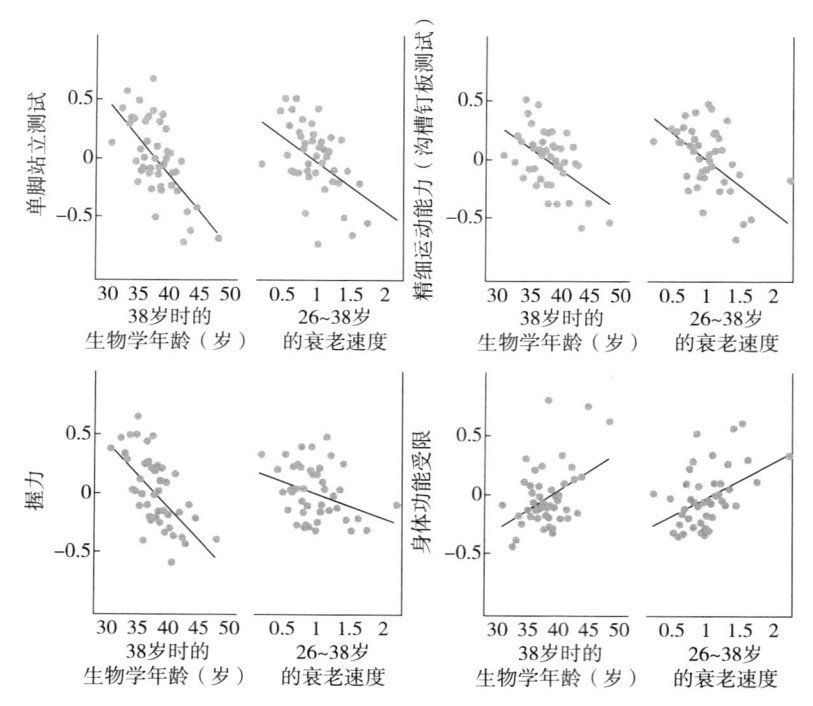

图19.1 生物学年龄和衰老速度与中年期身体健康多个方面之间的联系。根据 Belsky, D.W., Caspi, A., Houts, R., Cohen, H.J., Corcoran, D.L., Danese, A., Harrington, H., Israel, S., Levine, M.E., Schaefer, J.D., Sugden, K., Williams, B., Yashin, A.I., Poulton, R., & Moffitt, T.E. (2015). Quantification of biological aging in young adults. *PNAS*, E4104–E4110, figure 5 重新编制

如图19.2下方的两幅图所示，使用特殊验光设备拍摄的视网膜血管的二维照片反映了类似的情况。要理解这些发现，就需要知道管径更小的小动脉（负责将富含氧气的血液从肺部输送到眼睛）与脑卒中发病风险升高有关，而管径更大的小静脉（负责将氧气耗竭的血液从眼睛输送回肺部）与患痴呆风险升高有关。那些38岁时生物学年龄较大的研究对象的小动脉更窄、小静脉更宽，所以他们脑卒中发病和患痴呆的风险都更高！

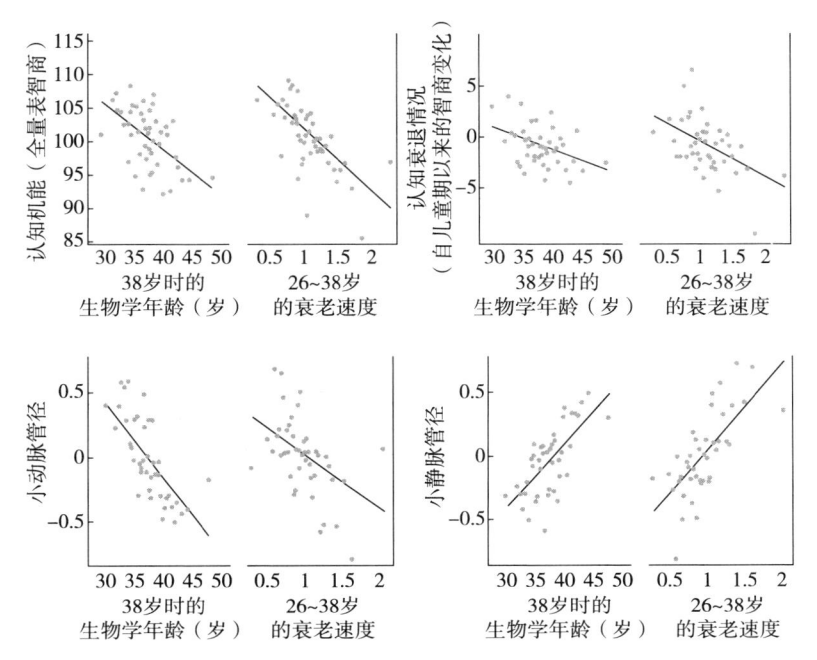

图19.2 生物学年龄和衰老速度与认知能力及中年期脑卒中发病、患痴呆风险之间的联系。根据 Belsky, D.W., Caspi, A., Houts, R., Cohen, H.J., Corcoran, D.L., Danese, A., Harrington, H., Israel, S., Levine, M.E., Schaefer, J.D., Sugden, K., Williams, B., Yashin, A.I., Poulton, R., & Moffitt, T.E. (2015). Quantification of biological aging in young adults. *PNAS*, E4104–E4110, figure 6 重新编制

最后，面部照片也给出了相似结果。在查看研究对象38岁时拍摄的无表情面部照片后，评估人员在判断照片主人的实际年龄时，认为那些生物学年龄更大的人看起来更老。为了让这一研究结果被更好地理解，需要说明的是，这些经过训练的评估人员是美国杜克大学的本科生，他们对研究对象的情况（包括实际年龄）一无所知，仅根据照片来进行评估。

衰老速度的儿童期起源

接下来，我们将注意力转向一个关于寿命的基本问题：儿童期的发展和经历是否与衰老速度有关？为了解答这个问题，我们采用了本书前面章节介绍的测量指标，但有一点不同。在预测衰老速度的差异时，我们关注儿童期的社会阶层、不良童年经历、儿童期的健康状况、儿童期的智商和儿童期的自我控制力，并且在之前介绍过的这组发展因素中，新增了"祖父祖母寿命"这一因素，具体以研究对象的祖父、祖母、外祖父、外祖母中最高寿的那一人的年龄为准。

我们的发现与预期相符。祖父祖母寿命较短的那些研究对象，不管是成长于社会阶层较低的家庭的，在儿童期经历了更多逆境的，智商测试得分更低的，还是自我控制力更有限的，都在20多岁和30多岁时显示了生物性衰老加速的迹象（见图19.3）。事实上，不仅这些因素各自能够预测衰老速度，而且当它们集中在一起，形成一个快速衰老累积风险的综合指数时，它们预测研究对象衰老速度的能力也得到了增强。

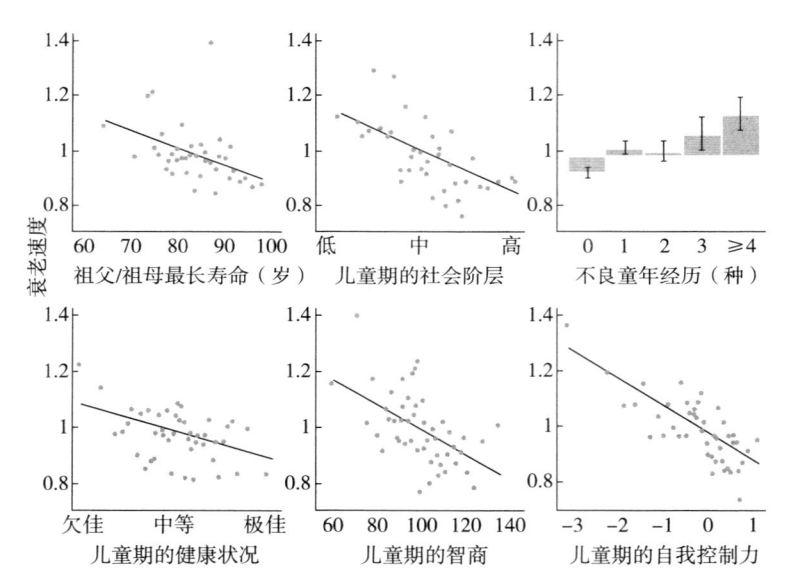

图19.3 儿童的家庭、经历、身心机能与中年期衰老速度之间的联系。根据 Belsky, D.W., Caspi, A., Cohen, H.J., Kraus, W.E., Ramrakha, S., Poulton, R., & Moffitt, T.E. (2017). Impact of early personal-history characteristic on the Pace of Aging, *Aging Cell*, 16 644–651, figure 2 重新编制。CC-BY

观察儿童期前因与衰老速度之间关系的第二种方法是，将研究对象分为3组：根据我们的生物学指数衰老得最慢和最快的人分别占15%左右，剩下70%左右的人的衰老速度大体接近平均值。值得注意的是，在衰老最慢的这组人中，大多数人没有家庭和儿童期的加速衰老风险因素，如家庭社会经济地位低、智商低和儿童期健康状况不佳。相比之下，在衰老最快的这组研究对象中，超过40%的人在多个家庭和儿童期特征上被归类为"高风险"。儿童期逆境和早期儿童发展的指标似乎能够概率性地预测更快的衰老速度。老话重提，我们说"概率性地预测"是因为这种预测绝对不是百分之百准确的。显然，有些人通过不同的方式避免了加速衰老，否则根据他们的儿童期状况，他们应该会衰老得很快。同时，也有一些人的衰老速度比人们根据他们人生早期的生活经历和状况预期的更快。我们需要在未来的研究中确定哪些复原力因素和脆弱性因素可能有助于解释这些发现和预期之外的情况。如之前提到的那样，这些洞见原则上可以用来开发干预措施，以减缓甚至逆转已经检测到的加速生物性衰老迹象。

小结

我们分享的证据显示，衰老并不是只有到了老年才会出现的现象。即便是在38岁，美国人平均寿命的大约一半时，有些人的生物学年龄也已经比其他人大了。这是因为从25岁左右甚至更早开始，个体之间在衰老速度上就会产生差异，并且这种差异在中年期就会显现出来。同样值得注意的是，生物学上的衰老与现实生活中的许多缺陷和特征相关。生物学年龄较大的人身体功能受限较严重，智力下降速度较快，外表看起来也较老。更令人担忧的是，眼球中血管的状况表明，生物学年龄较大的人比那些衰老较慢的人更容易患痴呆，也更容易脑卒中发病。

无论从时间、精力和金钱的角度，还是从个人、家庭乃至整个社会层面来看，上面描述的健康状况的处理成本都特别高。这就是为什么加速衰老是或者至少应该成为一个主要的公共健康问题。我们的发现表明，在生物性衰老加速变得明显之前就早早识别出正在经历加速生物性衰老的人是有可能的，这让减缓衰老速度的前景变得明朗。目前尚未确定的是，识别并锁定那些快速衰老的人是否可以促进实施减缓甚至逆转衰老过程的干预措施。我们的研究结果很明确地显示，如果能够实现上述目标，那将为个人、他们的亲人和社会带来好处。

除了区分在 38 岁时衰老得快和慢的研究对象，并根据在他们 20 多岁和 30 多岁时反复进行的生物测量的结果将这种差异与衰老速度联系起来，我们的发展研究还揭示了衰老速度的儿童期前因。考虑到我们在第十七章分享的关于健康和疾病的发展起源的见解，这一结果并不令人意外。但仍然值得注意的是，我们可以通过考察不良童年经历（包括较差的儿童期健康状况和较低的儿童智商）以外的因素，来预测 26~38 岁这 12 年间的衰老速度。我们已经观察到个人历史风险因素与生物性衰老之间的关系是累积性的：风险因素越多，衰老速度就越快。

我们有充分的理由再次强调一个事实：我们之所以能够取得这些发现，是因为我们自己、合作研究者、资助者以及研究对象都付出了巨大的努力。我们对一整个出生队列开展了一项跨学科的前瞻性研究，从他们出生开始，一直持续到中年期，并希望研究能够持续更长时间。例如，仅仅通过回顾性研究是无法揭示加速衰老与认知能力下降之间的关系的。如果我们只测量传统的心理指标，如智力或自我感觉的健康状况，而没有在生物学评估带来实证成果之前很早就开始做相关的准备工作，我们就不可能发现加速生物性衰老在人生的第三个 10 年，甚至可能在更早的时候（详见第十五章）就开始了。如果我们的研究不是基于一整个出生队列，而是基于一群积极性很高的志愿者，或者只是基于那些看起来比实际年龄更年轻或更老的人，那么我们的研究结果在推广到更广泛的人群中时，就会缺乏说服力。

我们要再次强调，如果仅仅是因为 20 世纪 70 年代初西方工业社会的人口结构与今天大不相同，加速衰老还不是一个问题，那么多年前启动达尼丁研究的人不可能会想象到我们在本章介绍的这些成果（以及本书其他章节涵盖的更多内容）。此外，我们使用的许多生物测量结果在当时根本不存在。前人栽树，后人乘凉。正是因为之前的达尼丁研究者们种下了树苗，打下了基础，我们才能收获这些研究成果。我们通过不辞辛劳地给这些树施肥，以它们结出的果实为原料，做出了本书所展示的各种美味佳肴。

第七部分

我们如何成为自己

第二十章

还要赶多少路才安眠

熟悉20世纪美国诗人罗伯特·弗罗斯特的读者可能会留意到，本书最后一章标题的灵感，来源于他那首著名的诗《雪夜林畔小驻》，我们在此稍做改动。[①]诗人描绘了在漫长旅途中歇脚时所欣赏的冬日美景。我们认为，这句诗完美地诠释了本书想要表达的意图。在研究人的发展这数十年的旅程中，我们稍做停留，希望能全景式地审视个体从出生到死亡的历程，一边与读者分享最有趣的发现，一边向读者阐明我们的工作方式。

我们选择"探索"这个词贯穿整本书，因为这是我们的研究项目一直以来带给我们的感觉，将来亦是如此。我们希望这种情感能够引发读者的共鸣。的确，诚如序言所提到的，最开始的书名是"人的发展探索之旅"。尽管我们一直都清楚自己的研究方向和可能获得的发现——我们用寻宝者、厨师和果树栽培学家来类比自己，但在有些时候，我们也会不确定，于是选择提出关于人的发展的问题，而不是检验特定的假设，这就是我们使用探索者来比喻自己的原因。不管我们到底算不算在正儿八经地检验我们的预测，研究的成果总是出人意料，

[①] 这首诗最后一句的原文为"And miles to go before I sleep"，本章标题的原文则为"Miles to Go Before We Sleep"。——编者注

无论是最终研究的内容，还是那些已知和未知的发现。就最终研究的内容而言，很久以前当我们开始研究探索时，谁也没有预料到我们后来会研究家庭对女性青春期生理发育的影响（第七章）、中年期心血管疾病（第十七章）或者成功人生的遗传性（第十三章）。就已知和未知的发现而言，我们从未预料到吸大麻会与肺功能增强有关（第十一章），多种伤害的压力不会改变表观遗传甲基化（第十六章）。

值得注意的是，由于本书研究和分享的主题相当广泛，尽管最初我们并不是多学科领域的科学家，但现在我们是了。站在我们自己专业的发展角度，我们意识到，要理解心理和行为的发展，就需要广泛涉猎，从发展心理学和临床心理学之外的学科的研究发现中学习。这种知识探索带来的其中一个"问题"是，无论是被飞机上坐在我们旁边的人、派对上结识的朋友的朋友，还是家庭聚会上的亲戚问起，我们都很难简单地解释清楚自己的职业或正在从事的工作。"心理学家""健康研究者"，甚至"发展科学家"这样的称呼都不够准确。当我们说我们正在研究"人的发展"时，人们会问："那是什么？"这往往需要长篇大论来解释。现在，我们倾向于简单地说，我们研究的是"人是如何成为他们自己的"。

我们一直将理论与实证主义相结合的科学哲学理念作为我们科学探索的核心。这意味着在某些情况下，我们检验的假设直接来自理论。比如，我们曾经尝试检验莫菲特关于反社会行为的理论，该理论强调了持续一生的不良行为和仅出现在青春期的不良行为之间的区别（第五章）；或者贝尔斯基的理论，该理论从进化的角度重新定义发展，这促使我们研究了儿童期逆境对青春期生理发育时间的影响（第六章）。我们也有不受理论指导的研究，它们试图解答一些有趣的发展问题。比如，我们研究了童年早期的气质如何影响日后的发展（第二章），以及日托如何影响儿童的发展（第八章）。尽管在解决这些问题时，我们可能已经有了一些概念，比如在人生早期气质和日后发展的案例中，发展是否具有延续性，但我们的研究并不是基于任何特定的发展或心理学理论。正如之前所说，当我们有清晰的路线图，能够提出可检验的假设时，我们就像知道自己在找什么的寻宝者，或者像知道自己要做什么菜的厨师。可当情况并非如此时，我们就更像准备迎接任何可能出现的情况，却对它一无所知的探索者。

在区分理论驱动的研究和非理论驱动的研究时，我们不禁回想起，前者过去常常受到青睐，后者则被轻视。在我们的职业生涯中发生过一件有趣的事情，那就是非理论驱动的研究过去被轻蔑地称为"沙尘暴实证主义"（这里指美国中西部的学者对这类研究高度重视），后来被重新认可。随着大数据科学的兴起，比如研究数以百万计的基因多态性中有哪些与某个表型（如吸烟成瘾）有关，人们普遍意识到，在许多情况下，理论无法处理所有可用的信息。因此，策略就变成了"让计算机来处理"，而不是"假设事情是这样运作的，我们来检验一下"。我们在研究童年早期的气质对发展的影响时，也采用了"计算机处理"的方法（第二章）。我们当时主要是让计算机使用复杂的多元分析来处理儿童行为的多项测量结果，以确定儿童的类型。我们起初并没有利用一个直接揭示儿童类型的理论来启动研究，尽管我们知道其他一些研究人员有这样的想法。

我们也一直将不带个人感情的客观研究作为我们科学探索的核心。即使我们有坚实的依据来支持特定的预测，我们也不会去"寻找"某物，比如大麻对心理发展、行为发展以及身体健康的负面或正面影响（第十一章）。相反，我们致力于揭示人的发展的运作机制。所以即便在我们假设或仅仅希望结果是这样而非那样的时候，我们也会自我约束，不让这些偏好影响研究结果。虽然我们不能百分之百确定自己完全实现了这一目标，但我们确实尽了最大努力避免这种思想上的"污染"。最好的证明可能是我们不断地质疑初步发现，即使它们符合预期。归根结底，我们一直是，也将始终是纯粹的实证主义者。数据指向哪里，我们就跟随到哪里。

就像弗罗斯特诗中的旅人一样，我们在安眠之前还有很长的路要走。虽然 NICHD 的幼儿保育与青少年发展研究已经回答了政府资助该项目时希望解决的核心问题，因此在儿童 15 岁时终止了，但达尼丁研究和环境风险研究还在继续。正如第一章提到的，2018—2019 年，达尼丁研究的参与者在 45 岁时接受了新一次的评估，包括磁共振成像大脑扫描；写这些文字的时候，我们正准备再次见到 25 岁左右的环境风险研究参与者。无论如何，数据收集不会是研究的终点。只要资金和能力允许，我们希望继续跟踪这两组样本。正如多年前我们从达尼丁研究的发起人那里接手该研究，如果是因为自身能力有限而无法继续开展工作，我们希望能有其他接班人。

相信本书业已证明，纵向研究就像一座不断给予的宝库。我们已经多次指出，这种长期研究一旦开始就很难维持，可即使时过境迁，它收集的原始数据仍能持续证明其科学价值。让我们备感惊喜和着迷的是，新的学术问题和新的测量技术（如第十六章中提到的研究表观遗传机制的甲基化分析，以及达尼丁研究刚刚完成的对 45 岁研究对象进行的大脑成像）的出现，使我们能够研究一些在收集童年数据时从未设想过的问题。

这些研究的价值不仅在于采用了新的测量方法。要了解人的发展和变化，随着时间的推移而反复测量是很有必要的。举个例子，在第十八章中，我们通过在研究对象 26 岁、32 岁和 38 岁时反复测量生物标志物来研究衰老速度，从而发现那些衰老速度更快的人可能在 25 岁左右就已经开始了他们的衰老过程。又如，第十一章通过反复测量智力来阐明长期摄入大麻的长远影响，从而使我们区分出哪些人的认知能力在下降，哪怕变化幅度非常轻微，而哪些人的认知能力保持不变。

随着研究的深入，我们计划反复进行许多测量，并且随着技术的进步和研究对象年龄的增长，我们将开展新的评估，希望这会带来新的发现。事实上，新的发现可能会来自解决我们目前还想象不到的问题。但是，与其现在讨论这个话题，不如回过头来看一看本书第一章设定的研究主题，看一看我们已然取得的进展。

儿童是成人的父亲

首先要探讨的主题是一个存在已久的概念，即儿童在人生早期的思维、感受和行为如何预示他们未来的发展，我们在第二部分对这一点进行了研究。对我们所了解到的信息的最好总结可能是，尽管儿童在人生前 10 年的个体差异可以预测他们几十年后的机能表现，这一点是明确且反复出现的，但通过儿童期的测量结果来预测未来发展的能力往往是（尽管并不绝对是）有限的。这是因为，即使过完人生的第一个 10 年，人的发展也仍在继续。

在说明早期和日后的发展之间存在不可避免的强延续性这种观点有局限性的同时，我们也不能忽视一个发现：3 岁时的气质可以预测某些儿童多年后的机能表现。我们的研究发现，许多表现得特别不受控制或过度抑制自己的孩子在年龄增长的过程中一直保持着他们在人生早期就展现出的这种气质（见第二章）。我们把那些不受控制的孩子描述为"顶撞世界"，而把那些过度抑制自己的孩子描述为"远离世界"。与这些发现相关的证据表明，在人生的前 10 年中，那些在机能的许多方面表现出低水平或高水平的自我控制力的儿童，几十年后在各个生活领域（如工作、家庭和健康）仍然会保持类似的表现（见第三章）。我们还发现，即便儿童期的 ADHD 正式精神病学诊断并不能预测几十年后该疾病的临床水平（见第四章），那些被诊断患有 ADHD 的儿童和青少年仍然会保持他们在儿童期的行为模式。

家庭内外儿童期经历的影响

在第三部分和第四部分，我们探讨了一个发现：家庭内外的发展经历和环境因素看起来确实会影响儿童的发展。例如，在第五章中，我们讨论了育儿方式代际传递的证据，它表明女孩被养育的方式可以预测她们日后如何养育自己 3 岁的孩子（但男孩并非如此）。在第八章中，我们发现，尽管高质量的日托可能或多或少促进了认知–语言发展，但长时间待在日托所可能会在某种程度上增加儿童期的攻击性和不听话行为，以及青春期的冒险和冲动行为，至少在美国是这样的。第六章和第七章指出，不良的家庭环境（如家庭冲突、变化无常的育儿方式）会助长早期、持续的反社会行为——尤其是当儿童天生具有神经心理缺陷和行为局限（第六章）时——甚至会加速女孩的性成熟（第七章）。第十一章明确指出，长期摄入大麻（通常始于同龄人的影响）虽然对身体健康影响不大，但对心理健康的影响是显著的。第九章讨论了被同龄人霸凌或在贫困社区长大是如何削弱幸福感的，而且当住在富裕家庭附近时，后者的负面影响其实会被放大。

有些观察结果与普遍认知相符（如日托可能给人的发展带来风险），另一些则可能与之不符（如青春期不良行为只是暂时的）。除了指出一个人的认知未必总是另一个人的认知（如有人认为日托对孩子有益，有人则认为有害；有人认为青春期不良行为是暂时的，有人则认为不是暂时的），我们的研究还表明，普遍认知可能是错误的：青春期不良行为并不总是暂时的（第六章），高质量的日托并不能减轻，更无法改善从婴儿期开始一直持续到正式学校教育之前的长时间日托带来的负面影响（第八章）。我们在分享研究结果时发现，有些人宣称这些结果只是普遍认知，有时他们甚至暗示，得出某个特定结果的研究其实是在浪费时间、金钱和精力。我们鼓励批评者转变他们的认知：普遍认知有时并不像人们通常认为的那样被广泛共享，更不能准确反映人的发展本质。基于这两个原因，我们认为纵向研究是非常重要的，尤其是在理解本书所涉及的主题方面。这些主题中的大部分并非不可研究，但要展开实验性研究确实有难度，而且它们涉及儿童、家庭和社会广泛面临的现实问题。

在评论了如何看待普遍认知后，关于家庭内外经历和对环境的接触的影响，我们还需要补充两点。首先，无论本书记录了哪些预测未来发展的能力，我们分享的结果都不足以暗示研究的重点（如育儿方式、日托、霸凌和社区贫困）能够决定孩子们的成长和发展方式。因为，人的发展是一个持续不断的过程，它受到许多往往会相互作用的因素的影响，就像天气一样。这就是为何人的发展是概率性的而非确定性的——本书反复强调的主题之一。仅仅知道湿度或气压并不能让你做出准确的降水预报，同理，仅仅了解关于人的发展的一个方面，比如孩子是如何被养育的或者孩子所居住的社区是什么样的，很可能具有局限性。这并不是说它不重要，而是说也需要考虑其他许多因素，因为在大多数情况下，任何单一因素的预测能力都是有限的。

遗传学

关于我们研究的家庭内外因素对发展的影响的第二点，直接引出了本书的另一个主题：基因的影响。除了极少数例外，我们的观察工作不能完全排除基因影响我们的结果的可能性。这就是我们在之前的段落和整本书中讨论发展经历和环境因素的假定影响时，说明我们的观点有局限性的原因。在此应指出的是，一些学者可能会通过排除基因的影响，来有理有据地反对研究人的发展（包括环境影响）这个概念。一些思维缜密的批评者认为，把先天和后天割裂开来是不可能的，甚至是愚蠢的。毕竟，一个化学家在研究水（H_2O）的性质时，会通过控制氢元素（H）的影响来阐明氧元素（O）的影响吗？即使这种观点具有某种价值，事实仍然是，行为和发展科学家看到了区分先天和后天的影响，同时研究其相互作用的价值，我们在关注GXE的第十四章和第十五章中也看到了这种价值。

正是这个原因让我们在许多章节中都提出了我们所研究的环境因素（如育儿方式、日托和社区）预测不同方面的发展的可能性，因为基因对环境接触和发展结果都有影响。在这点上，考虑这样一种可能性：一些因基因的影响而注定会成为反社会成人的男孩，实际上自己引发了自己受到的严厉管教，这种严厉管教本身就是他们严厉的父母与后代共享的基因的结果。通过反复质疑我们的发现，我们排除了许多符合普遍认知的替代性解释，但我们还是减少了我们所记录的环境影响仅仅是基因的运作结果的可能性。话虽如此，需要明确的是，我们几乎不可能完全排除基因的影响，特别是当我们比较同一家庭中遭受过霸凌和未遭受霸凌的同卵双胞胎的发展（第十章），以及经历过多种伤害和未经历多种伤害的同卵双胞胎的发展（第十六章）时。这就是我们在第五部分的研究关注遗传学的原因。

我们了解到了什么？首先，在预测发展现象（如吸烟、成功人生、反社会行为和抑郁症）方面，少数甚至许多由GWAS识别出的基因变体的能力再次被证明是真实存在的，但同时也是有限的，这一点不应被解读为不重要。需要重申的是，发展是由多重因素决定的，是概率性的。第十四章关注基因与反社会行为的关系，第十五章聚焦于基因与抑郁症的关系，这两章都清楚地表明，在理解发展时，我们需要同时考虑先天和后天的因素。与后天影响有关的发现，如儿童期遭受虐待与反社会行为之间的关系，以及压力生活事件与抑郁症之间的关系，是受先天因素"制约"的。基因不同的研究对象对我们研究的人的发展经历和环境接触的反应不同。因此，认为在儿童期遭受虐待必然导致攻击性的观点符合普遍认知，但有局限性。我们同样应如此看待压力生活事件对抑郁症的负面影响的相关观点。然而，当我们试图与流行的表观遗传学思想保持一致，通过测量表观基因组和候选基因的DNA甲基化来确定受到不同类型的伤害是否会关闭基因表达时，我们几乎没有发现支持对这个问题的肯定回答的证据。

中年期衰老

第六部分试图强调的主题是心理健康和身体健康都根植于儿童期，这就意味着我们需要从发展的角度来理解中年人群的身体健康状况存在差异的原因。最引人注目的发现是，儿童在成长过程中经历的不良事件（如虐待）和不良接触（如有心理问题的家庭成员）越多，日后在38岁时的身体健康状况就越差（第十七章）。而且，在4个案例的3个中，我们都发现，有问题的童年影响了潜在的生物学嵌入过程，从而"渗入皮肤"（第十八章）。在中年期甚至更早的时候，通过多个生物标志物以及面部照片，我们可以明显地看到，有些人的衰老速度比其他人的快，而儿童期和青春期的逆境正是导致这些差异的因素之一。

人的发展机制

在我们分享的大部分研究工作中，我们的目标不仅仅是记录童年经历和对环境的接触与日后的心理、行为和身体发展（包括身体健康）之间的联系。我们的发展探索之旅的核心是尽可能地理解这些影响成为现实的发展机制。这正是我们在第十八章中研究潜在的生物学嵌入过程的原因。

正如我们反复指出的那样，知道人生早期的特定机能表现（如第四章的儿童ADHD）或具体经历（如第十四章的虐待）会影响发展的某个方面是一回事，理解这类影响的产生机制则是另一回事。因此，我们有时关注那些可能对我们所研究的影响起中介作用的社交和行为经历，有时探索那些看似合理的生物学中介，即便我们没有正式检验它们的中介效应。就前者而言，我们的研究发现强调了青春期的"坑"（如学业失败、吸毒和未成年怀孕）是如何帮助解释早发性反社会行为与成年期的问题机能（包括犯罪行为）之间的关联的（第六章）。至于生物学过程，我们发现，人生早期的逆境与端粒侵蚀、炎症和逆境生理反应有关（第十八章）。然而，我们只能推测，这些过程通过对儿童期逆境的影响发挥中介作用，会导致研究对象成年期的健康状况欠佳，因为我们的研究对象还年轻，我们暂时没办法在他们身上检验这些生物学嵌入机制是否会损害他们日后的健康。不过，在第十六章讨论另一种可能的生物学嵌入过程——表观遗传甲基化时，我们发现，几乎没有证据表明基因是受害经历的因变量。

复原力

本书的研究多次表明，防止破坏人的发展的因素施加负面影响是可能的。我们在这里指的是在探索人的发展的过程中反复出现的主题——复原力。尽管家庭冲突会加速女孩的性成熟，但我们发现婴儿期依恋关系中的安全感可以减缓甚至阻止这一发展结果成为现实（第七章）。虽然我们发现身体更成熟的女孩会更容易做出冒险行为，但第七章指出，如果她们上的是女校，这种情况就不会发生。再回想一下，给予孩子支持的家庭如何保护孩子免受霸凌带来的不良影响（第十章）。我们还发现，除了社交经历，遗传因素也对复原力有影响。在达尼丁研究中，在儿童期遭受虐待但携带高活性MAOA基因变体的男性成为反社会成人的可能性，远小于携带低活性基因变体的男性（第十四章）。

干预的意义

我们在很多章节中都强调了一点，那就是要重视复原力，特别是要重视促进复原力的因素，并且要理解童年对日后发展的影响背后的发展机制，因为它们可以帮助我们明确干预的目标。无论目标是防患未然，是补救已经存在的问题，还是仅仅提高没有机能障碍的个体的幸福感，这个道理都适用。在有些环境下，我们无法改变儿童或青少年在人生早期的机能或经历。如果我们深入了解这些塑造日后发展的环境因素所影响的机制，我们未来就有可能改造社交、行为和生物学中介，从而改变之前形成的发展轨迹。这就是为什么人的发展至少在原则上仍然是没有预定结局的，不是完全由一个孩子的人生早期机能或其成长经历决定的。众所周知，如果连接自来水公司和家里浴缸水龙头的管道生锈了，可以通过更换或修补漏水的部件来增加家中的水压，同理，了解人的发展的路径有助于提升人的机能。

尽管如此，我们认为有必要澄清，除了少数例外，证据与实践和政策之间通常没有直接的联系，尽管许多科学家的言论似乎表明情况相反（也就是说，因为证据表明 X，我们就应该或必须做 Y）。仅仅通过研究发现某事促成了有利结果（如学业成就）或不利结果（如认知能力下降），并不会自动促使人们采取特定的行动，即使它确实指向了一个或多个可能的行动方案。关于这一点的最佳证据或许可以在管理烟草销售和吸烟的法律中找到。尽管有大量证据表明吸烟是不健康的，甚至会给社会带来数百万美元的健康成本，但吸烟仍然被允许的一个原因（但当然不是唯一的原因）在于我们重视自由和个人选择。换言之，信仰和价值观几乎总是会影响人们对科学证据的反应。虽然有些科学发现可能带有道德责任，但这绝非常规情况。

这并不是说科学家不应该基于对特定现象的科学理解参与政策倡议，但确实意味着，当他们给自己贴上"倡议者"的标签时，他们不能声称自己纯粹是以科学家的身份在工作。他们的态度、价值观以及对科学的理解都在起作用。遗憾的是，这一点往往没有得到充分的认可或重视。现实情况常常是，思想开明的人（包括科学家）在面对相同的证据时，也可能对应该做什么或不该做什么持有相反或至少不同的观点。这通常是因为他们对证据的权衡和重视程度不同。

为了说明这一点，我们可以考虑这样一个问题。根据第八章的证据，早期、长时间和持续的儿童保育（在美国社会中常规提供的那种）可能会在一定程度上增加儿童期的攻击性和不服从行为，并助长青春期的冒险和冲动行为。面对这样的情况，我们应该采取什么样的政策？有些人可能会得出结论：应该呼吁家庭减少日托，完善家庭休假政策。另一些人则有不同的看法，他们可能会说，这些负面影响太小了，而且考虑到收入、职业发展和心理健康，母亲工作有很多好处，因此应该尽一切努力提高高质量日托的可获得性和可负担性，包括面向非常小的婴儿的日托。这种观点上的差异表明，即使是思想开明的人，对于什么对孩子、父母、家庭甚至社会最有利，也可能持有截然不同的信念，更别提那些思想相对闭塞的人了。

即便我们对某些应对特定研究发现的服务和政策有所偏好（我们这几个作者有时都可能存在意见分歧），这也并不意味着我们在做决定时就拥有专业知识带来的优势。在涉及人的发展的问题上，我们可能拥有专业的知识，但在（应该或可能）决定最终决策的众多问题上，情况并非如此。毕竟，我们并非经济学家、哲学家或历史学家——在此仅列举3个富含信息的学科。还有一个事实是，即便拥有科学专业知识，也不意味着我们的信仰和价值观就可以凌驾于他人之上。

未来的方向

在回顾了本书的核心主题和相关理念之后，不妨花些时间来谈谈我们对未来的一些期望，即我们已经计划研究并希望在未来某个时候能够解决的问题。英国环境风险研究的1 100对双胞胎即将在25岁左右时进入"初显成年期"。我们为此已经等待了20多年，因为成年双胞胎提供了检验社交经历对身心健康发展的影响的绝佳机会。当一对双胞胎还在蹒跚学步时，他们坐在一辆双人婴儿车里，无论去什么地方都用共同的视角来看世界。他们儿童期的大部分经历也是一样的。

例如，双胞胎通常会上同一所学校，在同一间教室上课，接触同样的老师和教学风格；作为成人，他们则会拥有各自的生活，与不同的伴侣相知相守，收获不一样的工作经历。毫无疑问，他们也将在不同的人生阶段成为父母。有些双胞胎中，有一方锒铛入狱，他们的孪生兄弟（姐妹）则不然；有些双胞胎中，有一方吸烟，他们的孪生兄弟（姐妹）却不会；有些双胞胎中，一方的社交圈很广，他们的孪生兄弟（姐妹）则陷入社交孤立；再者，有些双胞胎中，一方会成为素食主义者，他们的孪生兄弟（姐妹）则大口吃肉。我们期待在家庭和遗传背景相同的情况下能够阐明这些不同生活经历的影响。与本书的主题保持一致，我们希望看到人生早期的经历部分延续，但绝不可能完美延续。我们还希望，一些原本可能存在发展问题风险的研究对象能够展现出复原力。我们的工作是了解能够避免这些发展结果的过程，但也有可能环境风险研究中有些儿童虽然看起来发展得不错，最终却没有实现早期的发展潜力，所以我们也将致力于弄清个中缘由。

约1 000名步入中年的达尼丁研究对象即将面临新的问题，作为研究人的发展的学者，我们也即将迎来激动人心的全新探索之旅。我们计划再次使用在研究对象26岁、32岁、38岁和45岁时反复测量的多个生物标志物的数据，继续跟踪他们五六十岁时的衰老速度。借助反复测量的端粒长度和表观遗传甲基化的数据，我们将检验衰老速度的变化是否可以追踪基因组系统的变化。我们将研究儿童期有哪些因素会加快或减缓研究对象的衰老速度，以及终生累积的精神病史是否与加速衰老有关。我们还将评估个体的衰老速度是否以及如何与适应性机能的变化相关，包括体能、认知机能、通过磁共振成像评估的大脑结构和机能，以及听觉、味觉和视觉等感觉功能。与本书的主题保持一致，我们希望人生早期的经历具有延续性，但我们也将探寻最具复原力的研究对象的经历和特征，与达尼丁研究中的同龄人相比，他们的身心明显更加年轻。如前文所述，在安眠之前，我们还有长路要赶。

参考文献

第一章

NICHD Early Child Care Research Network (Ed.). (2005). *Child care and child development: Results of the NICHD Study of Early Child Care and Youth Development.* New York: Guilford Press.

Poulton, R., Moffitt, T. E., & Silva, P. A. (2015). The Dunedin Multidisciplinary Health and Development Study: Overview of the first 40 years, with an eye to the future. *Social Psychiatry and Psychiatric Epidemiology, 50,* 679–693.

第二章

Caspi, A. (2000). The child is father of the man: Personality continuities from childhood to adulthood. *Journal of Personality and Social Psychology, 78,* 158–172.

Caspi, A., & Silva, P. A. (1995). Temperamental qualities at age three predict personality traits in young adulthood: Longitudinal evidence from a birth cohort. *Child Development, 66,* 486–498.

Newman, D. L., Caspi, A., Silva, P. A., & Moffitt, T. E. (1997). Antecedents of adult interpersonal functioning: Effects of individual differences in age 3 temperament. *Developmental Psychology, 33,* 206–217.

Robins, R. W., John, O. P., Caspi, A., Moffitt, T. E., & Stouthamer-Loeber, M. (1996). Resilient, overcontrolled, and undercontrolled boys: Three replicable personality types. *Journal of Personality and Social Psychology, 70,* 157–171.

Slutske, W. S., Moffitt, T. E., Poulton, R., & Caspi, A. (2012). Undercontrolled temperament at age 3 predicts disordered gambling at age 32. *Psychological Science, 23,* 510–516.

第三章

Moffitt, T. E., Arseneault, L., Belsky, D., Dickson, N., Hancox, R. J., Harrington, H., Houts, R., Poulton, R., Roberts, B. W., Ross, S., Sears, M. R., Thomson, W. M., & Caspi, A. (2011). A gradient of childhood self-control predicts health, wealth, and public safety. *Proceedings of the National Academy of Sciences, 108,* 2693–2698.

Moffitt, T. E., Poulton, R., & Caspi, A. (2013). Lifelong impact of early self-control: Childhood self-discipline predicts adult quality of life. *American Scientist, 101,* 352–359.

第四章

Agnew-Blais, J. C., Polanczyk, G. V., Danese, A., Wertz, J., Moffitt, T. E., & Arseneault, L. (2016). Evaluation of the persistence, remission, and emergence of attention-deficit/hyperactivity disorder in young adulthood. *JAMA Psychiatry, 73,* 713–720.

Arseneault, L., Agnew-Blais, J., & Moffitt, T. E. (2017). Child vs adult onset attention-deficit/hyperactivity disorder-reply. *JAMA Psychiatry, 74,* 422–423.

Moffitt, T. E., Houts, R., Asherson, P., Belsky, D. W., Corcoran, D. L., Hammerle, M., Harrington, H., Hogan, S., Meier, M. H., Polanczyk, G. V., Poulton, R., Ramrakha, S., Sudgen, K., Williams, B., Rohde, L., & Caspi, A. (2015). Is adult ADHD a childhood-onset neurodevelopmental disorder? Evidence from a four-decade longitudinal cohort study. *American Journal of Psychiatry, 172,* 967–977.

第五章

Belsky, J., Hancox, R. J., Sligo, J., & Poulton, R. (2012). Does being an older parent attenuate the intergenerational transmission of parenting? *Developmental Psychology, 48,* 1570–1574.

Belsky, J., Jaffee, S., Sligo, J., Woodward, L., & Silva, P. (2005). Intergenerational transmission of warm-sensitive-stimulating parenting: A prospective study of mothers and fathers of 3-year olds. *Child Development, 76,* 384–396.

Wertz, J., Moffitt, T. E., Agnew-Blais, J., Arseneault, L., Belsky, D. W., Corcoran, D. L., Houts, R., Matthews, T., Prinz, J. A., Richmond-Rakerd, L. S., Sugden, K., Williams, B., & Caspi, A. (in press). Using DNA from mothers and children to study parental investment in children's educational attainment. *Child Development.*

第六章

Moffitt, T. E. (2018). Male antisocial behavior in adolescence and beyond. *Nature Human Behaviour, 2,* 177–186.

Moffitt, T. E., & Caspi, A. (2001). Childhood predictors differentiate life-course persistent and adolescence-limited antisocial pathways in males and females. *Development and Psychopathology, 13,* 355–375.

Moffitt, T. E., Caspi, A., Dickson, N., Silva, P., & Stanton, W. (1996). Childhood-onset versus adolescent-onset antisocial conduct problems in males: Natural history from ages 3–18. *Development and Psychopathology, 8,* 399–424.

Moffitt, T. E., Caspi, A., Harrington, H., & Milne, B. J. (2002). Males on the life-course persistent and adolescence-limited antisocial pathways: Follow-up at age 26 years. *Development and Psychopathology, 14,* 179–207.

Odgers, C., Caspi, A., Broadbent, J. M., Dickson, N., Hancox, B., Harrington, H. L., Poulton, R., Sears, M. R., Thomson, M., & Moffitt, T. E. (2007). Conduct problem subtypes in males predict differential adult health burden. *Archives of General Psychiatry, 64,* 476–484.

Odgers, C. L., Moffitt, T. E., Broadbent, J. M., Dickson, N., Hancox, R. J., Harrington, H., Poulton, R., Sears, M. R., Thomson, W. M., & Caspi, A. (2008). Female and male antisocial trajectories: From childhood origins to adult outcomes. *Development and Psychopathology, 20,* 673–716.

第七章

Belsky, J., Steinberg, L., Houts, R., Friedman, S. L., DeHart, G., Cauffman, E., Roisman, G. I., Halpern-Felsher, B., Susman, E., & The NICHD Early Child Care Research Network. (2007). Family rearing antecedents of pubertal timing. *Child Development, 78,* 1302–1321.

Belsky, J., Steinberg, L., Houts, R. M., Halpern-Felsher, B. L., & The NICHD Early Child Care Research Network. (2010). The development of reproductive strategy in females: Early maternal harshness→earlier menarche→increased sexual risk taking. *Developmental Psychology, 46,* 120–128.

Caspi, A., Lynam, D., Moffitt, T. E., & Silva, P. (1993). Unraveling girls' delinquency: Biological, dispositional, and contextual contributions to adolescent misbehavior. *Developmental Psychology, 29,* 19–30.

Caspi, A., & Moffitt, T. E. (1991). Individual differences are accentuated during periods of social change: The sample case of girls at puberty. *Journal of Personality and Social Psychology, 61,* 157–168.

Moffitt, T., Caspi, A., Belsky, J., & Silva, P. (1992). Childhood experience and the onset of menarche: A test of a sociobiological model. *Child Development, 63,* 47–58.

Ramrakha, S., Paul, C., Bell, M. L., Dickson, N., Moffitt, T. E., & Caspi, A. (2013). The relationship between multiple sex partners and anxiety, depression, and substance dependence disorders: A cohort study. *Archives of Sexual Behavior, 42,* 863–872.

Sung, S., Simpson, J. A., Griskevicius, V., Kuo, S. I., Schlomer, G. L., & Belsky, J. (2016). Secure infant-mother attachment buffers the effect of early-life stress on age of menarche. *Psychological Science, 27,* 667–674.

第八章

Belsky, J., Vandell, D., Burchinal, M., Clarke-Stewart, K. A., McCartney, K., Owen, M., & The NICHD Early Child Care Research Network. (2007). Are there long-term effects of early child care? *Child Development, 78,* 681–701.

McCartney, K., Burchinal, M., Clarke-Stewart, A., Bub, K. L., Owen, M. T., Belsky, J., and the NICHD Early Child Care Research Network. (2010). Testing a series of causal propositions relating time in child care to children's externalizing behavior. *Developmental Psychology, 46,* 1–17.

NICHD Early Child Care Research Network. (1997). The effects of infant child care on infant-mother attachment security: Results of the NICHD Study of Early Child Care. *Child Development, 68,* 860–879.

NICHD Early Child Care Research Network. (1998). Early child care and self-control, compliance and problem behavior at 24 and 36 months. *Child Development, 69,* 1145–1170.

NICHD Early Child Care Research Network. (1999). Child care and mother-child interaction in the first three years of life. *Developmental Psychology, 35,* 1399–1413.

NICHD Early Child Care Research Network. (2000). The relation of child care to cognitive and language development. *Child Development, 71,* 958–978.

NICHD Early Child Care Research Network. (2001). Child care and family predictors of preschool attachment and stability from infancy. *Developmental Psychology, 37,* 847–862.

NICHD Early Child Care Research Network. (2002). Child care and children's development prior to school entry. *American Education Research Journal, 39,* 133–164.

NICHD Early Child Care Research Network. (2003). Families matter—even for kids in child care. *Journal of Developmental and Behavioral Pediatrics, 24,* 58–62.

NICHD Early Child Care Research Network. (2003). Does amount of time spent in child care predict socioemotional adjustment during the transition to kindergarten? *Child Development, 74,* 976–1005.

NICHD Early Child Care Research Network. (2003). Early child care and mother-child interaction from 36 months through first grade. *Infant Behavior and Development, 26,* 345–370.

NICHD Early Child Care Research Network (Ed.). (2005). *Child care and child development: Results of the NICHD Study of Early Child Care and Youth Development.* New York: Guilford Press.

NICHD Early Child Care Research Network. (2005). Early child care and children's development in the primary grades: Follow-up results from the NICHD Study of Early Child Care. *American Educational Research Journal, 43,* 537–570.

Vandell, D. L., Belsky, J., Burchinal, M., Steinberg, L., Vandergrift, N., & the NICHD Early Child Care Research Network. (2010). Do effects of early child care extend to age 15 years? *Child Development, 81,* 737–756.

第九章

Jaffee, S. R., Caspi, A., Moffitt, T. E., Polo-Tomos, M., & Taylor, A. (2007). Individual, family, and neighborhood factors distinguish resilient from non-resilient maltreated children: A cumulative stressors model. *Child Abuse and Neglect, 31,* 231–253.

Odgers, C. L., Caspi, A., Russell, M. A., Sampson, R. J., Arseneault, L., & Moffitt, T. (2012). Supportive parenting mediates neighborhood socioeconomic disparities in children's antisocial behavior from ages 5 to 12. *Development and Psychopathology, 24,* 705–721.

Odgers, C. L., Donley, S., Caspi, A., Bates, C. J., & Moffitt, T. E. (2015). Living alongside more affluent neighbors predicts greater involvement in antisocial behavior among low income boys. *Journal of Child Psychology and Psychiatry, 56,* 1055–1064.

Odgers, C. L., Moffitt, T. E., Tach, L. M., Sampson, R. J., Taylor, A., Matthews, C. L., & Caspi, A. (2009). The protective effects of neighborhood collective efficacy on British children growing up in deprivation: A developmental analysis. *Developmental Psychology, 45,* 942–957.

第十章

Baldwin, J. R., Arseneault, L., Odgers, C., Belsky, D. W., Matthews, T., Ambler, A., Caspi, A., Moffitt, T. E., & Danese, A. (2016). Childhood bullying victimization and overweight in young adulthood: A cohort study. *Psychosomatic Medicine, 78,* 1094–1103.

Bowes, L, Maughan, B., Caspi, A., Moffitt, T. E., & Arseneault, L. (2010). Families promote emotional and behavioural resilience to bullying: Evidence of an environmental effect. *Journal of Child Psychology and Psychiatry, 51,* 809–817.

Fisher, H. L., Moffitt, T. E., Houts, R. M., Belsky, D. W., Arseneault, L., & Caspi, A. (2012). Bullying victimization and risk of self harm in early adolescence. *BMJ, 344,* e2683.

第十一章

Arseneault, L., Cannon, M., Poulton, R., Murray, R., Caspi, A., & Moffitt, T. E. (2002). Cannabis use in adolescence and risk for adult psychosis: Longitudinal prospective study. *BMJ, 23,* 1212–1213.

Caspi, A., Moffitt, T. E., Cannon, M., McClay, J., Murray, R., Harrington, H., Taylor, A., Arseneault, L., Williams, B., Braithwaite, A., Poulton, R., & Craig, I. W. (2005). Moderation of the effect of adolescent-onset cannabis use on adult psychosis by a functional polymorphism in the catechol-O-methyltranserase gene: Longitudinal evidence of a gene X environment interaction. *Biological Psychiatry, 57,* 1117–1127.

Cerda, M., Moffitt, T. E., Meier, M. H., Harrington, H., Houts, R., Ramrakha, S., Hogan, S., Poulton, R., & Caspi, A. (2016). Persistent cannabis dependence and alcohol dependence represent risks for midlife economic and social problems: A longitudinal cohort study. *Clinical Psychological Science, 4,* 1028–1046.

Hancox, R. J., Poulton, R., Ely, M., Welch, D., Taylor, D. R., McLachlan, C. R., Greene, J. M., Moffitt, T. E., Caspi, A., & Sears, M. R. (2010). Effects of cannabis on lung function: A population-based cohort study. *European Respiratory Journal, 35,* 42–47.

Hancox, R. J., Shin, H. H., Gray, A. R., Poulton, R., & Sears, M. R. (2015). Effects of quitting cannabis on respiratory symptoms. *European Respiratory Journal, 46,* 80–87.

Meier, M., Moffitt, T. E., Cerda, M., Hancox, R., Harrington, H. L., Houts, R., Poulton, R., Ramrakha, S., Thomson, M., & Caspi, A. (2016). Physical health problems associated with persistent cannabis versus tobacco use at midlife: A population-representative longitudinal study. *JAMA Psychiatry, 3,* 731–740.

Meier, M. H., Caspi, A., Ambler, A., Harrington, H., Houts, R., Keefe, R. S. E., McDonald, D., Ward, A., Poulton, R., & Moffitt, T. E. (2012). Persistent cannabis users show neurospsychological decline from childhood to midlife. *Proceedings of the National Academy of Sciences, 109,* E2657–E2664.

Meier, M. H., Caspi, A., Cerda, M., Hancox, R. J., Harrington, H., Houts, R., Poulton, R., Ramrakha, S., Thomson, W. M., & Moffitt, T. E. (2016). Associations between cannabis use and physical health problems in early midlife: A longitudinal comparison of persistent cannabis vs tobacco users. *JAMA Psychiatry, 73,* 731–740.

Taylor, D. R., Fergusson, D. M., Milne, B. J., Horwood, L. J., Moffitt, T. E., Sears, M. R., & Poulton, R. (2002). A longitudinal study of the effects of tobacco and cannabis exposure on lung function in young adults. *Addiction, 97,* 1055–1061.

第十二章

Belsky, D. W., Moffitt, T. E., Baker, T. B., Biddle, A. K., Evans, J. P., Harrington, H., Houts, R., Meier, M., Sugden, K., Williams, B., Poulton, R., & Caspi, A. (2013). Polygenic risk and the developmental progression to heavy, persistent smoking and nicotine dependence. *JAMA Psychiatry, 70,* 534–542.

第十三章

Belsky, D. W., Moffitt, T. E., Corcoran, D. L., Comingue, B., Harrington, H., Hogan, S., Williams, B. S., Poulton, R., & Caspi, A. (2016). The genetics of success: How single-nucleotide polymorphisms associated with educational attainment relate to life-course development. *Psychological Science, 27,* 957–972.

第十四章

Caspi, A., McClay, J., Moffitt, T. E., Mill, J., Martin, J., Craig, I. W., Taylor, A., & Poulton, R. (2002). Role of genotype in the cycle of violence in maltreated children. *Science, 297,* 851–854.

第十五章

Caspi, A., Holmes, A., Uher, R., Hariri, A., and Moffitt, T. E. (2010). Genetic sensitivity to the environment: The case of the serotonin transporter gene (*5-HTT*), and its implications for studying complex diseases and traits. *American Journal of Psychiatry, 167,* 509–527.

Caspi, A., Sugden, K., Moffitt, T. E., Taylor, A., Craig, I. W., Harrington, H., McClay, J., Mill, J., Martin, J., Braithwaite, A., & Poulton, R. (2003). Influence of life stress on depression: Moderation by a polymorphism in the 5-HTT gene. *Science, 301,* 386–389.

第十六章

Marzi, S. J., Sugden, K., Arseneault, L., Belsky, D. W., Burrage, J., Corcoran, D., Danese, A., Fisher, H. L., Hannon, E., Moffitt, T. E., Odgers, C. L., Pariante, C., Poulton, R., Williams, B. S., Wong, C. C. Y., Mill, J., & Caspi, A. (2018). Analysis of DNA methylation in young people reveals limited evidence for an association between victimization stress and epigenetic variation in blood. *American Journal of Psychiatry, 175,* 517–529.

Schaefer, J. D., Moffitt, T. E., Arseneault, L., Danese, A., Fisher, H. L., Houts, R., Sheridan, M. A., Wertz, J., & Caspi, A. (2018). Adolescent victimization and early-adult psychopathology: Approaching causal inference using a longitudinal twin study to rule out alternative non-causal explanations. *Clinical Psychological Science, 6,* 352–371.

第十七章

Danese, A., Moffitt, T. E., Harrington, H., Milne, B. J., Polanczyk, G., Pariante, C. M., Poulton, R., & Caspi, A. (2009). Adverse childhood experiences and adult risk of factors for age-related disease. *Archives of Pediatric and Adolescent Medicine, 163,* 1135–1143.

Melchior, M., Moffitt, T. E., Milne, B. J., Poulton, R., & Caspi, A. (2007). Why do children from socioeconomically disadvantaged families suffer from poor health when they reach adulthood? A life-course study. *American Journal of Epidemiology, 166,* 966–974.

Ouellet-Morin, I., Danese, A., Bowes, L., Shakoor, S., Ambler, A., Pariante, C. M., Papadopoulos, A. S., Caspi, A., Moffitt, T. E., & Arseneault, L. (2011). A discordant monozygotic twin design shows blunted cortisol reactivity among bullied children. *Journal of the American Academy of Child & Adolescent Psychiatry, 50,* 574–582.

Poulton, R., Caspi, A., Milne, B. J., Thomson, W. M., Taylor, A., Sears, M. R., & Moffitt, T. E. (2002). Association between children's experience of socioeconomic disadvantage and adult health: A life-course study. *The Lancet, 360,* 1640–1645.

Reuben, A., Moffitt, T. E., Caspi, A., Belsky, D. W., Harrington, H., Schroeder, F., Hogan, S., Ramrakha, S., Poulton, R., & Danese, A. (2016). Lest we forget: Comparing retrospective and prospective assessments of adverse childhood experiences in the prediction of adult health. *Journal of Child Psychology and Psychiatry, 57,* 1103–1112.

Shalev, I., Moffitt, T. E., Sugden, K., Williams, B., Houts, R. M., Danese, A., Mill, J., Arseneault, L., & Caspi, A. (2013). Exposure to violence during childhood is associated with telomere erosion from 5 to 10 years of age: A longitudinal study. *Molecular Psychiatry, 18,* 576–581.

第十八章

Belsky, D. W., Caspi, A., Houts, R., Cohen, H. J., Corcoran, D. L., Danese, A., Harrington, H., Israel, S., Levine, M. E., Schaefer, J. D., Sugden, K., Williams, B., Yashin, A. I., Poulton, R., & Moffitt, T. E. (2015). Quantification of biological aging in young adults. *Proceedings of the National Academy of Sciences,112,* E4104–E4110.

Caspi, A., Harrington, H. L., Moffitt, T. E., Milne, B., & Poulton, R. (2006). Socially isolated children 20 years later: Risk for cardiovascular disease. *Archives of Pediatric and Adolescent Medicine, 160*, 805–811.

Danese, A., Caspi, A., Williams, B., Ambler, A., Sugden, K., Mika, J., Werts, H., Freeman, J., Pariante, C. M., Moffitt, T. E., & Arseneault, L. (2011). Biological embedding of stress through inflammation processes in childhood. *Molecular Psychiatry, 16*, 244–246.

Danese, A., Moffitt, T. E., Harrington, H., Milne, B. J., Polanczyk, G., Pariante, C. M., Poulton, R., & Caspi, A. (2009). Adverse childhood experiences and adult risk of factors for age-related disease. *Archives of Pediatric and Adolescent Medicine, 163*, 1135–1143.

Danese, A., Pariante, C. M., Caspi, A., Taylor, A., & Poulton, R. (2007). Childhood maltreatment predicts adult inflammation in a life-course study. *Proceedings of the National Academy of Sciences, 104*, 1319–1324.

Ouellet-Morin, I., Danese, A., Bowes, L., Shakoor, S., Ambler, A., Pariante, C. M., Papadopoulos, A. S., Caspi, A., Moffitt, T. E., & Arseneault, L. (2011). A discordant monozygotic twin design shows blunted cortisol reactivity among bullied children. *Journal of the American Academy of Child & Adolescent Psychiatry, 50*, 574–582.

Rasmussen, L. J. H., Moffitt, T. E., Arseneault, L., Danese, A., Eugen-Olsen, J., Fisher, H., Harrington, H., Houts, R., Matthews, T., Sugden, K., Williams, B., & Caspi, A. (in press). Improving the measurement of stress-related inflammatory burden in young people: A longitudinal cohort study. *JAMA Pediatrics*.

Rasmussen, L. J. H., Moffitt, T. E., Eugen-Olsen, J., Belsky, D. W., Danese, A., Harrington, H., Houts, R. M., Poulton, R., Sugden, K., Williams, B., & Caspi, A. (2018). Cumulative childhood risk is associated with a new measure of chronic inflammation in adulthood. *Journal of Child Psychology and Psychiatry, 60*, 199–208.

Shalev, I., Moffitt, T. E., Sugden, K., Williams, B., Houts, R. M., Danese, A., Mill, J., Arseneault, L., & Caspi, A. (2019). Exposure to violence during childhood is associated with telomere erosion from 5 to 10 years of age: A longitudinal study. *Molecular Psychiatry, 18*, 576–581.

第十九章

Belsky, D. W., Caspi, A., Cohen, H. J., Kraus, W. E., Ramrakha, S., Poulton, R., & Moffitt, T. E. (2017). Impact of early personal-history characteristics on the pace of aging: Implications for clinical trials of therapies to slow aging and extend healthspan. *Aging Cell, 16*, 644–651.

Belsky, D. W., Caspi, A., Houts, R., Cohen, H. J., Corcoran, D. L., Danese, A., Harrington, H., Israel, S., Levine, M. E., Schaefer, J. D., Sugden, K., Williams, B., Yashin, A. I., Poulton, R., & Moffitt, T. E. (2015). Quantification of biological aging in young adults. *Proceedings of the National Academy of Sciences, 112,* E4104–E4110.

Belsky, D. W., Moffitt, T. E., Cohen, A. A., Corcoran, D. L., Levine, M. E., Prinz, J. A., Schaefer, J., Sudgen, K., Williams, B., Poulton, R., & Caspi, A. (2018). Eleven telomere, epigenetic clock, and biomarker-composite quantifications of biological aging: Do they measure the same thing? *American Journal of Epidemiology, 187,* 1220–1230.